雇用、利子、お金の一般理論

ジョン・メイナード・ケインズ
山形浩生 訳

講談社学術文庫

イントロダクション

ポール・クルーグマン

はじめに

二〇〇五年春、とある「保守系学者や政策指導者」の委員会が、十九世紀と二十世紀の最危険書籍を挙げるよう依頼された。この委員会の指向については、チャールズ・ダーウィンとベティ・フリーダンが上位に名を連ねたのを見れば見当がつくと思う。でも、『雇用、利子、お金の一般理論』もなかなか善戦した。それどころか、ジョン・メイナード・ケインズはレーニンやフランツ・ファノンをぶっちぎったくらいだ。ケインズは、この本のよく引用される結論部分で、「遅かれ早かれ、善悪双方にとって危険なのは、発想なのであり、既存利害ではないのです」［五〇八頁］と述べたような人だから、このベストテンに選ばれてさぞ喜んだことだろう。

『一般理論』なんて聞いたこともないという人や、それに自分が反対していると思っている人ですら、過去七十年にわたり『一般理論』にものの考え方を決められてしまっている。自信の喪失が経済にとって危険だと警告する企業家は、自覚があろうとなかろうとケインジアンだ。自分の減税策なら人々のポケットに使えるお金を残して職を作れますよ、と公約する政治家は、ケインズ思想なんて虫酸が走ると言うかもしれないけれど、でもケインジアンなんだ。サプライサイド経済学者を自称する人たちですら、ケインズを論破したと主張しつつも、ある年に経済が停滞した理由を説明するときには、まごうかたなきケインジアンの説明に頼っている。

この解説では、『一般理論』をめぐる五つの問題をとりあげよう。まずはこの本のメッセージだ——これは本そのものを読めばはっきりわかるはずなんだが、でも自分の恐怖や希望をケインズに投影したがる人たちがそれをぼかしてしまっている。第二に、ケインズがどうやって成し遂げたか。かれは経済学の異端の説を世界に納得させたわけだけれど、他の人たちは失敗したのにケインズだけなぜ成功したのか？ 第三は、『一般理論』のなかで現在のマクロ経済学に残っている分はどのくらいあるか、ということ。いまやみんなケインジアンなのか、それともケインズの遺物なんかとっくに乗り越えてしまったのか、あるいは一部の人が言うように、ケインズの遺産をぼくたちは裏切っているんだろうか？ 第四はケインズが何を見落としたか、そしてなぜ見落としたか。最後に、ケインズがどのように経済学を変え、そして世界を変えたかについて述べよう。

ケインズのメッセージ

過去二世紀の最も危険な本の一冊として『一般理論』を名指した「保守系学者や政策指導者」たちは、たぶんこの本を読んでないと思ってまちがいなかろう。どうせ左翼文書に決まってて、大きな政府と高い税金を主張しているはずだと確信しているのもまちがいない。右の人々、そして一部は左の人々まで、『一般理論』については当初からそう主張してきたんだ。

それどころか、アメリカの教室へのケインズ経済学上陸は、学問マッカーシズムのいやな例のおかげで遅れてしまった。ケインズの思想を初めて紹介した入門教科書は、カナダの経済学者ローリー・ターシスによるものだったんだけれど、これが大学の理事会を狙った右翼の圧力キャンペーンの標的にされてしまった。このキャンペーンのおかげで、この教科書を講義で使おうとしていた多くの大学は注文をキャンセルし、本の売り上げも最初はとても好調だったのに、激減した。イェール大学の教授たちは実にえらくて、この本を教科書として使い続けた。そのご褒美として、若きウィリアム・F・バックリーに「邪悪な思想」を唱えていると攻撃される羽目になったんだけれど。(1)

でもケインズは社会主義者なんかじゃなかった——かれは資本主義を救うためにやってき

たのであって、それを葬り去るためじゃなかった。そしてある意味で『一般理論』は、それが書かれた時代背景を考えれば、保守的な本だとも言える（当のケインズも、自分の理論がある面では「示唆するものは、そこそこ保守的」［五〇一頁］と述べている）。ケインズが執筆していたのは、すさまじい失業、つまりとんでもない規模の無駄と苦悶に満ちた時期だった。まともな人なら、資本主義は破綻した、巨大な制度変更——たとえば生産手段国有化とか——でないと経済の正気を回復できないと結論しても不思議はない。そして、多くのまともな人は、実際にそう結論づけた。市場や私有財産にことさら恨みのなかった英米知識人の多くが社会主義者になったのは、単に資本主義のすさまじい失敗を治す方法が他に思いつかなかったからなんだよ。

　でもケインズは、こうした失敗は驚くほど限られた小手先の原因からくるんだと論じた。世界が不況に突入しつつある一九三〇年に「これはマグネトー（オルタネータ）の問題である」とケインズは書いている[2]。そして、大量失業の原因が限られた小手先のことだと見たケインズは、問題の解決方法も限られた小手先ですむと論じた。経済システムは新しいオルタネータが必要ではあるけれど、でも車を丸ごと取り替える必要はない。特に「社会のほとんどの経済生活を包含するような、国家社会主義体制などをはっきり主張したりするものでは」ない［五〇一頁］。ケインズの同時代人たちの多くは、政府が経済全体を牛耳れと主張していたのに、ケインズはずっと介入度合いの少ない政府政策だけで十分な有効需要を確保できるし、そうすれば市場経済は昔どおりに続いていけるよ、と論じていたんだ。

それでも、自由市場原理主義者たちがケインズを嫌うのも、確かに一理はある。もし自由市場を放っておきさえすれば可能な限り最高の世界を作り上げ、政府が経済に介入するといつも事態は悪化するのだというのを信条にしている人なら、ケインズを敵視するだろう。しかもケインズはことさら危険な敵だ。だってその発想は経験的に、実に徹底的に裏づけられてきたからだ。

『一般理論』の結論は、ざっとこんな箇条書きでまとめられるだろう：

・経済は、全体としての需要不足に苦しむことがあり得るし、また実際に苦しんでいる。それは非自発的な失業につながる。
・経済が需要不足を自動的になおす傾向というのは、そんなものがそもそも存在するにしても、実にのろくて痛みを伴う形でしか機能しない。
・これに対して、需要を増やすための政府の政策は、失業をすばやく減らせる。
・ときにはお金の供給《マネーサプライ》を増やすだけでは民間部門に支出を増やすよう納得してもらえない。だから政府支出がその穴を埋めるために登場しなきゃいけない。

現在の経済政策担当者にしてみれば、この中のどれ一つとして――ただしひょっとすると最後はちがうかも――驚くほどの話じゃないし、さして議論の余地がある話とすら思わないだろう。でもこうした発想をケインズが提唱したときには、それは過激というにとどまらず、むしろほとんど考えも及ばないような代物だった。そして『一般理論』の偉大な成果は、まさにそれを考えの及ぶものにしたことだった。

ケインズはなぜ成功したか

ぼくが『一般理論』を初めて読んだのは学生の頃だった。そして同世代の経済学者はほとんどみんなそうだと思うけれど、その後数十年にわたって開くことはなかった。現代の学問としての経済学は、新しいものが幅をきかせる分野だ。あるテーマについて最初の論文がまだ正式に刊行されないうちに、ものすごい数の関連文献が登場し、花開き、そして衰退することもしばしばだ。最初に出たのが七十年も前の代物を読んで時間を潰したいやつなんかいるもんかね？

でも『一般理論』は未だに読む価値があるし、再読する価値がある。それは経済についての教えのためだけじゃない。経済思想がどうやって進歩するか教えてくれるものも重要なのだ。経済学の学生たちは、ケインズの機知のひらめきや華やかな物言いは楽しむけれど、でも手法に関する入念な議論は理解に苦労するか、読み飛ばしてしまう。でも数百本の論文をものした中年経済学者、そして新しい経済理論を生み出すときの「(既存理論から)脱出する闘い」に関してそれなりの経験を積んだ学者が『一般理論』を読み直すと、その見方は若い頃とはまるでちがう。そしてまったく新しい畏怖をおぼえる。かつては退屈に思えた部分は、経済学を考え直そうとするすさまじい努力の一部だったのだということが、いまではわかる。その努力が実ったことは、ケインズの過激な革新の実に多くがいまや当たり前にしか見えないということが物語っている。『一般理論』を真に享受するには、そこに到達するためにケインズがどんな苦労をしたか理解する必要がある。

『一般理論』の読み方を説明するとき、それがすばらしい前菜ではじまり、すてきなデザートで終わる食事のようなものだと言うと理解してもらいやすいようだ。でも、その食事のメインコースはいささか固い肉だ。読者としては、本の食べやすい部分だけ食べて、真ん中の議論はすっとばしたくなるだろう。でもそのメインコースこそがこの本の真価だ。

別に楽しいところを飛ばせというんじゃない。ひたすら面白いから是非とも読んで欲しい。ケインズが何を実現したかという整理にもなる。それどころか、このぼく自身、本の固い部分に手をつける前に、そのおいしい部分についてまずは一言述べてみようか。

第I巻はケインズのマニフェストで、いかにも学問調だし数式すらいくつか入っているけれど、でもわくわくする文章となっている。ケインズは、経済学の専門家たるあなたに対し――というのも『一般理論』は何よりも、知識豊かな経済学業界人向けに書かれているんだから――雇用についてあなたが知っていると思っていたことすべてに反駁するぞと予告している。ほんの数ページでケインズは、賃金と雇用に関する伝統的な見方は基本的な合成の誤謬によるものだということを、説得力ある形で示す。「賃金交渉が実質賃金を決めると想定することで、古典学派は禁断の想定に陥ってしまいました」［六〇頁］。ここからかれは即座に、当時の現実を見れば、賃金カットで完全雇用が実現されるという伝統的な見方はまったく筋が通らないことを示す。そしてさらにほんの数ページで、ケインズは自分の理論をそれなりに展開し、当時世界を襲っていた大恐慌が、解決可能なばかりか、簡単に解決できるという驚異的な結論をかいま見させるのに成功している。

　すさまじい大立ち回りだ。でも、第Ⅰ巻だけで終えて、その後のずっと濃密な章と格闘しない現代の読者は、ケインズの大胆不敵ぶりは感じ取れても、その大胆不敵さの権利がどうやって勝ち取られたかということは理解できずに終わってしまう。

　反対側の端にある第Ⅵ巻は、まさにデザートコースみたいなものだ。いまやマクロ経済学として知られるものを創り出すという難業を終えたケインズは、足を投げ出してちょっとお遊びに走る。特に『一般理論』の最後の二章は、おもしろいアイデア満載だけれど、いたずらっ子的な雰囲気を持っている。ケインズは、保護主義に対する自由貿易の有名な勝利は、まちがった想定に基づいていたんじゃないかと論じる――重商主義者たちにも一理あったんだ、と。もはや金貸しは社会的な機能を果たしていないので「金利生活者の安楽死」［四九八頁」は近いかもしれないと語る。かれは本気でこんなことを信じていたのか、それとも同僚たちの鼻をあかしてからかうのが楽しかっただけだろうか？　たぶん両方だろう。

繰り返すけれど、第VI巻は実に楽しい読み物だ。とはいえ第I巻よりは時代と共に劣化した部分が大きいのだけれど。でも、同じ注意が当てはまる。重商主義の美徳だの、金貸しの必要性がなくなりつつあるだのというケインズの考察は是非とも読んでみよう。でもそういう考察の権利をもたらしたのは、第II巻から第V巻のむずかしい部分だということはお忘れなく。

さてそれじゃあ本の核心について話そう。そしてケインズがそれを書くのにどんな苦労をしたかということも。

経済主流派への挑戦なんてものは、一山いくらの世界。伝統的な経済知識をひっくり返すと称する新刊は、最低でも月に一冊は送られてくる。こうした本の著者の大半は、まともな挑戦ができるほどいまの経済理論を理解していない。

一方のケインズは、当時の経済理論に精通していて、その理論体系が持つ力を理解していた。序文でかれはこう書いている。「この私だって、かつては自分が今や攻撃している理論に自信を持っていたし、たぶんその強みを知らないわけでもないのですから」。人々の考えを変えるためには、目下の正統理論に対して一貫性のある慎重に理由づけた挑戦をしなくてはならないということをケインズは理解していた。第I巻で、自分のやろうとしていることについて最初に味見をさせようとするにあたり、かれはマルサスの話をする。マルサスは直感的に、総需要の不足があり得るということを理解していたが、その直感を裏づけるだけのモデルを持っていなかった。「マルサスはなぜ有効需要が不足したり過剰になったりするかをはっきり説明できず、一般の観察から得られた事実を指摘するだけだったので、代替理論を構築できなかったのです。おかげでリカードは、異端審問がスペインを席巻したように、イギリスを完全に席巻したのでした」［八三頁］。

「代替理論」を提供する必要性というのを考えれば、七十年たった現在から見ると『一般理論』ですっきりしなかったり、くだくだしかったりする部分の多くは説明できる。特に第II巻が説明できるだろう。これは現代の読者のほとんどが飛ばす部分だ。ケインズの大きな思想とは大して関係なさそうな単位の選び方なんてものになぜ丸ごと一章も割いたりするんだろう？　なぜ収入、貯蓄、投資の意味を定義するのに、さらに二章も費やすわけ？　それは一九八〇年頃に「新貿易理論」なるものを開発したぼくたちが、製品差別化や独占的競争の細部にやたらにページを割いたのと同じ理由からだ。そうした細部は、新理論の根本的な発想とはあまり関係なかった。でも、そういう細部は発想を明瞭に説明して他人に伝えられる、正式なモデルを構築するのに不可欠だった。長く確立された正統理論に挑戦するなら、細部を厳密にしておかないとビジョンだけじゃ効かないのだ。

ケインズは目下の正統教義の力についてよく理解していて、だからこそその書きぶりは計算ずくでゆっくりしたものとなっている。「本書の構築は著者にとって、脱出のための長い闘いでした」「読者にとっても本書は脱出に向けた長い闘いとならざるを得ません」［四五頁］とケインズは序文で書いている。ケインズは一歩一歩、経済学者たちを導いて、大恐慌を扱えなくしていた知的な制約からかれらを解放しようとした。その制約は、ケインズが「古典経済学」と呼んだものが作り出したものだった。

ケインズの古典経済学との闘いは、今日ぼくたちがぱっと想像できるよりずっと困難なものだった。現代の経済学入門教科書——クルーグマン&ウェルズによる新刊を含む——は、ふつうは物価水準の「古典モデル」なるものについての議論を含んでいる。でもこのモデルは、ケインズが脱出しなければならなかった古典経済学を、あまりにきれいに描きすぎている。ぼくたちが今日古典モデルと呼んでいるのは、実際にはケインズ以前の見方を合理化しようとしたポスト・ケインズ的な試みだ。いまの通称古典モデルの前提を一つ、つまり賃金の完全な柔軟性だけ変えてやれば、それは『一般理論』に戻ってしまう。ケインズがその程度のものと対決するだけでよかったのなら、『一般理論』なんか楽に書けただろう。

ケインズの描く本当の古典モデルは、もっとずっと補修しづらい代物だった。それは要するに物々交換経済のモデルで、お金や名目価格は意味がなく、物価水準の金融理論はテーブルの天板に載せた化粧板みたいに本質的でない形で後づけされていた。それはセイの法則があてはまる世界だ。収入は使われるしかないから、供給は自動的に自分の需要を作り出す。

そしてそれは利子がひたすら資金の需給だけで決まる世界で、お金や金融政策は何の役割も持ち得ない世界だった。すでに述べたように、それはいまのぼくたちが常識だと思っている発想が、文字どおり考えられない世界なんだ。

ケインズの対決した古典経済学が最近の通称古典モデルだったなら、『一般理論』第V巻「名目賃金と物価」を書く必要はなかっただろう。この巻では、ケインズは賃金が下がれば雇用が増えるという甘い信念と対決している。この信念はケインズの執筆時点では経済学者の間で力を持っていたけれど、いま「古典経済学」と呼ばれているものではまったく使われていない。

だから『一般理論』の重要な革新というのは、現代のマクロ経済学者が考えがちなのとはちがって、名目賃金が変わりにくい（下方硬直的だ）ということじゃない。第Ⅳ巻「投資の誘因」におけるセイの法則と古典金利理論の破壊こそが革新だった。ケインズがセイの法則から逃れるのがどんなに難しかったかという目安として、今日ですら一部の人々は、いまだにケインズが気がついたことを否定しようとする、という点が指摘できる――その「法則」なるものは、個人が実物の財やサービスを買うかわりにお金を抱え込むという選択肢がある場合には、よく言っても役たたずの同義反復でしかない、というのがケインズの気がついたことだった。ケインズの業績をはかるもう一つの尺度は、マクロ経済学の教科書を書こうとした人でないと、なかなか理解できないかもしれない。金利というのは、融資の供給が需要と等しくなる値段なのに、なぜ中央銀行はお金の供給《マネーサプライ》を増やすことで金利を引き下げられるのか、生徒にどう説明したものか。これは答えを知っていても説明しにくい。ケインズがそもそも正しい答えを出すのは、その何倍もむずかしかっただろうということはすぐに想像がつく。

でもケインズが脱出しなければならなかったのは、古典モデルだけじゃなかった。当時の景気循環理論からも身をふりほどかなければならなかったんだ。

もちろん、きちんと展開された不況と回復の理論は当時は存在していなかった。でも『一般理論』を、ほぼ同時期に書かれたゴットフリート・ハーバラーの『繁栄と不況』(3)と比べてみるとなかなか示唆的だ。これは国際連盟がお金を出した試みで、当時の経済学者がこの問題について持っていた見解を体系化して統合しようというものだった。現代の視点から見てハーバラーの本でびっくりするのは、かれがまちがった問題に答えようとしていることだ。ケインズ以前のほとんどのマクロ経済理論家と同様に、ハーバラーは経済の動学を説明するのが肝心だと思っていた。つまり、そもそも大量失業がなぜあり得るのかを説明するよりも、なぜ好景気に続いて景気下降がやってくるのかを説明するのが大事だと思っていたわけだ。そしてハーバラーの本は、当時の景気循環理論書のほとんどと同様に、景気下降の仕組みよりも好景気時の過剰のほうに注意が向いている。ケインズも『一般理論』の第22章で景気循環の原因について考察しているけれど、それはかれの議論にとってはおまけでしかなかった。ケインズはむしろ、経済がなぜときに完全雇用よりずっと低い水準で機能するのか、というのを説明することこそ自分の仕事だと見ていた。つまり、『一般理論』はおおむね動的モデル（動学）ではなく静的モデル（静学）を提供している――つまり不況に陥って出られない経済は描くけれど、どうして不況になったのかというお話は提供しない。だからケインズは実際には、当時景気循環について書いていたほとんどの人よりも限定された問題に答える道を選んだ。

実は、第Ⅱ巻の大部分は問題を限定するためのマニフェストなのだ。ケインズ以前の景気循環理論は、不均衡についての複雑で混乱したお話を語っていたけれど、第5章は完全雇用以下の経済というものが、短期的な売り上げに関する期待がたまたま実現されてしまった一種の均衡状態にあるんだ、という論点を主張している。第6章と第7章は、ケインズ以前の景気循環理論に頻出した、強制貯蓄だの過剰貯蓄だのといった話――これは混乱した形で経済における不均衡という発想を述べていたものだ――をぜんぶやめて、貯蓄は投資に等しいという単純な会計上の恒等式（アイデンティティ）で置き換えようと主張している。

そしてケインズが問題を限定したことは、強力に人々を解放してくれることになった。景気循環の動学を説明しようとして身動きとれなくなるよりも――この問題は未だに論争の種となっているのだ――ケインズは答えの出る問題に専念した。そしてそれこそまさに、答えをもっとも必要としている問題でもあった。つまり、総需要が低いというのを前提にした場合――なぜ低いかはどうでもいい――どうすればもっと雇用を作れるだろうか？

　ついでにこの単純化のおまけとして、景気循環が道徳劇だという魅惑的ながら絶対にまちがった発想から、ケインズもぼくたちも解放された。経済停滞は、経済繁栄の過剰に対する必然的な罰なのだという発想は根強い。経済がそもそもどうやって停滞するに至ったかではなく、どうやって停滞にとどまるかを分析することで、ケインズは経済の苦悶に何か贖罪的なものがあるという発想を葬り去った。

　つまり『一般理論』は、知識の豊かな規律ある知的ラディカリズムの成果なんだ。それはケインズの知的な敵対者も含め、万人の経済に対する見方を一変させた。でもこれは議論の種となりやすい問題を引き起こす。ぼくたちはいまや、みんな本当にケインジアンなんだろうか？

ケインズ氏と現代の経済学者たち

　現代のマクロ経済学者たちに広く普及した印象として、もうケインズはよくも悪くも過去のものだ、というものがある。でもこの印象は、『一般理論』の誤読か未読に基づくものでしかない、とぼくは論じる。未読者たちからはじめよう。これは『一般理論』を最初に読んでから二度目に読むまでの数十年間のぼく自身をも含む集団だ。

ケインズそのものを読まず、各種の解釈者による脚色を経たものを読んだだけなら、『一般理論』が実際よりずっと粗雑な本だと思うのも無理はないだろう。ケインズが狂信的な社会主義者じゃなかったのを知っている経済学の専門家でさえ、『一般理論』というのは赤字支出が必要だと訴えるマニフェストが大部分で、金融政策を矮小化していると思っている人は多い。もし本当にそうなら、『一般理論』はえらく古びた本になっていただろう。最近では経済の安定はもっぱら中央銀行のテクノクラートの仕事で、かれらはお金の供給《マネーサプライ》を通じて金利を上げ下げする。雇用創出のために公共事業を利用することは、通常は必要ないものと思われている。雑な言い方だが、ケインズが金融政策を軽視していたと思うなら、お金が重要なんだということを示したミルトン・フリードマンがある意味でケインズを論破したか乗り越えたかしたと思ってしまっても仕方ないだろう。

『一般理論』が金融政策を正当に扱わなかったという印象は、ジョン・ヒックスのおかげで強化されてしまったかもしれない。ヒックスが一九三七年に発表したレビュー論文「ケインズ氏と「古典派」たち」(本書、五二一頁収録)は、近年では当の『一般理論』そのものよりも経済学者たちには読まれているだろう。この論文でヒックスは『一般理論』を二つの曲線を使って説明した。税金や支出の変化で移動する*IS*曲線と、お金の供給《マネーサプライ》によって移動する*LM*曲線だ。そしてヒックスがにおわせているところでは、ケインズ経済学は*LM*曲線が平らでお金の供給《マネーサプライ》が金利に影響しないときにしか当てはまらず、古典マクロ経済学は*LM*曲線が右肩上がりのときに当てはまるという話のように見える。

　でもヒックスのこの整理は、古典派にはあまりに甘すぎたし、ケインズには不親切だった。ケインズが脱出しなければならなかったマクロ経済教義が、今日言われる「古典モデル」よりずっと粗雑で混乱したものだった点はすでに説明した。さらには『一般理論』は金融政策を否定もしないし無視もしていない。ケインズはかなりの紙幅を割いて、お金の量が金利に影響して、金利を通じてお金の量が総需要にも影響するということを論じている。実は金融政策の働きに関する現代理論は、実質的に『一般理論』で述べられているものと同じだ。

　でも、お金の供給《マネーサプライ》を増やすだけで完全雇用が回復されるかどうか、『一般理論』は全体を通して懐疑的だというのは確かだ。これは別にケインズが金融政策の潜在的な役割について無知だったからじゃない。それはケインズなりの経験則に基づく判断だった。『一般理論』が書かれたのは、金利がすでにきわめて低くて、お金の供給《マネーサプライ》を増やしたところで下がる余地はほとんどないところにある時代だったからだ。

　図1を見て欲しい。これは三ヵ月もののアメリカ国債金利を一九二〇年から二〇〇二年までたどったものだ。現代の有力な経済学者が知的年齢に達したのは、一九七〇年代から一九八〇年代のことで、金利は常に五パーセント以上、時には二桁に達していた。こういう条件では、金融政策の有効性を疑問視する理由はなかったし、中央銀行が金利を下げて需要を増

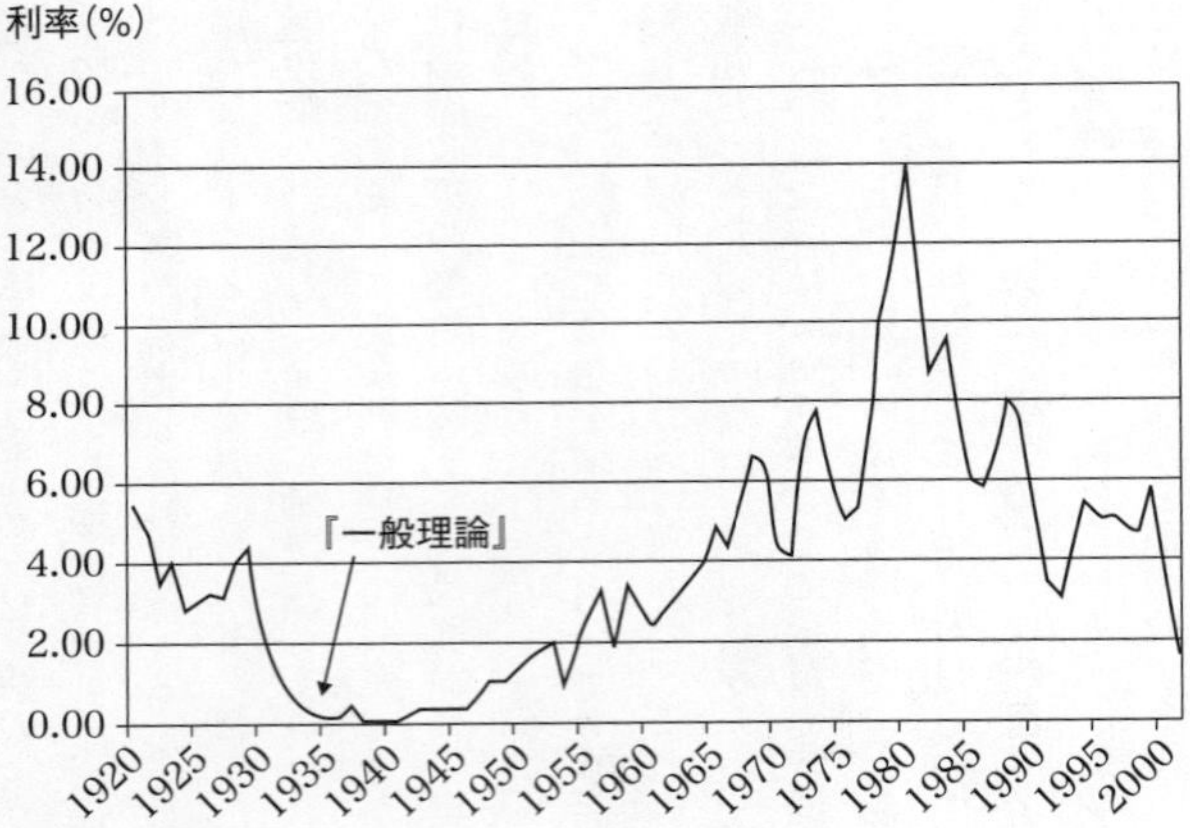

図1

やすことができないなんて心配する理由もなかった。でも図が示すように、『一般理論』が書かれたのはまったくちがった金融環境でのことで、そこでは利率はかなり長期にわたってゼロに近かったんだ。

現代のマクロ経済学者は、こうした環境で金融政策がどうなるかについて、机上であれこれ論じる必要はないし、経済史の深みに入り込む必要さえない。ごく最近の事例を検討すればすむからだ。本稿を書いている時点（訳注：二〇〇六年十月頃）では、日本経済がやっと持続的な回復を達成したかもしれないという希望が生まれているけれど、一九九〇年代初期から少なくとも二〇〇四年まで、日本は一九三〇年代の英米経済とほぼ同じ状況にあった。短期金利はゼロに近く、長期金利も歴史的な低さで、それなのに民間投資は経済をデフレから引っ張り出すのに不十分なままだ。この環境では、金融政策はケインズが描いたとおり役に立たなかった。日本銀行がお金の供給《マネーサプライ》を増やそうとしても、それはすでに十分な銀行のリザーブと一般の現金保有を増やしただけで、ちっとも経済の刺激にはならなかった（一九九〇年代末の日本のジョークでは、消費者たちが買っているのは金庫だけだったとか）。そして日本銀行が無能だとなると、日本政府が大規模な公共事業を発注して需要を押し上げた。

ケインズは、金融政策の有効性に関する自分の疑念が条件次第のものであって、一般原則の表明でないとはっきり述べている。昔は状況がちがった、とケインズは考えていた。「ほとんど百五十年にわたり、主要金融センターにおける長期金利の通例は五パーセントくらいでした。そして優良金利は三－三・五パーセントです。そしてこうした金利は、まあまあ我慢できる程度の雇用を平均で維持できるくらいの投資量を促せる程度に低いものでした」〔四一二頁〕。この環境では「我慢できる程度の失業水準が、賃金単位で見たお金の適切な供給保証だけで十年、二十年、三十年にもわたって実現」〔四一三頁〕できたのだったとケインズは考えていた。つまり、昔は金融政策は機能した――でも今やもうダメ、ということだ。

さて、確かにケインズは、一九三〇年代の条件がいつまでも続くと信じていた――それどころか、資本の限界効率はひたすら下がり続けて、金利生活者の消滅も間近いと考えていた。それは確かにまちがっていた。あとでなぜかれがまちがえたかを話そう。

でもその話をする前に、べつの見方の話をしよう。この見方は、現代のマクロ経済学がケインズに負う物は少ないという点は合意する。でも、ケインズを超えたと論じるかわりに、この見方ではケインズは誤解されていると論じる。つまり一部の経済学者は、ぼくたちが真のケインズ経済学の道を踏み外したと頑固に主張している。現在のマクロ経済理論は、ケインズを静的な均衡モデルに矮小化してしまい、そのモデルをできる限り合理的選択に根拠づけようとするけれど、それはケインズ思想に対する裏切りだ、というわけ。

ホントかな？　合理的選択の問題では、確かに現代的なマクロ経済学の説明と比べれば『一般理論』には最大化の議論はほとんど登場せず、行動仮説がたくさん出てきている。経済行動の不合理的なルーツの強調は、金融市場の投機についての記述でいちばん頻出する。金融市場では「平均的な意見が、平均的な意見は何になると考えるかを予測しようとして、みんなが頭を使う」［一二六頁］。でも、現代の視点からすれば、それは消費関数の議論でいちばんはっきり現れる。消費行動を合理的選択の立場からモデル化しようとする試みは、ケインズ以降の主要テーマの一つだった。でもケインズの消費関数は、第Ⅲ巻に登場するけれど、期間をまたがる最適化ではなく、心理学的な観察に基づいたものだ。

すると疑問が二つ湧いてくる。まず、ケインズが最大化理論を避けたのは正しかったんだろうか？　次に、ケインズの後継者たちは最大化を蒸し返すことでケインズの遺産を裏切ったんだろうか？

最初の疑問への答えは、場合による、というものだ。経済行動には不合理な部分も強く存在するという点で、ケインズは確かに正しかった。行動経済学や行動ファイナンスの隆盛は、経済学分野が遅まきながらそれを認識したということを示している。一方で、ケインズが行動を一般化しようとした試みの一部は、ちょっと軽率すぎるし、重要な点で誤解のもとだ。特にかれは心理学を根拠に、一人当たりの所得が増えれば平均貯蓄率も上がると論じた［一五九頁］。でも実際に調べてみると、全然そんなことはない。

でも二番目の疑問への答えは、はっきりノーだとぼくは言いたい。はいはい、ケインズは確かに経済の非合理な部分を念入りに観察していて、行動経済学者たちに先んじていたくらいだし、経済動学についてもいろいろ意見を持っていた。はいはい、『一般理論』は確かに、投資が椅子取りゲームのようなものだとか、アニマルスピリットの話とか、機知に富んだ話もたくさん出てくる。でも『一般理論』は、第一義的には経済行為者たちの予測不可能性や不合理性について述べた本ではない。ケインズは、収入と消費者支出との関係が比較的安定していることを強調している。この安定性を合理的選択に根拠づけようとするのは見当違いなのかもしれないけれど、でもだからといってケインズの意図がひっくり返るわけじゃない。そしてケインズは企業行動の合理性なんか大したことないと思ってはいたけれど、すでに指摘したように、かれの重要な戦略的決断の一つは、なぜ投資が増えたり減ったりするかという問題を背景に押しやったことにある。

じゃあ均衡はどうかって？　ここでケンカの種になる発言をしよう。ケインズを静的均衡モデルで理解するのは裏切りじゃない。だってケインズが主に生み出したのは、まさに静的均衡モデルなんだもの。『一般理論』が述べている本質的なお話は、金利水準を定めるのが流動性選好だということだ。そして、金利水準が決まれば、資本の限界効率が投資率を決める。そして、雇用は、産出の価値が投資と消費者支出の合計と等しくなる点で決まる、ということだ。「消費性向と新規投資の率がわかれば、均衡を実現する雇用水準は一つしかありません」［七八頁］。

具体的に、一つ問題を採り上げてみよう。ポール・サミュエルソンは、乗数効果を説明するのに一九四八年の教科書で有名な四十五度線を導入したけれど、これはケインズの主張をまるっきり歪めているだろうか？　サミュエルソンが師匠の思想を汚したのだと熱っぽく頑固に主張する論者はいる。でもぼくは、均衡雇用に関するサミュエルソンの説明と当のケインズ自身の説明とで、大したちがいをどうしても認められない。ケインズの説明は第3章にはっきり載っている：$\phi(N) - \chi(N) = D_2$［七九頁］。これを図にしたら、ケインズのやつもサミュエルソンの図とそっくりだ。量はドルではなく賃金単位で計測されているし、便利な四十五度線もないけれど、理屈はまったく同じだ。

だったら結局のところ、いまやみんなケインジアンなのだ。現代マクロ経済学者たちがやることの実に大きな部分は、まちがいなく『一般理論』から直接的に導かれる。ケインズが導入した枠組みは、今日に至るまで実に見事に成立している。

とはいえもちろん、ケインズが見落としたり見通しきれなかったりした重要な点もあった。

ケインズの見落としたもの

『一般理論』への最大の批判としては、ケインズは一時的な現象をトレンドとまちがえた、というものがある。ゼロに近い金利ですら完全雇用の回復には十分に低くなかった十年間にかれが書いた本は、その事実が持つ意味合いを見事に説明した——特にイングランド銀行とアメリカ連邦準備理事会が陥った、いくらお金の供給《マネーサプライ》を増やそうとしても雇用を作れないという罠は実に上手に説明した。もちろん、いつもそういう状況でなかったことはケインズだって知っていた。でも、一九三〇年代の金融環境がその後は標準になるとまちがって信じていたわけだ。

図1をもう一度見てほしい。実際に起きたことが示されている。日本は例外として、一九三〇年代の金融環境は再現されることはなかった。アメリカでは、超低金利の時代は一九五〇年代に終わり、二度と復活しなかった（とはいえ二〇〇二－〇三年にかけて日本に近い状

況になりかけたけれど）。でもアメリカは一般に、適正な有効需要水準を保つのに成功してきた。イギリスも似たような経験をしてきた。そして大陸ヨーロッパでは大規模な失業が存在するけれど、その失業は単なる需要不足よりも供給サイドの問題によるものらしい。

なぜケインズはまちがえたのか？

答えの一部は、成熟した経済が収穫逓減を振り払う能力をケインズが過小評価していたということだ。ケインズの「金利生活者の安楽死」という予測は、資本が蓄積されるにつれて、利益の出る民間投資プロジェクトが見つけにくくなり、資本の限界効率が下がる、という想定を前提としていた。両大戦の間のイギリスでは、工業化の英雄的な時代がすでに終わっていたし、その見方も一理あるように見えたかもしれない。でも第二次大戦が終わると、技術進歩と人口増の回復との組み合わせで、新しい投資機会がたくさん開けた。そして一部では「世界的な貯蓄過剰」を警告する声もあるけれど、金利生活者の消滅は間近にせまっている様子はない。

でも金利を比較的高いままにとどめ、金融政策を有効にし続けたもっと重要な要因がある。しつこいインフレだ。それが期待に埋め込まれ、おかげで人々が物価安定を期待した場合よりも高い金利に反映された。もちろんインフレ率は、今日より一九七〇年代のほうが、そして一九八〇年ですら今よりもずっと高かった。でもインフレ期待は今でも、金利を安全にゼロから遠ざけておくのに強力な役割を果たしている。たとえば、執筆時点では二十年もののアメリカ国債利率は四・七パーセントだった。リターンがインフレから守られている「インデックス」債の利率はたった二・一パーセントだ。これを見ると、インフレ率が低いとされている今でさえ、二十年ものの利率のほとんどは実質リターンよりインフレ期待を反映しているんだというのがわかる。

しつこいインフレのおかげで、『一般理論』は一見すると、インフレ不在だった場合ほどの現代性はなさそうに思われている。が、皮肉なことに、そういうインフレは、よかれ悪しかれ一部はケインズの影響からきているんだ。悪い面で言えば、一九七〇年代のインフレ上昇は、部分的には拡張的な金融政策と財政政策のせいで起きた。これはケインズの影響を受けた政府が、非現実的な雇用目標を掲げたせいだ（ぼくが特に念頭に置いているのは、イギリスのエドワード・ヒースによる「成長への疾走」と、アメリカのバーンズ＝ニクソンの景気拡大だ）。よい面で言えば、イングランド銀行は明示的に、そして連邦準備理事会は暗黙的に、低いけれどプラスの持続的なインフレをすすめるという明確な戦略を持っている（訳注：アメリカ連邦準備理事会も二〇一二年に明示的なインフレ目標を掲げた）。これはまさに、ケインズが診断した罠に陥るのを防ぐためのものだ。

ケインズは、慢性インフレの未来を予想していなかった（ケインズに限らず当時だれもそんな予想はしていなかった）。つまりかれは、金融政策の将来について必要以上に悲観的だったということだ。そしてそれは同時に、慢性インフレがもたらす政策上の問題はまったく考慮しなかったということでもある。だがそれこそが一九七〇年代と一九八〇年代のマクロ経済学者の主要な悩みだったし、一部の人はそのために経済理論の危機を唱えるに至った(実は、失業のさなかでもインフレが消えないのを説明するためにぼくたちの多くが最近使う各種モデル、特に賃金交渉の不調和を強調する「重複契約」モデルは、賃金決定についてケインズが述べていることと本質部分はかなり似通っている)。でも一九三〇年代にだれも想像しなかった問題に答えていないからといって、ケインズの分析の欠陥だとはとても言えない。そしていまやインフレがおさまってみると、ケインズは再びすごく有意義に見えてきた。

救世主としての経済学者

知的な成果として、『一般理論』と並ぶ経済学の業績はほんの一握りしかない。ぼくが最も高い評価を与えるのは、世界の見方をまるっきり変えてしまい、いったんその理論を知ったらすべてについてちがった見方をするようになってしまうような理論だ。アダム・スミスは『国富論』でそれをやった。突然経済というものは、儲けて消費する人々の寄せ集めじゃなくなった。それはそれぞれの個人が「見えざる手によって導かれて、自分の意図とはまったく関係ない目的を推進する」自律的なシステムとなった。『一般理論』もそれと肩を並べるものだ。突然、大量失業は需要不足のせいだという、これまではずっと周縁的な異端でしかなかった発想があっさり理解可能となったどころか、当然のことのように思えてしまったんだから。

でも『一般理論』を真に独特なものにしているのは、それが圧倒的な知的成果を、世界的な経済危機に関わる直接的な現実的効力と組み合わせていたという点だ。ロバート・スキデルスキーによるケインズ伝第二巻は「救世主としての経済学者」と題されているけれど、これは誇張でもなんでもない。『一般理論』までは、まともな人々は大量失業というのが複雑な原因を持つ問題だと考えており、市場を政府の統制と置き換える以外には楽な解決方法はないと思っていた。ケインズは、実はその正反対なんだということを示した。大量失業は需要不足という単純な原因によるもので、財政拡張型政策という簡単な解決策があるのだ、ということを。

『一般理論』が大恐慌からの出口を示してくれました、となればすてきだろう。でもお話的には残念ながら、実際に起きたのはそうじゃなかった。完全雇用を回復させた巨大公共事業、またの名を第二次世界大戦が始められたのは、マクロ経済理論とはまったくちがった理由からだった。でもケインズ理論は、なぜ戦争支出がそういう効果を挙げたか説明したし、戦後の世界が不況に陥らないように各国政府が手を尽くすのにも役だった。ケインズ経済学の導きがなければ、恐慌のような状態が復活しかねなかった状況がなかったとはだれが言えるだろうか。

社会科学の歴史上で、ケインズの業績に匹敵するものは存在しない。存在し得ないのかもしれない。ケインズは当時の問題については正しかった。当時の世界経済はマグネトーの問題を抱えていて、経済を再起動させるには、驚くほど限定的で小手先の修正ですんだ。でもほとんどの世界の経済問題は、たぶん複雑な原因を持っていて、簡単には解決できないんだろう。今日の世界の経済問題は、ラテンアメリカの発展の遅れから、アメリカの格差の猛拡大にいたるまで、限定的で小手先の解決策があるのかもしれず、単に次のケインズがそれを発見するのをみんな待っているだけなのかもしれない。でも今のところ、そんなことは起こりそうもない。

一つ確実なことがある。もし次のケインズが生まれているとしたら、その人物はケインズのもっとも重要な性質を持っているはずだ。ケインズは申し分ない知的インサイダーで、当時の主流経済思想について、誰にも負けないくらいよく理解していた。その知識ベースがなければ、そしてそれに伴う議論展開能力がなければ、あれほど徹底した経済正統教義の批判を展開することは不可能だっただろう。でもケインズは同時におそれ知らずの急進派であり、自分の教わった経済学の根本的な前提の一部がまちがっているという可能性を進んで検討しようという意志を持っていた。

こうした性質が、ケインズに経済学者たちと世界を光へと導くことを可能にしてくれた

——というのも『一般理論』はまさに、知的な闇からの壮大な脱出の旅なんだから。経済政策にとっての相変わらずの意義と並び、それこそがまさに本書を歴史に残る本にしているものだ。読んで、そして驚嘆されよ。

注

（1）アメリカの学生がケインズ経済学を学ぶのを阻止しようという大がかりな試みに関する恐ろしい記述としては、David Colander and Harry Landreth, *The Coming of Keynesianism to America*, Edward Elgar, 1996 を参照。

（2）"The Great Slump of 1930," *Essays in Persuasion* に再録（邦訳「一九三〇年代の大不況」『説得論集』所収）。

（3）Gottfried Haberler, *Prosperity and Depression*, League of Nations, 1937.

目次

雇用、利子、お金の一般理論

雇用、利子、お金の一般理論

日本版への序（一九三六年）

アルフレッド・マーシャル『経済学原理』は現代のイギリス経済学者がみんな勉強に使った本ですが、そのマーシャルは自分とリカードとの思想的連続性を強調しようとして、ずいぶん苦労していたものです。その作業はもっぱら、限界原理と代替原理をリカードの伝統に接ぎ木しようというものでした。そして、ある決まった産出の生産と分配はきちんと考えたのですが、社会全体の産出や消費に関する理論は独立に検討しませんでした。マーシャル自身がそうした理論の必要性を感じていたか、私にはわかりません。でもその弟子や後継者たちは、まちがいなくそんな理論なしですませてきたし、どうやらそれが必要だとも思っていません。私はこういう雰囲気の中で育ってきました。自分でもそうした教義を教えたし、それが不十分だと意識するようになったのも、過去十年ほどのことでしかありません。だから私自身の思考と発展の中では、この本は反動の結果で、イギリス古典派（あるいは正統派）の伝統から離れるための変転を示すものです。以下のページではこの点と、そして教えを受けた教義からの逸脱点が強調されていますが、それはイギリスの一部では、無用にケンカ腰だと言われています。でもイギリスの経済学正統教義で育ってきた人物、いやそれどころか、一時はその信仰の司祭だった人物としては、プロテスタントに初めてなろうとする時に多少のケンカ腰の強調は避けられますまい。

でも日本の読者には、イギリスの伝統に対する批判など無用かもしれないし、そうした批判に反発することもないかもしれません。英語の経済学文献が日本で広く読まれているのは有名ですが、日本の論壇がそれをどう受け取っているかは、こちらではあまり知られていないのです。最近、東京の国際経済協会が東京再刊シリーズの皮切りとして、マルサス『政治経済学原理』を再刊するという見上げた事業を実施したそうです。これはリカードよりはマルサスの流れをくむ本書が、少なくとも一部では好評をもって迎えられるのではという希望を抱かせてくれるものではあります。

いずれにしても東洋経済新報社が、外国語という余計なハンデなしに日本の読者にアプローチできるようにしてくれたことに感謝します。

序文

この本は主に、経済学者仲間に向けたものです。他の人にも理解してもらえればとは思います。でも本書の主な狙いは理論上のむずかしい問題を扱うことで、その理論を実践にどう適用するかは二の次でしかありません。というのも、既存経済学の悪いところは、その上部構造のまちがいにはありません。上部構造は論理的な整合性を持つように、とても慎重に構築されています。まちがいはむしろ、その前提に明確さと一般性がないことです。ですから本書の目的は経済学者たちに対し、自分たちの基本的な前提の一部を批判的に再検討するよう説得することです。でもそれを達成するには、とても抽象的な議論と、かなりのケンカ腰が不可欠でした。後者はもっと減らしたかったところ。でも自分の見方を説明するだけでなく、それがどんな点で主流理論と乖離するかを示すのも大事だと思ったのです。私が「古典派理論」と呼ぶものに強くこだわる人々は、私がまるでまちがっているという信念と、目新しいことは何も言っていないという信念の間で揺れ動くでしょう。そのどっちが正しいか、あるいは第三の選択肢が正しいのかを決めるのは、それ以外の人々です。ケンカ腰の部分は、その答えを出すための材料をある程度提供しようという狙いです。そして、ちがいを際だたせようとするあまりケンカ腰が強すぎるようならお許しを。この私だって、かつては自分が今や攻撃している理論に自信を持っていたし、たぶんその強みを知らないわけでもないのですから。

争点となっている事項は、これ以上はないほど重要なものです。でも私の説明が正しいなら、まず説得すべきは経済学者仲間であって、一般大衆ではありません。議論のこの段階では、一般大衆は論争にお呼びでないとは申しません。が、ある一人の経済学者と他の経済学者との間の深い意見の相違を明るみに出そうという試みにおいては、野次馬でしかありません。でもその意見の相違点は、経済理論が持っていた現実的な影響力を現在ほとんど破壊してしまい、そしてそれを解決しないと、今後もその影響力を阻害し続けてしまうのです。

この本と、五年前に刊行した『貨幣論』との関係は、自分でははっきりしているつもりですが、他の人にはわかりにくいでしょう。そして自分では過去数年にわたり追求してきた考え方からの自然な流れに思えても、読者には理解不能の転向に思える話もあるでしょう。この困難に拍車をかけるのは、必要に迫られていくつかの用語を『貨幣論』から変更したことです。こうした用語変更は、以下の話の中で指摘します。でもこの二冊の関係はざっと以下のように言えます。『貨幣論』を書き始めたときには、まだお金の影響というものが、いわば需要と供給の一般理論とは切り離されたものだという伝統的な話の流れで考えていたのです。書き終えてみると、金融理論が経済全体の産出に関する理論になるよう押し戻す作業は少し進んでいました。でも、先入観から解放されていなかったことが、同書の理論的な部分（特に第Ⅲ巻と第Ⅳ巻）での突出した欠陥に思える部分に顔を出しています。つまり、産出水準の変化に対する影響を十分に扱いきれなかったのです。私の「基本方程式」なるものは、産出が決まっているという仮定の下でのスナップショットでした。それは、決まった産出を想定したとき、利潤の不均衡をもたらすような力が生まれて、したがって産出の変化が必要となる、というのを示そうとしたものです。でもスナップショットではない動的な展開は不完全で、きわめて混乱したままでした。これに対して本書は、経済全体としての産出規模と雇用規模の変化を決める、各種の力を主に研究したものとなりました。そして本書は、お金というものが経済の仕組みの中に、本質的で奇妙な形で入ってくることを発見しましたが、細々した金融の細部は背景に押しやられています。これから見るように、貨幣経済では将来についての見方が変わると、雇用の方向性ばかりか、その量まで影響されかねないのです。でも、将来見通しの変化に影響されるような現在の経済行動分析手法は、需要と供給の相互作用に依存するもので、それによって価値の根本理論と結びついています。こうして私たちはもっと一般的な理論にたどりつきます。それはおなじみの古典派理論が、特殊ケースとして含まれるものなのです。

こんななじみのない道を進む本の著者は、必要以上のまちがいを避けるため、批判と対話にきわめて大きく依存します。一人きりで考えすぎると、実にばかげたことでも一時的には信じてしまうようになって驚かされます。特に経済学では（他の道徳科学もそうですが）自分の発想を、数式的にも実験的にも決定的なテストにかけることができない場合が多いのです。本書では、たぶん『貨幣論』を書いたとき以上に、R・F・カーン氏の絶え間ない助言と建設的な批判のおかげを被りました。彼の助言なしにはこのような形を取らなかったはずのものが、本書にはたくさんあります。またゲラを全部読んでくれたジョーン・ロビンソン夫人、R・G・ホートレー氏、R・F・ハロッド氏にも感謝します。索引をまとめてくれたのは、キングス・カレッジのD・M・ベンスサン＝ブット氏でした（訳注：本訳書では簡略化した索引を掲載する）。

本書の構築は著者にとって、脱出のための長い闘いでした。そして読者に対する著者の攻撃が成功するなら、読者にとっても本書は脱出に向けた長い闘いとならざるを得ません――それは因習的な思考と表現の形からの脱出なのです。ここでくどくど表現されている発想は、実に単純で自明だと思います。むずかしいのは、その新しい発想自体ではなく、古い発想から逃れることです。その古い発想は、私たちのような教育を受けてきた者にとっては、心の隅々にまではびこっているのですから。

J・M・ケインズ

一九三五年十二月十三日

第Ⅰ巻　はじめに

第1章　一般理論

　この本に『雇用、利子、お金の一般理論』という題をつけたとき、強調したかったのはこの「一般」という前振りです。こういう題名の狙いは、私の議論や結論の特徴を、経済についての古典派[1]の理論と対比させることです。私は古典派理論を教わってきたし、その理論は行政や学術階級の人々による経済についての発想を、実務面でも理論面でも支配していきます。それはこの世代に限らず、過去百年ずっとそうでした。その古典派理論の公準は特殊ケースにだけあてはまり、一般の場合にはあてはまらない、というのが私の主張です。そこで想定されている状況というのは、あり得る均衡位置の中でも限られた点だけを想定しているのです。さらに古典派理論が想定する特殊ケースの特徴は、私たちが実際に暮らしている経済社会の特徴とはちがいます。だから経験上の事実に適用したら、古典理論の教えはまちがった方向を示して散々な結果を招いてしまうのです。

注

（1）「古典派経済学者」というのは、リカードやジェイムズ・ミルとその先人を指す名称としてマルクスが発明したもの。つまりリカード派経済学に集大成される理論の創始者たちということになります。誤用のそしりを受けるかもしれませんが、私は「古典学派」というと、リカードの後継者たち、つまりリカード派経済学理論を採用して完成させた人々を含めるものと常々思っています。（たとえば）J・S・ミル、マーシャル、エッジワース、ピグー教授などです。

第2章　古典派経済学の公準

価値と生産の理論についてのほとんどの論考は、ある決まった量のリソースがいろいろな用途にどう分配されるか、そしてその量のリソース雇用を前提としたとき、それらの相対的な報酬や製品の相対的な価値がどう決まるかを主に考えています(1)。

また利用可能なリソースの量、つまり雇用できる人口の規模や自然の富の量、蓄積された資本設備という意味ですが、これまた記述的に（所与のものとして）扱われています。でも利用可能なリソースの実際の雇用を決めるのは何かという純粋理論は、詳しく検討されたことがほとんどありません。もちろん、まったく検討されていないと言うのはばかげています。雇用の変動に関する議論はたくさんありますし、それらはすべて、その理論に関わるものなのですから。言いたいのはつまり、この議論が見すごされてきたということではなく、その根底にある理論があまりに単純で自明だとされ、せいぜいがサラッと流されるだけだった、ということなのです(2)。

I

雇用の古典理論——単純で自明なものとされています——は、思うに二つの基本的な公準に基づいていますが、それについては実質的に何の議論もありません。その公準とは具体的に以下のとおり：

i．賃金は、労働の限界生産に等しい

つまり、雇われた人の賃金は、雇用が一ユニット減らされたときに失われる（生産物の）価値に等しいということです（むろんこの産出低下によって減る費用はすべて差し引く必要があります）。ただし条件として、競争や市場が不完全な場合には、何らかの原理にしたがって、その等しさは損なわれるかもしれません。

ii．ある量の労働が雇用されたときの賃金の効用は、その量の雇用による限界的な負の効用と等しい

つまり、雇われた人物の実質賃金は、実際に雇われている労働量が喜んで働こうとするのに過不足のない（これを見極めるのは、雇われた人々自身です）水準となる、ということで

す。ただし条件として、労働の個々のユニット間の平等性は、第一公準の条件として挙げた競争の不完全性に相当する、雇用可能なユニットの組み合わせによって損なわれるかもしれません。ここでの負の効用は、ある人、あるいは人間集団が、その人にとってある最低基準を下回る効用しかもたらさないような賃金を、受け容れずに労働を控えるための、ありとあらゆる理由が含まれるものと考えてください。

この公準は、「摩擦」失業とでも言うべきものにあてはまります。というのも、これを現実的に解釈すると、継続的な完全雇用の障害となるような、調整における各種の誤差が無理なくおさまります。たとえば、専門技能の量について、計算ミスや需要の断続性のおかげで一時的な不一致が起きるための失業などです。あるいは、予測外の変化の結果として生じる時間的な遅れによる失業、あるいは、ある仕事から別の仕事への転職にはどうしても多少の遅れがあるので、静的でない社会では、リソースの一部は「仕事の合間」で失業している、といったことです。「摩擦失業」に加えて、この公準は、労働ユニットが働くのを拒否したり働けなかったりする「自発失業」にもあてはまります。たとえば、法制度や社会慣習や、団体交渉のための団結、またはありきたりな人間の引っ込み思案からくる、変化への反応の遅さ、限界生産性に対応した製品の価値に対応する報酬を受け容れたくない場合などがそれにあたります。でもこうした「摩擦」失業と「自発」失業という二つのカテゴリーですべてです。古典派の公準は第三のカテゴリー、つまり以下で「非自発」失業と定義するものは認めません。

こうした条件はつきますが、雇用されたリソースの量は古典派理論によれば、この二つの公準できっちり決定されます。第一公準は、雇用の需要関係《スケジュール》を与え、第二公準は供給関係《スケジュール》を与えます。そして雇用の量は、限界生産の効用が、限界雇用の負の効用と一致するところで固定されます。

ここから導かれるのは、雇用を増やせる手段は四つしかない、ということです：

(a)組織形成や予測を改善することで「摩擦」失業を減らす。

(b)労働の限界的な負の効用を減らす。これは追加の労働を獲得できる実質賃金で表される。これが減れば「自発」失業が減る。

(c)賃金財産業（賃金財というのはピグー教授の便利な用語で、その価格が名目賃金の効用を左右するような財のこと）において、労働の物理的な限界生産性を高める。

(d)賃金労働者でない人々の支出が、賃金財から非賃金財にシフトすることにより、賃金財に比べて非賃金財の価格が上がる。

私が理解できる限り、これはピグー教授の『失業の理論』——現存する唯一の失業に関する古典理論的な詳細説明——の立場です(3)。

II

人々が一般に、いまの賃金水準で働きたいと思うだけ働けていることがほとんどない、という事実を前にしたとき、上のカテゴリーですべてだというのは本当だと言えるでしょうか？　というのも、仕事の口さえあれば、いまの名目賃金でもっと多くの労働力が喜んで働くのはまちがいないことだからです。[4]古典学派はこの現象と折り合いをつけるのに第二公準を持ち出します。いまの名目賃金での労働需要は、その賃金で働きたい人が全員雇用されないうちに満たされてしまいますが、それはそれ以下の賃金では働くまいという労働者間の公然または暗黙の合意によるものであり、もし労働者が全体として名目賃金引き下げに合意すれば、もっと多くの働き口も出てくる、というわけです。もしそうなら、そういう失業は見たところ非自発的ながら、厳密には非自発的ではなく、団体交渉の影響による「自発」失業などのカテゴリーに含めるべきだ、ということになります。

ここから二つの考察が出てきます。一つは実質賃金と名目賃金のそれぞれに対する、労働者の実際の態度に関するもので、実質賃金のほうは理論的にはどうでもいいのですが、後者は重要です。

いま仮に、労働者がもっと低い名目賃金では働きたがらず、いまの名目賃金水準を下げると、ストライキなどを通じて、いま雇われている労働者が労働市場から退出してしまうとしましょう。だからといって、既存の実質賃金が労働の限界的な負の効用を正確に表していると言えるでしょうか？　いや、そうとは限りません。というのも、いまの名目賃金を減らしたら労働者の退出が起きるからといって、賃金財の価格が上昇した結果として、既存の名目賃金を賃金財で測った価値が低下した場合にも労働者が退出することにはならないからです。言い換えると、ある範囲内では、労働者が求めるのは最低限の名目賃金であって、最低限の実質賃金ではないのかもしれません。古典学派は暗黙のうちに、これが自分たちの理論を大きく変えることはないと想定しています。でもそんなことはありません。というのも、労働の供給が実質賃金を唯一の変数とする関数ではないなら、古典派の議論は完全に崩壊し、実際の雇用がどの程度になるかという問題にまったく答えられなくなるからです(5)。古典派は、労働の供給が実質賃金だけの関数でない限り、労働の供給曲線は、物価がちょっと動くたびに派手に動き回るということに気がついていないようです。ですから彼らの手法は、とても特殊な想定に縛り付けられていて、もっと一般的なケースを扱えるようには適応できないのです。

さて、通常の体験からすると、労働者が実質賃金よりは名目賃金を（ある程度までは）求めるという状況は、単なる可能性どころか、こっちのほうがまちがいなく通例です。労働者は名目賃金削減には抵抗しますが、賃金財の価格が上がるたびに労働力を引き上げる、などということはやりません。労働者たちが名目賃金引き下げに反対するのに、実質賃金低下に文句を言わないのは非論理的だ、などと言われることもありますが、以下（セクションⅢ）で述べる理由から、これは一見したほど非論理的ではないかもしれません。そして後で見るように、これはありがたいことです。でも、論理的かどうかにかかわらず、経験によれば労働者の実際の行動はそうなのです。

さらに、不況を特徴づける失業が、労働者による名目賃金引き下げの受け入れ拒否によるものだという考え方は、事実面で明らかに裏づけられてはいません。一九三二年アメリカでの失業が、名目賃金引き下げを受け入れない頑固な労働者のせいだったとか、経済マシンが実現できる生産性を超える実質賃金を頑固に要求する労働者のせいだった、という主張はかなり考えにくいものです。労働者の最低限の実質要求や、労働者の生産性が目に見えて変わらないのに、雇用の量は大きく変動します。労働者が、好況時よりも不況時のほうが頑固だなどということはありません――正反対です。物理的な生産性も下がったりしません。経験からのこうした事実は、古典派の分析が適切かを疑問視する、明らかな根拠となるのです。

名目賃金と実質賃金の、実際の相関について統計調査の結果を見るとおもしろいことでしょう。ある特定産業だけの変化の場合なら、実質賃金の変化は名目賃金の変化と同じ向きになるはずです。でも全般的な賃金水準変化となると、たぶん実質賃金と名目賃金の変化の関係は、同じ方向が通例どころか、ほとんど必ず反対方向に動くでしょう。つまり名目賃金が上昇すれば実質賃金は下がっているはずですし、名目賃金が下がっているときには、実質賃金が上がっているはずです。なぜかというと、短期的には名目賃金低下と実質賃金上昇は、それぞれ別々の理由から、雇用量の減少に伴う可能性が高いからです。雇用が減っているときには、労働者は賃金削減を受け入れやすくなりますが、雇用が減れば資本設備からの限界収益が、生産量低下に伴って上昇するため、実質賃金は確実に上がるのです。

もし既存の実質賃金というのが、それ以下だと現在雇われている以上の労働者がどんな状況でも喜んで求人に応じないような、最低限の実質賃金であるなら、摩擦失業はあっても、非自発失業は存在しないことになります。でもそんな想定が常に成り立つと想定するのはばかげています。というのも、現在雇われているよりも多くの労働者は、いまの名目賃金でも手に入るのが通例だからです。これは賃金財の価格が上がっていて、結果として実質賃金が下がっている場合でも言えます。もしそうであるなら、既存の名目賃金を賃金財で測ったもの(訳注：つまりは実質賃金)は、労働の限界的な負の効用の指標として正確ではなく、したがって第二公準は成立しない、ということになります。

でももっと本質的な反論があります。第二公準は、労働者の賃金が労働者と事業者との賃金交渉によるという発想からきています。もちろんそうした交渉がお金を単位として行われることは認識されますし、労働者が容認できる実質賃金が、そのときにそれと対応する名目賃金と完全に独立したものではないことは古典派も認めます。でも、そうやって決まった名目賃金が、実質賃金を決めるのだ、と主張されるのです。したがって古典派理論は、労働者は常に名目賃金の削減を受け入れることで、実質賃金を削減できるのだと想定します。実質賃金が労働の限界的な負の効用と等しくなる傾向があるのだという前提は、労働者自身が自分の働く実質賃金を決められるという前提にたっているのです（ただしその賃金で喜んで働く雇用量は決められませんが）。

要するに伝統的な理論は、事業者と労働者との賃金交渉は実質賃金を決めると想定しているのです。ですから、事業者同士が自由に賃金競争できて、労働者側が制約的な団結をしないとすれば、労働者たちはお望みなら実質賃金を、その賃金で雇用者が提供する雇用量の限界的な負の効用と一致させることは可能だ、ということになります。もしそうでなければ、もはや実質賃金と労働の限界的な負の効用とが等しくなりがちだと予想すべき理由はなくなります。

忘れてはいけませんが、古典派の結論は労働者全体にあてはまるはずのものです。単にある一人の労働者が、仲間のいやがる名目賃金カットを受け入れれば職がもらえる、というだけの話ではありません。それは閉鎖経済でも開放経済でも同じくあてはまるはずで、開放経済の特徴や、ある国での名目賃金低下が国際貿易に与える影響などにも依存しないはずです。もちろん国際貿易の話は、ここでの議論からは完全に外れています。また、それは名目人件費が下がって、それが銀行システムや融資状況に及ぼす間接的な影響に基づくものでもありません。この効果については第19章で詳しく見ます。それは閉鎖経済において、名目賃金の全般的な水準が下がると、それに伴って、少なくとも短期ではほとんど何の保留条件もなしに、実質賃金の低下がある程度（ただし比例するとは限りませんが）起こるという信念に基づいているのです。

さて、実質賃金の全般的な水準が事業者と労働者との名目賃金交渉に左右されるという想定は、明らかに正しいとは言えません。実際、それを証明／棄却するための試みがほとんど行われていないのは不思議なことです。なぜなら、それは古典派理論の一般的な性質とはまったく相容れないのです。古典派理論では、価格というのがお金で測った限界原価で決まると教わってきました。名目賃金が限界原価を大きく左右する、とも教わってきました。ですから名目賃金が変わったら、古典学派ならそれとほとんど同じ比率で物価水準も変わり、実質賃金と失業水準は、以前とほとんど変わらず、労働者のわずかな利益や損失の増減は、限界費用の中で変わっていない他の要素へのしわよせから生じると主張するのが筋です[6]。でも古典派たちは、この考え方から逸脱してしまったようです。その一部は、労働者は自分の実質賃金を決められる立場にある、という思い込みのせいだし、また一部はおそらく、価格水準はお金の量に依存するという発想に縛られていたせいでしょう。そして労働者が常に自分の実質賃金を決められる立場にあるという主張への信仰は、いったん採用されてしまうと、労働者は完全雇用（つまりある実質賃金で可能な最大の雇用量）に対応した実質賃金をいつも決められる、という主張と混同されることで延命したのです。

まとめましょう。古典派理論の第二の公準には、二つの反論があります。一つは、労働者の実際の行動に関係します。名目賃金はそのままでも物価上昇（インフレ）で実質賃金が低下した場合、その賃金で働く気のある労働者の供給は、物価上昇以前の水準と比べて特に下がったりしません。下がると想定するなら、いまの賃金水準で働きたいのに失業している全員が、生活費がちょっと上昇しただけで、就職する気を失う、と想定するに等しいことです。でもこの奇妙な想定こそまさに、どうやらピグー教授の『失業の理論』の根底にあるものなのです[7]。そしてこれは、正統学派の一味全員が暗黙に想定していることでもあります。

でももう一つ、もっと根本的な反論があります。これは今後の章で明らかにするものですが、実質賃金の一般水準は賃金交渉の成り行きで直接決まる、という想定に対する否定から出てくる議論です。賃金交渉が実質賃金を決めると想定することで、古典学派は禁断の想定に陥ってしまいました。というのも、労働者全体として、名目賃金の総水準を現在の雇用量に伴う労働の限界的な負の効用と一致させる手法などまったくなさそうだからです。事業者との賃金交渉改定により、実質賃金を労働者が全体として引き下げる方便は存在していないかもしれません。これが私たちの論点です。実質賃金の全般的な水準を決めるのは、主に他の何らかの力なのだということを示していきましょう。これを明らかにする試みが、本書の主要テーマの一つとなります。私たちの住む経済が、この面で実際にどう機能するのかについて、根本的な誤解があったのだ、と私たちは主張していきます。

III

実質賃金の全体水準を決めるのは、個人と集団間の名目賃金をめぐる闘争だと思われることが多いのですが、賃金闘争は実はちがう狙いを持っているのです。労働の移動性は不完全だし、賃金は職ごとに純利益が厳密に一致するわけではないので、まわりと比べての相対的な名目賃金の低減に合意する個人や集団は、実質賃金の相対的な低下に苦しむことになります。だから、彼らとしては名目賃金の低下には抵抗するのです。一方で、お金の購買力が変わることからくる実質賃金低下すべてに抵抗しても、実用的な意味はありません。それはすべての労働者に同じように影響するからです。そして実際、こうした形で生じる実質賃金の低下は、よほどひどい損害を引き起こさない限り、一般に抵抗は受けません。さらにある特定の産業だけに対する名目賃金の削減への抵抗は、実質賃金の全面的な削減に対する類似の抵抗から生じるような、総雇用の増大に対する克服しがたい障害は引き起こさないのです。

言い換えると、名目賃金をめぐる労働紛争は、主に各種の労働集団間の総実質賃金の分配に影響するのです。雇用一ユニットあたりの平均実質賃金には影響しません。平均実質賃金は、これから見るように、別の力に依存しています。労働者集団の団結効果は、彼らの相対的な実質賃金を守ることです。実質賃金の全体的な水準は、経済システムの中の別の力に左右されます。

したがって、労働者たちが無意識とはいえ、古典学派よりは直感的にもっとまともな経済学者だというのは幸運なことです。既存の賃金を実質化したときに、それが既存雇用の限界的な負の効用を上回っている場合でも、彼らは名目賃金の削減には抵抗します（そうした削減が万人に等しく生じることは、ほぼ確実にあり得ません）。一方で、彼らは実質賃金が下がっても抵抗しません。これは総雇用を増やしますし、相対的な名目賃金は変わらないのです。ただし、実質賃金が下がって、既存雇用量の限界的な負の効用を下回るようになりそうな場合は別ですが。どんな労働組合も、ちょっとでも名目賃金引き下げがあると抵抗してみせます。でも生活費が上昇するたびにいちいちストをする労組はありません。ですから労働組合は古典派が言うような、総雇用増加の障害にはなっていないのです。

IV

ではここで失業の第三カテゴリーを定義しましょう。つまり厳密な意味での「非自発」失業、古典派理論が認めようとしない可能性です。

「非自発」失業という場合、もちろん単に働ける能力がすべて雇用されていない、というだけの意味ではありません。人は一日十時間働く能力はありますが、だからといって一日八時間労働は失業とはいえません。また、一定の実質報酬以下では働きたくないから仕事を控える労働者たちは、「非自発」失業と考えるべきではありません。さらに、「非自発」失業の定義から「摩擦」失業は除いたほうが便利です。ですから私の定義は、以下のとおりです。賃金財の価格が名目賃金に比べてちょっと上がったとき、現在の名目賃金で働きたがる労働者の総供給と、それに対する総需要が、既存の雇用量よりも高くなる場合に、人は非自発的に失業している。別の定義を次の章で挙げます（七六頁）。もっとも両者は結局同じことなのですが。

この定義から出てくるのは、実質賃金が雇用の限界的な負の効用に等しいという第二公準の想定は、現実的に解釈すれば、「非自発」失業の不在に対応するのだ、ということです。こうした状況を「完全」雇用と呼びましょう。この定義では「摩擦」失業や「自発」失業があっても、完全雇用と矛盾はしません。これから見ますが、これは古典派理論の他の特徴ともうまく合致します。古典派理論は、完全雇用下での分配理論として考えるのがいちばん適切なのです。古典派の公準が成り立つ限り、上の意味での非自発的な失業は起こり得ません。ですから一見すると失業に見えるものは、一時的な「転職中の」失職状態の結果か、きわめて特殊なリソースに対する需要が断続的にしかないためとか、労働組合が自由な労働者の雇用を「妨害した」結果となります。だから古典派の伝統にしたがう論者たちはみんな、その理論の根底にある特殊な想定を見すごして、一見すると失業に見えるものは（明らかな例外を除き）根本的には失業した連中が、自分の限界生産性に見合った報酬を受け入れようとしないからだ、という結論に達しています。これは彼らの想定からすれば、まったくもって論理的です。古典派経済学者は、名目賃金の削減を拒む労働者に同情はするかもしれないし、一時的でしかない状況にあわせるためにそんな賃下げに応じるのは賢明でないとも認めるかもしれません。でも科学的な誠実さのおかげで、経済学者はそうした拒否が、なんのかの言っても根本的な問題なのだ、と宣言せざるを得ないのです。

でも、もし古典派理論が完全雇用の場合にしか適用できないなら、それを非自発失業の問題に適用するのは、まったくまちがっているのは明らかです——非自発失業などというものがあればの話ですが（でもそれをだれが否定できるでしょう?）。古典派理論家たちは、非ユークリッド幾何学の世界におけるユークリッド幾何学者のようなものです。その世界で彼らは、明らかに平行な線がしばしば実際の体験では交わるのを見て、頻発する不幸な衝突の唯一の療法として、線たちがまっすぐになっていないと叱責しているのです。でも実際には、平行線の公理を投げ捨てて、非ユークリッド幾何学を構築する以外に対処方法はありません。経済学でも、何か似たようなものが必要です。古典派教義の第二公準は投げ捨てて、厳密な意味での非自発失業があり得る体系のふるまいを見極めなくてはならないのです。

V

古典体系からの逸脱点を強調しすぎて、重要な合意点を見すごしてはいけません。というのも、今後私たちは、第一公準は維持するからです。そしてそれにつける条件も、古典派理論と同じです。それがどういうことか、ちょっと立ち止まって考えてみましょう。

これはつまり、ある組織と設備と技術が決まっていたら、実質賃金と産出の量（したがって雇用量）には一意的な関係があるため、一般に雇用の増加はそれに伴う実質賃金の低下がないと起きない、ということです。ですから私は、古典派経済学者たちが否定しがたいと（正しくも）主張するこの重要な事実については、争っていません。組織、設備、技術が決まっていれば、労働一ユニットが稼ぐ実質賃金は、雇用量と一意的な（逆）相関があります。だから雇用が増えたら、短期的には、労働一ユニットあたりの報酬は、一般には下がり、利潤は上昇しなくてはなりません。[8] これは単純に、産業界は設備などが一定と見なせる短期だと、収穫逓減の下で機能しているというおなじみの主張を裏返しただけです。ですから賃金財産業の限界生産（これは実質賃金を左右します）は、雇用が増えると必然的に下がります。そしてこの前提が成り立つ限り、雇用を増やすあらゆる手段は、同時に限界生産を引き下げるしかなく、したがってその産物で測った賃金水準（訳注：ビール工場なら、その工員の賃金は一日ビール百本分、という具合に考える。実質賃金というのとほぼ同じ）を減らすことになります。

でも、第二公準をうっちゃってしまうと、雇用が減少したら、必然的に労働者がもっと大量の賃金財に相当する賃金をもらえることにはなりますが、労働者が大量の賃金財を要求するから雇用が減少する、ということにはなりません。そして労働者が名目賃金引き下げに同意しても、それで絶対に失業が収まるとも限りません。話は賃金と雇用の関係の理論に向かっていますが、でもそれをきちんと説明するのは、第19章とそのおまけを待ちましょう。

VI

セイとリカードの時代から、古典派経済学者たちは、供給が独自の需要を作り出す、と教えてきました。これが意味するのは、非常に重要ながらはっきりとは定義されない形で、生産費用のすべてが経済全体では必然的に、直接にせよ間接にせよ、その製品の購入に費やされなくてはならないということです。

J・S・ミル『政治経済学の原理』で、このドクトリンはこんなふうにはっきり書かれています。

商品に対する支払い手段となるのは、単に他の商品だ。それぞれの人が、他の人の生産物に対して支払う手段は、その人自身が保有する生産物だ。あらゆる売り手は、必然的に、ことばの定義からして、買い手でもある。国の生産能力をいきなり倍にできたら、市場のあらゆる財の供給は倍になる。だがそれは同時に、購買力も倍増させる。だれもが倍の供給とともに、倍の需要を持ってくる。だれもが倍のものを買える。というのも、だれもがそれと交換に差し出せるものを倍持っているからだ。［『政治経済学の原理』第三巻、第十四章第二節］

同じ教義から導かれることとして、個人が消費を控えれば、その消費分の供給から解放された労働や財は、資本財の生産に投資されることになり、この両者は同じことなのだ、と想定されてきました。以下の一節はマーシャル『国内価値の純粋理論』(9)からの一節で、伝統的なアプローチをよく表しています。

人の所得の総額は、サービスや商品の購入に支出される。確かに一般には、人は所得の一部を消費して、残りは貯蓄すると言われる。でも、貯蓄した分でも、消費した場合とまったく同じだけの労働と商品を購入しているというのは、おなじみの経済学的原則である。消費していると言われるのは、購入するサービスや商品から現在の楽しみを得ようとする場合だ。貯蓄していると言われるのは、購入する労働や商品が富の生産にまわされて、そこからその人が将来の楽しみを得る手段を得ようとしている場合である。

確かにこれに該当するような一節を、後期マーシャル[10]やエッジワースやピグー教授の著作から引用するのはむずかしい。この教義は今日では、こんな粗雑な形で述べられることは絶対にありません。それでも、これは未だに古典理論全体の根底にあって、これがないと古典派理論は崩壊します。現代の経済学者は、ミルに賛成するのはためらうかもしれませんが、ミルのドクトリンが前提として必要になる結論は、平気で受け入れます。たとえばピグー教授のほとんどあらゆる著作の根底には、お金は多少の摩擦以外は何一つまともなちがいを生まないし、生産と雇用の理論は（ミルのように）「実物」交換だけに基づいて編み出せて、お金なんて後のほうの章で適当に触れておけばいいんだ、という発想があります。これは古典派伝統の現代版なのです。今の考え方は、もし人がお金をある方法で使わなくても、別の方法で必ず使うもんだという考え方に深くはまっているのです[11]。実は、（訳注：第一次）世界大戦後の経済学者がこの立場を一貫して維持できることは滅多にありません。というのも今日の彼らの思考は、それとは正反対の傾向と、以前の見解とあまりに明確にずれている経験上の事実に浸かりすぎているからです[12]。でもそれが、十分に深い影響をもたらすことはありませんでした。そしてそれが彼らの基本理論を改定させることもありませんでした。

一義的には、こうした結論は何やら、交換のないロビンソン・クルーソー的な経済とのまちがったアナロジーで暮らしているような経済に適用できたかもしれません。そこでは、生産活動によって得た所得（個人はこれを消費したり手元に置いたりします）は、実際的にもその活動の産物自体によるものでしかあり得ません。でもそれ以外でも、産出の費用が常に経済全体としては需要から生じる売り上げでカバーされているという結論は、なかなかもっともらしいものです。なぜなら、それは疑問の余地のない別の似たような主張となかなか区別がつかないからです。それは、生産活動に従事するコミュニティの全参加者が全体として生み出した所得の価値は、必然的にその産出とまったく同じ価値を持つ、という主張です。

同じく、他人から何も奪わずに己を豊かにする個人の活動は、コミュニティ全体をも豊かにすると想定するのも自然なことです。ですから（さっきマーシャルから引用した一節にあったように）個人の貯蓄活動は、まちがいなくそれに並行する投資行動につながります。というのも繰り返しますが、個人の富の純増を総計すると、コミュニティの富の純増総計とまったく同じになることは疑問の余地がないからです。

でもこういう考え方をする人は、錯覚にだまされているのです。その錯覚は、根本的にちがう二つのものを、同じであるかのように見せてしまいます。その人々は、現在の消費を控える決断と、将来の消費をもたらそうという決断との間に結びつきがあると誤って仮定しています。でも後者を決める動機は、前者を決める動機とは、何ら単純な結びつきを持っていいないのです。

すると、産出の需要総額と、その供給総額とが等しいという想定こそは、古典派理論においてユークリッドの「平行線公理」と考えるべきものです。これを認めれば、その後すべてが導かれます——個人や国レベルの倹約の社会的なメリット、伝統的な金利に対する態度、古典派の失業理論、貨幣数量説、外国貿易におけるレッセフェール（自由放任）の裏づけのないメリット、その他いろいろなものを疑問視しなければなりますまい。

Ⅶ

この章でのそれぞれの部分で、私たちは古典派理論が順番に以下の前提に依存していることを示しました：

1. 実質賃金は、既存の雇用の限界的な負の効用に等しい。
2. 厳密な意味での非自発的な失業なんて存在しない。
3. 供給はそれ自身の需要を作る。つまり産出と雇用がどんな水準だろうと、需要総額は供給総額に等しい。

でもこの三つの想定は、どれも同じことなのです。どれをとっても論理的に他の二つが関わってきて、全部成立するかどれも成立しないかのどちらかでしかないのです。

注

（1）これはリカード派の伝統です。リカードは国全体としての収益に対する興味をすべてはっきり否定して、その分配だけを見ました。この点でリカードは、自分の理論の特徴をはっきりとわきまえていたわけです。でもその後継者たちはこれほど明晰ではなく、富の源泉に関する議論に古典派理論を使っています。一八二〇年十月九日の、マルサス宛のリカードの手紙を見てください。「貴殿は政治経済学というものが、富の性質と源泉についての考察だと思っておる——我が輩はそれが、その富の形成に関わる階級の中で、産業の生産物の分配を決定する法則についての考察であるべきだと考える。量については、法則など決められないが、比率に関してはそこそこ正確なものが決められる。我が輩は日々、前者の探求が無駄で妄想じみており、後者だけが科学の真の目的であるとますます合点するものである」

（2）たとえばピグー教授は『厚生の経済学』（第四版、一二七頁）でこう書いています（強調引用者）：「この議論においては常に、明示的にそれ以外の想定が述べられた場合を除き、一部のリソースがその所有者の意図に反して一般に失業しているという事実は無視するものとする。これは議論の中身には影響しないし、検討を単純化してくれる」。つまりリカードは国全体の収益を扱おうという試みをすべてはっきり否定しましたが、ピグー教授は国の収益問題を扱うと明記した本で、非自発失業があるときにも完全雇用とまったく同じ理論が当てはまると述べているわけです。

（3）ピグー教授の『失業の理論』は第19章おまけでもっと詳しく検討します。

(4) 同書、五頁、脚注を参照。

(5) この論点は、以下の第19章おまけで詳細に論じています。

(6) この議論は実際、かなり真実を含んでいると思うのです。でも名目賃金の変化の影響の全貌はもっと複雑です。これは第19章で示します。

(7) 第19章おまけ参照。

(8) この議論は次のとおりです。n人が雇われ、そのn人目は収穫に一日一ブッシェルを追加します。でも$n+1$人目は、一日〇・九ブッシェルしか追加できず、したがって穀物価格が賃金にくらべて上昇し、日給が〇・九ブッシェルを買う力を持つようにならないと、$n+1$人を雇うことはできません。それを雇った場合、総賃金はもとはnブッシェルだったのが、いまや$9/10(n+1)$ブッシェルとなります。ですから、追加で一人雇うことが起きたら、必然的にそれまで雇われていたn人から、それを雇っていた事業者に所得移転が起こるというわけです。

(9) 三四頁。

(10) J・A・ホブソン氏は、『産業の生理学』(一〇二頁)で上記のミルの一節を引用して、マーシャルが早くも『産業の経済学』一五四頁でこの一節について以下のようなコメントをしていると指摘します。「しかし人は購買力を持つが、それを行使しようとしないかもしれない」。ホブソン氏はこう続けます。「しかしマーシャルは、この事実がもつ決定的な重要性を理解し損ね、それが活躍するのは「危機」時に限るとしているようである」。マーシャルのその後の著作を考えると、これは今なお適切なコメントだと思います。

(11) アルフレッド&メアリー・マーシャル『産業の経済学』一七頁::「交易において、すぐにすり切れるような材質で服をつくるのはよくない。なぜなら、人が収入を新しい服の購入に使わなければ、別の形で労働に雇用をもたらすものに使ってしまうからだ」。読者は、引用がまたもや初期のマーシャルからなのにお気づきでしょう。『経済学原理』のマーシャルは、かなり疑念を持ち始めているので、とても慎重でこの話を避けて通ろうとします。でも古い考えが撤回されたことはないし、彼の思考の基本的な前提から根こそぎになったこともありません。

(12)　この区別のおかげでロビンズ教授は、そしてほとんど彼一人だけが、一貫性ある思考様式を保ち、その実際的な提言も理論と同じ体系に属していられるのです。

第3章　有効需要の原理

I

手始めに、いくつかの用語から始めましょう。厳密な定義は後でやります。技術とリソースと費用は変わらないとして、事業者がある量の労働を雇った場合、二種類の経費がかかります。一つは生産要素の当期サービスに対して（他の事業者以外の人々に）支払う費用。これはその雇用の要素費用と呼びましょう（訳注：ケインズは本書で、生産要素として労働しか考えていない。だからこの要素費用は、人件費や賃金とほぼ同じ）。そして第二に、必要なものを仕入れるために他の事業者に支払う費用と、設備を遊ばせずに稼働させるのに必要な支出の合計があります。これはその雇用の利用者費用と呼びましょう[1]。結果として生じる産出が、その要素費用と利用者費用の合計より高ければ、その分は利潤です。本書では事業者の所得と呼びましょう。事業者の側から見れば、要素費用というのはもちろんその生産要素側（訳注：たとえば労働者）が自分の所得と見なすものです。だから要素費用と事業者の利潤を合計したものを、その事業者が提供する雇用からの総所得と定義しましょう。事業者は当然ながら、どのくらい雇用するか決めるときに、このように定義した事業者の利潤を最大化しようとします。事業者の立場から見ると、ある雇用量からの総所得（つまり要素費用＋利潤）を、その雇用の収益と呼ぶのが便利でしょう。一方、ある雇用量からの売り上げを得るための供給総額[2]とは、その事業者がそれだけの雇用を提供しようと思うに足るだけの収益期待のことです[3]。

　ここから出てくるのは、ある一定の技術、リソース、雇用一ユニットあたりの要素費用が与えられたとき、雇用の量は、個別企業の場合でも経済全体の場合でも、事業者たちがそこから得られると予想する産出の量に依存する、ということです[4]。というのも事業者たちは、売り上げが要素費用を上回る分を最大化すると予想した水準で雇用を決めたがるからです。

　N人雇ったときの産出の供給総額をZであらわします。ZとNの関係は、$Z=\phi(N)$と書けます。これを総供給関数と呼びましょう[5]。同様に、N人雇うことで事業者が予想する売り上げをDとします。DとNの関係$D=f(N)$を総需要関数と呼びましょう。

　さて、あるN人に対して期待収益が供給総額より大きい（つまり$D>Z$）なら、事業者としては今のNを増やそうというインセンティブができます。そして必要であれば、生産要素を巡ってお互いに競争して費用を引き上げようとします。これでNは増え、$Z=D$となるまでそれが続きます。ですから雇用量（N）は、総需要関数と総供給関数の交点で与えられます。というのもこの点で、事業者の利潤期待が最大化されるからです。総需要関数と総供給関数の交点におけるDの値を、有効需要と呼びましょう。これぞ私たちが探究しようとする『雇用の一般理論』の本質ですので、この先の章ではおもに、この二つの関数がどんな要素に左右されるかを検討することになります。

一方、古典派の教義はひとくくりに「供給は自分の需要を創り出す」と表現され、いまだに正統経済学理論の基礎です。この発想によれば、この二つの関数には特別な関係があることになります。つまり「供給が自分の需要を創り出す」なら、Nの値がどうだろうと(つまりは産出と雇用がどの水準にあっても)、$f(N)=\phi(N)$だということです。そしてNの増加に対応して$Z(=\phi(N))$が増えたら、$D(=f(N))$も必然的に、Zと同じだけ増える、ということです。言い換えると古典派理論は、需要総額(または収益)が常に、供給総額にあわせて動く、と想定しているわけです。ですからNの値がどうあれ、収益DはそのNに対応した供給総額Zと等しい値をとります。つまり有効需要はたった一つの均衡値になるのではなく、とれる値は無限にあって、どれでもかまわないことになります。そして雇用量は、労働の限界的な負の効用で頭打ちにならない限り、まったく決定されません。

もしこれが事実なら、事業者同士が競争して雇用は拡大し、産出の総供給が弾性的でなくなるまでそれが続きます。つまり、有効需要を増やしても、産出がそれ以上は増大しない地点ということです。明らかにこれは、完全雇用と同じことです。第2章で、労働者のふるまいから見た完全雇用を定義しました。別の基準（でも同じことなのですが）は、いま説明したもので、産出に対する有効需要の増大に対して、総雇用が弾性的でない状況というものです。ですから、産出の需要総額はあらゆる産出についての供給総額に等しいというセイの法則は、完全雇用には何も障害がないという主張と等価なのです。でも、もしこれが総需要関数と総供給関数を関連づける正しい法則でないなら、経済理論にとってきわめて重要な一章がいまだに書かれていないことになります。その章がなければ、総雇用の量に関するあらゆる議論は無意味なのです。

II

まだ完全には理解できないかもしれませんが、本書で説明する雇用理論をこの段階でざっとまとめておくと、読者にとって有益かもしれません。出てくる用語については、それぞれ後で折を見てもっと慎重に定義します。このまとめでは、雇用された労働一ユニットの名目賃金などの要素費用は一定だと仮定します。でもこの単純化は、単に検討をわかりやすくするためだけのもので、後で外します。議論の本質的な性格は、名目賃金などが変わってもまったく同じです。

私たちの理論の概要は、こんなふうに表現できます。雇用が増えると総実質所得が増えます。社会の心理のおかげで、総実質所得が増えると総消費も増えますが、所得の増分すべてが消費にまわるわけではありません。だから事業者たちは、増やした雇用のすべてが、即座に消費需要の増加を満たすのに使われるなら、損をすることになります。ですからある雇用量を正当化するためには、雇用がその水準にあるときに、社会が総産出のうち、消費して余った部分を吸収するだけの当期投資が必要だ、ということになります。それだけの投資がないと、事業者の実入りは、その水準の雇用を維持するのに必要な額よりも低くなってしまうのです。すると、社会の消費性向が一定とすれば、雇用の均衡水準（つまり事業者たちが全体としての雇用を減らしも増やしもしたがらない水準）は、当期投資量に依存するということになります。そして当期の投資量は、こんどは投資の誘因と呼ぶものに依存します。そして投資の誘因は、資本の限界効率関係《スケジュール》と、各種の融資期間やリスクを持った融資金利の複合物になります。

ですから消費性向と新規投資の率がわかれば、均衡を実現する雇用水準は一つしかありません。それ以外の雇用水準だと、全体としての産出の供給総額と、その需要総額との間に差ができてしまうからです。この雇用水準は、完全雇用を上回ることはありません。つまり、実質賃金は労働の限界的な負の効用を下回ることはできません。でも、一般にそれが完全雇用と等しくなるべき理由もありません。完全雇用をもたらす有効需要は特別なケースで、消費性向と投資誘因がある特定の関係にある場合にのみ実現されます。この特定の関係は、古典派理論の想定に対応したもので、ある意味で最適な関係ではあります。でもそれが存在し得るのは、偶然にせよ計画的にせよ、当期の投資が、完全雇用時に得られる産出の供給総額と、完全雇用時に社会が消費したがる分との差額にちょうど等しい金額になる場合だけです。

この理論は以下の主張にまとめられます：

1. ある一定の技術、リソース、費用の状況だと、所得（金銭的な所得と実質所得の両方）は雇用量Nで決まる。
2. 社会の所得と、それが消費に使えるはずの金額（D_1）は、そのコミュニティの心理的な特徴で決まる。これを消費性向と呼ぶ。つまり、消費性向が変わらない限り、消費は総所得の水準、ひいては雇用水準Nに左右される。
3. 事業者たちが雇用したがる労働量Nは、二つの量の和で決まる。一つはD_1で、その社会が消費に使うはずの量、そして社会が新規投資に使うはずの量D_2。この合計Dが、上で有効需要と呼んだもの。
4. $D_1+D_2=D=\phi(N)$（ただしϕは総供給関数）であり、さらに上の2.で見たようにD_1はNの関数（$D_1=\chi(N)$と書く）なので、一定の消費性向のもとで$\phi(N)-\chi(N)=D_2$。
5. だから均衡での雇用量は、(i)総供給関数ϕ、(ii)消費性向χ、(iii)投資の量D_2の三つで決まる。これが雇用の一般理論のエッセンス。

6. どのNについても、賃金財産業では対応する限界労働生産性がある。そしてこれが実質賃金を決める。だから上の項目5.には、Nが実質賃金を労働の限界的な負の効用と等しくなるまで下げる値を上回ることはできないという条件がつく。つまり、Dの変化がすべて、名目賃金が一定だということだけの想定と合致するわけではない。この想定をお払い箱にするためには、この理論を完全な形で書くのが重要。

7. 古典派理論では、Nがどんな値でも$D = \phi(N)$なので、雇用量はNが最大値以下のどんな値だろうと、中立的な均衡状態になる。だから事業者同士の競争で、Nは最大値に押しやられるはず。安定な均衡状態が実現するのはその最大値だけ。

8. 雇用が増えるとD_1も増えるが、Dほどは増えない。所得が増えたら消費も増えるが、所得増額分ほどは増えないから。人々の現実問題へのカギはこの心理法則にある。というのもここから出てくるのは、雇用量が大きいほどその生産に対応する供給総額(Z)と、消費者の支出から事業者が取り戻せる総額(D_1)のギャップは大きくなるから。よって消費性向がそのままなら増えない。増やすには、同時にD_2が増えて、ZとD_1の拡大するギャップを埋めなくてはならない。よって——古典派理論の特別な想定どおり、何らかの力が働いて、雇用が増えるとD_2がZとD_1の拡大するギャップを常に埋めてくれるのでない限り——経済システムは完全雇用以下のNで安定した均衡に達することになる。その均衡点とはつまり、総需要関数と総供給関数との交点。

ですから雇用量は、実質賃金で計測した、労働の限界的な負の効用で決まるのではありません（ただしある実質賃金での労働供給が、雇用の最大水準に達している場合は別です）。消費性向と新規投資がいっしょになって、雇用の量を決めます。そしてその雇用の量は、ある実質賃金水準と一意的に結びついているのです——その逆ではありません。もし消費性向と新規投資率のおかげで有効需要が不十分になれば、実際の雇用水準は、そのときの実質賃金で潜在的に得られる労働供給より低くなってしまいます。そして均衡実質賃金は、均衡雇用水準における限界的な負の効用よりも大きくなります。

この分析で、なぜ物が有り余っているのに貧困があるのか、というパラドックスの説明が得られます。有効需要不足が存在するだけで、完全雇用に達する前に、雇用の増加は理論的にも実際にも足踏み状態になりがちなのです。有効需要の不足は、労働の限界生産が、まだ雇用の限界的な負の効用を上回っているにもかかわらず、生産プロセスを阻害してしまうのです。

さらに、社会が豊かなほど、潜在的な生産能力と実際の生産量とのギャップは大きくなりがちです。ですからその経済システムの欠陥も、目に見えてとんでもないものになります。貧しい社会なら、産出の相当部分をどうしても消費せざるを得ませんから、ごくわずかな投資でも、完全雇用を実現できます。でも豊かな社会は、その金持ちの成員たちの貯蓄性向が、貧しい成員たちの雇用と整合するためには、ずっと多くの投資機会を見つけなくてはならないのです。つまり、潜在的に豊かな社会では投資誘因が弱いなら、有効需要の働きによって、潜在的な富にもかかわらず、その社会は実際の産出を減らすことになってしまいます。やがて、その潜在的な富にもかかわらず、その社会がきわめて貧しくなり、消費分以上の余剰が十分に減って、投資誘因の弱さに対応したものになるまでそれは続くのです。

でも話はもっとひどくなります。限界消費性向⑥は豊かな社会では弱くなるばかりか、資本蓄積がすでに大きいので、利率が十分な速度で下がらない限り、それ以上の投資機会の魅力は低くなってしまいます。というわけで、利率の理論と、なぜそれが自動的に適切な水準に下がらないのか、という理由の話が出てきます。これは第Ⅳ巻の話となります。

ですから消費性向の分析、資本の限界効率の定義、利率の理論は、既存の知識で欠けている三つのギャップであり、埋める必要があります。これが達成されたら、価格の理論は一般理論の下位に属する事項という適切な場所におさまるでしょう。でも、利率の理論で、お金が重要な役割を果たすことがわかってきます。そしてお金を他のものとは変わった存在にしている奇妙な特徴を、解きほぐしてみましょう。

III

リカード派経済学では、総需要関数をあっさり無視してかまわないという発想が不可欠です。このリカード経済学は、過去一世紀以上にわたり、私たちが教わってきた経済学の根底にあります。実はマルサスが、有効需要の不足なんかあり得ないというリカードの教義に猛烈に反対しています。でも無駄でした。というのも、マルサスはなぜ有効需要が不足したり過剰になったりするかをはっきり説明できず、一般の観察から得られた事実を指摘するだけだったので、代替理論を構築できなかったのです。おかげでリカードは、異端審問がスペインを席巻したように、イギリスを完全に席巻したのでした。シティや政治家、学界に受け容れられただけではありません。反対論が消えました。別の見方が完全に消滅したのです。議論にさえなりません。マルサスが格闘した有効需要の謎は、経済学文献から姿を消しました。古典派理論を最も成熟した形で記述したマーシャルやエッジワース、ピグー教授の全著作を隅から隅まで探しても見つかりません。ひっそりと水面下で、カール・マルクスやシルヴィオ・ゲゼル、ダグラス少佐などの日陰でしか暮らせないのです。

リカード派の勝利があまりに完璧だったのは不思議でもあり謎でもあります。たぶんその教義は、それが発表された環境にとって、いろいろ好都合な部分があったのでしょう。それが教育を受けていない一般人の予想とはまったくちがう結論をもたらすというのも、たぶんその知的な栄誉を高めたでしょう。その教えを実践に移すと実に厳格でしばしば受け容れがたいものになるという点は、その美徳を高めたでしょう。後代で一貫性を持った論理的上部構造を持つように改定されたことが、それに美しさを与えました。多くの社会的不公正や明らかな残酷さを、進歩における不可欠な出来事として説明してしまえて、そうした不公正や残酷さを変えようとすれば、全体としてはかえって害を及ぼすと主張できることで、その理論は権威の地位に上り詰めました。個人資本家の自由な活動を正当化する手段を与えたことで、当局の背後にいる支配的な社会勢力の支持も得られました。

でもこの教義自体は正統派経済学者たちにごく最近まで疑問視されませんでしたが、科学的な予測という目的において明らかに失敗してきたために、やがて経済学者たちの威信は大いに失墜しました。マルサス以降、専門の経済学者たちは、自分たちの理論の結果と観測事実との対応欠如に動じなかったようです——が、一般人はその乖離をちゃんと見ていますし、おかげで理論的な結果が事実に適用されると観測で裏づけられる、他の科学者集団に与えられるような敬意は、経済学者にはますます与えられなくなりつつあります。

伝統的経済学理論の名高い楽観論のおかげで、経済学者たちはカンディードたちとして崇められるようになりました。カンディードたちというのは、この世界を離れて自分たちだけの庭を耕しに出かけた人々で、余計な手出しさえしなければ、可能な限り最高の世界においてあらゆることは一番よい形でそのまま提供されているのだ、と教えます。その楽観論もまた、有効需要の不足が繁栄の足を引っ張るのを考慮しなかったことに根があるのだ、と私は思っています。というのも、古典派の仮定どおりに機能する社会では、明らかにリソースの最適雇用に向けて自然に推移するからです。古典派理論というのは、経済がこうあってほしいという願望を表しているのかもしれません。でも実際にそう機能していると想定してしまうのは、仮定によって困難を見ぬふりをするに等しいのです。

注

(1) 利用者費用の厳密な定義は第6章でやります。

(2) この用語が通常意味する、産出一単位の供給価格（以下で説明）とは混同してはいけません。

(3) 読んでおわかりのように、私は利用者費用を、ある量の売り上げに対する収益と供給総額の両方から差し引いています。ですからこのどちらも、利用者費用差し引き後だと解釈してください。一方、購入者が支払う総代金はもちろん、利用者価格を含んでいます。なぜこれが便利かは、第6章で説明します。要するに、総収益と供給総額から利用者費用を差し引いたものは、一意的かつあいまいさなしで定義できるということが重要です。でも利用者費用はもちろん、産業の統合度合いや事業者同士がお互いにどれだけ売買するかの両方に依存するので、こうした要素とは独立に、利用者費用を含む形で購入者が支払う代金を定義することはできないのです。個々の生産者について通常の意味での供給価格を定義する場合にさえ、同じような困難が出てきます。そして社会全体の産出の供給総額となると、二重カウントの深刻な問題が山ほど出てきますが、これは常にきちんと対応されてはいません。もしこの用語を利用者費用も含むものと解釈するなら、それを克服するには、消費財を作るか資本財を作るかで事業者をまとめてグループ化するような、特別な想定が必要です。これ自体ヘンテコでややこしいし、事実と対応していません。でも、もし供給総額が利用者費用を差し引いたものとして定義されたら、こういう面倒は生じないのです。でも、これについては第6章とそのおまけの、もっと詳しい議論をお待ちください。

（4）自分の生産規模について実務的な決定を下す必要がある事業者は、もちろんある一定の産出に対して得られる売り上げ収益について、単一の揺るぎない予想を心に抱いたりはしません。様々な確率や確実性を持つ、いくつかの仮説的な予想をたてるでしょう。ですから売り上げ予想というときに私が意味しているのは、ある単一の収益予想ではありますが、それはその事業者がもし確信を持って心に抱いていた場合に、決断を実際に下すときの予想の状態を実際に構成する、漠然とした多様な可能性の束と同じような行動をもたらすはずの予想、という意味なのです。

（5）第20章で、これと密接に関係する関数が出てきて、雇用関数と呼ばれます。

（6）第10章で定義します。

第II巻　定義と考え方

第4章　単位選び

I

本章とその後三つの章では、いくつかの混乱を整理する試みに専念するものとします。こうした混乱は、私たちが特に検討を目指している問題とは、個別ないし特別な関係を特に持っていません。ですからこれらの章は、脱線に類するもので、このためしばらくは主な主題の追究がお留守になります。そんな話題を議論するのは、なぜか他のところでは、私自身の探究に適切と思われる形でこれまで扱われていないからです。

本書を書く最大の障害となり、解決しないと便利な形で主張を表現できなかった三つの混乱とは、第一に経済システム全体の問題にとって適切な量の単位選び、第二に、経済分析において期待が果たす役割、第三に所得の定義です。

II

経済学者が通常使うような単位では不足だということは、国民配当、実物資本ストック、一般物価水準という概念を見れば示せます。

(i)国民配当（訳注：現在ではまったく使われない概念で、歴史的な興味以外の対象ではない）というのは、マーシャルとピグー教授が定義した形だと、[1] 当期の産出や実物所得の物理量を測るもので、産出の価値または名目所得金額を測るものではありません。[2] さらに、これはある意味で純産出にも左右されます——つまり、当期の経済活動や犠牲によって得られたものから、期首に存在していた実物資本のストックへの摩耗損失分を差し引いて、資本ストックとして社会の消費や保有に供されたものの純増分も影響してくるのです。これをもとにして、定量的な科学を構築しようという試みがなされています。でもそんな目的にこの定義を使うのは大いに問題があります。というのも、これだと社会の財やサービスは不均質な物のごたまぜでしかなく、厳密には計測もできないものだからです。計測できるのは、たとえばある産出の全アイテムが、別の産出でもまったく同じ構成比で含まれているといった、一部の特殊な場合だけです。

(ii)純産出を計算しようとして、資本設備の純増分を測ろうとすると、困難はさらに増大します。というのも、その期に生産された新しい設備と、摩損によって消えた古い設備とを定量的に比較する基準が必要だからです。国民配当を導出するため、ピグー教授[3]は陳腐化した設備のうち「公平に考えて「通常」と呼ばれるようなもの」を差し引きます。「そして通常かどうかを実用的に検討するには、その劣化が十分に定常的に発生して、細部はさておき、少なくとも大まかには予見できるかどうか、というのが基準となる」とのこと。でもこの差し引き分は、お金による差し引きではないので、彼は物理的な変化がなくても、物理量に変化があり得るという想定にはまりこんでしまっています。つまりピグー教授はいつの間にか価値の変化を導入しているのです。さらにピグー教授は、新旧の設備が技術変化により同一ではないときに、その新旧設備を比較するための満足のいく公式をまったく考案できていません[4]。ピグー教授が狙っている概念は、経済分析の概念として正しく適切なものだと思います。でも満足のいく単位系を採用しないと、その厳密な定義は不可能です。ある実物生産を他のものと比べて、それから新しい設備を古い設備の摩損と相殺させて純産出を計算するというのは、絶対に解決できない難題を引き起こすと自信を持って言えます。

(iii)第三に、一般物価水準という概念に明らかに伴う、有名で避けがたいあいまいな部分があるので、この概念は厳密であるべき因果関係の分析においてはとても不満なものとなっています（訳注：具体的にどんなあいまいさを念頭においていたかは不明。現在では統計的な整備も進み、大きな問題はない。これも歴史的興味にとどまる）。

それなのに、こうした問題は正しくも「判じ物」扱いされています。それらは絶対に実際の事業判断を混乱させたり、あるいはそこでいかなる形でも考慮されることすらなく、経済的な出来事の因果連鎖とはまったく関係ないという意味で、純粋に理論的です。経済的な出来事の因果は、こうした概念が定量的に決まらなかろうと、明快であり確然としたものなのです。したがって、こうした概念は厳密性を欠くばかりか、不要だと結論するのが自然です。当然ながら、私たちの定量分析は、定量的に漠然とした表現を使わずに表現しなくてはなりません。そして、実際にやってみればすぐわかりますが、そうした概念がないほうがずっとうまくいくことがはっきりしてきます。それをこれからお示しできればと思います。

でたらめなモノの比較しがたい寄せ集めは、それ自体としては定量分析の材料にはなれません。とはいえ当然ながら、厳密な計算でなくても大ざっぱな判断要因を使えば、近似的な統計的比較ができないというものではありません。そしてそれだって、一定の限界はあれ、それなりの重要性と意義を持つかもしれません。でもそうした純実物産出だの一般物価水準だのといったものは、歴史的記述や統計的記述の分野にいるのがふさわしいのです。そしてその目的は、歴史的・社会的な興味を満足させることです。そうした目的だと完全な精度は通例でもないし、また必要でもありません。でも私たちの因果分析では、そうした精度が必須なのです。それは関連する量の実績に関する知識が十分で正確なものかどうかにかかわらず不可欠です。今日の純産出は十年前や一年前よりも大きいが、物価水準は低い、と言うのは、ヴィクトリア女王がエリザベス女王よりもよい女王だったが女性としては幸せではなかった、という主張と似たような性質のものです。無意味ではないし、興味深くないとも言いませんが、でも微分解析の材料には不適切なのです。定量分析の基盤として、こうしたあいまいな部分を持つ定量化不能な概念を使おうとすれば、厳密さもまやかしになってしまいます。

III

個別の事例ではすべて、ある事業者は決まった資本設備をどれだけの規模で使うか決定しようとする、というのはお忘れなく。そして需要増加の期待、つまり総需要関数増加の期待が、総産出の増大につながると言うときには、実際には、その資本設備を保有する企業がその設備に対する総労働雇用を増やすよう促される、という意味なのです。個別企業や、均質な製品を作る産業の場合なら、その生産高が増えるとか減るとかお望み次第では問題なく言えます。でもあらゆる企業の活動を総計しているときには、ある設備に対する雇用量で考えない限り、正確な議論はできません。総産出とかその価格水準といった議論は、この文脈では不要です。というのも、当期の総産出の水準と、別の資本設備や別の雇用から生じる他の総産出の水準とを比べるためには、絶対的な尺度が必要になってきますが、そんな尺度は不要だからです。記述や大ざっぱな比較のために産出の増大の話をしたければ、一定の資本設備と関連づけられた雇用量こそが、結果として生じる産出の十分な指標となるのだ、という一般的な想定に頼らざるを得ません――雇用量と産出は、一緒に上下するのです。ただしその比率は絶対に同じ数字になるわけではありませんが。

ですから雇用の理論を扱うに際し、量の基本的な単位としては二つしか使わないことを提案します。つまり、お金で測った価値の量と、雇用の量です。このうち前者は文句なしに均質だし、後者は均質になるよう補正できます。というのも、各種等級の労働や給料つき補佐業務は、おおむね相対的に固定された報酬を享受しているので、雇用量というのは本書での用途で言えば、通常労働の雇用一時間分と定義して、特別な労働の雇用一時間分は、その報酬に比例して加重すれば十分なのです。つまり通常賃金の倍の報酬がもらえる、特別な労働一時間分は、労働の二ユニットと数えましょう。雇用量を測る単位を労働ユニットと呼びます。そして労働ユニットの名目賃金を、賃金単位と呼びましょう。[5] つまりEが賃金（や給料）の総額で、Wが賃金単位、Nが雇用量なら、$E=NW$になります。

この労働供給の均質性という想定は、個別労働者の技能の専門度合いに大きな差があって、各種職業への適合性もまったくちがっているという明らかな事実によっても、ひっくり返ることはありません。というのも、労働者が得る報酬がその効率性に比例するなら、個人がその報酬に比例する形で労働供給に貢献しているのだという私たちの想定によって、そのちがいはすでに処理されているからです。産出が増えるにつれて、ある企業が特殊労働のために、賃金単位あたりの効率がますます劣る労働を雇わなくてはならなくなる場合でも、これは単に、資本設備に対して雇われる労働が増えるにつれて、その設備の収穫逓減が起きる要因の一つでしかありません。私たちは、同じ報酬の労働ユニットにおける不均質性を、いわば設備に吸収させてしまうのです。生産高が増えるにしたがって、その設備が投入される労働ユニットをあまりうまく使えなくなってくるのだ、と考えることにしましょう。資本設備を均質と考え、投入される労働ユニットの適合性がますます下がる、という風には考えないことにするのです。ですから、専門労働や熟練労働の余りがなくて、あまり適さない労働を使うと産出一ユニットあたりの労賃が高くなってしまうなら、これはつまり、雇用が増えるにつれて設備が収穫逓減する減り具合が、そうした労働に余りがある場合に比べて大きい、ということなのです。[6] ちがう労働ユニットがきわめて専門化していて、相互に入れ替えることがまったく不可能な限られた場合ですら、収まりの悪さはありません。というのもこれは単に、ある特定種類の資本設備の利用に特化した労働がすでに全員雇用されている場合には、その設備からの産出の供給弾性が、いきなりゼロになる、というだけのことだからです。[7] したがって、均質な労働ユニットという想定は、労働ユニットごとの相対的な報酬がきわめて不安定でない限り、何ら問題とはなりません。そしてこの困難ですら、実際に発生した場合には、労働供給と総供給関数の形が急激に変化しかねないことを想定することで対処できるものなのです。

経済システム全体のふるまいを扱うときには、お金と労働という二つの単位だけしか使わないようにすれば、かなりの無用な混乱は避けられると私は思います。そして個別生産物や設備を単位として使うのは、個々の企業や産業の産出を個別に分析するときに限りましょう。全体としての産出量とか、全体としての資本設備の量とか、一般価格水準といった漠然とした概念の使用は、どのみちある程度の幅（かなり広い幅かもしれません）の中で明らかに大ざっぱな近似でしかないのが確実な、歴史的比較を試みている場合に限りましょう。

ということは、当期の産出変化を測るときには、いまある資本設備の下で雇用される人数を見ることにしましょう（その新規雇用者が消費者を満足させるためのものだろうと、資本設備を生産するためだろうと）。この場合、熟練労働者はその給料に比例して加重することにしましょう。こちらの産出と、別の資本設備で別の労働者群を使っているあちらの産出とを定量的に比較する必要はありません。ある設備を持つ事業者が、総需要関数のシフトにどう対応するかを予測するには、結果として生じる産出量、生活水準、一般物価水準が、別の時点や別の国と比べてどうか、などということを知る必要はないのです。

Ⅳ

通常は供給曲線であらわされるような供給条件と、産出と物価の関係を記述する供給の弾性は、総供給関数を使えば、ここで選んだ二つの単位で扱えることはすぐに示せます。個別企業や産業を扱っている場合だろうと、経済全体の活動を扱っている場合だろうと、産出の量を参照する必要はありません。ある企業（あるいはある産業や、全産業でも同じ）の総供給関数は以下のように書けます。

$$Z_r = \phi_r(N_r)$$

ただしZ_rはN_rという水準の雇用を引き起こすだけの期待収益です。ですからもしN_rの雇用がO_rの産出をもたらすような雇用と産出の関係 $O_r = \psi_r(N_r)$ があれば、通常の供給曲線は以下のようになります。

$$p = \frac{Z_r + U_r(N_r)}{O_r} = \frac{\phi_r(N_r) + U_r(N_r)}{\psi_r(N_r)}$$

ただしここで $U_r(N_r)$ は、雇用水準N_rに対応する（期待）利用者費用です。

ですからそれぞれ均質な財で、$O_r = \psi_r(N_r)$ にきちんとした意味がある場合、$Z_r = \phi_r(N_r)$ は普通のやり方で分析できます。でもその後N_rは合算できますが、O_rは合算できません。というのも$\sum O_r$ は数値量ではないからです。さらに、もしある環境で、総雇用が各産業に一意的な形で配分されると想定できるのであれば、N_rはNの関数となり、もっと単純化できます。

注

(1) ピグー『厚生の経済学』随所、特に第一部第三章を参照。

(2) ただし便宜的な妥協として、国民配当を構成するとされる実質所得は、通常はお金で買える財やサービスに限られるのが通例。

(3) 『厚生の経済学』第一部第五章、「資本を十全に維持するとはどういう意味か」に関する部分。『エコノミック・ジャーナル』一九三五年六月、二二五頁にて補論。

(4) ハイエク教授の批判を参照、『エコノミカ』一九三五年八月、二四七頁。

(5) Xがお金で測った量ならば、同じ量を賃金単位で測ったものをX_wと書くと便利なことが多いのです。

(6) このために、いま使われているのと同じ設備が余っていても、産出の供給価格は需要が高まるにつれて上昇するのです。もし労働供給の余剰が、あらゆる事業者の使える労働プールとなって、ある目的で使用される労働に報酬が、少なくとも一部は、その労働者の努力（労働時間）に比例して与えられて、その実際の個別雇用における効率は厳密に評価されないのであれば（これはほとんどの場合には現実的な想定です)、雇用される労働の効率性逓減は、内部的な負の経済によらない、産出増大に伴う供給価格増大の例として見事なものです。

(7) 通常使われる供給曲線が、この困難にどう対処すべきかについては私には言えません。というのも、この曲線を使う人々は、前提をあまり明確にしないからです。たぶんある目的用に雇用された労働は、常にその目的に照らした効率性に厳しく連動した報酬を得ることになっているのでしょう。でもこれは非現実的です。各種の労働効率のちがいを、設備に所属するものとして扱う本質的な理由は、産出が増えるにつれて出現する剰余の増大が、実際にはその設備所有者の手元に残り、効率の高い労働者には残らない、という事実にあります(ただしそうした労働者はもっと安定して雇用され、早く出世するというメリットを得るかもしれませんが)。つまり、同じ仕事をしている人は、作業の効率がちがっても、その効率にかなり比例するような賃金をもらうことはほとんどない、ということです。でも効率が上がれば賃金が増える場合にも、私の手法はそれを反映できます。というのも雇用される労働ユニットを計算するときに、個々の労働者はその報酬に比例した重み付けをされます。私の想定だと、確かに個別の供給曲線を考えるときには、おもしろい面倒が生じます。というのもそれらの形は、他の方面に適した労働の需要に左右されるからです。こうした面倒を無視するのは、すでに述べたように、非現実的です。でも経済全体の雇用をかなえるときには、これを考慮する必要はありません。ある有効需要の量に対し、個別製品に対する需要の特定の分布が一意的に対応していると想定すればいいだけです。でもこれは、需要変化の個別理由によらず成立するとは限りません。たとえば消費性向の上昇による有効需要の増加は、投資誘因が増えたことによる同じだけの有効需要増大とは、総需要関数がちがってくるかもしれません。でもこれらはどれも、本書で説明した一般的なアイデアの詳細分析に属する話であって、ここで今すぐ検討すべきことではありません。

第5章　期待が産出と雇用を決める

I

あらゆる生産は、最終的には消費者を満足させるのが目的です。でも、生産者が（消費者を念頭におきつつ）費用を負担する時点と、最終消費者がその産物を買う時点との間では、時間がたっています――それもときにかなりの時間です。一方、事業者（ここでは生産者と投資家の両方を含みます）は、そのかなり長いかもしれない時間がたった末に産物を（直接間接問わず）供給できるようになった時点で、消費者がいくら支払う用意があるか、最高の予想（期待）をたてる必要があります[1]。そして時間のかかるプロセスで何かを作るなら、こうした予想（期待）をもとに動くしかありません。

事業上の決定を左右するこうした予想（期待）は、二種類に分かれ、それぞれの種類の予想を専門にやる個人や企業があります。第一の種類は、あるメーカーが生産プロセスを開始しようと決めた時点で、「完成」産物に対して期待できる価格に関する予想です。産物が

「完成」しているというのは（メーカーの視点からの話ですが）、それが使える状態または別の相手に売れる状態になっているということです。二種類目は、事業者が「完成」製品を設備として購入して（あるいは製造して）いまの資本設備に追加したときに、将来の収益としてどれだけ稼げるかを予想します。前者は短期期待、後者は長期期待だと言えます。

だから個別企業が日々[2]の生産を決めるときの行動は、短期期待で決まります——その期待は、いろいろな生産量での費用についてのものだったり、その生産物の売り上げ収益に関するものだったりします。でも資本設備の追加や、流通業者への卸売りですら、こうした短期期待は他の企業などの長期（または中期）期待に大きく左右されます。企業が提供する雇用量は、こうした各種の期待に左右されることになります。生産や製品販売の実績は、その後の期待に変更を迫るものでない限り、雇用には影響しません。逆に、企業の現在の資本設備や中間財と仕掛品の在庫は、以前の期待に基づいて導入されたものですが、その以前の期待は、翌日の生産を決めるときには関係ありません。ですからそうした決断のたびごとに、決断は設備や在庫を参照はしますが、でもそれを左右するのは、見込み費用や見込み売り上げ収益の現在の期待なのです。

さて一般に、期待の変化（短期長期問わず）はかなりの時間をかけないと、雇用に対する影響を及ぼし切りません。期待変化に伴う雇用の変化は、期待変化が起きたその日と翌日ではちがいますし、二日目と三日目でもちがいます。これは期待そのものがそれ以上変わらなくても成り立ちます。短期期待の場合、これは期待が悪いほうに変化した場合でも、期待が改定されたいまにして思えば手を出さないほうがよかったと思える生産プロセスについて、作業をすべて中止するほどはその変化が急激でも大幅でもないことが多いからです。一方、期待がよいほうに変化した場合でも、その期待がもっと前に変化していた場合の雇用水準に到達するまでには、準備期間がある程度は必要となります。長期期待の場合、交換されない設備は、摩耗するまでは雇用を生み出し続けます。長期期待の変化がよい方向に動けば、雇用は最初は高い水準にあって、その後設備を新しい状況にあわせるだけの時間がたつと、雇用は下がることになるでしょう。

もしある期待の状態が十分な時間だけ続いて、雇用に対する影響が完全に出尽くし、この新しい期待状態がなければ起きなかったはずの雇用はもはやまったく起こらなくなっていたら、こうして実現された安定雇用水準は、その期待状態に対応した長期雇用だと言えます[3]。期待はしょっちゅう変わるので、実際の雇用水準は、既存の期待状態に対応した長期雇用に到達する暇は決してないかもしれません。でも、あらゆる期待状態には、それにきっちり対応する長期雇用水準がある、ということになります。

まず、期待変化に伴って長期的な立場が移行するプロセスを考えましょう。期待はその後、混乱したり中断したりしてそれ以上の変化を見せることはないものとします。まず、長期雇用が以前のものより増えるような変化が生じたとしましょう。すると原則として、当初大きく影響を受けるのは、投入の比率だけです。つまり、新しい生産プロセスにおける初期段階の作業量が増えるだけで、その期待変化前に開始されていた消費財の生産と、後段プロセスにおける雇用はほとんど前と変わりません。仕掛品の在庫がある場合、この結論は変わってくるかもしれません。それでも、当初の雇用増はわずかなものだというのは変わりません。でも日がたつにつれて、雇用はだんだん増えます。さらに、ある段階ではそれが新たな長期雇用を上回る規模にまで増えるような状況も、十分に考えられます。新しい期待状態を満たす資本設備を構築するプロセスは、もっと雇用を必要とするかもしれません。そしてある時点では、長期的なポジションに到達した場合と比べて、当期の消費も増えるかもしれません。ですから、期待の変化は雇用水準をだんだん高めていって、頂点にいったん達してから、少し下がって新しい長期水準に達することになります。新しい長期水準が昔の水準と同じ場合ですら、同じことが起こるかもしれません。これは、その変化が消費の方向変化に関するもので、既存プロセスや設備がそれによって陳腐化する場合に生じることです。あるいはまた、新しい長期雇用が以前よりも少ない場合、移行期の雇用水準は一時的に、新しい長期水準よりも低いものになるかもしれません。ですから期待が変わっただけで、それが展開する過程では、周期運動と同じような上下動を生み出せます。『貨幣論』で、変化に伴う運転資金や流動資本のストック蓄積や取り崩しとの関連で述べたのは、この種の運動でした。

上に述べたような、新しい長期的立場への継続的な移行プロセスは、細かく見るとやや こしいこともあります。でも実際の出来事の推移はもっと複雑かもしれません。期待の状態は絶えず変わりかねないので、以前の変化が十分に作用し尽くすよりずっと以前に、新しい期待がそこに重なってきます。ですから経済の機械はいつの時点でも、無数の重なり合う活動に占拠されているのです。そうした活動が存在するのは、過去の期待の状態がいろいろ変わったからです。

II

これでこの議論が目下の狙いにどう関わるか見えてきます。以上から、各時点での雇用水準は、ある意味で単にその時点の期待状態だけでなく、過去の一定期間に存在した、各種の期待状態にも依存していることがわかるのです。とはいえ、今日の資本設備には、まだ十分に展開しきっていない過去の期待が内包されており、事業者が今日の決断を下すときに参照するのは今日の資本設備なので、事業者の決断に過去の期待が影響するのは、そうした内包を通じてだけなのです。ですから、上述の話にもかかわらず、今日の雇用は今日の期待と今日の資本設備とをあわせたものに左右されるのだ、という記述は正しいのです。

現在の長期期待の明示的な参照は、なかなか避けられません。でも、短期期待への明示的な参照はやめたほうがしばしば安全です。というのも、実際の場では、短期期待の改定プロセスは、じょじょに連続的に起こるからで、しかも主に実績に基づいて改定されるものだからです。ですから、期待された結果と実際の結果とは影響を及ぼす中で重なり合い、衝突します。なぜかと言うと、産出と雇用は生産者の短期期待で決まるのであって、過去の結果で決まるのではありませんが、直近の結果は通常、そうした期待を決めるのに圧倒的な役割を果たすからです。生産プロセスを開始するたびに、期待を一から築き直すのはあまりに手間ですし、それ以上に時間の無駄です。状況の相当部分は、通常は日が変わっても本質的には変わりません。ですから生産者にしてみれば、変化を予想すべき確実な理由がない限り、直近に実現した結果が続くという想定で期待を形成するのがいちばん筋が通っています。ですから実務的には、直近の産出で実現された売り上げ収益と、当期の投入から期待される売り上げ収益とが雇用に与える影響には大きな重複があります。そして生産者の予測は、予想される変化への期待から変わるよりは、実際の結果を見てだんだん変えられる場合のほうが多いのです(4)。

それでも、耐久財の場合には、生産者の短期期待が投資家の現在の長期期待に基づいていることはお忘れなく。そして、長期期待の性質として、実現した結果に基づいてしょっちゅう見直したりはできないのです。さらに第12章で長期期待をもっと詳しく見るときに検討しますが、長期期待は突然変わったりします。ですから現在の長期期待という要素は、実績によって近似的にさえ排除したり、置き換えたりはできないのです。

注

(1) 売り上げ収益の面でこうした予想と等価なものを導く手法については、第3章の注4を参照。

(2) ここで「日々の」というのは、その企業がどれだけ人を雇うかという決定を自由に改定できる、最短の期間を指します。いわば実質的な経済的時間単位として最短のものです。

(3) 長期雇用水準は必ずしも一定である必要はありません。つまり長期の条件は必ずしも静的ではないのです。たとえば富や人口がじわじわ増加したら、変わらぬ期待の一部になるかもしれません。唯一の条件は、既存の期待が十分に前もって予想されている、ということだけです。

(4) 生産を決断した時点で事業者が抱いている期待の強調は、思うにホートレー氏の論点にも合致しています。ホートレー氏の論点というのは、投入や雇用というのが、価格が下がったり産出についての失望が期待に比べて実現された損失に反映されたりする以前に決めた在庫蓄積に影響される、というものです。というのも前期の生産の売り上げ収益の単なる実績統計を、無批判に次の期に投影することで投入を決めていた場合、それを改定する原因となりそうな出来事としていちばんありそうなのは、まさに売れ残り在庫（あるいは事前注文のキャンセル）だからです。

第6章　所得、貯蓄、投資の定義

I：所得

どんな期間をとっても、ある事業者は完成した産出を消費者や他の事業者に販売し、一定の金額を受け取ります。この金額をAと書きましょう。さらに、他の事業者から完成品を買うために、ある金額A_1を使っています。そしてまた手元に資本設備が残っています。この用語は、仕掛品や運転資金や完成品在庫も含むものです。この価値をGとします。

でも$A+G-A_1$の一部は、検討しているその期の活動からきたものではなく、期首にその事業者が持っていた資本設備によるものです。したがって当期の所得と言うときに意味するものを得るには、$A+G-A_1$から一定の金額を差し引く必要があります。その額は、前期から引き継いだ設備が（言わば）貢献した価値を示す分です。この差し引き分を満足のいく形で計算できる手法が見つかれば、所得の定義問題はすぐに片づきます。

これを計算する原理としては二つの可能性があり、どちらもそれなりの意義を持っています――一つは生産から見るやり方、もう一つは消費との関連で見るやり方です。これを個別に見ていきましょう。

(i)期末の資本設備の価値Gは、その事業者が一方では当期中にそれを維持改善した結果であり（これは他の事業者から何か購入して行ったり、あるいは自分で何か作業をした結果だったりします）、一方ではそれが産出物を生産するために使うことで、摩耗したり償却したりした結果でもあります。でもそれを産出物の生産に使わないことにした場合でも、その維持管理や改善のために支払うべき、ある最適な額があります。仮にここで、そうした維持管理や改善にB'が支払われたはずだとして、もしその支出が行われていれば、その設備の期末価値はG'になっていたとしましょう。つまりその設備がAの生産に使われなければ、前期から保存された最大の純価値は$G'-B'$だということです。この設備の潜在価値が$G-A_1$を上回る分は、Aの生産により（何らかの形で）犠牲になった分の指標です。この量、つまり：

$$(G'-B')-(G-A_1)$$

すなわち、Aの生産のために犠牲となった価値を、Aの利用者費用と呼びましょう。利用者費用はUであらわします[1]。この事業者が、他の生産要素に対してそのサービスの対価として支払う金額は、その生産要素側から見れば自分たちの所得になりますが、これをAの要素費用と呼びましょう。要素費用Fと利用者費用Uの合計を、産出Aの原価と呼ぶことにします。

すると事業者の所得[2]は、当期に売却された完成品の価値のうち、原価を上回る部分として定義できます。つまり事業者の所得は、生産規模に応じてその事業者が最大化しようとするものの量、つまりごく一般的な意味での総利潤に等しいというわけです――これまた常識になじみます。ですから、社会の他の部分の所得は事業者の要素費用に等しいので、社会全体の総所得は$A-U$となります。

このように定義された所得は、完全にあいまいさのない量です。さらに事業者が、他の生産要素に対してどの程度の雇用を提供するか決めるときに最大化しようとするのは、この所得が他の生産要素に対する支出をどれだけ上回るかという期待額です。ですから、雇用の因果関係にとって重要となるのは、この量なのです。

もちろん、$G-A_1$が$G'-B'$を上回ることは考えられ、利用者費用がマイナスになることもあり得ます。たとえば期間の選び方次第では、その期の投入は増えていたけれど、それによる産出の増分はまだ仕上げが間に合わずに販売できないかもしれません。また投資がプラスなら、産業があまりに統合されすぎて、事業者たちはほとんどの設備を自前で作るようになるかもしれません。でも利用者費用がマイナスになるのは、事業者が資本設備を自分の労働によって増やしている場合だけです。だから資本設備のほとんどが、その使用者とは別の企業によって製造されている経済においては、利用者費用は普通はプラスだと考えてよいのです。さらに、Aの増加に伴う限界利用者費用、つまりdU/dAがプラスにならない状況はなかなか考えられません。

ここで、本章の後の部分を先取りして、社会全体としては当期の総消費（C）は$\Sigma(A-A_1)$に等しく、総投資（I）が$\Sigma(A_1-U)$に等しいことを述べておくと便利でしょう。さらにUは、個々の事業者が自分の設備に対して行うマイナス投資（そして$-U$は投資）で、他の事業者から買う分を除いたものです。ですから完全に統合された経済系（$A_1=0$の場合）では、消費はAに等しく、投資は$-U$に等しく、つまり$G-(G'-B')$に等しくなります。いまのがちょっとややこしいのはA_1を導入したからで、これは統合化されていない生産系の場合用に、一般化した記述をするのが望ましいからです。

さらに有効需要というのは単に、事業者たちが、現在提供しようと決めた雇用量に基づいて受け取ると期待している総所得（または売り上げ）のことです。これは他の生産要素に支払う所得も含みます。総需要関数は、各種の仮想的な雇用量を、それによる産出が生み出すはずの収益と関連づけるものです。そして有効需要とは総需要関数上の点で、それが有効になるのは、供給条件とあわせて考えたとき、そこが事業者の期待利潤を最大化する雇用水準に対応する点だからなのです。

この定義群は、限界売り上げ（または限界所得）を限界要素費用と同一視できるというメリットもあります。したがって、利用者費用を無視したりゼロと仮定したりすることで、供給価格[3]と限界要素費用[4]とを等しいとしてきた一部の経済学者の主張と同じような主張に到達し、こうして定義した限界売り上げを限界要素費用と同一視できるわけです。

(ii)次に、上で言及した第二の原理に目を向けましょう。ここまでは、期首と比べた期末の資本設備の価値変化のうちで、利潤最大化を狙う事業者の自主的な決断に関わる部分を扱ってきました。それに加えて、自分にはどうしようもなく、現在の決断とは関係ない理由で生じる、非自発的な損失（あるいは利得）があるかもしれません。それは例えば市場価値の変化、陳腐化や単なる時間経過に伴う価値低下、あるいは戦争や地震などの災害による破壊などがあるでしょう。さてこうした非自発的な損失は、避けがたいものですが——全般的には——予想外ではありません。使用の有無にかかわらず時間経過で生じる損失や、「通常」の陳腐化、ピグー教授に言わせると「十分に定常的に発生して、細部はさておき、少なくとも大まかには予見できる」もの、あるいは追加して言うなら「保険可能なリスク」と一般に思われるものも含みます。期待損失の量はその期待がいつ形成されると想定するかにもよる、という事実はとりあえず無視しましょう。そして設備の減価償却（これは非自発的ですが予想外ではありません）、つまり予想される減価償却のうち利用者費用を超える分を、補塡費用と呼び、Vと書きましょう。この定義がマーシャルの補塡費用の定義とはちがうことは、言うまでもないでしょう。でもその根底にある発想、つまり予想される減価償却のうち原価に入らないものを別立てにしようという考え方は似ています。

ですから事業者にとっての純所得と純利潤を考えるにあたっては、上で定義した所得や粗利から推定補塡費用を差し引くのが通例です。というのも、自分が使うか貯蓄するか自由に決められるのはいくらかを考えているとき、補塡費用が事業者に与える心理的な影響は、それが粗利からやってきた場合と実質的に同じだからです。設備を使うかどうか決める生産者としての立場だと、上で定義した原価と粗利が重要な概念となります。でも同じ人が消費者の立場だと、補塡費用がいくらあるかは、それが原価の一部であるかのように作用するのです。ですから、もし総純所得を定義するとき、利用者費用に加えて補塡費用も差し引いて、総純所得が$A-U-V$となるようにすれば、一般の用法にきわめて近いところに来ただけでなく、消費額に関係した概念にも到達したわけです。

残るのは、市場価格の予想外の変動、異常な陳腐化や、災害による破壊などです。これはどれも非自発的だし——広い意味では——予見できません。この費目下の実際の損失は、純所得でも含めずに資本勘定に計上しますが、突発損失とでも呼びましょう。

純所得の因果関係における重要性は、Vの規模が当期消費量に与える心理的影響にあります。というのも純所得とは、一般人が当期消費にいくらかけるかを決めるとき、自分の使える所得として認識する額だと想定されるからです。もちろん、いくら使うか決めるときに考慮する要因は、これだけではありません。たとえばその人が資本勘定でどれだけの突発利益や突発損失を出しているかは、かなりのちがいをもたらします。でも補塡費用と突発損失とでちがうのは、前者の変化は粗利の変化とまったく同じ形で影響する、ということです。事業者の消費に関係するのは、現在の産出の売り上げが、原価と補塡費用の合計をどれだけ上回るかということです。これに対して、突発損失（または利益）は決断を左右はしますが、同じ規模では左右しません——ある突発損失は、同額の補塡費用と同じ影響は持たないのです。

　でもここで思い出しておくべきことがあります。補塡費用と突発損失との間の一線、つまり所得勘定から差し引くのが適切だと思われる避けがたい損失と、突発損失（または利益）として資本勘定に計上するのが適切だと思われるものとの間の一線は、部分的には慣習または心理に基づくものでしかなく、前者を推計するために一般に認められた基準に左右されるのだ、ということです。というのも、補塡費用の推計には、これ一発という原理は確立できず、その額は会計手法の選択に左右されるからです。その設備が最初に製造された時点なら、補塡費用の見込み価値は決まった量です。でもそれがその後見直されると、その設備の残った寿命についての補塡費用は、それまでの期待変化のおかげで変わっているかもしれません。突発資本損失は、前者と$U+V$の見込み時系列値の差を割り引いた値になります。補塡費用と利用者費用の合計金額を設備購入時に計算して、それを設備寿命の間ずっと維持し、その後の期待がどう動こうと変えない、というのは企業会計で広く認められた手法だし、税務当局もこれを認めています。この場合、ある期間の補塡費用は、この事前に計算した数字に対して、実際の利用者費用がいくら上回っているかという金額だと解釈すべきです。これは突発利益や突発損失が、設備の寿命全体で見ると確実にゼロになるという利点があります。でもある状況では、任意の会計間隔をおいて、当期の価値や期待に基づいた補塡費用の見直しをするほうが理にかなっていることもあります。実はビジネスマンたちも、どっちのやり方を採用するかで意見が分かれています。設備が最初に購入されたときの、当初の期待補塡費用を基本補塡費用と名づけ、同じ量を更新して現在の価値と期待に基づき計算しなおしてアップデートした期待補塡費用を、当期補塡費用と呼ぶといいかもしれません。

ですから、補塡費用というのは典型的な事業者が、配当（株式会社の場合）や当期の消費（個人の場合）を決めるときに、何を自分の所得として考えるか決める際の、控除金額を構成するものです。補塡費用について、これ以上の定量的な定義には近づけません。資本勘定への突発的な計上を考慮からはずしたりはしないので、迷ったらその費目は資本勘定につけて、補塡費用にはどう見ても明らかにそちらに属するものだけを含めるほうがいいでしょう。というのも資本勘定につけすぎた場合でも、それが当期消費に与える影響を増やせば補正できることだからです。

これから見ることですが、ここでの純所得の定義はマーシャルによる所得の定義ときわめて近いものです。マーシャルは所得税徴税官たちの慣行にすがり――大ざっぱに言えば――徴税官たちが経験の上から所得として扱うことにしたものはすべて、所得だと考えることにしました。というのも彼らの意思決定の細かい内容は、通例として何を純所得として解釈するかについての、もっとも慎重で徹底した探究の結果と考えられるからです。これはまたピグー教授による直近の国民配当の定義の金銭価値にも対応します(5)。

しかしながら、純所得は各種の権威の間でも解釈が異なりかねないようなあいまいな基準に基づいているので、完全に明確ではないというのもやはり事実です。たとえばハイエク教授は、資本財の個人所有者は自分の所有物から得る所得を一定に保とうとして、投資所得が何らかの理由で低下する傾向を相殺できるだけの額を予備で持たない限り、所得を自由に消費したいとは思えないかもしれない、と指摘しています(6)。私はそんな個人が実在するとは思えません。でも当然ながら、こうした控除が純所得の心理的な基準をもたらす可能性について、理論的に反対することはできません。でもハイエク教授が、貯蓄や投資の概念がこれに対応したあいまいさという難点を持つと言い始めるとき、それが正しいのはハイエク教授が純貯蓄や純投資の話をしている場合だけです。雇用の理論に関係する貯蓄と投資はこうした欠陥を持たず、したがって客観的な定義が可能です。これは上で示したとおりです。

ですから、純所得は消費に関する決断にしか関係しないし、それ以上に、消費を左右する他の要因とはきわめて微妙にしか隔てられていないので、そればかりを強調するのはまちがいです。そして通常の所得の概念を（通例のように）見すごすのもまちがいです。これこそ当期生産に関わる決断に関係がある概念だし、まったくあいまいなところがないからです。

上の所得と純所得の定義は、できるだけ一般用法に合致するよう意図したものです。したがって、ここで読者のみなさんに、拙著『貨幣論』では所得というのを特別な意味で定義したということを、あわてて指摘しておくべきでしょう。かつての定義の奇妙なところは、総所得のうち事業者に集積する部分に関連するものです。というのも私は当期の活動での実績利潤（粗利だろうと純利潤だろうと）を使わず、また当期の事業を行うと決めたときの期待利潤も使わず、ある意味で言うなら（今にして思えば産出規模の変動の可能性を考えればきちんと定義されていないのですが）通常利潤または均衡利潤とでも言うべきものを考えていたのです。結果として、この定義によれば貯蓄は投資を上回り、その差額は通常利潤が実績利潤を上回った額ということになっていました。残念ながら、この用語法はかなりの混乱を引き起こしたようです。特にそれと関連する貯蓄という用語の利用の場合です（特に貯蓄が投資を上回るという議論の場合）。そうした議論は、私の特殊な用法で解釈した場合にしか有効ではないのですが、それが一般の議論で、もっと通常の語法で使われているかのようにしばしば濫用されてきたのでした。この理由と、そしてもはや以前の用語で私の考えを正確に表現しようとする必要がなくなったために、前の定義は捨てることにしました——それが引き起こす混乱については大いに遺憾とするものです。

II：貯蓄と投資

用法がばらばらな用語だらけの中で、何か一つ固定された点を見つけるのは望ましいことです。私の知る限り、みんな貯蓄というのが、所得のうち消費を超える分を意味する、という点では合意しています。したがって、貯蓄ということばの意味について疑念があれば、それは所得または消費ということばの意味に関する疑念から生じるものであるはずです。所得は上で定義しました。あらゆる期間で、消費支出というのはその期間に、消費者に対して売られた財の価値を意味するはずで、これは消費者－購買者というのが何を意味するのか、という問題に逆戻りです。消費者－購買者と、投資家－購買者との間の一線については、それなりの定義であれば、どれだろうとここでの議論には不都合はありません。ただし、それを一貫し適用することが重要です。たとえば、自動車を買うのは消費者購買で家を買うのは投資家購買として扱うのが正しいか、といった問題は何度も議論されていて、その議論に追加すべき内容を私は持ち合わせていません。この基準は明らかに、消費者と事業者との一線をどこに引くか、という問題に対応しています。ですからA_1をある事業者が別の事業者から購入したものの価値と定義したとき、私たちは暗黙のうちにこの問題を解決してしまったわけです。そこから、消費支出というのはあいまいさのない形$\Sigma(A-A_1)$と定義できます。ここで$\sum A$はその期の総売り上げで、$\sum A_1$はある事業者が別の事業者に対して行った総売り上げです。以下では、原則として$\sum$は取って、あらゆる種類の総売り上げをAと書き、ある事業者から別の事業者への総売り上げをA_1、そして事業者にとっての総利用者費用をUと書くと便利です。

これで所得と消費を定義したので、貯蓄の定義も自然に出てきます。貯蓄は所得が消費を上回る余りです。所得は$A-U$で消費は$A-A_1$なので、貯蓄は当然A_1-Uとなります。同様に、純所得が消費を上回る余りとして純貯蓄が得られ、これはA_1-U-Vとなります。

ここでの所得定義はまた、すぐに当期投資の定義も出してくれます。というのも当期投資というのは、その期における生産活動の結果として得られた、資本設備の価値に対する当期の追加分を意味するとしか考えられないからです。これは明らかに、いまここで貯蓄として定義したものと同じです。というのもそれは、その期の所得のうちで消費にまわらなかった部分だからです。上で見たように、ある期の生産結果として、事業者たちはAの価値を持つ完成品を販売し、それを生み出すために資本設備は、他の事業者からの購入のためにA_1を支払った後で、摩耗Uを被った（あるいはUがマイナスなら、$-U$に相当する改良をほどこされた）わけです。その同じ期に、$A-A_1$の価値を持つ完成品が消費にまわったことになります。$A-U$が$A-A_1$を上回る分、つまりA_1-Uは、その期の生産活動の結果として資本設備に追加されたもので、したがってその期の投資ということです。同様にA_1-U-Vは、資本設備への純追加分で、使用による損耗以外の通常の資本価値低下と、資本勘定に計上できる予想外の設備価値変化を除外したものです。これはその期の純投資となります。

したがって、貯蓄の量は個々の消費者の集合的な行動の結果だし、投資の量は個々の事業者たちの集合的な行動の結果ですが、この二つは必然的に等しくなるのです。というのも、そのどちらも所得が消費を上回る分だからです。さらにこの結論はいかなる点でも、上で挙げた所得の定義の細部や特異性に依存したものではありません。所得が当期産出の価値に等しいこと、そして当期投資は、当期産出のうち消費されなかった部分の価値に等しいこと、さらには貯蓄が所得のうち消費されなかった余りに等しいことが同意されれば——このどれも、常識にしっくりなじむし、また大多数の経済学者による伝統的な用法にもなじみます——貯蓄と投資の等価性は自然に出てくるのです。つまり——

所得＝産出の価値＝消費＋投資
貯蓄＝所得－消費
よって、貯蓄＝投資

したがって、上の条件を満たす定義群はどれ、も、同じ結論をもたらします。この結論を避けるには、定義のどれかの有効性を否定するしかありません。

貯蓄量と投資量の等価性は、資本設備の生産者と、その反対にいる消費者または購入者との取引が双方向的なものだという性質からきます。

所得は、生産者が売却した産出から得た価値のうち、利用者費用を上回る分で創られます。でもこの産出のすべては、消費者か別の事業者に売られたのはまちがいありません。そしてそれぞれの事業者の当期投資は、他の事業者から購入した設備のうち、自分自身の利用者費用を上回る部分となります。したがって経済全体で見れば、所得のうち消費を上回る部分、つまりここで貯蓄と呼ぶものは、資本設備への追加、つまりは投資と呼ぶものと等しくならざるを得ないのです。そして純貯蓄と純投資についても話は同じです。貯蓄というのは、単なる剰余分でしかありません。消費しようという決断と投資しようとする決断が、共に所得を決定します。投資しようという決定が有効になったら、それは消費を抑えるか所得を拡大するかで実現されるしかありません。ですから投資という活動自体が、ここで貯蓄と呼ぶ剰余または余白を同じだけ増やさざるを得ないのです。

もちろん個人がそれぞれ、いくら貯蓄して投資するかという決断においてあまりに混乱しているため、取引が起こるような価格均衡点は存在しないかもしれません。この場合にはこここでの用語はあてはまらなくなります。というのも産出にははっきりした市場価値がなくなり、価格はゼロと無限の間で落ち着き場所がなくなるからです。でも経験から見て、これは実際には起こらないことがわかります。そして心理的な反応の習慣のおかげで、売る意欲と買う意欲が等しくなったところで均衡が生じることもわかります。産出の市場価値なるものが存在するということは、同時に名目所得がはっきりした価値を持つための必要条件でもあり、また貯蓄する個人たちが決めた総額が、投資する個人の決めた投資総額に等しくなるための十分条件でもあります。

この問題について頭をすっきりさせる最高の方法は、貯蓄する決断というものを考えずに、消費するという決断（または消費しないという決断）を考えることかもしれません。消費するかしないかという決断は、まぎれもなく個人の力の範囲内にあります。投資するかしないかの決断も同じです。総所得の量と総貯蓄の量は、消費するかしないか、投資するかしないかという個人の自由な選択の結果なのです。でもそれはどちらも、消費と投資に関する決断を無視した勝手な決断に基づくような、独立した値を採ることはできないのです。この原理にしたがって、本書のこの先では、貯蓄性向または貯蓄傾向のかわりに、消費性向という概念を使います。

注

（1）　本章のおまけで、利用者費用についてはさらに考察を行います。
（2）　これは以下で定義する、事業者の純所得とは別物です。

（３）供給価格というのは、私が思うに、利用者費用の定義問題を無視するなら、不完全にしか定義されていない用語になると思います。この問題は本章のおまけでさらに議論されており、そこでは利用者費用を供給費用から除外するのは、ときに供給総額の場合には適切ですが、個別企業の産出一単位の供給価格の問題においては不適切だ、と論じます。

（４）たとえば総供給関数として $Z_w = \phi(N)$、あるいは $Z = W\phi(N)$ を考えます（Wは賃金単位で $WZ_w = Z$）。すると限界生産の売り上げは、総供給曲線上のあらゆる点で、限界要素費用と等しくなるので、

$$\Delta N = \Delta A_w - \Delta U_w = \Delta Z_w = \Delta\phi(N)$$

となります。これはつまり、$\phi'(N) = 1$ということです。ただし、要素費用が賃金単位に対して一定の比率で、各企業（企業の数は一定とする）の総供給関数は他の産業で雇用されている人数とは独立だと仮定します。これで上の方程式の各項は、個別事業者についても成り立ち、また全事業者について総和もできます。これはつまり、もし賃金が一定で他の要素費用が賃金総額に対して一定比率なら、総供給関数は線形となって、その傾きは名目賃金の逆数で与えられます。

（５）『エコノミック・ジャーナル』一九三五年六月、二三五頁。

（６）「資本の維持」、『エコノミカ』一九三五年八月、二四一頁以下。

第6章おまけ　利用者費用について

I

思うに、利用者費用は価値の古典派理論にとって重要な意味を持つのに、それが見すごされてきました。これについては、ここでの話とは関係ないし、またここで適切に論じられる以上の内容があります。でもちょっと寄り道して、このおまけでもう少し検討してみましょう。

事業者の利用者費用はその定義からして以下に等しくなります。

$$A_1 + (G' - B') - G$$

ここでA_1は、事業者が他の事業者から購入する金額で、Gは期末における資本設備の実際の価値で、G'はもしその設備を生産につかわず、その保守維持に最適な費用B'をかけていた場合にその資本設備が持っていたはずの価値です。さて$G-(G'-B')$、つまり事業者の設備が、前期から受け取った純価値と比べた価値の増分は、事業者がその設備に対して行った当期の投資をあらわしており、Iと書けます。ですから売り上げAに対する利用者費用Uは、$A_1 - I$に等しくなります。ここでA_1は他の事業者から買った分で、Iはその事業者が当期にその設備に投資した分です。ちょっと考えてみれば、これはすべて常識的な話だというのがわかります。この事業者が他の事業者に払う支出の一部は、自分の設備に対する当期投資の価値で相殺され、残りは販売した産出物が、生産要素に支払った総額を超えて事業者にとって要した費用をあらわすものとなります。読者のみなさんがこの中身を別の方法で書こうとしてみれば、こういう書き方をするメリットが、解決不能な（そして無用な）会計問題を回避できることにあるのだということがわかるでしょう。私が考える限り、当期の生産利益をあいまいさのない形で記述する方法は他にはありません。もし産業が完全に統合されていたり、事業者が外から何も買っておらず$A_1 = 0$なら、利用者費用は単に、設備を使ったことからくる当期のマイナス投資と等しくなります。それでも、分析のどの段階でも、売却された財と手元に残る設備との間で要素費用を配分する必要はなくなります。ですからある企業（個別でも累計でもかまいません）による雇用は、単一の統合された意思決定に基づいていると考えることができるのです――これは総生産の中で何が現在売れたかという、生産の相互関連的な実際の性質に対応した手順となります。

利用者費用の概念は、ある企業の販売可能な産出一ユニットの短期供給価格として通常採用されているものよりも、もっと明確な定義を可能にしてくれます。というのも短期の供給価格というのは、限界要素費用と限界利用者費用の和だからです。

さて現代の価値理論では、短期の供給価格を限界要素費用だけと同一視するのが通例でした。でもこれが正当化されるのは、限界利用者費用がゼロか、あるいは供給価格の定義が特殊で限界利用者費用を差し引く形になっている場合だけだ、というのは明らかでしょう（第3章で私が「売り上げ」や「供給総額」を総利用者費用を差し引く形で定義したのと同じです）。でも時には総産出を扱うときに、利用者費用を控除するのは便利なこともありますが、これを単一の産業や企業の産出に、考えなしに（黙って）適用すると、分析からはまったく現実味がなくなってしまいます。なぜならそれはあるものの「供給価格」を、あらゆる通常の意味での「価格」と無関係にしてしまうからです。そして、実際にそれをやる慣行のため、多少の混乱が生じたかもしれません。どうも「供給価格」は個別企業の販売可能な産出一ユニットに適用した場合には意味が明らかだと思われて、この問題は特に議論の必要がないとされていたようなのです。でも限界産出の生産の結果として、他の企業から購入されたものの扱いと、企業自身の設備損耗の扱いとは、所得の定義に関わる山のような困惑をもたらします。というのも、その企業の供給価格と呼ぶものを計算するとき、産出を追加で一ユニット販売するのに必要な、他の企業からの購入の限界費用はそのユニットの売り上げから控除すべきだと想定した場合でも、その限界産出の生産に関わったその企業自身の設備の限界マイナス投資は考慮が必要だからです。あらゆる生産が完全に統合された企業によって実施されているとしても、限界利用者費用がゼロだと想定するのは不適切です。つまり、限界産出の生産による限界マイナス投資が一般に無視できると考えるのはまちがっているのです。

利用者費用と補塡費用の概念はまた、長期供給費用と短期供給費用との関係をもっとはっきり確立させてくれます。長期費用はもちろん、予想原価をその設備の寿命全体に平均化したものに加え、基本補塡費用をカバーする額も含まなくてはなりません。つまり産出の長期費用は原価と補塡費用の期待総和に等しくなります。さらに、通常の利潤を得るために、長期供給価格はこのように計算された長期費用を超えなくてはなりません。どのくらい超えるべきかと言えば、同じような期間とリスクを持つ現在の融資金利で決まる値を、その設備価格の割合として計算した金額になります。あるいは標準的な「純粋」金利を使いたければ、長期費用には実際の収益が予想収益と乖離する未知の可能性をカバーする、リスク費用とでも言うべきものを含めなければなりません。ですから長期供給価格は、原価、補塡費用、リスク費用、利払い費用の合計となり、それをいくつかの構成部分に分けて分析することもできるでしょう。これに対して短期供給費用は、限界原価に等しくなります。ですから事業者は、設備を買ったり作ったりするときには、補塡費用、リスク費用、利払い費用を限界原価が平均原価を上回る余剰価値の中から捻出できると予想しなくてはなりません。そうすれば長期均衡では、限界原価が平均原価を上回る金額は、補塡、リスク、利払いの各費用合計と等しくなります(1)。

限界原価がずばり平均原価と補塡費用の和に等しくなる産出水準は特別な意義を持っています。というのもそれは、事業者の事業会計が収支とんとんになる点だからです。つまりそれは、純利益がゼロになる地点です。それ以下の産出だと商売は純損失となります。原価以外にどこまで補塡費用を用意しなければならないかは、設備の性質によって大きく変わってきます。極端な例を二つあげましょう。

(i)設備の維持の一部は、必然的にそれを使うのと並行して実施しなくてはなりません(たとえば機械に油を注すなど)。この経費(外部からの購入とは別)は要素費用に含まれています。もし物理的な理由から、現在の減価償却が必然的にこうした形でまかなわれていたら利用者費用(外部からの購入は別)は補塡費用と同額で符号が反対になります。そして長期均衡だと、限界要素費用が平均要素費用を上回る金額は、リスク費用と利払い費用に等しくなります。

(ii)設備の価値低下の一部は、その設備を使った場合にしか生じません。この費用は利用者費用に計上されています(ただしそれが利用に伴ってまかなわれていない限りですが)。もし設備の価値低下がこのような形でしか起きないなら、補塡費用はゼロです。

指摘しておきますと、事業者は別に利用者費用が低いからというだけで、最も旧式で劣悪な装置をまっ先に使ったりはしません。利用者費用が低くても、その相対的な非効率性、つまりその高い要素費用を補えるほどではないかもしれないからです。ですから事業者は、産出一ユニットの生産について、利用者費用と要素費用の和が最も低い設備から順番に好んで使っていきます。[2] すると、検討している産物のどんな産出量に対しても、それに対応する利用者費用がありますが[3]、その総利用者費用は限界利用者費用（つまり産出の速度増加による利用者費用の増分）とは均一の関係は持たない、ということになります。

II

利用者費用は、現在と未来をつなぐ結びつきの一つを形成します。というのも、生産規模を決めるにあたり、事業者は設備を今使い果たすか、それを将来の利用のために保存するかという選択を行使しなくてはならないからです。現在の利用にこめられた、将来便益の期待犠牲こそが利用者費用の額を決め、そしてこの犠牲の限界量が、限界要素費用と限界収益の期待とともに、事業者の生産規模を決めるのです。では生産行為の利用者費用を、事業者はどうやって計算するのでしょうか？

利用者費用は、設備を使わないときと比べて、使った場合の設備の価値低下だと定義しました。これは有益だと思われる維持改善費用と、他の事業者からの購入分を含みます。するとそれを求めるには、それが現在使われなかった場合に、いずれ後の時期に得られるはずの追加的な見込み収益の割引価値を計算すればいいはずです。さてこれは、少なくとも設備を遊ばせておくことで、更新を先送りにできる機会の現在価値と少なくとも等しくなくてはなりません。そしてそれ以上になるかもしれません。(4)

余剰や余ったストックがなく、似たような設備の新しいユニットが毎年新たに製造されて追加されるか交換されているならば、限界利用者費用は以下のものを見て決められます。まず、その設備を使ったらその寿命や効率性はどれだけ短縮されるか、そしてもう一つは当期の設備の置き換え費用です。でももし余った設備があるなら、利用者費用は利率と、その余剰が損耗などを通じて解消されると予想されるまでの期間についての当期（つまり再計算した）補塡費用にも依存することになります。こうすることで、利払い費用と当期の補塡費用は間接的に、利用者費用の計算に含まれます。

この計算が最も単純でわかりやすいのは、要素費用がゼロのとき、たとえば銅などの原材料が余って在庫されている場合です。これは拙著『貨幣論』第二巻第二十九章で使ったのと同じようなものです。いろいろな将来の日付における銅の見込み価値を調べましょう。この時系列データは、余剰が吸収されて推定通常費用に近づく速度に左右されます。すると、余った銅一トンの利用者費用の現在価値は、ある時点での銅一トンの推定将来価値から、現在とその期間との間の銅一トン分の利払い費用と、同期間の当期補塡費用とを差し引いた金額となります。

同様に船や工場や機械の利用者費用は、こうした設備の供給が余っているときには、その余剰が解消されると見込まれる日までの利払いと当期補塡費用が（置き換え費用に）占める比率を取って、その比率で置き換え費用をその解消日から現在まで割り引いた金額となります。

以上では、設備がいずれはまったく同じ設備で置き換えられるものと想定しています。もし問題の設備が摩耗したらまったく同じ設備では交換されないなら、除却後にかわりに設置される新設備の利用者費用のうち、同じくらいの効率分を取ることで計算する必要があります。

III

もし設備が陳腐化はしておらず、単にその時点では余っているだけなら、実際の利用者費用とその通常の値（つまり余った設備がないときの値）との差は、その余剰性が吸収されるまでにどれだけの時間がかかると期待されるかに応じ、変動するのだということにお気づきでしょう。ですからもし検討中の設備が様々な年代のもののよせ集めで、しかもそれを「いつしょくた」にはしておらず、かなりの部分が毎年寿命を迎えるのであれば、その余剰ぶりがあまりにひどくない限り、限界利用者費用はそんなに大きく減ることはありません。経済全体の不況なら、限界利用者費用は事業者がその不況の継続期間をどのくらいだと見積もるかで変わってきます。ですから状況が改善したときの供給価格上昇は、部分的にはそうした期待見積もりの改定に伴う、限界利用者費用の急上昇が原因かもしれません。

ときにビジネスマンたちの意見とは裏腹に、余った工場設備をスクラップにするという全業界的な取り組みは、余った工場すべてに及ぶのでない限り、価格引き上げという望んだ効果は上げないと議論されたことがあります。でも利用者費用の概念から、（たとえば）余った工場を半分スクラップにするだけで、すぐに価格を引き上げる効果が出るかもしれないことがわかります。というのも余った設備を早めになくすことで、この方針は限界利用者費用を引き上げ、結果として当期の供給価格を引き上げるからです。ですからビジネスマンたちは、利用者費用の概念をはっきりと定式化はしなくても、それを暗黙のうちに念頭に描いているようです。

もし補塡費用が重ければ、そこから余った設備がある場合には、限界利用者費用は低いということが導かれます。さらに、余剰設備があれば、限界要素費用と限界利用者費用は、その平均値をあまり上回っていないだろうと考えられます。もしこれらの条件が二つとも満たされれば、余剰設備の存在は事業者が純損失の下で働く状況をもたらしかねません。しかもその純損失はかなりの額になるかもしれないのです。その余剰がなくなった瞬間に、この状態から通常の利益状態に復帰したりすることはありません。余剰分が減るにつれて、利用者費用はだんだん高くなります。そして限界要素費用や限界利用者費用が平均要素費用や平均利用者費用を上回る分も、だんだん大きくなるのです。

Ⅳ

マーシャル『経済学原理』（第六版、三六〇頁）では、利用者費用の一部が「追加のプラント摩耗」なる費目で原価に含められています。でもこの費目をどう計算するのか、それがなぜ重要かについては何ら説明がありません。ピグー教授は『失業の理論』（四二頁）で、限界産出による設備の限界マイナス投資は一般に無視できる、と明示的に想定しています。「産出の差に伴う設備摩耗や非肉体労働の費用の差は、一般に二次的な重要性しかないものとして、無視されている」(5)。確かに、生産の限界において設備への負の投資がゼロだという発想は、近年の経済理論の相当部分に見られるものです。でも個別企業の供給価格とはずばり何を意味するのか、説明が必要となったときに、この問題すべてが明らかに危機に陥ります。

確かに遊休工場の維持管理費はしばしば、上に挙げた理由から、限界利用者費用の規模を減らすことになります。特に長続きすると考えられる不景気時にはそうです。それでも、限界での利用者費用がとても低いというのは、短期すべてにあてはまる特徴ではなく、遊休工場の維持費用が高いような特殊な状況や設備の種類が持つ特徴であり、また急速な陳腐化や大きな重複で特徴づけられる不均衡の特徴なのです。特にそれが、比較的新しい工場の比率が大きい場合と組み合わされば顕著となります。

原材料の場合には、利用者費用を含める必要性は明らかです――もし一トンの銅が今日使われたら、明日には使えません。そして明日の用途のために銅が持っていた価値は、明らかに限界費用の一部として計上すべきです。でも銅というのは資本設備が生産に使われるときに生じることの、極端な例でしかないという点はずっと見すごされてきました。原材料なら、それを使うことによるマイナス投資を考慮する必要があり、固定資本だとそれを無視しても大丈夫という鋭い分割線があるという想定は、事実と対応していません――特に設備が毎年のように交換必要性が高まり、設備利用がその交換期日をますます早めるような通常の場合にはなおさらです。

利用者費用と補塡費用のメリットは、それが固定資本だけでなく、運転資金や流動資本にも適用できるということです。原材料と固定資本の本質的なちがいは、それが利用者費用や補塡費用を適用できるかどうかにあるのではないのです。流動資本の収益は一期だけのものなのに対し、固定資本は耐久性があって徐々にしか使い果たされないために、その収益は何期もにわたって継続する一連の利用者費用と獲得利潤を伴う、というのが本質的なちがいなのです。

注

(1) こういう形で書くのは、限界原価曲線があらゆる産出変動についてずっと連続だという都合のよい想定に依存しています。実際には、この想定は非現実的なことが多く、いくつかの不連続点があるかもしれません。特に設備の技術的な容量いっぱいに対応する産出に達した場合がそうです。この場合、限界分析は部分的に崩壊します。そして価格は限界原価を超えるかもしれません。そのとき限界原価はちょっと産出が減った場合のものが使われます（同様に、下方でも不連続性がしばしば見られるかもしれません。つまり産出がある点以下になった場合です）。これは長期均衡における短期供給価格を考えているときには重要です。というのもその場合には、技術的な容量いっぱいの点に対応して不連続点が出てきたら、それが実際に機能すると想定しなくてはならないからです。ですから長期均衡における短期供給価格は、限界原価（ちょっと産出が減った場合のものを使用）よりも大きくなる必要があるかもしれません。

(2) 利用者費用は部分的には将来の賃金水準期待に左右されるので、賃金単位の削減が起きてもそれが短期的でしかないと思われたら、要素費用と利用者費用とは変動割合がちがってくるので、どの設備が使われるかに影響します。またそれが有効需要の水準にも影響することが考えられます。というのも要素費用は利用者費用とは別の形で、有効需要の決定に効いてくるかもしれないからです。

（3）最初に使われる設備の利用者費用は、必ずしも産出の総量と独立（以下の本文を参照）ではありません。つまり利用者費用は産出の総規模が変わると至るところで影響を受けるかもしれません。
（4）それ以上になる場合というのは、後日になれば通常以上の収益が得られると期待されるが、その期間はあまり長続きはせず、新しい設備生産は正当化できない（またはその暇がない）と考えられる場合です。今日の利用者費用は、あらゆる明日の見込み収益割引価値の中で最大のものに等しくなります。
（5）ホートレー氏（『エコノミカ』一九三四年五月、一四五頁）はピグー教授が供給価格を限界労働費と同一視したことに注目し、ピグー教授の議論がこれにより深刻に説得力を失っていると主張しています。

第７章　貯蓄と投資という言葉の意味をもっと考える

I

前章では、貯蓄と投資は必然的に同じになるよう定義されました。というのも、社会全体で見れば、それは同じもののちがう側面でしかないからです。でも同時代の論者の一部（『貨幣論』での私自身も含みます）は、こうした用語について特殊な定義をしており、それらは必ずしも同じではありません。また、それらが同じではないという想定で著述を行った人々もいますが、その際にもまったく定義がされていないのです。ですから、これまで述べてきたものをこうした用語に関する他の人々の議論と関連づけ、現在出回っているとおぼしき、そうした用語の各種の用法を整理してみるのもよいでしょう。

知る限りでは、貯蓄というのが所得のうち消費に使われた分を超える余りだ、という点ではみんな合意しています。それ以外の意味だと、明らかにとても不便だし誤解のもとでしょう。また、消費支出とは何かについても、大きな見解の相違はありません。ですから用法のちがいは、投資の定義か、所得の定義から生じているのです。

II

まず投資からいきましょう。一般の用途では、投資とは個人や企業が、新旧問わず資産を買うことです。たまにこの用語は、証券市場での資産購入だけを指すこともあります。でもたとえば、家に投資するとか、機械に投資するとか、株や、完成品や仕掛品の在庫に投資する、などという表現も平気でしています。そして大まかに言うと、再投資ではない新規投資というのは、自分の所得の中から資本的資産を買うという意味です。投資を売却するのがマイナス投資、つまり負の投資だと認識すれば、私自身の定義は一般の用法と一致していることになります。というのも、古い投資の売買は必然的に打ち消しあうからです。確かに、負債の創造と償還の分は調整が必要でしょう（信用やお金の量の変化も含みます）。でも社会全体で見れば、総貸し手ポジションの増減は常に、総借り手ポジションの増減とずばり一致します。ですから総投資を考えるときには、この面倒ごとも相殺されます。ですから一般的な意味の所得が私の総所得に対応するとすれば、一般的な意味での総所得は、私の定義する純投資と同じです。つまり、あらゆる資本設備の純増分であり、総所得集計のときに考慮される、古い資本設備の価値変化を考慮したものです。

ですからこういうふうに定義した投資は、固定資本だろうと運転資金だろうと流動資本だろうと、資本設備の増分を含みます。そして投資ということばの定義に見られる大きなちがいは（投資と純投資との差を除けば）いまのカテゴリーのどれかを算入するかどうかという点からくるものです。

たとえばホートレー氏は、流動資本の変動（つまり売れ残り在庫の予想外の増減）をとても重視しており、こうした変動を除外して投資を定義しようと提案しています。この場合、貯蓄が投資を上回る差分というのは、売れ残り在庫の予想外の増分と同じ、つまり流動資本の増加と同じです。これが重視すべき要因なのだというホートレー氏の議論に、私は納得していません。というのもこの議論は、よかれあしかれ予想されていた変動の補正よりも、当初は予想外だったはずの変動の矯正にばかり力点を置くからです。ホートレー氏は事業者による産出規模についての日々の意志決定が前日の決定と変わってくるのは、売れ残り在庫の変化によるのだ、と主張します。確かに、消費財ならこれは決断にとても重要な役割を果たします。でも決定に作用する他の要因を排除するのは、まったく意味がないと思います。ですから私は、有効需要の変化すべてを強調したいと思います。単に前期の売れ残り在庫増減に対応する部分だけを強調したいとは思いません。さらに固定資本の場合、未使用生産能力の増減は、生産の意志決定への影響においては、売れ残り在庫の増減に対応するものです。ホートレー氏の手法では、この少なくとも同程度には重要な要因を扱えないと思います。

オーストリア学派の経済学者たちの使う、資本形成や資本消費というものは、上で定義した投資や負の投資と同じではないし、純投資と負の投資ともちがうようです。特に資本消費というのは、上述のような資本設備の現象がどう見ても起きていない場合にも起こることになっています。でもこうした用語の意味を明確に説明する参考文献は未だに見つけられません。たとえば、生産期間の延長があると資本形成が起こるといった文は、あまり役には立たないのです。

III

次に、所得に特殊な定義をしていて、したがって消費を上回る所得という意味も特殊で、それにより貯蓄と投資が一致しない場合を見ましょう。拙著『貨幣論』での私の用法がこの見本です。というのも第6章で説明しましたが、あの本で私が使った所得の定義はいまの定義とちがっていて、事業者の所得として利潤の実績ではなく（ある意味で）「通常の利潤」を使っているからです。ですから投資を貯蓄が上回ると言うとき、私が意図していたのは、事業者たちが資本設備の所有で得られるはずの通常利潤よりも少ない金額しか稼いでいないような産出の規模、ということです。そして投資に対する過剰貯蓄の増加というのは、実際の利潤が減少していて、産出を収縮させる動機となる、という意味でした。

今にして思えば、雇用量（つまりは産出と実質所得の規模）は現在の利潤と見込み利潤を最大化したいという動機を持つ事業者によって決まっています（利用者費用の分は、設備の寿命全期間で見た収益性を最大化しようとする事業者の考え方によって決まります）。そして事業者の利潤を最大化する雇用量は、各種の仮説に基づく消費や投資から生じる、売り上げ総計見通しから来る総需要関数に左右されます。『貨幣論』では、貯蓄に対する投資過剰の変化という概念は、同書で定義したように、利潤の変化を扱う手法でした。でも同書では、期待と実績をはっきり区別しませんでした[1]。同書で私は、貯蓄に対する投資の過剰は、産出規模の変化を左右する動機となるものだ、と論じました。したがって本書の新しい議論は、（今にして思えば）ずっと正確でわかりやすいものですが、基本的には前著の議論を発展させたものです。拙著『貨幣論』の用語で言うならこうなるでしょう。「貯蓄に対する投資過剰の増大期待は、事業者が以前の規模に比べて雇用と産出を増やすよううながすのである」。現在の議論と以前の議論に共通する意義は、雇用の量が事業者たちによる有効需要の推計で決まるということを示した点にあります。『貨幣論』で定義されたような、貯蓄に対する投資増大期待とは、有効需要増大の指標なのです。でも『貨幣論』での書きぶりはもちろん、その後発展させてここに述べたものと比べれば、とても混乱した不完全なものでした。

D・H・ロバートソン氏は、今日の所得を、昨日の消費に投資を足したものと等しいと定義しています。ですから彼にとっては、今日の貯蓄というのは、昨日の投資に、昨日の消費が今日の消費より多かった分を足したもの、ということになります。この定義だと、貯蓄が投資を上回ることはあります。つまり、昨日の所得（私の言う意味で）が今日の所得を上回る分だけ貯蓄が多くなります。ですからロバートソン氏が、投資を上回る貯蓄があると言うとき、それはまさに、所得が下がっていると私が言うのと同じことをまさに言っているのだし、彼の言う貯蓄過剰というのは、私の言う所得の減少とまったく同じです。現在の期待が常に昨日の実績値で決まるというのが事実なら、今日の有効需要というのは、昨日の所得と等しくなります。したがってロバートソン氏の手法は、有効需要と所得を対比させることで行おうとした因果分析においてきわめて重要となるのと同じ区分をしているという点で、私の代替手法と見なせます（その一次近似と言うべきでしょうか[2]）。

Ⅳ

さて次に、「強制貯蓄」なる用語で示される、ずっと漠然とした考えに移りましょう。そこに何か明確な重要性は見いだせるでしょうか？　拙著『貨幣論』（第一巻、一七一頁、脚注）でこの用語の過去の用例を指摘し、それが投資と、『貨幣論』で私が述べた意味での「貯蓄」との差額となんとなく似ているのではないか、と示唆しました。いまや私は、その時に思ったほどの類似性がそもそもあったのか、もはや自信がありません。どのみち私は

「強制貯蓄」だの、もっと最近使われた似たような用語（たとえばハイエク教授やロビンズ教授によるもの）が、投資と、『貨幣論』で私が述べた意味での「貯蓄」との差額には直接何の関係もないと確信しています。というのもこの著者たちはこの用語で何を意味するのかきちんと説明していませんが、彼らの言う「強制貯蓄」がお金の量や銀行信用の量の変化から直接出てきて、それで計測できる現象だというのは明らかなのです。

産出と雇用の量が変われば、確かに賃金単位で測った所得は変化が生じるのは明らかです。賃金単位が変われば借り手と貸し手の間に再配分が生じ名目の総所得も変わります。そしてどちらの場合にも、貯蓄金額には変化がある（かもしれない）のも事実です。したがって、お金の量の変化は金利への影響を通じて、所得の量と分配を変えるので（これは後で示します）、こうした変化は間接的に、貯蓄金額の変化をもたらしかねません。でもこうした貯蓄量の変化は、他の状況変化に伴う貯蓄額変化とまったく同じで、ちっとも「強制」ではありません。そして強制かそうでないかを区別する方法もありません。やるならば、ある所定条件の下での貯蓄額が規範または基準なのだと定めるしかないでしょう。さらにこれから見るように、お金の量が変化したことによる総貯蓄の変化はきわめて変動が激しく、他の多くの要因に左右されるのです。

したがいまして「強制貯蓄」なるものは、標準的な貯蓄率を指定しない限り何の意味もありません。もし完全雇用が実現した状態での貯蓄率を選ぶなら（これはあり得るでしょう)、上の定義はこうなります。「強制貯蓄とは、完全雇用が長期均衡の状態として存在している場合に起こる貯蓄に対する、実際の貯蓄の過剰分である」。この定義はまともに筋が通っていますが、でもこの意味では過剰な強制貯蓄はきわめて珍しくきわめて不安定な現象となり、通常は強制貯蓄不足が起こることになるでしょう。

ハイエク教授の興味深い「強制貯蓄ドクトリンの発展に関するメモ[3]」によれば、これこそ実はこの用語のもとの意味だったそうです。「強制貯蓄」または「強制倹約」は、もともとはベンサムの着想でした。そしてベンサムははっきりと、そこで念頭にあったのが「あらゆる手が雇用され、しかももっとも有益な形で雇用されている[4]」状況におけるお金の量(これはお金で買えるものの量と相対的に見た量です)が増加した時の結果だと述べています。こうした状況では、実質所得は増やせないし、結果として追加投資も増やせない、とベンサムは指摘します。その推移の結果として起こるのが「国民の快楽と国民の正義を犠牲にした」強制倹約というわけです。この問題を扱った十九世紀の著述家は、すべて同じ考えを抱いていました。でもこのきわめて明快な発想を、完全雇用でない状況に拡張するのは困難です。むろん確かに、一定の資本設備に投入する雇用を増やすと収穫逓減が起こるという事実のため、雇用を少しでも増やせば、すでに雇われていた人々の実質所得は多少下がります。でもこの損失を、雇用増大に伴うかもしれない投資増と関連づけようとするのは、たぶん実り薄いことでしょう。いずれにしても「強制貯蓄」に関心ある現代の著述家たちで、それを雇用増大の状況に拡張しようとした試みは、寡聞にして知りません。そして彼らは一般に、ベンサム主義的な強制倹約の概念を、完全雇用でない条件に拡張すると、ある程度の説明や条件づけが必要だという事実を見すごすようなのです。

V

貯蓄と投資がその額面どおりの意味で理解したときにも、差が出ることがあるのだという発想が普及しているのは、個人預金者と銀行との関係が実際には相互の取引なのに、一方的な取引に見えるという錯覚で説明できるように思います。預金者と銀行がなにやら手管を弄し、貯金が銀行システムの中に消え失せて消費にはまわらないとか、逆に銀行システムは対応する貯金がなくても投資を発生させられるとか思われています。でも現金や債務や資本財などの資産を獲得することなしには、だれも貯金なんかできません。そしてだれかが以前は保有していなかった資産を獲得するには、同じ価値の資産が新規に作られるか、あるいはその人がそれまで持っていた価値に相当する資産を誰かが手放すしかないのです。前者の場合には、それに対応する新規投資があります。後者の場合、だれか他の人が同じ額だけ負の投資をしているのです。というのも、その人が富を失ったら、それは消費が所得を上回ったことが原因のはずで、資本的資産の価値変動から来る資本勘定の損失のせいではないはずです。というのもそれは、元々持っていた資産の価値低下から苦しい思いをしているわけではないからです。資産の現在の価値はきちんと受け取りつつ、その価値を何らかの富により保持していないので、よってその人は当期所得より多くを当期に消費しているはずだということになります。さらにもし資産を手放しているのが銀行システムなら、だれかが現金を手放している必要があります。すると、問題の個人やその他の人々の総貯蓄をまとめると、必然的に当期の新規投資と同額になるはずです。

　銀行による信用創造により、銀行が「まともな貯金」に対応しない投資を実施できるという発想は、銀行信用増大の帰結について、一つの側面だけを抜き出し、他を無視した結果でしかあり得ません。もし銀行がある事業者に対し、その事業者の既存融資に加え、さらに銀行信用を提供して、それが他では起こり得なかった当期投資を可能にしたなら、所得は通常は投資増分を超える速さで必然的に増えます。さらに、完全雇用でない限り、名目所得だけでなく実質所得も増えます。世間は所得増分のうち、貯蓄と支出に分ける比率について「自由選択」を実施します。そして、投資を増やそうとして借金した事業者の意図が（そうでなければ起こったはずの他の事業者による投資の代替として起きるのではない限り）世間が貯蓄を殖やそうと決める速度よりも速く成長することはあり得ません。さらに、この決断から生じる貯蓄は、他のどんな貯蓄とも遜色ない、普通の貯蓄です。他の富の形態ではなくどうしても現金を保有したいというのでない限り、ある人が新規の銀行信用で得た追加現金を、そのまま保有するよう説得するわけにはいきません。それでも雇用、所得、価格は、新しい状況でだれかが追加のお金を保有しようとするような方向に動くのです。確かに、特定方向への投資が予想外に増えたら、総貯蓄と総投資の比率は変なことになるかもしれません。それはその変化が十分に予想されていた場合とはちがうでしょう。また、銀行信用が認められると、以下の三つの傾向が出るのも事実です。(1)産出が増える、(2)賃金単位で測った限界生産の価値が増える（これは収穫逓減の条件下だと、産出増加に必然的に伴います）、(3)賃金単位の額面が増える（というのもこれはしばしば雇用改善に伴うからです）。そしてこうした傾向は、各種集団間の実質所得分配に影響するかもしれません。でもこうした傾向は、産出が増えている状態すべてに共通する特徴であり、その産出増大が銀行信用の増大以外の原因で起きた場合にも、同じように起きます。それらを避けるには、雇用を改善できるような行動をすべて避けるしかありません。でもいまの議論の多くは、まだきちんと論じていない議論の結果を先取りしたものです。

ですから、貯蓄には常に投資が関与するという古くさい見方は、不完全で誤解のもとではありますが、投資なしの貯蓄があるとか、「まともな」貯蓄なしの投資があるとかいった、目新しい見方よりも定式としてはきちんとしています。そこにあるまちがいとは、個人が貯蓄をしたら、その人が総投資を同額だけ増やすのだ、というありがちな早合点です。確かに個人が貯蓄したら、その人は自分の富を増やしています。でもその人が社会全体の富を増やすという結論は、個人の貯蓄行為が、だれか他人の貯蓄にも影響して、したがってだれか他の人の富を変えるかもしれないという可能性を無視しています。

貯蓄と投資が等価だという事実と、他人がどんな投資をしていようとお構いなしに、個人は好きな額を貯蓄できるという一見した「自由意志」とで折り合いをつけるには、貯蓄というのが基本的には支出と同じく、双方向の行為だという事実が効いてきます。というのも、ある個人がいくら貯蓄しても、それはその当人の所得にはあまり影響しませんが、その消費が他人の所得に与える影響を考えると、あらゆる個人が同時に一定金額を貯蓄することは不可能になるのです。消費を減らして貯蓄を殖やそうとする試みはすべて所得に影響し、必然的に自滅的な結果となります。もちろん同じように、社会全体として当期の投資金額より少ない額を貯蓄するのも不可能です。そんなことをしようとしても、必然的に所得が上昇して、結果として個人が貯蓄しようとする金額の合計は、投資額とまったく同じ数字になってしまうのです。

上の議論は、手持ち現金の量を好きなときに変える自由（あらゆる個人が持っています）と、個人の残高を足し上げたお金の総額が、銀行システムの作り上げた現金総量と完全に一致せざるを得ないという必然性とを調和させる命題と、きわめて類似したものです。後者の場合、それが等しくなるのは、人々が手元におく現金の量が、実は所得や、現金保持の自然な代替物となるモノ（主に証券）の価格と独立ではない、という事実によって生じます。したがって、所得やそうしたモノの価格は必然的に変化し、やがて個人が新しい所得と価格水準のもとで保有する現金量の総額は、銀行システムが作った現金の量と等しくなるのです。これぞまさに、金融理論の根本的な主張です。

これらの主張はどちらも、買い手がいないと売り手もありえず、売り手がなければ買い手もいない、という事実だけから出てくるものです。市場に比べて取引量の小さい個人は、需要というのが一方的な取引ではないという事実を無視してもまったく問題ありません。でも総需要でそれを無視すると、まったくのナンセンスになります。これは社会総計としての経済行動理論と、個人単位の行動理論との決定的な相違です。個人ならば、その人自身の需要変化はその人の所得には影響しないのです。

注

（1）同書での私の手法は、当期の実績利潤を、当期の利潤期待を決めるものとして扱うことでした。
（2）ロバートソン氏の論文「貯蓄と貯め込み」（『エコノミック・ジャーナル』一九三三年九月、三九九頁）およびロバートソン氏、ホートレー氏、私との討論（『エコノミック・ジャーナル』一九三三年十二月、六五八頁）を参照。
（3）『クォータリー・ジャーナル・オブ・エコノミクス』一九三二年十一月、一二三頁。
（4）同書、一二五頁。

第Ⅲ巻　消費性向

第8章　消費性向Ⅰ：客観的な要因

Ⅰ

第Ⅰ巻が終わったところで、手法と定義の全般的な問題を扱うためにちょっと脱線しましたが、これでもとの話に戻る用意ができました。本書の分析の最終目的は、雇用量を決めるのが何かをつきとめることです。今のところ、雇用量というのは総供給関数と総需要関数との交点で決まるんだ、というとりあえずの結論は確立できました。でも、総供給関数のほうは、供給の物理的な条件で主に決まります。だからおなじみでない考慮事項はほぼありません。式の形は見慣れないかもしれませんが、その根底にある要因は目新しいものではないのです。総供給関数は第20章でまた検討します。そこでは、その逆関数を雇用関数という名前で議論します。でも全体としては、これまで見すごされてきたのは総需要関数の果たす役割です。ですから、第Ⅲ巻と第Ⅳ巻では、総需要関数に専念します。

総需要関数は、ある雇用の水準を、その雇用が実現するはずの「収益」と関連づけるものです。「収益」は、二つの量の合計で構成されます——一つは雇用がその水準にあるときに、消費にまわされる金額と、投資にまわされる金額です。この二つの量を左右する要因は、ほとんど別々のものです。この巻では、前者を検討しましょう。つまり、雇用がある水準のとき、消費にまわる金額を決めるのはどんな要因か、ということです。そして第Ⅳ巻では、投資にまわる金額を決める要因に進みましょう。

雇用が決まっているときに、いくら消費にまわるか決めたいわけですから、厳密に言えば消費量（C）を雇用（N）に関連づける関数を考えるべきです。でも、ちょっとちがう関数を考えたほうが便利です。それは、賃金単位（W）で測った消費（C_w）と、賃金単位で測った所得（Y_w）との関係を示す関数です。Y_wはNだけで決まるわけじゃないぞ、という反論はあり得ます。Nはすべての状況で同じはずですから。なぜかというと、Y_wとNの関係は雇用の細かい性質に（たぶんごくわずかでしょうが）依存するからです。つまり、ある総雇用Nの中に二種類の雇用があったとき（これは個々の雇用関数の形がちがうことから起きます——これについては第20章で扱います）、その分布が変われば、Y_wの値が変わるからです。これを考慮した特別な措置が必要な場合も、実際に考えられます。でも一般に、Y_wがNで一意的に決まるというのは、よい近似です。したがって、消費性向というものを、Y_w（賃金単位で見た所得）とC_w（その所得水準での消費支出分）との関数関係χとして定義することにしましょう。つまり、

$$C_w = \chi(Y_w) \quad \text{または} \quad C = W\chi(Y_w)$$

社会が消費に使う額は、明らかに以下の三点に左右されます。(i)一部は、その所得の量に左右されます。(ii)一部は、それを取り巻く客観的な状況によります。(iii)一部は、それを構成する個人の主観的なニーズと心理学的傾向や習慣、そして所得がそれぞれに仕分けされるときの原則（これは産出が増えると変わりかねません）に左右されます。お金を使ういろいろな動機は相互に作用しあうので、それを分類しようとするのは、実際には存在しない区別になってしまう危険はあります。それでも、それを大まかに二つの見出しで分けて、主観的な要因と客観的な要因と呼びましょう。主観的な要因は、次の章でもっと詳しく検討しますが、人間生来の心理的特性や、社会的慣習や制度を含みます。後者は変えられないわけではないけれど、異常事態や革命でもない限り短期では大きく変わりにくいものです。歴史的な研究や、ちがった社会システム同士を比較する場合には、こうした主観的要素が消費性向にどう影響するかを考慮する必要があります。でも一般に、主観的要因は所与のものとしましょう。そして消費性向は、客観的要因の変化だけに左右されるとしましょう。

II

消費性向を左右する主な客観的要因は、以下のもののようです。

(1)賃金単位の変化——消費（C）は当然ながら、名目所得よりは（ある意味で）実質所得の関数である面がずっと強いのです。ある一定の技術、嗜好、所得分配を決める社会条件の下で、人の実質所得は労働単位（訳注：つまり所得を賃金単位で割ったもの）をその人が変えることで変動します。ただし産出の総量が変わると、実質所得は（収穫逓減が効くので）賃金単位で測った所得に比べ、比率的には上がり方が小さいはずです。ですからとりあえずの近似として、賃金単位が変われば、ある水準の雇用に対応する消費支出も物価のように同じ比率で変わる、と想定しても問題はないでしょう。ただし、賃金単位が変わると事業者と金利生活者との実質所得分配が変わってくるので、それが総消費に与えかねない反応も考慮すべき場合もあるかもしれません。消費性向は賃金単位で測った所得で定義しているので、これ以外の点では、賃金単位変化はすでに反映されています。

(2)所得と純所得の差の変化——消費額は、総所得より純所得に依存すると述べました。人が消費の規模を決めるときに主に念頭におくのは、自分の純所得だからです。他の条件が同じなら、この両者の間にはかなり安定した関係がありそうです。つまり、それぞれの所得水準を一意的に、対応する純所得と関連づける関数があるという意味です。でももしそんな関数がなければ、所得変化のうち純所得に反映されないものは、すべて無視されなくてはなりません。それは消費にまったく影響しないからです。そして同様に、純所得の変化の中で所得には反映されないものも算入すべきです。でもかなり例外的な状況でもない限り、こんな要因が現実的に重要になるとは思えません。所得と純所得との差が消費にどんな影響を与えるかについては、この章のⅣでもっと詳しく取り上げます。

(3)純所得の計算に算入が認められない資本価値の予想外の変化——これらは消費性向の変化にとってずっと重要です。というのもそれは、所得の量と安定した規則性のある関係は一切持たないからです。富を保有する階級の消費は、その財産の金銭価値が予想外の変化を遂げたら、きわめて大きく変動しかねません。これは消費性向の短期変化をもたらしかねない、大きな要因の一つと考えるべきです。

(4)時間割引率の変化——つまり、現在の財と将来の財との交換比率の変化です。これは金利とはちょっとちがうものです。予測できる範囲でのことではありますが、割引率には将来のお金の購買力変化も含まれるからです。また将来の財を享受するほど長生きできないとか、収奪的な課税にあうとかいった各種のリスクも考慮されています。でも近似としては、これは金利とほぼ同じと見なしてよいでしょう。

この要因が、ある所得の支出比率に与える影響には、いろいろ疑問の余地があります。古典的な利子理論[1]は、利子が貯蓄の需給を均衡させる要因だ、という発想に基づいていました。だから他の条件が同じなら、消費支出は金利変化とは負の相関があり、金利があがれば消費は目に見えて減ることになります。でも昔から認識されていたことですが、金利変化が支出意欲に与える総合的な影響は複雑ではっきりせず、それを左右する各種の性向には相反するものもあります。貯蓄の主観動機のうち、一部は金利上昇で満たされ安くなり、一部は逆に弱まるのです。長期的に見ると、金利が大きく変われば社会慣習もかなり変わって、主観的な消費性向にも影響します——でもそれがどちらの方向を向くかは、実際の体験を見ない限りはっきりしません。でも、よくある短期的な金利変動は、プラスマイナスいずれの方向だろうと、支出に大した直接的な影響はないでしょう。総所得が変わらなければ、金利が五パーセントから四パーセントに下がったからといって、暮らしぶりを変えようという人はあまりいません。間接的な影響はいろいろありますが、その方向は様々です。一定所得からの支出意欲に対する影響として最も重要なのは、証券などの資産価格の上下変動に対して金利が持つ影響かもしれません。手持ちの資本の価値が予想外に増えたら、所得への影響から見ればその資本は以前とまったく価値が変わらなくても、その人は当期支出を増やしたくなるのが自然です。そして資本価格が下がったら、支出する気も薄れるでしょう。でもこの間接的な影響はすでに上の項目(3)で扱いました。これ以外にある所得からの個人の支出に対して金利が与える短期的な影響は、経験的に見ると二次的なものでしかなく比較的どうでもいいものだという結論が示唆されます。ただしその金利変化が異様に大きい場合には話は別かもしれませんが。金利がものすごく下がったら、ある金額で買える年次払い債券と、その金額に対して得られる利息との比率が上昇するので、老後の備えとして年次払い債券を買うのが流行り、それがマイナス貯蓄の重要な源となるかもしれません。

将来とその影響についての極端な不確実性が生じ、それで消費性向が急激な影響を受けるという異常事態も、この枠に含めるべきかもしれません。

(5)財政政策の変化——個人に貯蓄をうながすには、その人が期待する将来の見返りが効いてきます。それは明らかに金利だけでなく、政府の財政政策にも左右されます。所得税(特に「不労所得」に不利な扱いをする場合)やキャピタルゲイン課税、相続税などは、金利に負けない影響があるでしょう。さらに財政政策の変化幅の可能性は、少なくとも期待の上では、金利の変化幅よりも大きいかもしれません。もし財政政策が所得のもっと公平な分配の手段として意図的に使われたら、その消費性向上昇への影響も、当然ながらさらに上がります(2)。

また、政府が一般徴税分から債務返済を行うために設けた、減債基金が消費性向に与える影響も考慮すべきです。というのも、これは一種の企業貯蓄であり、したがって大量の減債基金を要求する政策は、その状況における消費性向を引き下げると考えるべきだからです。だからこそ、政府借り入れ方針からその正反対の減債基金準備方針へと切り替えたら、有効需要の急激な収縮を引き起こしかねません（その逆ならば大幅な増大が起きます）。

(6)現在と将来の所得水準の関係についての期待変化――形式的に完全を期するため、この要因も一応は挙げておきましょう。でもある個人の消費性向はこれでかなり変わるかもしれませんが、社会全体では相殺される見込みが高いのです。さらにこの要因は一般に、あまりに不確実性が多すぎて大した影響は持ち得ないでしょう。

すると残された結論は、ある状況での消費性向はかなり安定した関数かもしれない、というものです。もちろんこれは賃金単位の名目値変動を排除した場合という条件つきですが。資本価値の予想外の変動は、消費性向を変えるかもしれないし、金利や財政政策が大幅に変わってもある程度の影響はあります。でもそれ以外の客観条件は、無視はしないにせよ、通常の状況ではたぶん重要ではなさそうです。

つまり一般的な経済条件の下だと、消費支出を賃金単位で測ったものは、主に産出と雇用の量で決まります。この事実から見て、それ以外の要因をひとくくりにして「消費性向」という関数にしてしまうのは正当化されます。他の要因も変わります（これはお忘れなく）が、賃金単位で測った総所得は、一般に総需要関数の消費部分を左右する主要な変数なのです。

消費性向はかなり安定した関数で、総消費は主に総所得の量（どちらも賃金単位で計測）に依存します。消費性向自体の変化は二次的な影響でしかないとしましょう。その場合、この関数は普通はどんな形をしているでしょうか？

人は所得が増えると消費を増やす傾向にありますが、一般に平均してみると、その増分は所得の増分ほどではありません。これは人間性についての知識からも、経験の詳細な事実からもアプリオリに、大いに自信を持ってあてにできる、根本的な心理法則です。つまり、C_w が消費量で、Y^w が所得なら（どちらも賃金単位で計測）、ΔC_w は ΔY_w と符号は同じで絶対値は小さい、つまり dC_w/dY_w はプラスで一より小さい、ということです。

これは特に短期を考えているときにあてはまることです。たとえば習慣（長期的な心理的傾向とは別です）が、客観的な状況の変化に適応する暇がないような、いわゆる雇用の周期変動なるものの場合などがそうです。人はまず何よりも自分の習慣的な生活水準を維持すべく所得の中から支出を行い、実際の所得と習慣的な生活水準の支出で差額が生じたら、それは貯蓄するのが常です。あるいは、所得にあわせて支出を変える場合にも、短期では不完全な形でしか調整が進みません。ですから所得が上昇すると、まずは貯蓄が増えることが多く、所得が減れば貯蓄が減るのが通例です。これは当初に起きやすく、その後はだんだんおさまっていきます。

でも所得の短期的な変化の他に、所得の絶対水準が高いと、一般には消費と所得のギャップは大きい、というのも明らかでしょう。人とその家族の、目先の主要ニーズを満たすというのは、蓄財よりは動機として強いのが通例です。蓄財はある程度の安楽さが実現された後で、ようやくまともな力を持つようになる動機なのです。こうした理由からすると、一般には実質所得が上がると、貯蓄の比率は大きくなりそうです。でも貯蓄比率の大小はさておき、実質所得が増えたときに、消費がまったく同額だけ増えることはなく、したがって貯蓄額の絶対値は増えるはずです。これはあらゆる現代社会の根本的な心理法則だと考えます し、何か大きく異様な変化が他の要因に対して同時に作用していない限り成立するものだと思います。後で見るように(3)、経済システムの安定性は基本的に、このルールが現実の場で成立しているおかげなのです。すると雇用、ひいては総所得が増えても、追加の消費ニーズを満たすためには、追加雇用のすべてが必要となるわけではない、ということになります。

逆に、雇用水準が下がると所得が下がりますが、それが進むと消費が所得を上回ることもあり得ます。これは一部の個人や機関が好況時に用意しておいた準備金を取り崩す場合だけではありません。政府は、否応なく財政赤字に突入し、あるいは失業手当などを支給するため、その分を借り入れでまかなうようになります。ですから雇用が下がると、総消費は実質所得の低下よりは小幅に下がります。その理由は個人の習慣的な行動、そして予想される政府の方針です。これでなぜ均衡点にちょっとした変動幅だけで到達できることが多いのか、説明がつきます。そうでないと雇用と所得の低下がいったん始まったら、かなり極端なところまで進行しかねません。

これから見るように、この単純な原理は以前と同じ結論をもたらします。つまり、雇用が増えるには並行して投資が増えるしかない、ということです。ただしもちろん、それは消費性向が変わらない場合です。というのも消費者は雇用が増えた場合の総供給価格増分ほどは消費を増やさないので、増えた雇用はそのギャップを埋める投資が増えない限り、収益性がないことになるからです。

Ⅳ

雇用というのは期待消費と期待投資の関数ですが、これに対して消費は、他の条件が一定ならば、純所得つまり純投資の関数です（純所得は消費と純投資の合計ですから）。この事実の重要性を見くびってはいけません。言い換えると、純所得の確定以前に必要な財務手当が大きいほど、ある投資水準が消費、ひいては雇用に与えるプラスの影響は下がってしまうのです。

この財務手当（または補塡費用）の総額が、実際に既存設備の保守のために支出されているならば、この点は見すごしにはされないはずです。でも財務手当が当期の保守費用より多ければ、雇用に対してこれが与える実用的な結果は、決してよいものとは限りません。というのも、この過剰分は当期投資を直接増やすこともなく、消費にもまわらないからです。したがって、新規投資で埋め合わせるしかありません。でも新規投資需要はこうした財務手当が行われている古い設備の当期損耗とはまったく独立のものです。すると、当期所得を生み出すための新規投資はその手当分だけ減り、ある量の雇用を実現するには、ますます多くの新規投資が要求されるということになります。さらに利用者費用でも損耗用の手当を用意していますが、それが実際に支出されなければ、その分についてもほぼ同じ議論があてはまります。

たとえば、取り壊されたり廃屋になったりするまで居住可能な家を考えましょう。その住人が支払う家賃のうち、家主は一部を償却分として差し引き、それを維持修繕にも使わず自分の消費に使える金額とも思わなかったとします。するとこの償却費は、それがUの一部だろうとVの一部だろうと、その家の寿命の間ずっと雇用の足を引っ張り、家が建て替えられるときに、やっとまとめて適切な目的のために使われることになります。

定常状態の経済では、こんな話はすべて言うまでもないことです。毎年、古い家の償却手当はすべて、その年に寿命が尽きた家の建て替えによって完全に相殺されるからです。でもこうした要因は、静的でない経済、特に長寿命資本に対する活発な投資が一時的に噴出した直後の時期には、深刻なものとなります。というのもそうした状況だと、新規投資のかなりの部分が、既存の資本設備について事業者が留保する大量の財務準備金に吸収されてしまいます。そうした設備は確かに時間とともに摩耗はしていますが、留保された準備金ほどの支出が必要となる時期にはとても達していないのです。結果として、所得は低い総純投資に対応した低い水準以上には上がれないことになります。ですから減債基金などは、保守交換支出の需要(そうした基金の予想しているもの)が出てくるはるか前に、消費者から消費力を吸い取ってしまいかねません。つまり当期の有効需要を減らし、実際に更新が行われる年にやっと、有効需要を高める、ということです。この影響が「財務堅実性」(つまり設備の実際の摩耗よりも早く初期投資を「償却」するのがいいという発想)で拍車がかかっていれば、その累積結果はかなり深刻なものとなりかねません。

たとえばアメリカでは、一九二九年には過去五年の急激な資本拡大により、更新の必要もないプラントに対する減債基金や償却手当などの設置が山積みになり、その規模があまりに大きいために、そうした財務手当を吸収するためだけに、すさまじい量のまったく新しい投資が必要になりました。そして豊かな完全雇用の社会では、それほどの貯蓄を埋め合わせるほど大規模な新規投資をさらに見つけるのは、ほとんど絶望的となりました。たぶんこの要因だけで景気停滞が十分引き起こされたでしょう。そしてさらに、不景気中ですら余力のある大企業はこの種の「財務的堅実性」を実行し続けていたので、たぶん不景気からの早期脱出にあたって深刻な障害となったはずです。

あるいは、現在（一九三五年）のイギリスでは、住宅建設や各種新規投資が戦後（訳注：第一次大戦後）に大量に行われたため、大量の減債基金が設置されて、現在の修理や改善に必要な金額をはるかに上回るものとなっています。この傾向は、その投資が地方自治体や公共的な委員会によって行われる場合に特に顕著です。彼らは「堅実」な財政と称して、実際に更新が行われるよりも前に初期投資を償却できるようにしています。結果として、民間の個人が純所得を全額使おうとする場合でも、公共機関や準公共機関によるすべての新規投資とはまったく無関係に創られるこうした準備義務の重たい負担のせいで、完全雇用復活はきわめて厳しいものとなります。こうした地方自治体による減債基金は、新規開発に対する地方支出の半分以上の金額になっているはずです。[4] でも、保健省は地方自治体に厳しい減債基金を要求するとき、それがどれだけ失業問題を悪化させているか、気がついているとは思えません。[5] 住宅金融組合が、個人の自宅建設を支援するとき、家が実際に劣化するよりもはやくローンを完済したいという欲求は、住宅所有者に従来より貯金を殖やすよう仕向けるかもしれません——ただしこの要因は、消費性向を直接減らしているのであって、間接的に純所得への影響を通じて減らしているのではないと考えるべきかもしれません。実績値を見ると、住宅金融組合への住宅ローン返済額は一九二五年には二千四百万ポンドでしたが、それ

表8-1　コリン・クラーク推計のイギリスにおける投資と純投資、1928-1931

（百万ポンド）

年	1928	1929	1930	1931
総投資-産出	791	731	620	482
「古い資本の物理的摩耗価値」	433	435	437	439
純投資	358	296	183	43

が一九三三年には六千八百万ポンドに増えました。一方、その年の新規ローン契約額は一億三百万ポンドです。現在では、返済額はたぶんもっと多くなっているでしょう。

産出統計から出てくるのが純投資ではなく投資だ、ということは、コリン・クラーク氏による『国民所得 1924-1931』を見ると自然に否応なくわかります。また、投資の価値に減価償却などがいかに大きく効いてくるかも示してくれます。たとえばこの推計だと、イギリスでは一九二八－三一年にかけて[6]、投資と純投資は次ページの表8－1のとおりでした。ただしクラーク氏の総投資は、たぶん私の言う投資よりはちょっと多いでしょう。それは利用者費用の一部を含んでいそうだし、またクラーク版「純投資」が私の言う「純投資」とどこまで近いのかは、はっきりわかりません。

クズネッツ氏は、アメリカでの一九一九－三三年の総資本形成（私が投資と呼ぶものを彼はこう呼びます）の統計をまとめてほぼ同じ結論に達しました。産出統計が対応する物理的な事実は、まちがいなく総投資であって、純投資ではありません。クズネッツ氏はまた、総投資を純投資に変換するときの難しい点を発見しています。彼曰く「総資

表８−２　クズネッツ推計のアメリカにおける投資と純投資、1925−1933

（百万ドル）

年	1925	1926	1927	1928	1929	1930	1931	1932	1933
総資本形成（企業在庫の純変動反映済）	30,706	33,571	31,157	33,934	34,491	27,538	18,721	7,780	14,879
事業者の保守、修繕、整備、減価償却、摩耗	7,685	8,288	8,223	8,481	9,010	8,502	7,623	6,543	8,204
純資本形成（クズネッツ氏定義）	23,021	25,283	22,934	25,453	25,481	19,036	11,098	1,237	6,675

本形成から純資本形成に変換する際の困難、つまり既存の耐久財の消費分を補正する際の困難は、単にデータがないというだけではない。何年も保つ財の一年あたりの消費という発想自体があいまいさを伴うものなのだ[7]」。だからクズネッツ氏は「企業の帳簿における減価償却や摩耗が、その企業の使用する既存の完成耐久財の消費量を正しく記述しているものとする」という想定に頼ります。一方で彼は、家屋やその他個人の保有する耐久財についてはまったく差し引きません。アメリカについてのクズネッツ氏のとてもおもしろい結果を以下にまとめます。

表８−２から、いくつかの事実が強く浮かび上がってきます。一九二五−二九年の五年間で、純資本形成はとても安定

しており、上昇の後半部分でも一〇パーセントしか増えませんでした。事業者の保守、修繕、整備、減価償却、摩耗は、不況の底でもかなり高い水準でした。でもクズネッツ氏の手法ではどう考えても、減価償却等の年増推計が低くなりすぎてしまうはずです。というのも、彼は減価償却が新規の純資本形成の一・五パーセントしかないと想定しているからです。何よりも、純資本形成は一九二九年以降に目を覆わんばかりの急落を見せ、一九三二年には一九二五－二九年の五年平均より九五パーセント超も下がってしまっています。

これはいささか寄り道ではあります。でも、すでに大量の資本ストックを持っている社会において、消費に普通に使える純所得を算出する場合、社会の所得からこんなにも大量の控除が必要なのだということは強調しておくべきです。これを見すごせば、人々が純所得の相当部分を消費したい場合にすら消費性向が大量の重荷を引きずっているのを過小評価しがちだからです。

消費は——当然のことを繰り返しますと——あらゆる経済活動の唯一の終点であり、目的です。雇用機会は必然的に総需要の規模に制約されます。総需要は、現在の消費か、将来消費のため現在行う準備からしか出てきません。有意義な形で現在準備ができるような未来の消費というのは、無限に先送りすることはできません。社会全体として将来の消費に備えるには、金銭的な方便ではだめで、現在物理的に何かを産出するしかありません。私たちの社会と企業組織が、将来のための財政的な用意を、将来のための物理的な用意と区別し、前者を実現しようとする努力に後者が必ずしも伴わなければ、財政規律は総需要を減らすことになってしまい、したがって福祉を悪化させてしまいます。これを裏づける事例はたくさんあります。さらに、非常に大きな将来消費に備えようとすれば、その分だけ他のことの用意はむずかしくなり、需要の源としては現在の消費に依存するしかなくなります。ですから、何か目新しい仕掛けでもない限り、これから見るとおりこのパズルに答えはありません。唯一あるのは、失業を十分に高くしておいて、人々をずっと貧困にさせることです。それにより、所得の中で消費の占める割合を高めて、将来の消費のための準備として今日用意する物理的な準備のための支出以外はすべて消費にまわるようにするわけです。

あるいはこう考えてみてください。消費の一部は、現在作られるモノでまかなわれ、一部は過去に作られたもの（負の投資）でまかなわれます。後者でまかなわれる部分が増えると、当期の需要は減ることになります。というのも当期の支出はその分だけ、純所得として還流しなくなるからです。逆に、将来の消費を満たす目的で何かが今日作られると、当期の需要拡大が起こります。さてあらゆる資本投資は、遅かれ早かれ資本のマイナス投資（訳注：減価償却や除却費用）につながる運命にあります。ですから、新規の資本投資が常に資本のマイナス投資を上回り、さらに純所得と消費とのギャップを埋めきる水準を確保するという問題は、資本が増えるにしたがってますますやっかいなものとなります。新規の資本投資が当期の資本マイナス投資を上回るには、将来の消費支出が増えるという期待が不可欠です。今日の均衡を投資拡大で確保するたびに、私たちは明日の均衡確保をますます困難にしているのです。今日の消費性向低下が公共にとって有益となるのは、いつの日か消費性向の増大が期待されるときだけです。『蜂の寓話』を思い出しましょう——今日の生真面目さの存在理由を与えるには、明日の楽しみが絶対に不可欠なのです。

指摘しておくべき不思議な点として、一般の人々は道路建設や住宅建設といった公共投資の場合にしか、この究極の謎について認識しないかのようです。公共的な機関が投資をすることで雇用を増やすという仕組みに対する反対論として、将来に禍根を残すという考えがしょっちゅう持ち出されます。「将来の横ばいとなる人口に必要な、住宅も道路も市役所も電力網も水道もあれもこれも作りきってしまったらどうするんだ?」と尋ねられます。でも、同じ困難が民間投資や産業の拡大にもあてはまることは、あまりよく理解されていません。特に後者の場合は顕著です。というのも、個別には大したお金を吸収しない新工場や新プラントの場合、住宅に比べて需要がすぐに満たされてしまうのはすぐにわかることだからです。

こうした例では、明確な理解を阻害しているのは学術界における資本の理解を阻害しているのとまったく同じものです。つまり資本というのは消費と独立に存在する自立した存在などではない、ということを十分に理解していないことです。それどころか、長期的な習慣としての消費性向が弱まるたびに、消費需要だけでなく、資本需要も必ず弱まってしまうのです。

注

（1）第14章参照。
（2）余談ながら、財政政策が富の成長に与える影響は重要な誤解のもととなっています。でもこれについて適切に議論するには、第Ⅳ巻の利子の理論を援用しなくてはなりません。
（3）第18章、三四二頁参照。
（4）一九三〇年三月三十一日終了の会計年度において、地方自治体の資本勘定は八千七百万ポンドで、そのうち三千七百万ポンドがそれまでの資本支出に対する減債基金などからのものでした。一九三三年三月三十一日終了の会計年度だと、これらの数字はそれぞれ八千百万ポンドと四千六百万ポンドでした。
（5）実績値はまったく取るに足らないものと思われているので、二年かそこらに一回発表されるだけです。
（6）クラーク『国民所得 1924–1931』一一七頁と一三八頁。
（7）こうした引用は、アメリカ経済研究所（ＮＢＥＲ）概要52における、クズネッツ氏の近刊書の速報結果をもとにしています。

第9章　消費性向II：主観的な要因

I

ある所得の中で消費にまわる金額に影響する要因には、もう一つのカテゴリーがあります。それはある賃金単位で見た総所得と、前章で見た各種の客観的要因が同じ場合に、消費されるお金を決める主観的・社会的なインセンティブです。でもそうした要因の分析に目新しい点はないので、詳しい説明はなしで、重要度の高いものだけ一覧すれば十分でしょう。人が所得の支出を控える主要な動機や目的は、主に八つあります：

(i)予想外の出来事に備えて準備金を蓄える。

(ii)所得とその人や家族のニーズの関係が、将来は今とちがってくると思われるときの準備。たとえば高齢化への備え、家族の教育費積み立て、扶養家族の生活用資金など。

(iii)金利収入や財産価値上昇を享受するため、つまり目先の小さな支出よりも将来の大きな実質消費のほうが望ましいから。

(iv)支出をじわじわ増やしたいとき。そうすることで、生活水準がだんだん下がるより上がるのを期待するというありがちな直感が満足される。これは、享受する能力が将来衰えても同じ。

(v)独立性と自分で何かをやる力を享受するため。その際に、具体的な行動についての明確な考えやはっきりした意図はない。

(vi)投機的な事業プロジェクトを実施するための準備金を確保するため。

(vii)財産を遺贈したいから。

(viii)純粋なケチ根性を満たすため。ケチ根性とは、合理性はないのに消費行動を消費だという理由だけでしつこく嫌うこと。

こうした八つの動機はそれぞれ、用心動機、予見動機、計算動機、改善動機、独立動機、事業動機、自尊心動機、守銭奴動機と呼べるかもしれません。そしてそれに対応する消費の動機一覧も挙げられるでしょう。たとえば享楽動機、近視眼動機、鷹揚さ動機、計算ミス動機、虚栄動機、大盤振る舞い動機、といった具合です。

個人が貯め込む貯蓄以外に、英米などの現代工業社会における総蓄積の三分の一から三分の二は、中央政府や地方政府、団体や企業などが抱えている所得の一部です——その動機は個人を動かすものと同じではありませんが、概ね似たようなもので、主に次の四つです。

(i)事業動機――債務を背負ったり、市場で資本調達をしたりすることなしに、もっと資本投資を行うためのリソースを確保する。

(ii)流動性動機――緊急事態やトラブルや不景気のために流動性あるリソースを確保する。

(iii)改善動機――所得が着実に増加するようにすること。これは同時に経営陣が非難をかわすにも有益。というのも蓄積による所得改善は、効率性改善からくる所得改善とあまり区別されないことがほとんどだから。

(iv)財務堅実性と「黒字側」動機――利用者費用やその他費用を上回る財務手当を用意しておくことで、負債を減らして資産費用を実際の摩耗や陳腐化よりも先回りして償却し、「黒字側」にいるようにする。この動機の強さは資本設備の量と性質、および技術変化の速度におおむね依存。

所得の中からの消費を控える動機の裏返しとして、所得以上の消費をもたらす動機もありえます。上に羅列した、個人の貯蓄増をもたらす動機のいくつかは、後にそれに対応したマイナスの貯蓄が意図されています。たとえば家族の将来ニーズや老後の備えなどです。借り入れによる失業救済などは、マイナスの貯蓄と考えるのがいちばん適切でしょう。

さてこうした動機の強さは、想定している経済社会の制度や組織に応じてすさまじく変わります。それは人種、教育、慣習、宗教、現在の道徳、現在の希望や過去の経験、資本設備の規模や技術水準、その時点での富の分配や確立された生活水準などに左右されるでしょう。でも本書での議論では、大幅な社会変動の結果や、世俗変化のゆっくりした影響は、たまに脱線するとき以外は考慮しないことにします。つまり貯蓄や消費それぞれの主観的な動機の主な背景については、決まっているものと考えましょう。富の分配は、概ね社会の永続的な社会構造で決まる部分が大きく、これまたいまの文脈では所与のものとして扱い、長期的にゆっくりとしか変わらないものと考えることにします。

Ⅱ

そういうわけで、主観的・社会的なインセンティブの背景はゆっくりとしか変わらないし、また金利などの客観要因変動の短期的な影響は二次的な重要性しかないことが多いことがわかりました。すると消費の短期的変動は、主に所得（を賃金単位で測ったもの）を稼ぐ速度の変化のせいであって、ある所得に対する消費性向の変化によるのではない、という結論が残ります。

でも、一つ誤解には気をつけましょう。上で言っているのは、金利のちょっとした変化が消費性向に与える影響は小さいのが普通だということです。だからといって、金利変化が実際の貯金額や消費額に小さな影響しか与えないということではありません。正反対です。金利が実際に貯蓄される絶対額に与える影響はきわめて大きいのですが、その方向性は通常考えられているのとは正反対です。というのも、高い金利によって将来所得が増えるという魅力が消費性向を減らしがちだとしても、金利上昇で実際の貯蓄額は減るのがほぼ確実だからです。というのも総貯蓄を左右するのは総投資です。金利上昇は(それに対応して投資の需要関係《スケジュール》が変わって相殺されない限り)投資を減らします。ですから金利上昇は、所得を引き下げて貯金も減らし、投資と同じ水準にまで引き下げる効果を持つはずです。所得は投資よりも減少の絶対額が大きいので、金利が上がれば、消費比率も下がるというのは確かに事実です。でもだからといって貯蓄の分が増えるということにはなりません。反対に、貯蓄と消費はどっちも下がります。

ですから、所得一定なら金利上昇で社会の貯蓄は増えますが、金利が上がると(投資の需要関係《スケジュール》がよい方向に変わらない限り)実際の総貯蓄はほぼまちがいなく減るはずです。この議論を進めると、金利が上がったときに(他の条件一定で)所得がいくら下がるかもわかります。所得の減少額(または再分配額)は、そのときの消費性向の下で、金利上昇が(そのときの限界資本効率の下で)投資を減らすのとまったく同額だけ貯蓄を減らす金額となります。この側面についての詳細な検討は次の章でやります。

金利上昇は、所得が変わらなければもっと貯金を促すかもしれません。でも金利が上がって投資が減退すれば、所得は理屈上でも実際面でも変わります。絶対に所得は下がって、貯蓄余力が低下し、それが高金利による貯蓄刺激を完全に相殺します。人々が立派で、倹約家で、国や個人の財務において頑固に保守的であるほど、金利が資本の限界効率に比べて上がったときの所得低下幅も増大します。そこで頑固になっても、罰があるだけでごほうびはありません。というのも、この結論は不可避なのです。

したがって結局のところ、総貯蓄と総消費の比率は用心動機、予見動機、計算動機、改善動機、独立動機、事業動機、自尊心動機、守銭奴動機には依存しません。美徳も悪徳も無関係です。資本の限界効率を考えたとき、金利が投資にどれほど有利かで決まるのです[1]。いいえ、これは言い過ぎなどではありません。もし金利が継続的な完全雇用を維持するように統轄されていれば、美徳がその勢いを取り戻すことでしょう——資本蓄積の度合いは、消費性向の弱さにかかってきます。ですからここでも、古典派経済学者が美徳をやたらに重視したがるというのは、金利が常にそのような形で統轄されているという隠れた前提を示すものなのです。

注

（1） このセクションの一部には、第Ⅳ巻で導入されるアイデアをあらかじめこっそり入れておきました。

第10章　限界消費性向と乗数

　第8章で、雇用は投資と並行して増えるしかないのだ、と示しました。こんどはこれをもう一歩先に進めましょう。どの状況についても、所得と投資の間には明確な比率（これを乗数と呼ぶことにします）が決まるし、少し単純化すれば、総雇用とその投資で直接雇われた雇用（これを一次雇用と呼びましょう）との間にもその乗数が決まるのです。この追加の一歩は、本書の雇用理論の不可欠な一部です。消費性向が与えられているとき、総雇用と所得と投資率の間に、この議論が厳密な関係を構築してくれるからです。乗数のアイデアを最初に経済理論に導入したのは、R・F・カーン氏の論文「国内投資と失業の関係について」（『エコノミック・ジャーナル』一九三一年六月）です。この論文でのカーン氏の議論は、各種の仮想的な状況における消費性向（と他のいくつかの条件）が一定として、金融当局などの公共が投資を刺激したり抑えたりする手段を取ると考えたとき、雇用量の変化は投資総量の純変化の関数になる、という根本的なアイデアに基づいています。そして同論文は、純投資の増大と、それに伴う総雇用の増加との実際の定量関係を推計するための一般原理を定めようとしています。でも乗数の話に入る前に、限界消費性向というアイデアを紹介しておくほうが便利でしょう。

I

本書で検討している実質所得変動は、決まった資本設備に各種の雇用量(つまり労働ユニット)を適用することで生じます。実質所得は、雇用労働ユニット数に応じて増減します。もし決まった資本設備で働く労働ユニット数が増えるにつれて、限界での収益は減ると想定すれば、賃金単位で計測した所得は雇用量に対し比例以上の増え方となり、つまりは製品の数で計測した実質所得(それが可能ならばの話ですが)に対しても比例以上の増え方を見せます。でも、製品の数で計測した実質所得と、賃金単位で測った所得は(資本設備がほぼ変わらない短期では)いっしょに増減します。だから、製品の数で見た実質所得は厳密に数字で測れないかもしれないので、賃金単位で測った所得(Y_w)を実質所得の便宜的な指標と考えるのが便利です。文脈によっては、Y_wが実質所得よりも一般に大きな比率で増減する、というのを見すごしてはいけません。でもそうでなければ、この二つが常に並行して増えたり減ったりする、という事実のために、両者はほぼ入れ替え可能です。

通常の心理法則では、ある社会の実質所得が増減したら、その消費も増減しますが、その変動幅は所得ほどではありません。いまの論点を使えば、これを定式化できます。完全に正確な記述ではありませんが、自明で完全に定式化できる条件をいくつかつければ——ΔC_w と ΔY_w は符号は同じで $\Delta Y_w > \Delta C_w$ だという命題になるのです。ここで C_w は賃金単位で測った消費です。これは単に、八〇頁ですでに述べた命題を繰り返しただけです。

では dC_w/dY_w を限界消費性向と定義しましょう。この量はとても重要です。産出が一増えたときに、それが消費と投資でどう山分けされるかを教えてくれるからです。ΔC_w と ΔI_w をそれぞれ消費と投資の増分としたとき、$\Delta Y_w = \Delta C_w + \Delta I_w$ となります。ですから $\Delta Y_w = k\Delta I_w$、ただし $1 - (1/k)$ は限界消費性向に等しいものとします。

k を投資乗数と呼びましょう。これは総投資が増えたときに、所得は投資増分の k 倍増える、ということです。

II

カーン氏の乗数は、今のとはちょっとちがっていて、k' で示される雇用乗数とでも言うべきものです。投資産業における一次雇用の増分と、総雇用の増分との関係を示すものだからです。つまり投資増分 ΔI_w が一次雇用を ΔN_2 増やしたら、総雇用の増分 $\Delta N = k'\Delta N_2$ ということになります。

一般的に、$k=k'$となるべき理由はありません。というのもそれぞれの産業に関連する総供給関数の部分を見たとき、雇用の増大とそれを刺激した需要の増加の比が、どの産業でも同じになるという想定に必然性はないからです(1)。たとえば、消費性向が平均の性向と大幅にちがっていて、消費財と投資財の需要変化がかなりちがった比率変化を見せて、$\Delta Y_w/\Delta N$と$\Delta I_w/\Delta N_2$がそれぞれ大きくなるとしましょう。もしこうしたそれぞれの産業群が総供給関数上で対応している部分について、考えられる形の差を考慮したいのであれば、以下の議論をもっと一般化した形で書くのは簡単です。でもそこに含まれる考え方を明確にしたいので、$k=k'$の単純な場合を扱うほうが便利です。

つまりここから、社会の消費心理が所得増分のたとえば九割を消費したがるなら(2)、乗数kは十になります。そして、たとえば公共事業の増加で引き起こされる総雇用は、投資が別の方向に減らされないとすれば、公共事業自体がもたらす一次雇用の十倍になります。社会が雇用（ひいては実質所得）は増やしたのに消費をそのまま維持した場合に限り、雇用増は公共事業による一次雇用だけになります。一方、もし所得増分を全額消費しようとしたら、安定する点はなくて、物価は無限に上がります。通常の心理的な想定からすると、雇用増大が消費の低下をもたらすのは、同時に消費性向の変化が起きた場合だけです——それはたとえば、戦時中のプロパガンダで個人消費を抑えようとした結果として起こるかもしれません。そしてそういう場合にのみ、投資で増えた雇用が、消費向けの産業の雇用にマイナスの影響をもたらすのです。

これは単に、読者が今やざっとわかっているはずのことを、数式としてまとめただけです。賃金単位で測った投資の増加は、大衆が賃金単位で測った貯蓄を殖やす気がない限り実現しません。一般に言えば、人々は賃金単位で見た総所得が増えている場合にしか貯蓄は殖やしません。ですから増えた所得の一部を消費しようという人々の努力は、産出を刺激して新しい所得水準（と分配）が投資の増分に対応できるだけの貯蓄余力をもたらします。必要な追加貯蓄をしてもらうために必要な実質所得増をもたらすには、雇用をどれだけ増やすべきか教えてくれるのが乗数です。そしてこれは、人々の心理的傾向の関数となります[3]。もし貯蓄がクスリで消費が（訳注：それを飲むための）ジャムだとすれば、追加のジャムは、追加のクスリの量に比例する、というわけです。世間の心理傾向がここで想定しているものとちがうのでない限り、投資のための雇用増が必然的に消費財産業をも刺激し、投資で必要な一次雇用の倍数となる総雇用の増加につながるのだ、という法則が、いま確立されたわけです。

以上から、もし限界消費性向が一よりあまり小さくなければ、投資がちょっと変動しただけで、雇用も大幅に上下します。でも同時に、投資をほどほどに増やすだけで完全雇用は実現できます。一方、限界消費性向がかなりゼロに近ければ、投資がちょっと上下動しても、雇用の上下動は同じくらい小さなものとなります。でも同時に、完全雇用を生み出すには投資を大幅に増やさなくてはいけません。前者の場合、非自発失業は楽に治せる病気ですが、こじらせると面倒になりかねません。後者の場合、雇用の変動はそんなに大きくないのですが、かなり低い水準に落ち着いてしまい、よほど過激な治療を施さないとなかなか治りません。実際の限界消費性向は、この両極端のどこか間にいて、ゼロよりはずっと一に近いようです。結果として私たちは、ある意味で両方の悪いところ取りをしているに等しく、雇用の上下動はかなり大きいのに、完全雇用を実現するための投資増分は大きすぎてなかなか実行できないことになっています。残念ながら上下動が大きいために、この病気の性質はなかなかわかりにくいのに、かなり悪性なのでその性質をきちんと理解しないと治療しようがない状態です。

完全雇用が実現すると、それ以上投資を増やそうとがんばっても、限界消費性向がどうあれ物価が無限に上昇しがちとなります。つまり真のインフレ状態に到達するわけです(4)。でもその時点までは、物価上昇は総実質所得の上昇と結びついています。

III

ここまで投資の純増を考えてきました。でも、もし特に条件なしで、たとえば公共事業増大の影響にいままでの話を適用したいなら、他の方面で投資減少が起きて相殺されたりはしない、と想定しなくてはなりません——そしてもちろん、それに伴って社会の消費性向には変化がないということも。カーン氏は上で触れた論文で、重要となりそうな相殺物として何を検討すべきかを考え、その定量推計を示唆するのに注力していました。というのも実際の場合には、ある投資の個別増大以外にも、いくつか最終結果に影響する要因があるのです。たとえば政府が公共事業に十万人を追加で雇用して、（上で定義した）乗数が四だとしても、総雇用が四十万人増えると想定するのは早計です。というのも、新政策は他方面での投資にマイナスの影響を及ぼすかもしれないからです。（カーン氏にしたがうと）現代社会で見すごしてはならない最も重要な要因としては、以下のようなものがあるようです（もっとも最初の二つは、第Ⅳ巻が終わるまでは完全には理解できないでしょう）。

(i)政策の資金調達手法や雇用増とそれに伴う物価上昇により増加した運転資金は、金利を押し上げて、他方面の投資を衰退させる効果を持ちかねない。そうならないためには金融当局が手を打つ必要がある。一方同時に、資本財の価格上昇により個人投資家にとってはそれらの限界効率が下がり、これを相殺するには、金利が実際に下がる必要がある。

(ii)混乱した心理状態が世の中を席巻することはよくあるので、政府は「安心」に働きかけて、流動性選好を高めたり、資本の限界効率を減らしたりする。これも相殺するような手段を講じないと他の投資を衰退させかねない。

(iii)外国貿易関係での開放経済だと、乗数で増えた投資の一部は外国の雇用を増やすという便益につながる。増えた消費の一部は、自国に有利な貿易収支を減らすからだ。したがって、世界雇用とは切り離された国内消費への影響だけを考えるなら、乗数を減らす必要があるかもしれない。一方、こうした国外流出の一部は、外国が経済活動を増やすことによる乗数の働きで、こちらに有利な影響が出ることで取り戻せるかもしれない。

さらに、もしかなりの変化を考えているなら、限界のところでのポジションがだんだん変わってくるので、限界消費性向もだんだん変わることを考慮する必要があります。ということは乗数もだんだん変わる、ということです。限界消費性向は、雇用のあらゆる水準で一定というわけではなく、一般に雇用が増えると下がる傾向がありそうです。つまり実質所得が増えたら、社会が消費したがる割合はじわじわ減ってくるのです。

いま述べた一般則の働き以外にも、限界消費性向（ひいては乗数）をもっと変えるような他の要因も働いています。そしてこうした他の要因はおおむね、一般則を相殺するよりは強化する方向に働くようです。なぜかというと、まずそもそも雇用増は、短期的には収穫逓減があるので、事業者に集まる総所得の比率を高めますが、事業者個人の限界消費性向はたぶん、社会全体の平均よりは低いからです。また第二に、失業は官民問わずマイナスの貯蓄につながりやすいものです。失業者は自前や友人の貯金を取り崩して暮らしたりするし、失業手当をもらう場合にも、それは財政の借り入れでまかなわれたりするからです。結果として、再雇用はこうしたマイナスの貯蓄をだんだん減らすことになり、したがって社会の実質所得が他の形で増える場合に比べ、限界消費性向は急激に下がることになります。

いずれにしても、投資が小さく純増したほうが、大きく増えた場合より乗数はたぶん大きいでしょう。ですからかなり大きな変化を視野に入れる場合、検討している範囲の限界消費性向の平均をもとにした、平均の乗数で判断することが必要です。

カーン氏はいくつか仮想的な特殊ケースを使って、こうした要因であり得る定量結果を検討しています。でも明らかに、これらの一般論であまり話を進めるのは無理です。せいぜい言えるのは、たとえば普通の現代社会はたぶん、実質所得が増えたら消費にまわるのはその八割弱くらいか、という程度の話です。それが（訳注：貿易のない）閉鎖経済で、失業者の消費分は他の消費者の消費分からの移転でまかなわれるなら、相殺分を考えたら乗数は五弱というところでしょうか。でも外国との貿易が消費の二割くらいになり、失業者たちは雇用されている場合の通常消費の五割くらいを、借り入れに類するものから受け取っているとしましょう。乗数は、個々の新規投資が提供する雇用の二倍か三倍程度にとどまるかもしれません。ですから貿易が大きな比率を占め、失業手当がかなり借り入れでまかなわれている国

（たとえば一九三一年のイギリスがそうでした）では、そうした要因の重要性が低い国（たとえば一九三二年のアメリカ）に比べて、投資の変動からくる雇用の変動幅はずっと穏やかなものとなります(5)。

とはいえ、国民所得の中では比較的小さな比率でしかない投資の変動が、それ自身よりもはるかに大きな振幅の変動を総雇用や所得に引き起こせる理由を説明するには、乗数の一般原理を検討する必要があります。

IV

今までの議論は、消費財産業が総投資の変化を、資本財産業と同じく十分早い時期に予見した場合の話でした。そこでは消費財の生産量が増えて、それに伴い収穫逓減により価格が下がりますが、それ以上に価格が乱されることはありません。

でも一般には、きっかけとなる資本財産業の産出増が完全には予見されていない場合を考えねばなりません。明らかにこのような場合のきっかけだと、雇用に対する影響が出尽くすまでにはしばらくかかります。でも議論の中でわかってきたのですが、この「明らか」な事実は、タイムラグなしであらゆる時点で連続的に成立する論理的な乗数理論と、資本財産業で起きた拡大が、タイムラグを持って、しばらくたってからじわじわ効いてくる場合の結果とで、いささか混乱を引き起こすようです。

この両者の関係をはっきりさせるには、まず予見されない、あるいは不完全にしか予見されない資本財産業の拡大は、総投資額を即座に全額増やすものではなく、総投資額をじわじわと増やすように効いてくるのだ、ということを指摘しましょう。そして第二に、それによって一時的に限界消費性向が通常値からずれるかもしれないことも指摘しましょう。ただし、その後それはだんだん通常値に戻ってきます。

ですから、資本財産業での拡大は、ある程度の時間をかけて数期にまたがる形で総投資が生じるように進行し、その数期における限界消費性向の一連の値は、拡大が予見されていた場合ともちがうし、社会が総投資の新しい安定水準に落ち着いたときの数字ともちがいます。でもその間の各期で、乗数理論はきちんと成立しているのです。つまり、総需要の増分は、総投資増分と、限界消費性向で決まる乗数との積となっているのです。

この二つの事実についていちばん明確に説明するには、資本財産業における雇用拡大がほぼ完全に予想外で、当初は消費財の産出がまったく増加しないという極端な例を考えてみましょう。その場合、資本財産業で新たに雇われた人々が、増えた所得の一部を消費しようとしたら、消費財の価格は上がって、一部では高価格のために消費を先送りする人もでるでしょうし、一部では高価格により利潤が増えて、貯蓄階級寄りに所得の再分配が起こるでしょうし、一部では高価格のために在庫が減るでしょう。これにより一時的な需給の均衡が生じます。消費の先送りで均衡が復活する限り、限界消費性向は一時的に下がります。つまりは乗数自体が下がるわけです。そして在庫が減る場合には、その間の総投資増は、資本財産業での投資増分よりも少なくなります――つまり乗数が掛けられるはずのものは、資本財産業での投資増分の全額ほどは増えない、ということです。でも時間がたつにつれて、消費財産業は新しい需要に対応した調整を行い、やがて先送りした消費が享受されると、限界消費性向は一時的に通常水準より高くなり、それまで下がっていた分を補おうとします。そしてその後は通常値に戻ります。一方で、在庫がかつての水準に戻ることで、総投資の増分は一時的に、資本財産業での投資増分よりも高くなります（生産量増大に伴う運転資金の増加もまた、一時的に同じ効果をもたらします）。

予想外の変化が雇用に影響しきるには時間がかかるのだ、という事実は、ある状況では重要になります――特に事業サイクル（訳注：景気循環）の分析に使われる場合には（拙著『貨幣論』でその方向での分析をしています）。でもだからといって、本章で述べた乗数理論の重要性はいささかも変わりません。また、資本財産業拡大によって期待される、雇用への総便益の指標として使えなくなることもありません。さらに、消費産業がすでに容量いっぱいで稼働していて、産出を増やすには既存工場の雇用を増やすだけではすまず、工場自体の増設が必要となる場合を除けば、消費産業での雇用が資本財産業での雇用と並行して、通常の乗数にしたがった拡大を見せるようになるまで、ごくわずかの時間しかかからないはずなのです。

V

　これまで見てきたように、限界消費性向が高いほど乗数も大きくなり、したがって投資が変わったときの雇用変動も大きくなります。すると、貧しい社会のほうが、貯蓄が所得に占める割合がとても小さいので、その割合が多くて乗数も小さい豊かな社会よりも、雇用がすさまじく変動するというパラドックスめいた結論が出てきそうな気もします。

　でもこの結論は、限界消費性向の影響と、平均消費性向の影響とのちがいを無視しています。限界消費性向が上がれば、投資の割合が変化したら、相対的な影響は比率としては大きくなるのですが、平均消費性向も同時に高ければ、その絶対的な影響は小さいものにとどまるのです。これを数字の例で説明してみましょう。

　仮に、ある社会が既存の資本設備で五百万人以下しか雇っていないときには、その実質所得のうち全額が消費にまわるとします。そして五百万人を超えて次の十万人からくる実質所得は、九九パーセントが消費にまわり、その次の十万人雇用からくる所得は九八パーセント、その次の十万人では九七パーセント、という具合に限界消費性向が決まるものとします。そして一千万人が雇われたら完全雇用です。すると、もし500万$+n\times$10万人が雇われていたら、限界乗数は$100/n$で、国民所得のうちで投資にまわるのは$n(n+1)/2(50+n)$パーセントということになります。

ですから五百二十万人しか雇われていないときの乗数はとても大きく、五十になります。でも投資は当期所得に比べてごくわずか、たった〇・〇六パーセントです。結果として、投資がたとえば三分の二とか、大幅に下がった場合にも、雇用は五百十万人に下がるだけ、つまり二パーセント減るだけです。一方、九百万人が雇用されているときには、限界乗数は比較的小さく二・五ですが、投資は当期所得のかなりの部分、九パーセントを占めるようになります。結果として、投資が三分の二ほど下がったら、雇用は六百九十万人（訳注：原文ママ。正しくは七百三十万人）になり、一九パーセントも低下するわけです。極端な場合として投資がゼロになったら、雇用は前者だと四パーセント下がりますが、後者だと四四パーセントの下落です。(6)

上の例だと、両社会のうち貧しいほうは、雇用不足のために貧しくなっています。でも同じ理屈は、その貧困が低技能のせいだったり、技術水準や設備が悪いせいだったりする場合でも、ちょっと変えればすぐに当てはまります。ですから乗数は貧しい社会のほうが大きいのですが、投資の変動に対する雇用への影響は、豊かな社会のほうがずっと大きいことになります。これは豊かな社会での当期投資が、当期所得に対してずっと大きな比率を占めると想定した場合です。(7)

また以上から明らかなように、公共事業で（前記の前提のもと）ある数の労働者が雇われたら、完全雇用に近い場合よりも、失業が厳しい時期のほうが、総雇用に与える影響は大きいのです。上の例だと、雇用が五百二十万人に下がり、公共事業で十万人が新たに雇われたら、総雇用は六百四十万人に増えます。でも雇用がすでに九百万人の状態だと、十万人を新規に雇っても、総雇用は九百二十万人になるだけです。ですから失業が激しいときには、かなり効果の疑わしい公共事業ですら、失業手当が減る分だけ考えても投資額の何倍分もの見返りをもたらしそうです（ただし失業が多いときには所得のうちで貯蓄にまわる割合が小さいと想定できる場合です）。でも完全雇用に近づけば、その公共事業は効果が怪しくなってきます。さらに、完全雇用に近づくと限界消費性向が下がるという想定が正しいなら、投資を増やすことで雇用の増分を確保するのは、ますますむずかしくなってきます。

総所得と総需要の時系列統計（あればですが）をもとに、事業サイクルのそれぞれの段階における限界消費性向の表をまとめるのは難しくないはずです。でも現在では、統計にそこまでの精度はないし（あるいはこの目的を十分念頭に置いて集計されていないため）、きわめておおざっぱな推計しかできません。私の知る限り、いちばんこの目的に適しているのは、アメリカについてクズネッツ氏がまとめた数字です（すでに一六五頁で言及していいます）。が、それでもかなり不確実性があります。国民所得の推計値とあわせて考えると、投資乗数の数字は私が予想したよりも小さくて安定しています。各年を個別に見ると、結果はかなり不安定です。でも対にして二年ずつまとめると、乗数はどれも三以下、二・五の周辺でかなり安定しているようです。すると、限界消費性向はたぶん六〇パーセントから七〇パーセントは超えない、ということになります——好況期なら結構ありそうな数字ですが、不況時としては私が見る限り、あり得ないほど低い意外な数字です。ですが、アメリカにおいては不況時ですら企業財務がきわめて保守的であることで、説明はつくかもしれません。言い換えると、修理交換をサボっているせいで投資が急落している場合でも、そうした損耗に対する財務的な手当が行われているのであれば、そうでない場合に起こったはずの限界消費性向上昇が、結果として抑えられるということです。この要因は、最近のアメリカにおける不況悪化でも大きな役割を果たしただろうと私はにらんでいます。一方で、統計を見るとアメリカの投資は一九二九年から一九三二年にかけて、七五パーセントも下がり、純「資本形成」は九五パーセント以上も下がったということになっているのですが、これはいささか統計が投資低下を過大に見積もっているのかもしれません——こうした推計値がちょっと変わるだけで、乗数は大きく変わってきます。

VI

非自発的な失業が存在するとき、労働の限界的な負の効用は、必然的に限界生産物の効用よりも小さくなります。それどころか、きわめて小さいかもしれません。長く失業していた人物にとって、何らかの労働は負の効用を持つどころか、正の効用を持つかもしれないのです。もしこれが認められれば、「無駄」な借り入れ支出[8]なるものが、実はそれでも全体としては社会を豊かにするのだ、という理由が上の説明でわかります。ピラミッド建設、地震、戦争ですら、我が国の政治家たちが古典経済学原理の知識のせいでもっとましなものを実施できないようであれば、富を増やすのに貢献してくれるかもしれません。

おもしろいことですが、異様な結論から何とか逃れようともがく常識は、部分的に無駄な借り入れ支出より、まるっきり「無駄」な借り入れ支出のほうを好みがちです。部分的に無駄な借り入れ支出は、完全には無駄でないために、純粋に「事業」原理に基づいて判断されがちです。たとえば、借り入れで失業手当をまかなうほうが、市場金利以下の建設融資を行うよりも受け容れられやすいのです。金の採掘と呼ばれる、地面に穴を掘る活動の一形態がありますが、これは世界の真の富に一切貢献しないどころか、労働の負の効用をもたらすものですが、これがあらゆる解決策で最も受け容れられやすいのです。

もし財務省が古いビンに紙幣を詰めて、適切な深さの廃炭坑の底に置き、それを都市ゴミで地表まで埋め立て、そして民間企業が実績抜群のレッセフェール原則に沿ってその札束を掘り返すに任せたら（その採掘権はもちろん、紙幣埋設地の借地権を買ってもらうことになります）、もう失業なんか起こらずにすむし、その波及効果も手伝って、社会の実質所得とその資本的な富も、現状よりずっと高いものになるでしょう。もちろん、住宅とかを建設するなどしたほうが、理にはかなっています。でもそれが政治的・実務的な困難のために実施できないというのであれば、何もしないよりは紙幣を掘り返させるほうがましです。

この考察と、現実世界の金鉱とは、一分のちがいもないほどに似通っています。黄金が適切な深さで採れる時代には、経験的に見て世界の富は急激に拡大します。そして楽に手に入る黄金が少ないと、富は停滞または衰退します。ですから文明にとって、金鉱は最大の価値と重要性を持っています。ちょうど政治家たちが正当化できると考える大規模な借り入れ支出の唯一の形態が戦争だったのと同様に、金の採掘は銀行家たちが堅実な融資先として受け容れる、穴掘りの唯一の口実だったのです。そしてこのいずれの活動も、進歩においてそれなりの役割を果たしてきました――それよりましなものができなかったから、ではあるのですが。細かい話を一つすると、不況時に黄金の価格が労働や原材料に比べて上昇する傾向は、その後の景気回復に役立ちます。もっと深いところから黄金を掘っても引き合うようになり、収益性のある金鉱石の品質の下限も下がるからです。

もし有用なストックも増やすような形で雇用を増やせないのであれば、黄金の供給が金利に与えそうな影響に加えて、黄金採掘は実に有用な投資形態となっています。理由は二つあります。まず、それがもたらすギャンブルの魅力のおかげで、その時の金利にあまりとらわれずに実行されます。第二に、その成果である黄金のストック増大は、他のものとはちがってその限界効用を減らす効果を持ちません。住宅の価値はその効用で決まるので、家を一軒追加で建てるごとに、その後の住宅建設から得られる見込み賃料は下がり、したがって同時に金利も下がっていない限り、同様の投資に対する魅力も下がっていきます。でも黄金採掘の成果はこの欠点を持っていません。制約条件としては、黄金で測った賃金単位が上昇することだけですが、これは雇用がかなり改善されるまでは、まず起きないでしょう。さらにもっと耐久性のない富の形態の場合とはちがって、利用者費用やその他費用からくる、結果的な逆効果もありません。

古代エジプトには、消費によって人のニーズに応えるのではなく、したがって増えすぎて価値を失うこともない果実を生み出す活動が二つありました。貴金属探求に加えて、ピラミッド建設です。そのような活動を二つも持っていた古代エジプトは二重の意味で幸運だったし、その名高い豊かさは、まちがいなくそうした活動のおかげです。中世は大聖堂を建設して葬送歌を歌いました。ピラミッド二つ、死者のためのミサ二件は、それぞれ一つの場合より二倍よいものです。でもロンドンからヨークへの鉄道が二本あっても、二倍よいことにはなりません。ですから私たちは実に賢くて、堅実な支出者に近づこうとして己を教育し、子孫が暮らす家を建てる際にもその子孫たちの後世の「財政」負担について慎重に考慮したりするようになり、そのおかげでいまや失業の苦しみから逃れるための、ピラミッドや大聖堂づくりなどの手段を持ち合わせなくなってしまったのです。私たちは、いつ行使するともはっきり意図していない、享楽の可能性をため込むことで個人を「豊かにする」よう見事に計算された方針を、国の行いに適用した不可避の結果として、そうした失業を受け容れるしかなくなってしまったのです。

注

(1) もっと厳密には、e_eとe'_eが全産業での雇用弾性と投資産業での雇用弾性だとします。さらにNとN_2が、それぞれ全産業と投資産業で雇われている人数だとします。すると、

$$\Delta Y_w = \frac{Y_w}{e_e N}\Delta N$$

で、

$$\Delta I_w = \frac{I_w}{e'_e N_2}\Delta N_2$$

したがって、

$$\Delta N = \frac{e_e I_w N}{e'_e N_2 Y_w} k \Delta N_2$$

すなわち、

$$k' = \frac{I_w}{e'_e N_2}\frac{e_e N}{Y_w} k$$

でも、もし全産業の総供給関数と投資産業だけの供給関数の形に、実用的に意味ある差を想定すべき理由がなければ、$I_w/e'_e N_2 = Y_w/e_e N$、したがって$\Delta Y_w/\Delta N = \Delta I_w/\Delta N_2$、よって$k = k'$となります。

（2）ここでの量はすべて賃金単位で測ったものです。

（3）ただしもっと一般化した場合には、それは投資産業と消費財産業における生産の物理条件の関数にもなります。

（4）第21章、四〇六－四〇七頁を参照。

（5）でもアメリカの推計については、一九一－一九二頁も参照してください。

（6）上での投資量は、それを生み出すのに雇われる人数で測ったものです。ですから雇用が増えるにつれて雇用一ユニットあたりの収穫逓減が起きれば、上の指標で投資量が倍になっても、物理量での投資（そんな指標があれば）は倍より少なくなります。

（7）もっと一般化すると、総投資の変化率に対する総需要変化率の割合は：

$$=\frac{\Delta Y}{Y}\Big/\frac{\Delta I}{I}=\frac{\Delta Y}{Y}\cdot\frac{Y-C}{\Delta Y-\Delta C}=\frac{1-\frac{C}{Y}}{1-\frac{dC}{dY}}$$

富が増えると dC/dY は減りますが、C/Y も同時に減ります。ですから消費の増減が、所得の中の比率として増えたり減ったりするにつれて、この比率も上がったり下がったりします。

（8）個人からの借り入れで資金調達された公共投資と、同様の仕組みで資金調達された他のあらゆる当期支出をまとめて「借り入れ支出」の一語であらわすのが便利です。厳密に言うと、後者はマイナスの貯蓄と解釈されるべきですが、この種の公的な対応は民間貯蓄を左右するような心理動機には影響されないことが多いのです。ですから、「借り入れ支出」は資本勘定分だろうと赤字支出補填だろうと、公共当局によるあらゆる面での純借り入れを示す便利な表現です。片方の借り入れ支出は投資を増やすことで作用し、もう片方は消費性向を高めることで作用します。

第Ⅳ巻　投資の誘因

第11章　資本の限界効率

I

投資をしたり資本財を買ったりするとき、その人はその資本財の寿命の間ずっと、それが生み出す産物を販売し、そこからそのための運転費用を差し引くことで得られる一連の収益見込みを買っていることになります。この年間収益 $Q_1, Q_2, \dots Q_n$ を、投資の見込み収益と呼びましょう。

投資の見込み収益のもとになるものとして、資本資産（固定資産）の供給価格があります。これはその種の資産が実際に市場でいくらで買えるか、という市場価格のことではなく、メーカーが新たにその資産を一ユニットだけ追加生産するよう促す価格、つまり時に再調達原価とも呼ばれるものです。固定資産の見込み収益とその供給価格または再調達原価との関係、つまりその種の資本一ユニット以上からの見込み収益と、そのユニットの製造費用との関係は、その種の資本の限界効率を与えてくれます。もっと厳密に言うと、私の言う資本の限界効率の定義とは、その資本の寿命期間中の収益から得られる一連の年次利益を、その供給価格と等しくするような割引率です（訳注：現在で言う内部収益率、ＩＲＲ）。これで個々の種類の固定資産が持つ限界効率がわかります。こうした限界効率の最大のものが、資本全般の限界効率とみなせます。

　ここで定義した資本の限界効率は、その固定資産の収益に対する期待と、当期の供給価格で定義されていることに注意してください。それは新しく製造された資産に投資を行ったときに、得られると期待される収益率に依存しています。その固定資産の寿命が尽きたあとで、その投資が原価に対してどのくらい稼いだかという歴史的な実績には依存していません。

　もしある種類の資本に対し、ある時期に投資が増えたら、その種の資本の限界効率は投資の増加につれて減少します。一つにはその種の資本供給が増えると見込み収益は下がるからで、一つには一般に、その種の資本製造設備に需要圧力がかかって、供給価格が上がるからです。この後者の要因のほうが、短期的な均衡に達するときには重要なのが通例ですが、検討している期間が長くなるほど、前者の要因の比重がそれに取って代わるようになります。したがってそれぞれの種類の資本について、限界効率がある値にまで低下するためには、その期間内に投資がどれだけ増える必要があるかを示す、関係表《スケジュール》を作れます。さらに様々な種類の資本についてそうした関係表《スケジュール》をとりまとめれば、総投資の大きさと、その投資額が実現する資本全般の限界効率とを関連づけた関係表《スケジュール》が作れます。これを投資需要関係表《スケジュール》、あるいは資本限界効率の関係表《スケジュール》と呼びましょう。

さて当然のこととして、当期の実際の投資額は、もはや限界効率が現在の金利を超えるような種類の固定資産が残されていないところまで増えます。言い換えると、投資額は投資需要関係表《スケジュール》において、資本の限界効率が市場金利に等しいところまで増えます。[1]

次のように表現しても同じことです。Q_rを、r時点における資産の見込み収益だとして、d_rを当期の金利でr年先送りにした一ポンドの現在価値だとします。$\sum Q_r d_r$はその投資の需要価格です。そして投資は、$\sum Q_r d_r$が投資の上で定義した供給価格に等しくなるまで実施されます。もし$\sum Q_r d_r$が供給価格より低ければ、その資産に対して当期は投資が行われません。

すると投資を促すには、一部は投資需要関係表《スケジュール》が関係し、一部は金利によることがわかります。投資を決める各種要因はきわめてややこしいもので、それについて総合的な見方ができるようになるには、第Ⅳ巻の結論を待たねばなりません。でもこの段階で、その資産の見込み収益を知っていても、その資産の限界効率を知っていても、金利はわからないしその資産の現在価値もわからない、という点はご理解いただきたいのです。金利はどこか別のところから持ってこなければなりません。そしてそれができてはじめて、見込み収益を「資本化」してその資産の価値を評価できるようになるのです。

上で定義した資本の限界効率は、この用語の一般的な用法とどう関係するのでしょうか？限界生産性とか収益とか効率性とか資本効用といった用語は、みんながしょっちゅう使う、おなじみの用語です。でも経済学文献を探しても、そうした用語で経済学者たちが通常は何を意味しているのか、はっきりした記述はなかなか見つかりません。

はっきりさせるべきあいまいさは、少なくとも三つあります。まず、考えているのは資本の物理ユニットを一つ以上雇用することで、ある一定時間に生じる物理的な産物の増加なのでしょうか、それとも資本の価額一ユニット以上を雇用することで、生産の価値がどれだけ増えるか、という話なのでしょうか。前者は、資本の物理ユニットというものの定義がむずかしいし、それは私が思うに、解決不能で不必要だと思います。もちろん、一定面積の畑で働く労働者十人は、何らかの機械を追加で使えればもっと多くの小麦を生産できる、といったことは言えます。でもこれを理解可能な数値比率に還元するには、価値を使う以外の方法を私は知りません。それでも、この点について多くの議論は、もっぱらある意味で資本の物理生産性を考えているように見えます。とはいえその書き手はそれを明言するわけではありませんが。

第二に、資本の限界効率というのが、絶対量なのか比率なのか、という問題があります。この用語が出てくる文脈と、それを金利と同じ次元の数字として扱うという慣習を見ると、比率でなければならないようです。でもそれが何と何の比率なのか、通常は明記されません。

最後に、いまの状況で資本量を追加したときに追加で得られる価値を扱っているのか、それとも追加の固定資産の寿命すべてを通じて期待される収益増分を扱っているのか、という相違点があります。これを無視することで、混乱や誤解のほとんどが生じているのです。つまり、Q_1だけを扱うのか、$Q_1, Q_2, \dots Q_r, \dots$ という数列すべてを扱うのか、というちがいです。これは経済理論における期待の役割という大きな問題に関わるものです。資本の限界効率に関するほとんどの議論は、この数列の中でQ_1以外の数字にはまったく目を向けないようです。でもこれはすべてのQが等しくなる静的な理論以外では適切ではありえません。通常の分配理論では資本が現時点でその限界生産性（どんな意味にせよ）を得ていると想定しますが、これは静的な状態でしか意味がありません。資本に対する現在の総収益は、その限界効率とは何ら直接の関係がありません。また生産の限界における現在の収益（つまり産出の供給価格に入ってくる資本収益）はその限界利用者費用であり、これまた限界効率とは近しい関係がまったくありません。

さっきも言いましたが、この問題については驚いたことに、明確な記述がまったくありません。一方で、上で述べた私の定義は、マーシャルがこの用語で言わんとした意味とかなり近いと思っています。マーシャル自身が使っている用語は、生産要素の「限界純効率性」、あるいは「資本の限界効用」です。以下は、マーシャル『経済学原理』で私が見つけられた、いちばん関係ありそうな部分（第六版、五一九－五二〇頁）のまとめですが、その主張の要点を伝えるべく、いくつか連続していない文章をつなげています。

ある工場では、追加で百ポンドの機械を導入して他に何ら費用をかけず、その機械自身の摩耗を差し引いたあとで、純産出を年三ポンド分追加できるものとする。もし資本の投資家が、高い収益をもたらすと思われる職業すべてに資本を押し込むとすれば、そしてそれが実行されて均衡点が見つかったあとでも、ぎりぎりこの機械を利用するだけの収益があるとすれば、その事実から年間金利は三パーセントだと推定できる。しかしこうした例示は単に、価値というものを律する大きな要因の活動の一部を示すに過ぎない。それを利子の理論にしようとすれば循環論法に陥ってしまう。これは賃金の理論にすることができないのと同じである。（中略）金利が、完全に安全なものについて年三パーセントだとしよう。そして帽子製造業が、百万ポンドの資本を吸収するとする。これは帽子製造業が、その百万ポンドをまったく使わないよりは、その資本全額をとてもよい目的に使って、その利用のために三パーセントを支払えるということを意味する。金利が二〇パーセントなら帽子製造業が絶対に使わなかった機械があるかもしれない。もし金利が年一〇パーセントなら、使われる機械は増える。六パーセントなら、もっと増える。四パーセントなら、もっと増える。そして最後に金利が三パーセントなら、もっとたくさん使うであろう。それだけの量を持っているとき、その機械の限界効用、つまり彼らが利用する価値があると考える機会の効用は、三パーセントと計測されるのである。

ここで明らかにわかるのは、実際の金利水準をこの論法で決めようとしたら循環論法に陥るということを、マーシャルがしっかり認識していたということです[2]。この一節で、彼は上で述べた見方を受け入れているようです。つまり金利は、資本の限界効率の関係表《スケジュール》が与えられているときに、新規投資がどこまで進むかというポイントを決める、というわけです。もし金利が三パーセントなら、人が百ポンドの機械に投資するのは、それによって費用や減価償却を差し引いた後の年間純生産が三ポンド増えると思う場合だけだ、ということです。でも第14章で見ますが、別の一節ではマーシャルはこれほど慎重ではありませんでした——それでも、自分の議論が怪しげな方向に向かうと、話を引っ込めてはいたのですが。

アーヴィング・フィッシャー教授は『利子論』(一九三〇年)で、「費用に対する収益率」というものの定義を挙げています。これは「資本の限界効率」とは呼ばれていませんが、定義は私のものとまったく同じです。曰く「費用に対する収益率とは、あらゆる費用の現在価値と、あらゆる収益の現在価値を計算するために使用すると、両者が同じになるものである」[3]。フィッシャー教授は、どちらの方向でも投資の規模は、この費用に対する収益率と金利との比較に依存するのだ、と説明しています。新規投資をうながすには「費用に対する収益率は金利を上回らなくてはならない」[4]。「当研究におけるこの新しい量（または要因）は、金利理論の投資機会側において中心的な役割を果たすのである」[5]。つまりフィッシャー教授は「費用に対する収益率」というのを、私の「資本の限界効率」の使い方と同じ意味でずばり同じ目的のために使っているわけです。

III

資本の限界効率の意味と重要性について、最も重大な混乱はそれが単に当期の収益に依存する数字ではなく、資本の見込み収益に依存するのだ、ということを理解できないことから生じています。これを最もよく示すには、生産の見込み費用変化の期待が、資本の限界効率に与える影響を指摘するのがよいでしょう。その変化が労働費用（つまり賃金単位）の変化からくると予想されているのか、あるいは発明や新技術によると予想されているのかは関係ありません。今日生産された設備からの製品は、その設備の寿命の間ずっと、その後生産された設備からの製品と競争しなくてはなりません。新しい設備からの製品は労働費も低いかもしれず、技術も改善しているかもしれず、するとその製品の価格は下がり、生産量はその産出の価格が適切な低い水準に下がるまで増えます。さらに、あらゆる製品がもっと安く生産されるようになれば、新旧の設備から得られる事業者の利潤（名目値）も下がります。そうした発展があり得るものとして予想されているなら、あるいは考えられなくもないと思われているだけでも、今日作られた資本の限界効率は、その分だけ下がります。

お金の価値変動の期待が、当期の産出の量を左右するのはこの要因を通じてのことです。お金の価値が下がると予想されたら、投資は刺激され、したがって雇用も全般に刺激されます。なぜならそれは、資本の限界効率関係《スケジュール》、つまり投資需要関係《スケジュール》を引き上げるからです。そしてお金の価値が上がると予想されたらそれは投資を抑えます。それは資本の限界効率関係《スケジュール》を引き下げるからです。

これこそ、アーヴィング・フィッシャー教授が当初「価値増大と金利」と呼んだ理論の根底にある真実です——つまり名目金利と実質金利のちがいで、前者はお金の価値変化を補正すると後者になります。この理論を額面通りに理解するのがむずかしいのは、お金の価値変化というのが事前に予想されたものと想定されているのかどうか、はっきりしないからです。それが予想されていないなら、現在のできごとには何も影響しないでしょう。一方、予想されていれば、既存の財の価格はそれに応じて調整され、お金を保有したり財を保有したりするメリットは、またもや均等化されてしまい、お金を保有している人は、融資期間中に予想される貸したお金の価値変化を相殺するような、金利変化によって儲けたり泣いたりするには手遅れとなってしまいます。このジレンマからは逃れようがありません。実際、ピグー教授はお金の価値の予想変化が一部の人たちには予見され、別の人々には予見されないと想定しましたが、それでもこのジレンマからはうまく逃れられていないのです。

まちがいがどこにあるかというと、将来のお金の価値変化が直接作用する先が、ある資本ストックの限界効率ではなく、金利だと想定することです。既存資産の価格は常に、予想されるお金の価値に関する期待変化に応じて調整されます。そうした期待の変化が持つ意義は、資本の限界効率に対する作用を通じて、新規の資産を生産しやすくする効果にあるのです。高価格期待が持つ刺激効果は、それが金利を引き上げるために生じるのではなく（これは産出を刺激する方法としてはパラドックスじみています――金利が上がれば、その分だけ刺激効果は相殺されてしまいます）、ある資本ストックの限界効率を上げるために生じるのです。もし金利が資本の限界効率と並行して上昇したら、価格上昇の期待からくる刺激効果はなくなります。なぜなら産出への刺激は、ある資本ストックの限界効率が、金利との比較で上昇することにより生じるからです。実際、フィッシャー教授の理論は「実質金利」に基づいて書き直すほうがよいでしょう。実質金利とは、お金の将来価値に関する期待状態の変化を考慮した金利です。そうすればこの変化は、当期の産出に何ら影響を及ぼさなくなるのです。[6]

金利が将来下落するという期待は、資本の限界効率関係《スケジュール》を下げる効果があるのだ、ということは指摘しておきましょう。なぜかというと、今日生産された設備からの産出は、その寿命の間のある期間を、もっと低い収益性で満足する設備からの産出と競合しなくてはならないからです。この期待は大した投資抑制効果はありません。というのも各種の期間についての複合的な金利に対する将来期待は、部分的には今日の複合的な金利に反映されるからです。それでも、多少の投資抑制効果はあるかもしれません。今日製造された設備からの産出で、その設備の寿命末期近くに生産されるものは、ずっと新しい設備からの産出と競争しなくてはならなくなります。そうした新しい設備は、今日生産される設備の寿命後の期間における低い金利のおかげで、収益が低くても平気なのです。

ある資本ストックの限界効率性が、期待の変化に左右されるのだということを理解するのは重要です。というのも、資本の限界効率がいささか激しい変動に見舞われるのは、まさにこのせいだからです。そしてこれが事業サイクルの説明となります。第22章では、好況と不況の交替が、資本の限界効率と金利との相対関係によって記述分析できることを示します。

IV

投資の量を決める二種類のリスクがあります。これらは通常あまり区別されてきませんでしたが、でも区別するのは重要です。第一のものは事業者または借り手のリスクであり、自分の望む見込み収益を本当に稼げるかどうかについて、内心で事業者が感じる疑念から生じます。もしその人が自分のお金を投資しているだけなら、関係するのはこのリスクだけです。

でも貸し借りのシステムが存在する場合、つまり実物または個人的な保証をつけて融資を行う仕組みでは、第二の種類のリスクが関連してきます。これを貸し手のリスクと呼びましょう。これはモラルハザード、つまり意図的なデフォルトなど、返済義務を逃れる、合法非合法を含む手段のせいもあるでしょうし、保証の幅が不十分な場合、つまり期待が満たされないことからくる非自発的なデフォルトもあるでしょう。さらに第三のリスク源を追加してもいいかもしれません、つまり金融基準の価値が悪いほうに変化して、これにより金銭融資が実物資産よりも安全性の低いものになる、という可能性です。でもこのすべてかほとんどは、すでに耐久実物資産の価格に反映されているはずで、したがって吸収されているはずです。

さて第一種のリスクはある意味で、本当の社会的なコストです。ただしこれは、平均化すれば減るものですし、また予測の精度が増せば減ります。でも第二のものは、投資費用に純粋に追加されたもので、貸し手と借り手が同一人物なら存在しなかったものです。さらに、それは部分的に事業者のリスクの一部を繰り返しており、その分はその投資を引き起こす、最低の予想収益を与える純粋金利に二重に計上されているのです。その事業が高リスクなら、借り手は期待収益と、借りる価値があると考える金利との間にもっと大きなマージンを要求します。一方同じ理由で、貸し手もまた自分が課す金利と、その人に融資をうながす純粋金利との間に大きなマージンを要求します（借り手が強力でお金持ちであるために、異様な保証マージンを提供できる場合は別ですが）。きわめて有利な結果が得られるかもしれないという希望は、借り手にとってはリスクを相殺してくれるものですが、貸し手の安心材料として提供されることはないのです。

このリスクの一部についての二重計上は、私の知る限りではこれまでは強調されてきませんでした。でも一部の場合には、これが重要になるかもしれません。好況期には、こうしたリスク双方の規模に関する一般の推計、つまり借り手のリスクと貸し手のリスクの両方は、異様かつ堅実さを欠くほどに低くなりがちです。

V

資本の限界効率関係《スケジュール》は、きわめて重要です。将来についての期待が現在に影響するのは（金利よりもはるかに大きく）主にこの要因を通じてだからなのです。資本の限界効率を、主に現在の資本設備収益をもとに考えるというのは、現在に影響するような変わりゆく未来が存在しない、静的な状態の場合にしか成立しません。それを通常の場合に当てはめるのは、今日と明日の理論的な結びつきを壊してしまうという結果をもたらします。金利ですら、ほとんど現在の現象と言ってかまいません。[7] そして資本の限界効率を同じ状態に貶めれば、既存均衡の分析に将来の影響をもたらす直接の配慮からすべて切り離されてしまうことになるのです。

今日の経済理論の根底に、静的な状態の想定がしばしば置かれているという事実のために、経済理論には大量の非現実性という要素が持ち込まれています。でも利用者費用と資本の限界効率性という概念を導入することで、それを必要最小限の改変だけで現実に引き戻す効果があると思うのです。

経済の未来が現在と結びついているのは、耐久設備が存在しているという理由のおかげです。したがって、将来の期待が耐久設備の需要価格を通じて現在に影響するというのは、私たちの思考原理全般と矛盾しませんし、それを支持するものとなっているのです。

注

(1) 話を単純にするため、金利や割引率も、その資産からの各種見込み収益が実現されるまでに要する期間の種類に応じていろいろあるのだ、という点は無視しています。でもこの点をカバーするように議論を書き直すのは、むずかしくはありません。

(2) でも、賃金の限界生産性理論もまた同様に循環論法だと想定したマーシャルは、まちがっていませんでしたかな?

(3) フィッシャー『利子論』一六八頁。

(4) 同書、一五九頁。

(5) 同書、一五五頁。

(6) ロバートソン氏の論文「産業の変動と自然金利」、『エコノミック・ジャーナル』一九三四年十二月参照。

(7) ただし完全にではありません。というのもその値は、部分的には未来の不確実性を反映しているからです。さらに各種期間と金利の関係は期待に左右されます。

第12章　長期期待の状態

I

前の章で、投資の規模は、金利と、現時点でのいろいろな規模の当期投資に対応した資本の限界効率関係《スケジュール》との関係で決まることを見ました。また資本の限界効率は、資本的資産の供給価格と、その見込み収益の関係で決まります。本章では、ある資産の見込み収益を決めるいくつかの要因を、もっと詳しく検討しましょう。

見込み収益の期待の元となる検討事項は、一部は大なり小なり確実にわかっていると想定できる既存の事実に左右され、一部は様々な水準の確信を持って予測するしかできない、将来の出来事に左右されます。前者の中には、かなり資本の手助けが大きくないと効率的に生産できないような財の場合、既存の各種資本的資産のストックや、資本的資産全般のストック、既存消費者の需要などがあります。後者としては、資本的資産のストックの種類や量、消費者の嗜好の将来変化、検討している投資の寿命中の各時点で、有効需要がどのくらい強いか、その寿命中に名目賃金単位がどう変わるか、といったものがあります。後者をカバーする心理的な予想を、長期期待の状態と呼んでまとめましょう――これは短期の期待とはちがうものです。短期の期待とは、生産者が既存工場で今日生産を開始したときに、完成した製品がいくらで売れるかを推定する根拠となる期待です。これについては第5章で検討しました。

II

期待を形成するとき、とても不確実なことをあまり重視するのは愚かです[1]。ですから、多少は自信が持てそうな事実に期待が流されるのは、無理からぬことです。漠然としたわずかな知識しかない事項のほうがずっと結果に関連が深く、自信を持てる部分はあまり関連していない場合ですらそうです。このため長期期待の形成にあたっては、現状についての事実が、ある意味で分不相応なほどの重みをもって入り込んできます。一般的な手法は、現状を見てそれをそのまま将来にのばすことで、それを補正するのは、変化を期待すべき多少なりとも明確な理由がある場合に限ります。

ですから人の決断を左右する長期期待の状態は、わかる範囲で最も見込みの高い予測だけに基づくものではありません。その予測にどれだけ自信があるか――最高の予測がまるでまちがっている可能性をどれほど高く見積もるかにも左右されます。大きな変化が予想されても、そうした変化が実際にどんな形のものか非常に不確実なら、自信は弱いものになります。一般に言う自信の状態は、実務家がいつも最大限の、もっとも神経質な関心を常に払うものです。でも経済学者たちはこれを慎重に分析しておらず、おおむねそれを一般論で語ってすませてきました。特に、それが経済問題に対して持つ意味合いが、資本の限界効率に対する重要な影響を通じてもたらされる、ということは明らかにされてきませんでした。投資の率に影響する要因としては、資本の限界効率関係《スケジュール》と、自信の状態という二種類の別々の要因があるのではないのです。自信の状態が関係するのは、それが資本の限界効率に影響する大きな要因の一つだからなのです。資本の限界効率関係《スケジュール》とはつまり、投資需要関係《スケジュール》と同じものです。

　でも、自信の状態それ自体について、あまり言えることはありません。私たちの結論は、主に実際の市場や事業心理の観察に頼る必要があります。だからこそ、ここからの脱線は、本書の大部分とは抽象度がちがうのです。

　考察の便宜のため、以下の自信の状態をめぐる議論では、金利変化はないものとします。そして、以下のセクションでは、投資価値の変化がひたすら、その見込み収益期待の変化によるもので、その見込み収益を資本化する金利の変化にはまったく左右されないものとします。でも金利変化の影響は、自信状態の変化による影響に簡単に重ね合わせることができます。

III

ひときわ目立つ事実として、人が見込み収益を推定するときには、きわめてあぶなっかしい知識を根拠にするしかない、ということがあります。何年か先に投資の収益を律する要因についての人々の知識は、通常は実にわずかで、しばしば無視していいほどのものでしかありません。正直に言って、鉄道、銅鉱山、繊維工場、特許薬の事業権、大西洋横断客船、ロンドンシティの建物の、十年先の収益を予測するための知識ベースは、実に少ないし時にはゼロです。いや五年先ですら同様です。実は、本気でそんな推計をしようとする連中はあまりに少数派で、その行動が市場を左右することはありません。

昔の事業は、実際にそれを実施する人物や、その友人仲間などが主に所有していました。事業こそ我が命と張り切るような、楽観的な気質と建設的な衝動を持つ個人が十分に供給されるかどうかで、その当時の投資は左右されたものです。そういう人々は、見込み収益の厳密な計算なんかまじめに見ません。そうした事業は一部は宝くじのようなものでしたが、最終的な結果は、マネージャーたちの能力や人柄が、平均より上か下かにもかなり左右されてきました。でも投資額から見た平均的な結果が、その時点の金利よりも高いか等しいか低かったかは、事後的にすらだれにもわかりません。でも、天然資源採掘や独占事業を除けば、たぶん各種投資の平均実績は、進歩と繁栄の時代にあってすら、それを推し進めた希望には満たないものだったことは考えられます。ビジネスマンは、運と実力の入り交じったゲームをしており、その平均結果は、そのゲームに参加するプレーヤーたちにはわからないのです。人間の天性として、賭けに魅力を感じず、工場や鉄道や鉱山や農場づくりに（利潤以外の）満足感をおぼえないのであれば、冷たい計算の結果だけでは、あまり投資は起こらないかもしれません。

昔ながらの民間事業に投資しようという判断は、社会全体にとってはもとより、その個人にとっても、ほぼ後戻りのできない決断でした。今日のように所有と経営の分離が一般化してしまい、組織化された投資市場が発達すると、それは時に投資を促進しますが、ときにはシステムの不安定性を大いに高めます。証券市場がなければ、いったん実施した投資をしょっちゅう再評価しても意味はありません。でも証券取引所は、すでに実施済みの多くの投資を毎日のように再評価します。その再評価は、個人に（ただし社会全体は無理ですが）、自分の投資決断を改定する機会をしょっちゅう与えます。まるで農民が、朝食後に晴雨計をたたき、朝の十時から十一時にかけて農場事業から資本を引き揚げると決め、週の後半にかけて、また農場事業に復帰すべきかを再考できるようなものです。でも、証券取引所による日々の再評価は、主に古い投資の個人間取引を支援するために行われるものですが、どうしても当期の新規投資にも決定的な影響を与えてしまいます。なぜなら、似たような既存事業が買えるのに、それより高い費用で新規事業を立ち上げるのは無意味だからです。一方で、もし株式市場に上場してすぐに利益を得られるならば、新規プロジェクトに想像を絶するような金額をつぎ込むだけの誘因も生まれます。[2] したがって、ある種の投資は専門事業者によるまともな期待に基づくのではなく、株価にあらわれた、証券取引所で取引をする連中の平均的な期待に左右されることになります。[3] では、このような日ごと、時には時間ごとの既存投資再評価がきわめて重要なら、それは実際にどのように行われているのでしょうか？

Ⅳ

実際の世界では、人々は一般に、実際にはただの慣習でしかないものにすがろうと暗黙に合意しています。その慣習の本質——ただしそれはもちろん、そんなに単純には決まらないのですが——は、変化を予想すべき具体的な理由がない限り、現状が無限に続くと想定することです。これは別に、現状が無限に続くと人々が本気で信じているのだ、という話ではありません。広範な経験からして、そんなことがあり得ないのはみんな知っています。長期にわたる投資の実績は、当初の期待と一致することはほとんどありません。また、無知な状態にある人にとっては、どちらの方向へのまちがいも同じくらいの可能性があるので、等確率に基づく平均の発生確率的期待は現状のままに落ち着くのだ、という議論で行動を合理化することもできません。簡単に示せることですが、無知状態にあるから数学的に等確率だという想定は、ばかげた結果につながります。それは要するに、既存の市場による値付けはどんな方法で導かれたものだろうと、投資収益に影響する事実に関する既存知識との関連において一意的に正しい、と想定していることになります。そして、それがこの知識の変化に比例してのみ変わるのだ、という想定もあることになります。でも哲学的に言えばこれが一意的に正しいはずはありません。既存の知識は数学的な期待計算に十分な基盤を提供しないからです。実際問題として、市場価格には見込み収益と何ら関係のない考慮事項が山ほど入り込んでくるのです。

とはいえ、上の慣習的な計算手法は、人々が慣習を維持するとあてにできる限り、かなりの継続性と安定性と一貫性を持つものではあります。

というのも、組織化された投資市場があって、その慣習維持があてになるなら、投資家としては自分の抱える唯一のリスクが、目先の将来に関するニュースの大きな変化だけだという考え方を積極的に抱いてかまわないからです。そうした変化が起きる可能性は、投資家自身が見積もってみることもできますし、どのみちあまり大きくないでしょう。慣習が成立し続けると想定するなら、投資価値を左右するのはそうした変化だけなので、自分の投資の十年後の価値がわからなくても、眠れないほど心配だったりはしません。ですから個別の投資家にとって、その投資は短期ではそこそこ「安全」になります。したがって慣習が続くと多少なりともあてにできて、判断を改定して投資を変える機会があるなら、その短期をいくらでも積み重ねたところでやはり安全ということになります。社会全体にとって「固定」の投資が、こうして個人にとっては「流動的」にされてしまうのです。

主要な投資市場が発達したのは、こうした手順などに基づいてのことなのは間違いありません。でも慣習は、物事がこれほど恣意的であることを考えれば、それなりの弱点があってもおかしくありません。こうした不確実な部分が、投資を十分確保できないという現代の問題に、かなり貢献しているのです。

V

この不確実性をさらに強化する要因に、いくつかざっと触れておきましょう。

(1)社会の総資本投資の中で、実際にその投資物件を管理運用せず、その状況について、現状だろうと見通しだろうと何ら特別な知識を持たない人が所有するエクイティ部分がだんだん増えてきました。その結果として実際に投資物件を所有したり、買おうとしたりする人が評価するときに、本当の知識に基づく部分は深刻に減っています。

(2)既存投資の利潤は日々変動しますが、明らかにつかみどころのない、どうでもいい性質の変化もあります。それが市場に対して全体的に過剰でばかばかしいほどの影響を持ってしまいがちです。たとえば、アメリカの製氷企業は、だれも氷を買わない冬よりは、季節的に利潤の高い夏のほうが株価が高いとか。祝日が続くと、イギリス鉄道網の市場評価額は数百万ポンドも上がってしまいます。

(3)多数の無知な個人の群集心理の結果となる世間的な評価は、見込み収益に対して影響しない要因により、意見がいきなり変動したら、激しく変動しかねません。そうした評価を安定に保つような、確信の強い根っこがないからです。特に異常時には、状況が絶対に変わると予想すべき明確な根拠がなくても、現状がいつまでも続くという仮説が説得力を失い、市場は楽観論と悲観論の波に翻弄されます。これには何の理屈もなく、でもまともな計算のための確固たる根拠がなければ、ある意味で適正なものとも言えるのです。

(4)でも、特に注目すべき特徴が一つあります。平均的な民間投資家を超える、判断力と知識を持った専門エキスパートたちの競争によって、自前の無知な投資家の気まぐれなど矯正されるだろうと思うかもしれません。でも実は、専門投資家や投機家たちのエネルギーや技量は、主に別のことに向けられているのです。というのもこうした人々のほとんどは、実は投資の寿命全体にわたる、見込みの高い収益の長期予測を改善しようなどとは思っていないのです。むしろ世間的な評価基準の変化を、一般大衆よりもちょっと早めに予想することにばかり血道をあげているのです。彼らはその投資が、それを「持ち続ける」ために買う人にとっていくらの価値かなど気にせず、大衆心理の影響下で、市場がそれを三ヵ月後とか一年後にいくらだと評価するか、ということを気にしています。さらに、この行動は何かまちがった性向の結果というわけではありません。これまで説明したような線で組織された投資市場の、不可欠な結果なのです。というのも、見込み収益を見て三十の価値はあると思った投資であっても、三ヵ月後の市場がそれを二十にしか評価しないと思えば、その投資に二十五を出すのは筋がとおらないからです。

ですから専門投資家は、体験的に市場の大衆心理に大きく影響しそうな来るべき変化を、ニュースや気運から予測することに専念するしかありません。これは「流動性」なるものを念頭に組織された投資市場の結果として、避けられないものです。正統ファイナンスの公理として、流動性フェティッシュほど反社会的なものは絶対にありません。これは投資機関として、自分のリソースを「流動的な」証券保有に集中させるのが、立派な美徳であるというドクトリンです。これは、社会全体としてみれば流動的な投資などはない、ということを忘れています。技能の高い投資の社会的な狙いは、未来を包む時と無知の暗黒力《フォース》を打破することであるべきです。でも今日の高技能投資が持つ実際の私的な狙いとは、アメリカ人たちがいみじくも言う「出発合図を出し抜く」、つまり群衆を出し抜いて、悪い、価値の下がるババを他の連中に押しつけることなのです。

投資の長期にわたる見込み収益を予測するのではなく、ほんの数ヵ月ほど先の世間的な価値評価の基盤を予測するという知恵比べは、専門投資家というタカの餌食になるためのカモが世間にいる必要はありません——専門家同士でできるゲームなのです。また、世間的な価値評価基準が、まともな長期的有効性を持つなどというおめでたい信念を、だれかが抱き続けている必要さえありません。なぜならそれは、いわばスナップ遊び、ババ抜き、椅子取りゲームのようなものだからです。早過ぎもせず遅過ぎもしないタイミングで「スナップ」と言った者の勝ち、ゲーム終了までにババを隣の人にまわせば勝ち、音楽が止まったときに自分の椅子が確保できれば勝ち。こうしたお遊戯は、熱心に楽しく遊べますが、でも参加者全員が、ババがまわっていることは承知しているし、音楽が止まったら誰かは椅子なしになることも知っているのです。

あるいは、例えをちょっと変えると、専門投資家は百人の写真から最高の美女六人を選ぶといった、ありがちな新聞の懸賞になぞらえることができます。賞をもらえるのは、その投票した人全体の平均的な嗜好にいちばん近い人を選んだ人物です。したがってそれぞれの参加者は、自分がいちばん美人だと思う顔を選ぶのではなく、他の参加者たちがよいと思う見込みが高い顔を選ばなくてはならず、その他の参加者たちも、まったく同じ視点でその問題に取り組んでいるのです。自分の判断として、だれが本当に最高の美女かを選ぶ、という話ではないし、平均的な意見でみたらだれが美人と判断されるか、という問題でさえありません。平均的な意見が、平均的な意見は何になると考えるかを予測しようとして、みんなが頭を使うという第三段階に到達しているのです。そして思うに、第四段階、第五段階、それ以上の予測を実践する者さえおります。

でもそれ以外に、主流である暇つぶしゲームなどに惑わされず、形成できる最高のまともな長期予測に基づいて投資を購入し続ける有能な個人がいるなら、その人は絶対に大儲けできるはずだろう、と異議を唱える読者もおいででしょう。まずお答えしておくと、そうした真面目な個人は確かにいるし、そういう人々が、ゲームをしているだけの参加者に対して強い影響力を持てるかどうかで、投資市場は大きく変わります。でも、現代の投資市場では、そうした個人が優勢になれない要因がいくつかあることも、指摘しなければなりません。今日では、まともな長期期待に基づく投資はあまりに難しすぎて、ほとんど実行不可能なのです。そんなものを試みる人は、群衆よりも群衆の振る舞いをうまく当てようとする人物に比べて、ずっとがんばって働かなくてはならないし、大きなリスクも負担しなければなりません。そして知力が同じなら、ずっとひどいまちがいもしかねないのです。経験的に見て、社会的に最も有益な投資方針が、最も儲かるものだという明確な証拠はありません。時の力と将来に対する自らの無知に打ち勝つには、他人を出し抜くよりも高い知力が必要です。まして人生は短い——人間の本性は即効性を求めますし、手早く儲けるのは独特のスリルがありますし、遥か先の収益は、一般の人はかなり高い率で割り引くものなのです。専門投資のゲームは、ギャンブラー気質のまったくない人には、耐え難いほど退屈で、えらくやっかいなものです。でもそういう気質のある人は、その性向に対してそれなりの対価を支払わねばならないのです。さらに短期的な市場変動を無視しようと提案する投資家は、安全のためにかなり巨額の資金が必要だし、借金による運用はあまり大規模に、いやまったくやってはいけません――知力と資金力の一定ストックよりは、暇つぶしゲームからの収益が高くなるもう一つの理由がこれです。最後に、投資ファンドが委員会や理事会や銀行に運営されている場合、公益に最も貢献してくれる長期投資家こそが、実務においては最大の批判に直面させられます(4)。なぜなら、その長期投資家の行動の本質はまさに、平均的な見解から見ればエキセントリックで、世間に逆らうもので、無鉄砲だということだからです。その人が成功すれば、そいつが無鉄砲だという一般の信念が裏づけられるだけです。そして短期的にその人が成功しなくても(その可能性はとても高いはずです)、ほとんど同情してもらえないでしょう。現世の知恵の教えでは、世間に逆らって成功するよりも、世間に流されて失敗するほうが評判は高いのです。

(5)これまで主に、投機家や投機的投資家自身の自信状態を考えてきました。そして当人が見通しに満足している限り、その人は市場金利でお金を無限に調達できるのだ、と暗黙に想定したかのようです。もちろん、実際にはそんなことはあり得ません。ですから自信状態の他の面も考慮する必要があります。それはつまり、融資を受けようとする人々についての融資機関の自信です。これはときに、信用状態と呼ばれます。株価の崩壊は、資本の限界効率に惨憺たる反応を引き起こしますが、その株価崩壊の原因は投機的な自信の弱まりかもしれず、信用状態の低下かもしれません。でも崩壊にはどちらか片方で十分ですが、株価回復には両方が復活しなくてはなりません。というのも、信用の弱まりだけでも株価崩壊は起きますが、それが強化されるというのは回復の必要条件であって、十分条件ではないからです。

VI

こうした検討事項は、経済学者の視野の外ではありません。でも、正しい視点の下に置く必要があります。市場の心理を予測する活動に、投機ということばをあてはめて、資産の寿命を通じた見込み総収益を予測する活動を事業と呼ぶことをお許しいただけるなら、常に投機が事業にまさるというわけでは決してありません。しかしながら、投資市場の仕組みが改善すれば、投機が支配的になる危険は、確かに増えます。世界最大の投資市場の一つ、つまりニューヨークでは、投機（上の意味で）の影響はすさまじい。金融分野の外ですら、アメリカ人たちは平均的な見解が平均的と見なす見解を見つけようとする活動に、必要以上の興味を示しがちです。そしてこの国民的な弱みの宿敵が株式市場なのです。アメリカ人にとっては、多くのイギリス人がいまだにやるような「配当収益」を当てにした投資は珍しいのだ、と言われます。アメリカ人は、株価上昇の見込みがないと、投資商品を購入したりしません。これは言い換えると、アメリカ人が投資商品を購入するときには、見込み収益などあまり期待せず、世間的な価値評価基準が自分にとって有利に変わるのを期待しているのだ、ということです。つまりアメリカ人は、上述の意味で投機家なのです。事業の安定した流れがあれば、その上のあぶくとして投機家がいても害はありません。でも事業のほうが投機の大渦におけるあぶくになってしまうと、その立場は深刻なものです。ある国の資本発展がカジノ活動の副産物になってしまったら、その仕事はたぶんまずい出来となるでしょう。ウォール街という機関の適切な社会目標は、新規投資を将来収益から見て最も利益の高いチャンネルに流し込むことだと考えられていますが、それが達成した成功の度合いを見ると、自由放任資本主義の傑出した勝利とはとても呼べません――ウォール街最高の頭脳が実はまったく別の目標を目指しているのだと考える私が正しければ、これは驚くほどのことではありませんが。

こうした傾向は、見事に「流動的」な投資市場を組織したことによる、ほとんど逃れようのない傾向なのです。通常、カジノは公共の利益からして、出入りが難しくて高価であるべきだ、とだれもが合意します。そして証券取引所もそうあるべきかもしれません。ロンドン証券取引所が、ウォール街より罪が軽いのは、国民性の差によるのではないかもしれません。平均的アメリカ人にとってのウォール街に比べ、平均的なイギリス人にとってスログモートン街は、出入りが難しくて高価だからかもしれません。ロンドン証券取引所での取引につきまとう仲買人の「上前《うわまえ》」、高い仲介手数料や、税務署に支払うべき高い取引税は、市場の流動性を引き下げて、ウォール街を特徴づける取引の相当部分を排除しているのです（とはいえ二週間決済口座の慣行――訳注：取引の決済を二週間後までしなくてよいので、投機的な取引もしやすい――はこの正反対に機能しますが）。(5)あらゆる取引に政府が高い取引税をかければ、アメリカで事業よりも投機が圧倒的だという状況を緩和する改革として、きわめて有効かもしれません。

現代投資市場の異様な様子を見ていると、投資商品の購入は、結婚と同じく永続的で解消不能にしてしまい、例外は死かよほど重大な原因に限るようにしたほうが、現代の邪悪に対する治療として有益ではないか、という結論のほうに流されそうにもなります。というのもそうすれば、投資家は長期の見通しに目を向けることを余儀なくされ、他のものは見なくなるからです。でもこの方便をちょっと考えてみると、ジレンマにつきあたります。投資市場の流動性が、新規投資をときに阻害することはあっても、しばしばそれを支援することに思い当たるのです。個別の投資家がそれぞれ、自分の関与が「流動的だ」と自画自賛するという事実（これが全投資家に集合的に当てはまることはあり得ないのですが）は、投資家の不安を鎮め、ずっとリスクを負担しやすくしてくれます。貯蓄を保有する別の手段が個人に提供されている限り、もし個別の投資商品購入が非流動的になれば、新規投資は深刻に阻害されます。これがジレンマです。個人が富を貯め込んだり、お金を貸したりすることに富を費やせるなら、実際の資本的資産の購入という代替選択肢に、十分な魅力は持たせられません（特にその資本的資産を管理運営せず、それについてほとんど何も知らない人物にとっては）。それを可能にするには、そうした資産をすぐに換金できるような市場を組織するしかないのです。

現代世界の経済生活を襲う、自信（安心）の危機に対する唯一の過激な治療法は、個人に対して自分の所得の消費と、何らかの資本的資産に対する生産発注の両者以外の選択肢を認めないことです。投資先の資本的資産は、危なっかしい証拠に基づいているにしても、その人にとって自分に手の届く最も有望な投資と思えるものでかまいません。将来について、いつも以上に疑念に襲われた場合には、その困惑により新規投資を減らしてもっと消費を増やすこともありましょう。でも現在では、疑念に襲われたら所得を消費にも投資にも使わないという選択肢が認められています。消費の増大はその選択肢がもたらすような、悲惨で累積的で広範な悪影響は回避させてくれます。

お金を貯め込むことの社会的な危険を強調した人々は、もちろん上と似たような話を念頭においていました。でもその人々も、お金の貯め込みに何ら変化がなくても、あるいは少なくともある程度以上の変化がなくても、そうした現象が起こる可能性がある、という点は見すごしていたのです。

Ⅶ

投機による不安定性以外に、人間の天性が持つ特徴からくる不安定性もあります。人々の積極的な活動の相当部分は、道徳的だろうと快楽的だろうと経済的だろうと、数学的な期待よりは、自然に湧いてくる楽観論によるものなのです。たぶん、かなりたってからでないと結果の全貌がわからないようなことを積極的にやろうという人々の決断は、ほとんどがアニマルスピリットの結果でしかないのでしょう——これは手をこまねくより何かをしようという、自然に湧いてくる衝動です。定量的な便益に定量的な発生確率をかけた、加重平均の結果としてそんな決断が下されるのではありません。目論見書に書かれた内容がいかに率直で誠意あるものだろうと、事業はそれに従って動いているふりをしているだけです。将来便益の厳密な計算などに基づいていない点では、南極探検より多少ましでしかありません。ですから、アニマルスピリットが衰えて自然発生的な楽観論が崩れ、数学的な期待以外あてにできなくなると、事業は衰退して死にます——その際の損失の恐れは、以前の利潤期待に比べて根拠の点では大差ないのですが。

将来に続く希望に依存した事業が、社会全体にとって有益なのはまちがいないことです。でも個人の努力が適切になるのは、適切な計算がアニマルスピリットに補塡支持される場合だけなのです。パイオニアたちはしばしば、最終的に損をするんじゃないかという考えに襲われます（これは経験的に私たちも彼らもまちがいなく知っていることです）が、アニマルスピリットの働きがあればこそ、健康な人が死の予想を無視するように、そうした考えも振り払えるのです。

残念ながらこれは、不景気や不況の度合いがさらにひどくなるということだけでなく、経済の繁栄があまりにも、平均的なビジネスマンにとって適切な社会政治的雰囲気の有無に依存しすぎている、ということを意味しています。労働党政権やニューディール政策の恐れが事業を低迷させるとしても、これは適切な計算の結果でもなければ、政治的な意図をもった陰謀の結果でもないかもしれません――単に、自然発生的な楽観論の微妙なバランスが崩された結果でしかないのです。ですから投資の見込みを推計するにあたっては、それを大きく左右するような自然発生的な活動を行う人々の不安やヒステリー、あげくはその人々の腹具合や天気に対する反応にまで、配慮が必要になるのです。

だからといって、すべてが不合理な心理の波に左右されるのだ、と結論してはいけません。それどころか、長期期待の状態は安定していることが多いし、そうでない時も、他の要因が補正効果を発揮します。ここでは単に、将来に影響する人の決断が、個人的なものも政治的なものも経済的なものも、厳密な数学的期待には頼れないということを忘れないようにしているだけです。そんな計算のもとになるものが存在しないからです。そして世の中を動かすのは、人々の生得的な活動の衝動であり、合理的な主体というのは、各種の選択肢をできるだけうまく選ぼうとし、できるときには計算もしますが、しばしば気まぐれや感情や運に頼ってしまうのです。

VIII

さらに、将来に対する無知の影響を実際には多少緩和してくれる、重要な要因がいくつかあります。複利計算の作用と、時間経過に伴う陳腐化の可能性の組み合わせのために、多くの個別投資は本当に、比較的近い時期の収益で見込み総収益の大部分が決まってくるのです。超長期投資で最も重要なもの、つまり建物となると、そのリスクを長期契約で投資家から入居者に転嫁、あるいはせめて折半できることもよくあります。入居者としては、居場所確保の継続性と確実性のほうが、リスクを上回ると判断するわけです。また、もう一つ重要な長期投資は公益事業ですが、ある所定の利ざやをもたらす料金を課す権利と、独占特権との組み合わせで、見込み収益の相当部分は実質的に保証されています。最後に、ますます多くの種類の投資が公共機関によって行われたり、あるいは公共機関がリスクを取る形で実施されたりするようになっています。それらは、その商業的な収益が長期にわたってどんなものかにはおかまいなしに、社会的な便益の見込みがあるという一般的な想定にはっきり支配されたもので、数字の上での期待収益が、少なくとも現在の金利と等しいかどうか、といった条件を満たそうなどとは考えられていません――とはいえ、公共機関にどのくらいの支払い能力があるかによって、それが実施できる投資活動の規模は決定的に決まってしまうのですが。

したがって、短期の変化が長期期待状態に与える影響の重要性を、金利変化とは別個に、十分に検討してきましたが、それでもやはり少なくとも通常の状況では、投資の量に決定的ではないにせよ大きな影響を与えるものとして、金利に話を戻すべきでしょう。でも、金利管理だけで適切な投資量を継続的にどこまで刺激し続けられるかは、やってみないとわかりません。

私はと言えば、金融政策だけで金利を左右できるかどうか、今ではちょっと疑問に思っています。国は資本財の限界効率を、長期的な視点で一般社会にとっての利益に基づいて計算できる立場にあるのですから、国が投資を直接まとめる責任をもっと負うべきだと私は期待しています。なぜかというと、いままで述べてきた原理に基づいて計算される、各種の資本の限界効率に関する市場推計は、変動があまりに大きすぎて、金利の現実的な変化でそれを相殺するのは無理である公算が高いからです。

注

（1）「とても不確実」というのは、あり得そうにない、というのとは意味がちがいます。拙著『確率論』第六章「議論の重み」を参照。

（2）拙著『貨幣論』（第二巻、一九五頁）で、企業の株価がとても高くて、有利な条件で新株発行すればもっと資本を集められる場合には、低金利で融資を受けられるのと同じ効果があると指摘しました。いまやこれは、既存株式の高い株価は、同種の資本の限界効率上昇をもたらし、したがって（投資は資本の限界効率と金利の比較に左右されるので）金利低下と同じ効果がある、と言い直すべきでしょう。

（3）これはもちろん、すぐに市場で取引できない事業や、まともに対応する流通証券がない事業には当てはまりません。そうした例外的なカテゴリーの事業は、かつてはとてもたくさんありました。でも新規投資の総額に占める割合でみると、その重要性は急速に下がっています。

（4）投資信託や保険事務所が、投資ポートフォリオからの所得だけでなく、市場での資本価格まで計算するという慣行は、通常は手堅いものと思われていますが、これもまた資本価格の短期的な変動に注目しすぎる傾向を助長するものかもしれません。

（5）ウォール街の取引所が開いているとき、投資の売買の少なくとも半分は、投機家がその日のうちに転売することを意図して行われているとか。これは先物取引にもしばしば当てはまります。

第13章　金利の一般理論

I

第11章で、投資を上下に動かして資本の限界効率が金利に等しくなるようにする力がいくつかあるものの、資本の限界効率自体は、その時の金利とは別物なんだ、ということを示しました。資本の限界効率表《スケジュール》は、融資可能な資金が新規投資のために要求される条件を律する、と言っていいかもしれません。一方、金利は資金が目下供給される条件を律するものです。ですから私たちの理論を完成させるには、金利が何で決まるのかを知る必要があります。

第14章とそのおまけで、この問題について過去に提出されてきた答えを検討します。ざっと言うと、過去の論者たちは、金利というのが資本の限界効率表《スケジュール》と、心理的な貯蓄性向との相互作用に依存するのだと主張していることがわかります。でも、ある金利で実施される新規投資という形の貯蓄需要と、社会の貯蓄性向によりその金利がもたらす、貯蓄の供給とを等しくするのが金利なのだ、という発想は、この二つの要因を知っているだけでは金利を導出できないことがわかると、崩壊します。

では、この問題に対する私たち自身の答えは何なのでしょうか？

II

ある個人の心理的な時間選好は、完全に機能するには二つのちがった決定を必要とします。第一のものは、消費性向と名づけた時間選好の側面です。これは第III巻で述べた各種の動機に影響されて作用し、所得のうちどれだけを消費して、どれだけを将来の消費に役立てるべく何らかの形で保存しておくのか、というのをそれぞれの個人について決めます。

でもその決断を下したら、その人を待ち受ける決断がさらにあります。将来消費に役立てるための保存分（これは当期の所得から保存する分もあるし、以前の貯蓄からのものもあります）を、どんな形で保有するか、という決断です。それをすぐ使える流動的な状態（つまり現金かそれにあたるもの）で手元に持ちたいか？　それともすぐ使えなくてもよくて、定期不定期をとわずある程度の期間は手元から離してもいいだろうか？　その場合、将来消費用の個別財に対する支配を、すぐに使えるあらゆる財に対する支配に切り替える条件は、将来の市場条件に任されることになります。言い換えるとこれは、その人の流動性選好はどのくらいか、ということです。ある人の流動性選好というのは、お金や賃金単位で計測したリソースのうち、条件ごとにどれだけの量をお金として手元に置きたいか、という関係《スケジュール》で与えられるものとなります。

これまで受け入れられてきた金利理論は、この心理的な時間選好の構成要素のうち、最初のものから金利を導こうとして、二番目のものを無視していたのがまちがいだったのです。それをこれから示します。そして私たちが改めなくてはならないのは、この無視なのです。

金利というのが、貯蓄に対する収益や、待つことに対する収益だけではあり得ないことは、もう明らかなはずです。自分の貯蓄を現金として抱え込めば、金利はつきませんが、貯蓄額は変わりません。これに対して、金利の定義自体を見れば、それが一定期間だけ流動性を手放す報酬なのだ、とことばを尽くして書かれています。金利というのはそれ自体では、お金の総計と、そのお金と債権を[1]一定期間だけ[2]交換することにより、コントロールを手放すことで得られるものとの比率以外の何ものでもないのです。

ですからいつの時点でも、金利というのは流動性を手放す報酬なのであり、お金を持っている人が、それに対する流動的な支配力の放棄をどれほどいやがるか、という指標なのです。金利というのは、投資するリソースの需要と、現在の消費を控える意欲とを均衡させる「価格」ではありません。それは、現金の形で富を保有したいという願望と、実際にある現金の量とを均衡させる「価格」なのです——つまり金利が下がれば、すなわち現金を手放す報酬が減れば、人々が持ちたいと思う現金の総量は、世の中の現金供給を上回り、そして金利が上がれば、だれも保有したがらない現金の余りが出る、ということになります。この説明が正しければ、ある状況で実際の金利を決めるのは、流動性選好とともに、お金の量だということになります。流動性選好は可能性または機能的な傾向で、金利が与えられているときに、人々が保有するお金の量を決めます。ですから金利がrでお金の量がM、流動性選好関数がLなら、$M = L(r)$となります。こんな具合に、ここで初めてお金の量が経済の仕組みに入ってくるのです。

でもここでちょっと立ち戻り、なぜ流動性選好なんてものがあるのかを考えましょう。これとの関連で、お金というのが現在の事業取引のために使われる場合と、富の蓄積装置として使われる場合とがあるという、昔ながらの区別が便利に使えます。この二つの用途のうち最初のものはといえば、ある程度までは多少の利息は犠牲にしても、流動性の便利さを手にする価値があるのは明らかでしょう。でも金利は決してマイナスにはならないのに、どうして一部の人は富を利子のつく形では持たず、ほとんどあるいはまったく利息のつかない形で持ちたがるのでしょうか(むろんこの段階では、銀行口座と債券とのデフォルトリスクは同じだと仮定します)? 完全な説明は複雑なので、第15章までお待ちください。でもある必要条件がないと、富の保有手段としてお金を持ちたがる流動性選好は、存在できないのです。

その必要条件とは、将来金利についての不確実性があることです。つまり将来の時点で、いろいろな満期期間についての金利の束がどうなるかはっきりしない、ということです。もし将来の全時点での金利が確実にわかっていれば、各種期間の債権すべてについて、あらゆる将来の金利は現在の金利から導出できます。それはわかっている将来金利にあわせて調整されるからです。たとえば${}_1d_r$というのが、現時点である一年目に一ポンドだった価値を、r年先送りにした価値だとしましょう。そして${}_nd_r$は、n年目に一ポンドだった価値が、r年先送りにされたときの価値だとします。すると以下のとおり。

$$ {}_nd_r = \frac{{}_1d_{n+r}}{{}_1d_n} $$

したがって、n年後に何らかの債権を現金化できる率は、現在の各種金利のうち二つを見ればわかることになります。もし現在の金利があらゆる満期期間の債権についてプラスの値なら、富の行き着く先としては、常に現金を持つよりは債権を買ったほうが有利になります。

逆に、将来の金利がはっきりしないなら、その将来時点で${}_nd_r$が${}_1d_{n+r}/{}_1d_n$と等しくなるとは確信できません。ですから流動的な現金の必要性が、n年目の期末までに生じることが考えられるなら、長期の債権を買って、その後それを現金化するのは、ずっと現金で持っているのに比べて損失が発生するリスクがあります。いまわかっている確率に沿って計算した、確率的な利潤や数学的な期待利益——そんなものが計算できるかは怪しいものですが——は、予想がはずれるリスクを補うに足りるものでなくてはなりません。

さらに、もし債権を取引する組織的市場があるなら、さらなる流動性選好の根拠として、将来金利について不確実性があるために生じるものがあります。人によってその見通しの推計はちがいます。ですから市場価格に表現された優勢な見解とはちがった意見を持っている人は、自分が正しければ、いずれ$_1d_r$が相互にまちがった関係にあることが判明するので、そこから利益を得るために流動的なリソースを保つに十分な理由があるかもしれません。(3)

これは資本の限界効率との関連で詳しく論じたものと、とてもよく似ています。資本の限界効率は「最高の」意見で決まるのではなく、大衆心理によって決まるのだ、と示しましたが、それと同じように、大衆心理による市場の値づけで決まるのだ、流動性選好に影響するのです——でもそれに加えて、将来金利についての期待は、信じる個人は、実際の流動的な現金を保有する理由ができます。(4)一方で、市場想定金利について逆方向の見解を持っている人は、短期の資金を借りて、長期の債権を買う動機ができます。市場価格は、「弱気派」の売却と、「強気派」の購入が釣り合うところで決まります。

ここまでで区別してきた流動性選好の三つの分類は、以下に依存するものとして定義できます。(i)取引動機、つまり個人的、事業上の交換のために現在の取引で必要となる現金ニーズ、(ii)用心動機、つまり総リソースの一定割合を将来も現金で持ちたいという安心の欲求、(iii)投機動機、つまり未来がどうなるかについて、市場よりもよく知っていることから利益を確保することを狙ったもの。資本の限界効率の議論と同様に、債権取引のためにきわめて組織化された市場を持つのが望ましいかどうかという問題が、ここでもジレンマをつきつけます。組織化された市場がないと、用心動機からくる流動性選好が大幅に増えます。でも組織化された市場があると、投機動機からくる流動性選好の大きな変動が生じる可能性があるのです。

議論を明らかにするために指摘しておきましょう。取引動機と用心動機による流動性選好が、それ自体としては金利変化にあまり敏感でない現金の量を吸収すると考えます。するとお金の総量からその分のお金を引いたものが、所得変動に対する反応とは別に、投機動機を満たすために使える現金の量として残ります。その場合、金利や債券価格は、一部の個人が現金を持ちたがる欲望（その人たちはその水準だと債券の将来価格について「弱気」なのです）が、投機動機のために提供されている現金の量とずばり同じになるような水準で決まります。ですから、お金の量が増えるたびに、債券価格は上がって、一部の「強気」派の期待を上回り、その人が「弱気」軍団に加わるように仕向けます。でも、短期のつなぎ期間以外の現金需要がほとんどなければ、お金の量が増えたら金利は一瞬で下がるしかなく、その下げ幅は雇用と賃金単位を引き上げて、追加の現金が取引動機と用心動機で吸収されるのに必要な水準となります。

基本的には、お金の量と金利とを関連づける流動性選好の関係表《スケジュール》は、お金の量が増えると金利が下がることを示すなめらかな曲線になるものと想定できます。なぜかというと、この結果につながるいくつかのちがった原因があるからです。

まず、金利が下がると、他の条件が同じなら、取引動機によって流動性選好で吸収されるお金はたぶん増えます。金利が下がって国民所得が増えると、取引用に持っておくのが便利なお金の量は、だいたい所得と比例して増えるからです。一方で同時に、手元現金がたくさんあるという便利さの費用は、金利収入喪失で示されますが、これは減ります。流動性選好を名目金額でなく賃金単位で測るのでない限り（一部のケースだとこれは便利です）、金利低下に続いて起こる雇用増が賃金増大につながる、つまり賃金単位の額面が増える場合にも、同じ結果が起こります。第二に、金利が下がるたびに、いま見たとおり、一部の個人は手元に置きたいと考える現金を増やします。その人たちの将来金利見通しは、市場の見通しとはちがうからです。

それでも、お金の量を大幅に増やしても、金利には比較的小さな影響しか出ないような状況が生じることもあります。お金の量を大幅に増やすと、将来についてあまりに不確実性が大きくなりすぎて、用心動機からくる流動性選好が強化されてしまうのです。一方、金利の未来についての見方があまりに全員一致状態なら、現在の金利がちょっと変わっただけで、みんなが一斉に現金に飛びつくかもしれません。おもしろいことですが、システムの安定性と、そのお金の量の変化に対する感度の安定性は、何が不確実かという見解がいろいろあることにかかっているのです。いちばんいいのは、みんなが未来を知っていることです。でもそれが無理なら、お金の量を変えることで経済システムの活動をコントロールしたいのであれば、人によってちがった意見があることが重要なのです。ですからこのコントロール手法は、意見の相違が日常茶飯のイギリスに比べ、全員が同時に同じ見解を持ちやすいアメリカではあてにならないのです。

III

これで初めて、因果関係のつながりにお金が導入されました。そしてお金の量の変化が、経済システムにどんな形で入り込んでくるのか、初めて垣間見ることができました。でも、お金というのが経済システムの活動を刺激するドリンクなのだと考えたい誘惑にかられたら、そのコップと唇との間にもいくつか邪魔が入るかもしれないことはお忘れなく。というのも、お金の量が増えれば、他の条件さえ同じなら金利は下がるかもしれませんが、お金の量の増加よりも、人々の流動性選好のほうが急上昇しているばあいには、そうはなりません。そして金利低下は他の条件さえ同じなら、投資の量を増やすものと期待されますが、資本の限界効率表《スケジュール》が金利より急速に低下している場合には、そうなりません。そして投資量を増やせば、他の条件が同じなら雇用が増えると予想されますが、消費性向が低下していたら、そうはなりません。最後に、雇用が増えたら、部分的には物理供給関数の形に左右され、部分的には賃金単位の名目値の上昇しやすさに左右される形で、物価も上がります。さらに産出が増えて物価が上がれば、これが流動性選好に与える影響は、一定の金利を保つのに必要なお金の量を増やすことになります。

Ⅳ

投機動機による流動性選好が、拙著『貨幣論』で「弱気状態」と呼んだものに対応しているのは事実ですが、この両者は決して同じものではありません。というのもあの本での「弱気性」というのは、金利（または債権価格）とお金の量の関数関係ではなく、資産と債権をあわせた価格と、お金の量との関係として定義されていたからです。でもこの処理は、金利変動による結果と、資本の限界効率関係《スケジュール》の変化による結果とで混乱が生じてしまいました。そうした混乱は、本書では避けられたものと期待したいところです。

V

抱え込みという概念は、流動性選好という概念の一次近似と考えていいでしょう。もし「抱え込み」の代わりに「抱え込む傾向」と言えば、それは本質的に同じことになります。でも「抱え込み」というのが実際の現金保有増加ということなら、それはアイデアとしては不完全です――そしてそのために「抱え込む」と「抱え込まない」が単純な代替選択肢だと思ってしまうなら、それは深刻な誤解です。なぜなら、抱え込むという決断は、単独で行われるものではないし、流動性を手放すメリットを考慮せずに行われるものでもないからです――それは各種メリットを天秤にかけた結果で、したがって天秤の向こう側に何が載っているかを知る必要があります。さらに「抱え込み」が実際の現金保有を意味するなら、世間の人々の決断だけで抱え込みの量が変わることはできなくなります。というのも、抱え込まれた現金量は、お金の量（あるいは――一部の定義だと――お金の量から、取引動機を満たす現金量を差し引いたもの）と等しくなければいけません。そしてお金の量は、世間の人々が決めるものではないからです。世間の抱え込み性向が実現できるのは、総抱え込み願望が総現金量と一致するような金利水準を決めることだけです。金利と抱え込みとの関係を見すごす傾向があるために、これまで金利は消費しない報酬と思われていたのかもしれません。でも実際には、それは抱え込まないことに対する報酬なのです。

注

（1）この定義を乱すことなく、「お金」と「債権」の一線は、個別問題を解くのにいちばん便利なところに勝手にひけばいいのです。たとえば、お金というのは一般購買力に対する支配力のうち、その所有者が三ヵ月以上は手放していないもの、という扱いは可能です。そして債権とは、それ以上たたないと回収できないものとすればよいのです。あるいは今の「三ヵ月」を一ヵ月にしても、三日にしても、三時間にしても、その他どんな期間でもかまいません。あるいはお金から、法定通貨でないものをすべて排除することもできます。実際には、お金に銀行の定期預金を含めると便利ですし、ときには短期国債（Tビル）のような証券を含めることさえできます。私は基本的に拙著『貨幣論』でやったように、お金というのは銀行預金を含めるものとしています。

（2）債権の期間が明示されている個別問題ではなく、一般の議論であれば、金利というのは各種期間についての様々な金利の複合物、つまり様々な満期期間の債権に対する利子だと考えるのが便利です。

（3）これは拙著『貨幣論』で、二つの見方と「強気 - 弱気」ポジションという表題の下に論じたのと同じ論点です。

（4）同様に、投資の期待収益が市場の期待よりも低くなると信じている個人は、流動的な現金を持つ理由が十分にあると思われるかもしれません。でもそうはなりません。株式に比べて現金や債権を持つ理由は確かにあります。でも、現金を持つよりは債権を買うほうが有利な選択となります。ただしその人が、将来金利水準が市場の想定より高くなるはずだと同時に信じている場合は別ですが。

第14章　金利の古典派理論

I

古典派の金利理論とは何でしょうか？　それは私たちみんなが教わってきたもので、ごく最近までみんな、あまり文句も言わずに受け入れてきたものです。でも私は、それを厳密な形で記述できないし、また現代の古典学派における先端的な論考を見ても、はっきりした記述は見つからないのです(1)。

でもこの伝統が、金利とは投資需要と貯蓄意欲を相互に均衡させる要因だと考えてきたのは、かなりはっきりしています。投資は投資可能なリソースの需要をあらわし、貯蓄はそうしたリソースの供給をあらわします。金利はその両者が等しくなる、投資家のリソースの「価格」というわけです。商品の価格が必然的に、需要と供給の一致する点で決まるように、金利もまた市場の力の作用で、その金利での投資量が、その金利での貯蓄と等しくなるような水準に落ち着く、ということになります。

マーシャル『経済学原理』では、いまの話程度の説明もありません。でも彼の理論はこういうもののようですし、私自身もそう教わってきたし、また長年他人に教えてきたのもこれです。たとえば『経済学原理』の以下の一節を見てください。「利子は、ある市場において資本の使用に支払われる価格であるが故に、その利子率においてその市場における資本の総需要が、その率で提供される総ストックと等しくせしむる均衡へと傾くのである[2]」、あるいはまた、カッセル教授『金利の性質と必要性』においては、投資というのは「待つことの需要」を構成し、貯蓄は「待つことの供給」を構成し、利子とはその二つを等しくするよう機能する「価格」なのだ、と暗黙に述べられていますが、引用できるような実際の説明は見つかりませんでした。カーヴァー教授の『富の分配』第六章は明らかに、金利が待つことの限界的な負の効用と、資本の限界生産性とを均衡させる要因だと考えています[3]。アルフレッド・フラックス卿（『経済学原理』九五頁）はこう書きます。「我々の議論全般の論点が正しいものであるなら、貯蓄と、資本を利益のある形で活用する機会との間に自動的な調整が働くことは認めなくてはならない。（中略）純金利がゼロ以上である限り（中略）貯蓄はその有益性の可能性を超えてはいないのである」。タウシグ教授（『原理』第二巻、二九頁）は、まず「金利は資本の限界生産性が貯蓄の限界的な設置をもたらすのに十分な点で落ち着く」（二〇頁）と述べた後で、貯蓄の供給曲線と「いくつかの資本設置による生産性の逓減」をあらわす需要曲線を描いています[4]。ワルラスは『純粋経済学要論』の補遺Ⅰ（Ⅲ）で、

「l'échange d'épargnes contre capitaux neufs（新規の資本と貯蓄の交換）」について述べ、明示的に、それぞれの可能な金利に対して個人が貯金する金額があり、また新資本的資産に投資する金額があって、この二つの総量はおたがいに等しくなる傾向にあり、金利がそれを等しくさせる変数である、と論じています。ですから金利は、貯蓄、つまりは新資本の供給が、それに対する需要と等しくなる点で決まります。つまり彼はきっちり古典派の伝統におさまっています。

もちろん伝統的な理論を教わった一般の人——銀行家、公僕、政治家——そして専門の経済学者も、貯蓄をしたら、それは自動的に金利を引き下げるような行為を実施したのだ、という発想を抱いています。そしてそれが自動的に資本生産を刺激して、そしてその金利低下というのは、資本生産が自動的に貯蓄増分と等しくなるのに必要な分と同じになる、と考えています。さらに、これが自律的な調整プロセスであって、金融当局の特別な介入や、かいがいしい世話焼きなど必要なしに生じるとも理解しています。さらには——そしてこれは今日ですら、なおさら一般的な信念ですが——投資行為が追加されるたびに、それは貯蓄意欲の変化で相殺されない限り、必然的に金利を上げるとも思われています。

さてこれまでの章の分析から、事態のこうした説明はまちがっているはずだ、とすぐにわかるはずです。でも見解の相違をその源までたどるにあたり、まずは合意できている点から始めることにしましょう。

新古典学派は、貯蓄と投資が本当に等しくならないことがあると信じていますが、普通の古典派はそれが等しいという見方を受け容れています。たとえばマーシャルは、総貯蓄と総投資が必然的に等しい、と信じていたのはまちがいありません。ただし実際にそれを明言はしていませんが。実際、古典派の人々のほとんどは、この信念を広げすぎたほどです。彼らは、ある個人が貯蓄を殖やす活動をしたら、その活動の一つ一つに対して、投資増大の活動が伴うのだ、と考えたのです。またこの文脈だと、私の言う資本の限界効率（あるいは投資需要関係《スケジュール》）と、上で引用した古典派論者の考える資本の需要曲線とには、実際的なちがいはまったくありません。消費性向とそれに対応する貯蓄性向となると、意見の相違らしきものが出てきます。彼らは、金利が貯蓄性向に与える影響のほうを重視しているのです。でもその彼らとしても、たぶん所得の水準が貯蓄額に重要な影響を与えることは否定したがらないはずです。一方の私も、金利がある所定の所得の下で、貯蓄される金額に影響するということを否定はしません（ただしその影響の種類は、必ずしも彼らの考えているものとは限りませんが）。こうした合意点はどれも、古典派が認めるはずで、私も反論しないような命題としてまとめられます。もし所得水準が決まっているとすれば、現在の金利は、各種の金利と資本の対応を示す需要曲線と、各種の金利に対応する、所定の所得から貯蓄される額を示す曲線との交点で決まるはずである、と。

でもここぞまさに、明らかなまちがいが古典派理論にしのびこむところなのです。上の命題から、資本の需要曲線と、一定所得下での貯蓄意欲に金利変化が与える影響がわかれば、所得水準と金利とは一意的に相関するはずだ、という話を導出しただけであれば、別に文句はありません。さらに、この命題は自然に、重要な真理を含む別の命題につながるでしょう。つまり資本の需要曲線と、ある所得水準から貯蓄しようという意欲に金利が与える影響がわかって、それに加えて金利も与えられれば、貯蓄金額と投資金額を等しくする要因とは所得水準にちがいない、という命題です。でも実は、古典派理論は単に所得水準の変化による影響を無視しているだけではなく、定式化でもまちがいをしています。

なぜなら古典派理論は、上の各種引用でもわかるとおり、たとえば資本の需要曲線シフトが金利に与える影響を考えるとき、貯蓄の源となる所定の所得についての想定を、消したり変えたりしなくてもいいのだ、と想定してしまうからです。古典派理論だと、金利についての独立変数は、資本の需要曲線と、一定の所得から貯蓄される金額に対する金利の影響です。そしてたとえば資本の需要曲線がシフトしたら、この理論によれば新しい金利は、新しい資本の需要曲線と、一定の所得で貯蓄される金額を金利と関連づけた曲線との交点で決まります。金利の古典派理論の想定ではどうやら、もし資本の需要曲線がシフトしたり、一定所得からの貯蓄額と金利を関係づける曲線がシフトしたりすれば、あるいは両方が同時にシフトすれば、新しい金利はその曲線の新しい位置での交点で与えられるようです。でもこんな理論はナンセンスです。所得が一定だという想定は、この二つの曲線がお互いに独立してシフトできるという想定と矛盾しています。どちらかがシフトすれば、一般には、所得が変わります。その結果として、所得一定という想定に基づく図式すべてが崩壊します。この立場を救うには、賃金単位が自動的に変わってくれるような、ややこしい想定を設けるしかありません。その自動変化は、想定されるシフトをちょうど相殺するだけの金利を設定するよう流動性選好に作用するだけの幅でなくてはなりません。実は、上記の著述家たちを見ても、こうした想定の必要性についてはまったく書かれていません。せいぜいが、長期均衡との関連では成り立つかもしれないというだけで、短期理論の基礎にはなりません。そして、それが長期で成立すると想定すべき根拠もないのです。実を言えば、古典派理論は所得水準の変化が関係してくることにも、所得水準が実は投資量の関数なのだということにも、気がついていないのです。

以上のことは、以下のように図で示せます(5)。

この図では、投資（または貯蓄）の量Iが縦軸で、金利rが横軸です。投資需要関係《スケジュール》の最初の位置はX_1-X_1'であり、X_2-X_2'がその曲線の第二の位置です。曲線Y_1は、所得がY_1のとき、それぞれの金利水準でいくら貯蓄にまわるかを示すもので、Y_2、Y_3はそれぞれ所得がY_2、Y_3の場合を示す曲線です。Y_1が投資需要関係《スケジュール》X_1-X_1'と金利r_1に対応したY曲線だとしましょう。そこで投資需要関係《スケジュール》がX_1-X_1'からX_2-X_2'にシフトしたら、一般に所得も変化します。でもこの図は、その新しい所得の値を示せるほどデータがありません。です

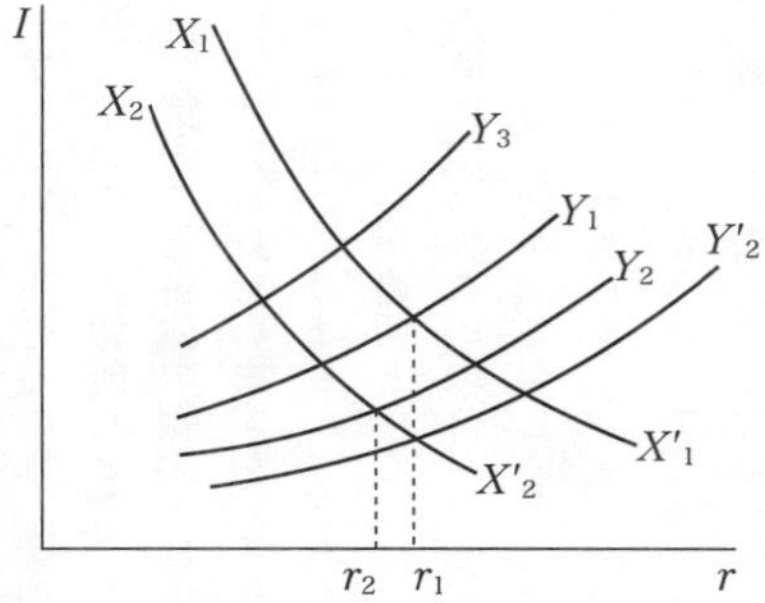

からどれが適切なY曲線かわからないので、新しい投資需要関係《スケジュール》がどこでそれと交わるかもわかりません。でも、流動性選好の状態とお金の量を導入すれば、この二つで金利がr_2だとわかり、すべての位置が決まります。r_2の真上の点で$X_2-X'_2$と交差するY曲線、つまりY_2が正しいものだとわかるのです。ですからX曲線とY曲線は、金利について何も教えてくれません。他のところから金利を教えてもらえたら、所得が何になるかを教えてくれるだけです。流動性選好の状態とお金の量に何も起こらず、だから金利が変わらなければ、Y_1曲線が古い投資需要関係《スケジュール》と交差した地点の真下で、新しい投資需要関係《スケジュール》と交差している曲線Y'_2が適切なY曲線で、新しい所得水準はY'_2になります。

ですから古典派理論の使う関数、具体的には、金利変化に対して投資が示す反応と、金利変化に対して、所定の所得から貯金にまわる金額の反応は、金利理論を構成する材料を与えてくれないのです。でも、金利水準が（他の情報源から）与えられたら、所得水準がいくらになるか示すのには使えます。あるいは、所得水準が一定に保たれれば（たとえば完全雇用に対応した水準）、金利がいくらになるかも示せます。

まちがいが生じるのは、金利というのが待つこと自体の報酬だと考え、それが現金を抱え込まないことの報酬だと考えないからです。様々なリスク水準の融資や投資に対する収益率は、待つこと自体の報酬とは思われず、そのリスクを負担することの報酬だとまったく正当にも考えられていますが、それと同じです。じつは、これらと通称「純粋」金利との間に明確な一線はありません。どれも何らかの不確実性というリスクを負担する報酬なのです。それ以外の話が適切となるのは、お金が単に取引のためだけに使われ、決して価値を保存するために使われない場合だけです(6)。

でも、何かがおかしいと古典学派に警告を発することができたかもしれない、おなじみの論点が二つあります。第一に、少なくともカッセル教授の『金利の性質と必要性』刊行以来、みんなが合意している点として、金利が上がったら、一定所得の中から貯蓄される金額が必ずしも増えるとは限らないのです。一方、金利上昇で投資需要関係《スケジュール》が下がるのは、みんなまちがいないと考えています。でも金利上昇の結果としてY曲線とX曲線がどっちも下がるなら、あるY曲線があるX曲線と、確実に交差するかどうかもわかりません。すると、金利を決めるのはY曲線とX曲線だけではありえないことが示唆されます。

第二に、お金の量が増えると金利が下がる傾向にあると想定するのが通例です。少なくとも最初のうち、短期間ではそうです。でもなぜお金の量の変化が、投資需要関係《スケジュール》や、所定所得からの貯蓄意向に影響するのか、何ら説明されてきませんでした。だから古典学派は価値の理論を扱う第一巻での金利理論と、お金の理論を扱う第二巻での金利理論とで、全然ちがう理論を持っているのです。彼らはこの衝突を気にしていないようで、この二つの理論に橋渡しをしようという試みは、寡聞にして知りません。これは、通常の古典派の話です。というのも、橋渡しをしようとした新古典派の試みは、最悪の泥沼にはまってしまったからです。新古典派は、投資需要関係《スケジュール》を満足させるために二つの供給源があるにちがいないと結論してしまったのです。つまり通常貯蓄（これは古典派が扱う貯蓄です）と、それに加えて、お金の量が少しでも増えることで出回る金額です（これはなにやら人々に対する課税じみたものでバランスが取られ、「強制貯蓄」とかなんとか呼ばれます）。ここから出てくるのは「自然」または「中立[7]」、あるいは「均衡」金利なるものがある、という発想です。これはつまり、「強制貯蓄」からの追加一切なしに、投資と古典的な通常貯蓄とを等しくするような金利のことです。そして最後に出てくるのが、そもそも彼らがまともな方向を向いていたとして、一番自明な解決策でした。つまり、お金の量をあらゆる場合に一定に保てば、こうしたややこしい話は一切起きないというのです。通常貯蓄を超える投資の過剰から生じるはずの害悪は、起こりえなくなるから、と。でもこの時点ですでに深みにはまってしまっています。「野生のアヒルは水底に潜った——潜れる限りの深みへ——そして水底の雑草やもずくや各種のゴミに、しっかりとかじりついた。そしてそれの後を追って潜り、引っ張りだしてくるには、非凡なまでに賢い犬が要るであろう」。

ですから従来の分析は、システムの中の独立変数を正しく抽出できなかったのでダメなのです。貯蓄と投資はシステムによって決まる結果であって、それを決める原因ではありません。どちらもシステムの決定要因、つまり消費性向と資本の限界効率関係《スケジュール》、金利によって決められる双子の結果なのです。こうした決定要因は確かに、どれもそれ自体としてややこしいし、どちらも他の要因の変化見通しによって影響されかねません。でも、それぞれの値を他の値から導出できないという意味で、それは独立なのです。伝統的な分析は、貯蓄が所得に左右されることは知っていましたが、所得が投資に依存することを見すごしました。投資が変わると、所得はまさに貯蓄変化と投資変化を等しくするような度合いだけ変わらなければならないことに、気がつかなかったのです。

また金利を「資本の限界効率」で決めようとする理論も、あまり成功していません。確かに均衡状態だと、金利は資本の限界効率と等しくなります。というのも、均衡地点が実現されるまで当期の投資規模を増減させれば、儲かるからです。でもこれを金利理論に仕立てたり、そこから金利を導いたりしようとすれば、循環論法になってしまいます。これはマーシャルが、この議論に沿って金利の説明をしようとして、道半ばで気がついたことです(8)。「資本の限界効率」は、一部は当期の投資規模に左右されるし、その規模を計算するには、あらかじめ金利がわからなければダメなのです。重要な結論は、新規投資の産出は、資本の限界効率が金利に等しくなるところまで押しやられる、ということです。そして限界効率関係《スケジュール》からわかるのは、金利がいくつかということではなく、新規投資の産出がその金利のもとでどこまで押しやられるか、ということなのです。

ここで論じられている問題が、きわめて根本的な理論的重要性と、圧倒的な実務上の重要性を持つことは容易におわかりでしょう。経済学者たちの実務的な助言がほぼ常に根拠としていた経済学原理は、要するに、他の条件が同じなら、支出を減らせば金利は下がり、投資が増えれば金利は上がる、と想定してきました。でもこの二つの量が決定づけるのが、金利ではなく総雇用量であるなら、経済システムの仕組みに対する見通しはまったく変わってきます。消費意欲の低下は、それが他の条件一定ならば投資を増やすどころか、雇用を減らす要因だと見られるようになったら、まったくちがう受け取られ方をするようになるでしょう。

注

（1）見つけられたものの概要については、本章のおまけを見てください。

（2）この一節に関するさらなる議論としては、本章おまけを参照。

（3）カーヴァー教授の金利の議論はとても理解しにくいものです。それは(1)彼が「資本の限界生産性」と言うとき、限界生産量を言っているのか、限界生産物の価値を言っているのか一貫しないこと、(2)資本量をまったく定義しようとしないこと、のせいです。

（4）こうした問題についてのごく最近の議論があり（F・H・ナイト教授「資本、時間、金利」、『エコノミカ』一九三四年八月）、この議論は資本の性質について多くの興味深く深遠な洞察を含んでおり、マーシャル派の伝統の有益さと、ベーム＝バヴェルク的分析の役立たずぶりを示しておりますが、この議論の中で金利理論はまさに、伝統的な古典派の型どおりのものとなっています。ナイト教授によれば、資本生産の分野では均衡という言葉の意味は「貯蓄が市場に流れ込むにあたり、それとまったく同じ時間率または速度でそれが投資に流れ込み、その投資は資本の利用について貯蓄者に支払われるのと同じ純収益率をもたらすようなもの」と述べています。

（5）この図を示唆してくれたのはR・F・ハロッド氏です。またD・H・ロバートソン氏による部分的に似たような図が『エコノミック・ジャーナル』一九三四年十二月、六五二頁にあるので参照。

（6）第17章を参照。

（7）現代の経済学者たちの言う「中立」金利は、ベーム＝バヴェルクの「自然」金利とも、ヴィクセルの「自然」金利とも別物です。

（8）本章のおまけ参照。

第14章おまけ　マーシャル『経済学原理』、リカード『政治経済学原理』などでの金利について

I

マーシャル、エッジワース、ピグー教授の著作には、金利についてのまとまった議論はありません——ぱらぱらと散発的に触れられているだけです。すでに引用した一節（二〇五－二〇六頁）を除くと、金利に対するマーシャルの立場のヒントとして唯一重要なものは、『経済学原理』（第六版）、第六巻、五三四頁と五九三頁に見られるものしかありません。その要点は以下の引用でわかります。

利子は、ある市場において資本の使用に支払われる価格であるが故に、その利子率においてその市場における資本の総需要が、その率で提供される総ストックと等しくせしむる均衡へと傾くのである。(1) もしも目下検討中の市場が小さいものであるなら——たとえば一つの町、あるいは進歩的な国における一つの産業——そこで資本需要が増えれば、すぐに

周辺の地区や産業からの増加したる供給によって迎えられるであろう。しかるに資本の一つの市場として全世界を考えるのであれば、あるいは大きな国の全体を考えるのであっても、金利の変化によってその総供給が、急速かつ広範に変わると考えることはできない。というのも、資本の一般資金は労働の産物と待つことである。そして金利上昇がインセンティブとなる追加の仕事[2]と追加の待ちは、結果として既存の資本ストックを生み出したその労働と待ちに比べると、すぐには大したものにならないのである。一般に資本需要が大幅に増えれば、したがって一時的には供給増ではなく、金利上昇で迎えられる。[3]これにより資本は、限界効用が最低の用途から順に、己自身を引き上げることとなる。金利による総資本ストック増大は、ゆっくりと徐々に行われるしかないのである。(五三四頁)

「金利」という用語は、古い資本投資についてはきわめて限られた意味合いでしか適用できぬのであるということは、強調してもしすぎることはない。[4]たとえば、我が国のちがった産業は、金利三パーセントほどで七十億ほどが産業資本に投資されていると推計できるであろう。だがこうした物言いは、多くの目的のために便利であり正当化できはしても、正確ではない。本当に言うべきなのは、それぞれの産業において新規資本への投資［つまり限界的な投資です］に対する純金利を一パーセントとするとこうした各種産業に投資された産業資本全体から得られる総純所得はその資本を三十三年分の購入で資本化するなら

（すなわち金利三パーセントとすると）およそ七十億ポンドになる、ということである。というのもすでに土地改良や建物建設や鉄道や機械製造に投資された資本の価値は、その推定将来純所得［あるいは疑似賃料］の総割引価値だからである。そしてもしその見込み収益獲得能力が減少するなら、その価値もそれに伴い減少し、その減少して小さくなった所得を資本化した価値となるのである。（五九三頁）

『厚生の経済学』（第三版）、一六三頁で、ピグー教授はこう書きます。「「待つ」というサービスの性質は大いに誤解されてきた。ときにはそれは金銭の提供だと想定され、時には時間の提供だと想定され、どちらの場合にも、それにより配当には一切の貢献がなされないと論じられてきた。どちらの想定も正しくない。「待つ」というのは単に、即座に享受できる消費を先送りして、それにより破壊されたかもしれないリソースが、生産道具の形を取ることを可能にするものなのである。[5]（中略）したがって「待つこと」の単位は、一定量のリソース――たとえば労働や機械――の一定期間の利用なのである。[6]（中略）もっと一般的に言うと、待つことの単位は年あたり価値単位、あるいはもっと単純だが精度の劣るカッセル博士の言い方では、年ポンドである。（中略）ある年に蓄積された資本量が、必然的にその年の「貯蓄」量に等しくなるという一般的な見方に対しては、注意を加えておくべきかもしれない。これはその貯蓄というのを純貯蓄の意味だと解釈して、ある人の貯蓄で他の人の消費を増すべく他人に課されたものを差し引き、サービスに供されず銀行のお金という形で一時的に貯まる未使用価額を無視した場合でも同様である。というのも多くの貯蓄で資本になるべく意図されたものは、行き先を誤って無駄な用途にまわされ、その目的を果たせないからである」[7]。

ピグー教授による、金利がどう決まるかについての唯一のまともな言及は、『産業変動』(初版)、二五一―二五三頁に見られるものだと思います。ここで彼は、金利というのが実質資本の需給の一般条件で決まるのだから、中央銀行だろうとどんな銀行だろうとコントロールできないものなのだ、という見方に反駁します。この見方に対してピグー教授が論じるのは以下のとおりです。「銀行家たちが事業者たちに対し、もっと多くの信用創造をすると、第i部の第xiii章に述べた説明を条件として[8]、彼らは自分たちの利益のために、世間からの実物に対し強制課税を行い、これにより自分たちに供される実質資本の流れを増して、長期短期問わずあらゆる融資の実質金利の低下を引き起こす。一言で、銀行の金銭に対する率は、長期融資では実質金利と機械的な縛りによって結びついている。でもこの実質金利が銀行家のコントロールから完全に外れた条件により決まる、というのは事実ではない」。

上について私の並行したコメントは注に入れました。この件に関するマーシャルの説明で私が困惑するのは、たぶん貨幣経済に属する「金利」という概念を、お金について何の考慮もしていない論考に組み込もうとしているところに根本的な原因があるのだ、と私は思います。マーシャル『経済学原理』には、実は「金利」など出る幕はないのです——それは経済学の別の方向に属するものです。ピグー教授は、他の暗黙の想定とあわせて（『厚生の経済学』では）待つことの単位が、当期投資の単位と同じで、待つことの報酬は純賃料だと匂わせ、実質的にほとんど金利の話をしません——これはそうあるべきです。それでも、こうした論者は非貨幣経済を扱っているのではありません（そんなものがあればですが）。実にはつきりと、お金が使われていると想定し、銀行システムがあるとも想定しています。さらに金利はピグー教授の『産業変動』（これは主に資本の限界効率変動の研究です）でも『失業の理論』（これは主に非自発失業がないと想定したときに、雇用量の変化を決めるのは何かという研究です）では、『厚生の経済学』での役割以上のものはほとんど果たしません。

II

以下の『政治経済学原理』（五一一頁）からの引用は、リカードの金利理論の要点をとらえています。

金利は銀行が貸す金利（それが五パーセント、三パーセント、二パーセントだろうと）では左右されず、資本の雇用によって得られる利益率によって左右される。そしてこれは追い金の量や価値とはまったく独立である。銀行が数千万貸そうと数億貸そうと、それは市場金利を永続的に変えることはない。その後発行したお金の価値を変えるだけである。ある例では、同じ事業を実行するのに、別のもので必要な金額の十倍、二十倍ものお金が必要かもしれない。お金を求めて銀行に融資申し込みをするのは、そのお金を使うことで得られる利潤の率と、銀行が融資したがる率との比較に依存する。もし市場金利より低い利率を銀行が課せば、彼らは幾らでも貸せることになる――その率より高い率を課せば、それを借りようとするのは浪費家や放蕩者だけとなろう。

実に明快で、後の論者たちの著作よりも出発点としてはよいものです。後の論者たちは、リカード派の教義の本質からは実は決別していないのに、そこに居心地の悪さを感じて、話をぼかして逃げを打っているのです。上の引用は、リカードの常として、長期の見解として解釈すべきものであり、引用部分の真ん中あたりにある「永続的に」ということばが強調されるべきです。そしてこれを裏づけるために必要な想定を考えてみると、おもしろいことになります。

ここでも必要とされる想定はいつもの古典派の想定で、常に完全雇用があるというものです。ですから、製品に対して労働の供給曲線はまったく変わらないと想定され、長期均衡にはたった一つしか可能な雇用水準がありません。この想定と、あとはいつもの「他の条件がすべて一定」というやつで、つまり心理的性向や期待はお金の量の変化に伴うもの以外はないとすれば、リカードの理論は成り立ちます。ただし、こういう想定をしたら、長期では完全雇用と一貫性を持つ金利水準は一つしかないという意味においてです。リカードとその後継者たちは、長期でさえ雇用量は必ずしも完全雇用ではなく変動し、そしてあらゆる銀行方針に対して長期雇用の水準はそれぞれちがってくる、という事実を見すごしています。ですから、金融当局側として考えられる各種の金利政策に対応して、長期均衡のポジションはたくさんあるのです。

もしリカードが、この議論を単に、金融当局の作り出す一定のお金の量に適用されるものにすぎないとして提示したのだとしたら、これは名目賃金が柔軟だと想定すればやはり正しいことになります。つまりリカードが、金融当局によってお金の量が一千万に固定されようと一億に固定されようと金利には永続的な変化はないと論じたなら、その結論は成り立つという意味です。でも金融当局の方針と言ったとき、それがお金の量を増減させる条件の話をしているなら、つまりそれが、割引の量を変えたり公開市場操作などを通じて、自分の資産を増減させたら――これはリカードが上の引用ではっきり言っていることです――金融当局の政策が無価値だとか、長期均衡と合致する政策が一つしかないというのは、いずれも成り立ちません。ただし、非自発失業において、失業者同士の無意味な競争を通じて名目賃金が無制限に下がると想定される極端なケースでなら、確かに、長期的なポジションは二つしかあり得ません――完全雇用と、流動性選好が最大になる金利水準に対応する雇用（これが完全雇用より低ければですが）です。柔軟な名目賃金を想定すれば、お金の量は、確かに長期では無意味です。でも金融当局がお金の量を変える条件は、経済の仕組みの中で、本物の決定要因として入り込んできます。

上の引用で、最後の一文を見ると、リカードは投資額に応じた資本の限界効率変化の可能性を見すごしていたようだ、と付け加えておきましょう。でもこれまた、後継者に比べてリカードが内的一貫性の面で勝っていたという別の例だと解釈できます。というのも、雇用の量と、社会の心理的性向は所与とすれば、資本蓄積速度としては一つしかあり得ず、結果として資本の限界効率の値は確かに一つしかあり得ないのです。リカードは見事な知的成果を与えてくれました。これは心の軟弱な者には達成できないものであり、経験からはかけ離れた仮想的な世界を採用して、それが経験世界であるかのようにふるまい、そしてその中に一貫性をもって暮らして見せたのです。その後継者のほとんどだと、どうしても常識が割り込んできてしまいます――そしてその論理的な一貫性が台無しになるのです。

III

金利について奇妙な理論が、フォン・ミーゼス教授によって提唱され、彼からハイエク教授と、たぶんロビンズ教授にも受け継がれています。つまり、金利の変化は、消費財と資本財の相対価格変化と同じだと見なせる、というものです[9]。どうしてこんな結論が出てきたのかははっきりしません。でも理屈はこんな感じです。いささか大胆な単純化によって、資本の限界効率は、新しい消費財の供給価格が、新しい生産者財の供給価格に対して持つ比率で計測できるとされます[10]。そしてこの比率が、こんどは金利と同じだとされるのです。この理屈から出てくる事実として指摘しておきたいのは、金利が下がると投資に有利になる、ということです。よって、消費財価格の生産者財価格に対する比率が下がるのは、投資にとってよい、というわけです。

　これはつまり、個人による貯蓄増大と、増えた総投資との間に結びつきができている、ということです。というのも個人の貯蓄が増えれば消費財の価格が下がり、そしておそらくは生産者財の価格はもっと下がるというのは共通認識だからで、したがって上の理屈によれば、投資を刺激する金利の低下を意味するからです。でももちろん、ある資本的資産の限界効率を引き下げ、それにより資本全般の限界効率関係《スケジュール》を引き下げれば、この議論で言われていることと正反対のことが起きます。というのも投資の刺激は、限界効率関係《スケジュール》を引き上げるか、あるいは金利を下げることで実現されるからです。資本の限界効率と金利とを混同することで、フォン・ミーゼス教授とその弟子筋は、結論を正反対にしてしまったのです。こうした線に沿った混乱の好例が、アルヴィン・ハンセン教授による以下の一節に見られます[11]：「一部の経済学者は、支出削減の純効果はそうでない場合に比べた消費財価格の低下であり、その結果として、固定資本への投資刺激は最小化される、と示唆している。だがこの見方はまちがっており、⑴消費者財の価格の高低と⑵金利変化が、それぞれ資本形成に与える影響についての混乱に基づいている。確かに支出が減り、貯蓄が増えれば、消費者価格は生産者財の価格に比べて低くなる。だがこれは、結局は金利の低下を意味し、低い金利は、高金利だと利益にならないような分野での資本投資拡大を刺激するのである」。

注

（1）　指摘しておくと、マーシャルは「お金」ではなく「資本」、「融資」ではなく「在庫」という用語を使っています。利子はお金を借りることに対する支払いです。ですからこの文脈で「資本需要」と言ったら、「資本財の在庫を買うための資金融資に対する需要」ということです。でも提供されている資本財在庫と、需要されている在庫との一致をもたらすのは、その資本財の価格であって、金利ではありません。金利でもたらされるのは融資（つまり負債）の需要と供給の一致なのです。

（2）　これは所得が一定でないと想定しています。でも金利が上がるとなぜ「追加の仕事」が出るのかはっきりしません。金利が上がれば、それが貯蓄のために仕事の魅力を高めるので、金利上昇は一種の実質賃金上昇と見なされて、生産要素は低い賃金でも働くよう促される、ということなのでしょうか？　確かにこれは似たような文脈でD・H・ロバートソン氏の念頭にあるのはそういうことだと思います。

「すぐには大したものにならない」し、この要因で投資の実際の変動を説明しようとしたら、かなり説得力のない、まったくばかげたものになるでしょう。私がこの文の後半を書き換えるならこうなります。「もし資本の限界効率関係《スケジュール》が増えることで、一般に資本の需要が大幅に増え、それが金利上昇で相殺されないなら、資本財の生産増の結果として生じる追加雇用と所得水準上昇は、追加の待ちにつながり、それをお金で見れば、資本財の当期増加分とまったく同じになるので、その分が過不足なく埋め合わされるのである」

（3）資本財の供給価格が上がればよいのではないでしょうか？　たとえば仮に、「一般に資本需要が大幅に増え」たのが金利低下によるものならどうでしょう。この文はこう書き換えるべきでしょう。「したがって資本財需要の大幅な増加が、すぐに総ストック増加で対応できない限りにおいて、それは資本財価格の上昇で抑えられるしかない。その上昇は、資本の限界効率を金利と均衡状態に保ち、しかも投資規模には物理的な影響を与えない。一方（いつものことだが）資本財生産に適応した生産要素は、新しい条件下で限界効率が最も高いものから順に雇用されることとなる」

（4）実は限られた意味合いどころか、まったく適用できません。金利というのは、正しくは新旧問わず資本投資を購入するために（あるいはその他どんな目的でも）借りたお金につく利子の率にのみあてはまります。

（5）消費の先送りが必然的にそうした効果を持つのか、それとも単にリソースを解放して、それが雇用されないか投資に使われるかは状況に任されるのか、ここでの書きぶりはあいまい。

（6）指摘しておくと、所得の受け手が消費に使ってもいいのに、実は使わないお金の量ではありません。ですから待つことの報酬は利息ではなく準賃料なのです。この分は、解放されたリソースが必然的に使われると含意しているようです。というのも、解放されたリソースが失業したまま残されていたら、待つことの報酬などあり得ますまい？

(7) この一節では、純貯蓄からその行き先を誤った投資分を差し引いて、「サービスに供されず銀行のお金という形で一時的に貯まる未使用価額」を考慮すれば資本増分と等しくなるのかどうか説明されていません。でも『産業変動』(二二頁)でピグー教授は、そうした蓄積が彼の言う「実際の貯蓄」には何の影響もないと明記しています。

(8) この参考文献(同書、一二九‐一三四頁)には、銀行による新たな信用創造が、事業者に提供される実質資本の流れをどれだけ増やすかに関するピグー教授の見方が書かれています。要するに彼は「信用創造によってビジネスマンたちに手渡された浮遊信用から、銀行がそこになかったら別の形で供与されていたであろう浮遊資本を」差し引こうとするのです。差し引いた後の議論は、きわめてわけのわからないものです。まず手始めに、金利生活者たちは千五百の所得を持ち、そのうち五百を消費して一千を貯金します。信用創造でその所得は千三百に減り、そのうち $500-x$ だけ彼らは消費し、$800+x$ だけ貯金します。そしてこの x は、信用創造によって生み出された資本の純増分をあらわす、とピグー教授は結論するのです。事業者の所得は、銀行から借りた額(上の差し引き後の金額)だけ減るということでしょうか? それとも金利生活者の所得が減った分、つまり二百だけふくれあがるのでしょうか? いずれの場合にも、彼らはその全額を貯金することになっているのでしょうか? 投資の増分は、信用創造から差し引き分を引いた額に等しいのでしょうか? それとも x に等しい? 議論は、これから始まろうというところで止まってしまうようです。

(9)『お金と信用の理論』三三九頁他随所、特に三六三頁。

(10) もし長期的な均衡にあるとするなら、これを正当化するような特殊な想定を捻出することはできるかもしれません。でも問題の価格が、不況状態の価格だとするなら、事業者が期待形成にあたってこうした価格を永続的なものと想定する、という単純化した仮定は、明らかにまちがいのもとです。さらに、もしその事業者がそんなことをしたら、生産者財の既存ストックの価格も、消費財価格と同じ割合で下がります。

（11）『経済再建』二三三頁。

第15章　流動性を求める心理と事業上のインセンティブ

I

こんどは、第13章で先走って紹介した流動性選好の動機について、もっと詳しい分析を展開しなければなりません。中身は本質的には、時に「お金の需要」なる見出しで論じられてきたものと同じです。それはまた、お金の所得速度と呼ばれるものと密接に結びついています。お金の所得速度は人々が所得のうち、どの程度の割合を現金で持とうとするかを測っただけのものです。だからお金の所得速度増加は、流動性選好の症状かもしれないのです。でも、同じものではありません。なぜかというと、人が流動性と非流動性との間で選択を行使できるのは、所得に対してではなく、むしろ蓄積した貯蓄のストックに対してだからです。それにどのみち、「お金の所得速度」という用語は全体としてのお金の需要が所得に比例するか、あるいは何か決定的な関係があるかのような、誤解を招く先入観がつきまといます。でも実はこれから見るように、この先入観が成り立つのは、人々の現金保有のごく一部だけなのです。結果として、金利の果たす役割が見すごされてしまいます。

拙著『貨幣論』で、私はお金の総需要を、所得保管、事業保管、貯蓄保管の三つの見出しで検討しましたし、同書の第三章で述べた分析をここで繰り返すまでもありません。この三つの目的のために保有されるお金は、それでも一つのプールを形成し、保有者としてはそれをきっちりした三つの区分に分ける必然性はまったくありません。これらは当人の心の中ですら、きれいに分かれていなくてもいいからです。同じお金を、主にはこっちの目的用だけれど、二次的にはあっちの目的用に保有することだってできます。だから、ある状況でのお金に対する個人の総需要は、いろんなちがった動機の複合物ではあっても、単一の決断として見なせます――そう考えても遜色ないどころか、そのほうがいいかもしれません。

でも動機を分析するなら、それを何らかの見出しの下で区別するのがやっぱり便利です。最初のものは、所得保管と事業保管に対応し、それに続く二つは、貯蓄保管にだいたい対応しています。これらは本書第13章で、取引動機としてちょっと持ち出しましたが、これはもっと細かく分けて、所得動機と事業動機、用心動機と投機動機、と区分けできます。

(i)所得動機――現金を持つ理由の一つは、所得を受け取ってからそれを使うまでの期間のつなぎです。ある現金総量を持つ決断をうながすにあたり、この動機の強さは所得の量と、それをもらってから使うまでの通常の期間に左右されます。お金の所得速度の概念が厳密に適用できるのは、この概念との関連です。

(ii)事業動機——同様に、現金は事業用の費用を支払ってから売り上げが手元に入るまでの時間をつなぐためにも保有されます。また問屋が買い入れてから卸すまでのつなぎ現金も、この中に入ります。この需要の強さは、主に当期の産出額（つまりは当期の所得）に左右され、さらにその産出が何人の手を経るかにもかかってきます。

(iii)用心動機——他に現金を持つ動機としては、突発的な支出を必要とする非常時や、お得な買い物の機会が不意に生じた時の備え、さらには金額の決まっているその後の支払い義務への対応などがあります。

この三とおりの動機すべての強さは、必要なときに現金を手に入れる手法の安さと信頼性にある程度は依存します。そうした手法は何らかの一時的な借り入れ、特に当座借越《オーバードラフト》やその相当物があたります。本当に必要なときに、簡単に現金が手に入るなら、つなぎで手元に現金を遊ばせておく必要はないからです。現金を手に入れるには、儲かる資産の購入を見送らなくてはならない場合、これはその金額の現金を保有する費用を高め、現金保有動機を弱めます。当座預金で利子が稼げたり、現金があれば銀行手数料がかからないですむなら、これは費用を下げて動機を強めます。でも、現金保有の費用が大幅に変わる場合でなければ、これはたぶん要因としては些末なものでしょう。

(iv)残るは投機動機です——これは他のものより詳しく検討する必要があります。あまりよく理解されていないこともあるし、またお金の量の変化の影響を伝えるにあたり、ことさら重要だからでもあります。

通常の状況だと、取引動機と用心動機を満たすお金の量は、経済システムの一般活動と、名目所得水準の結果として主に決まります。でも金融管理（または管理がなければ、お金の量の偶然による変化）が経済システムに作用するのは、投機動機への働きかけによるのです。前者の二つの動機を満たさせるための現金需要は、一般には全般的な経済活動と所得水準が実際に変わらない限り、外部からの影響にはあまり反応しません。でも経験的に見て、投機動機を満足させるためのお金の総需要は、通常は金利のゆっくりした変化に対しては、連続的な反応を示します。つまり投機動機を満たすお金の需要変化と、金利価格の変化との関係は、連続曲線になるということです。この場合の金利は、各種満期期間の債券や債権の価格で示されます。

だって、もしそうでなければ「公開市場操作」などというものは実施不可能です。前に述べましたが、経験によれば上で述べたような連続的な関係があるはずだと思われます。なぜなら、通常の状況だと銀行システムはいつだって、市場で債券価格をほどほどに競り上げたり（下げたり）することで、債券を現金と交換で売ったり（買ったり）できるのです。そして債券や債権を買う（売る）ことで、創りたい（吸い取りたい）現金量が多ければ多いほど、金利の下落（または上昇）も大きくなければなりません。でも（たとえば一九三三－三四年のアメリカのように）公開市場操作がきわめて短期の証券しか買わないよう制限されていれば、その影響はもちろん、とても短期の金利だけに限られ、ずっと重要な長期金利にはほとんど影響がないも同然、ということになります。

投機動機を扱う場合、投機動機を満たすのに使えるお金の供給変化（流動性関数の変化なし）によって生じた金利変化と、主に流動性関数自体に影響する期待変化によるものとは、区別するのが大事です。公開市場操作は、実は両方の経路から金利に影響するかもしれません。それはお金の量を変えるだけでなく、中央銀行や政府の将来政策について、期待を変えてしまうかもしれないのです。期待の改定を引き起こすニュースに伴う、流動性関数自体の変化は、しばしば不連続なもので、したがって金利変化もそれに応じた不連続なものとなります。ニュースの変化が、人によってちがった解釈をされたり、個人の利害にちがった形で影響する場合にのみ、債券市場での取引活動増大の余地が生まれます。もしニュース変化が、あらゆる人の判断と要求をまったく同じように変えたら、金利（これは債券や債権の価格で示されます）はすぐに新しい状態に調整され、市場取引はまったく必要ありません。

ですから、いちばん単純な場合で、全員が同じで同じ立場にある場合、期待の状況が変わったところで、お金のやりとりは一切発生しません――単に金利が変わるだけです。それは当初の金利で各個人が感じていた、新しい状況や期待に対して現金保有高を変えたいという欲望を、相殺するに必要なだけの変化となります。そして現金保有高を変えたいと思う金利の水準について、みんなが同じだけ考えを変えますので、取引はまったく起きません。それぞれの状況と期待に対し、対応した適切な金利があり、だれかがいつもの現金手持ち残高を変えるとかいった話は決して起きないのです。

でも一般には、状況や期待の変化は、個人の手持ち現金をある程度は変えます――というのも実は、一部は環境の差、一部はお金を持ちたい理由の差、一部は知識と新しい状況の解釈の差のために、変化はそれぞれの個人の考え方に、ちがった形で影響するのです。ですから、新しい均衡金利は現金保有の入れ替えをもたらします。それでも、主に注目すべきなのはその現金の入れ替えではなく、金利の変化です。後者は個人差によるところが大きく、本質的な現象は最も単純なケースで起こることなのですから。さらに一般論としても、金利変化は、ニュース変化への反応としていちばん顕著な部分です。債券価格の変化は、新聞の決まり文句ではありますが「取引活動にくらべて極端なもの」です――これは人々が、ニュースへの反応で細かいちがいはあっても、おおむね似た反応を示すことを考えれば、当然のことです。

II

取引動機と用心動機を満たすために個人が持ちたがる現金量は、投機動機を満たすために持つ現金と完全に独立したものではありません。でも、一次近似としてはこの二種類の現金保有が、おおむね相互に独立だと考えても安全でしょう。ですから分析を進めるため、問題をこんな形で分解しましょう。

取引動機と用心動機を満たすための保有現金量をM_1、投機動機を満たすための保有量をM_2とします。この二つの現金区分に対応して、L_1、L_2という二つの流動性関数が出てきます。L_1はもっぱら所得水準に依存し、L_2は主に現在の金利と期待の状態に依存します。

$$M = M_1 + M_2 = L_1(Y) + L_2(r)$$

ここでL_1は所得Yに対応する流動性関数で、これによりM_1が決まります。そしてL_2は金利rによる流動性関数で、M_2を決めます。すると、検討すべき話が三つあることになります。(i)Mの変化がYとrに与える変化の関係、(ii)L_1の形を決めるのは何か、(iii)L_2の形を決めるのは何か。

(i) Mの変化がYやrの変化に対して持つ関係は、一次的には、そのMの変化がどうして起こるのかで決まってきます。仮にMが金貨で、Mの変化は俎上の経済システムに属する金鉱掘りたちの活動収益が上がる場合にしか起きない、としましょう。この場合、Mの変化は、一次的には、Yの変化に直結します。というのも、新しい黄金はだれかの所得として溜まるからです。Mの増加が、当期支出をまかなうために政府がお金を刷って生じた場合も、まったく同じ条件があてはまります。この場合にも、新しいお金はだれかの所得となって計上されます。でも新しい所得水準は、Mの増加をM_1が完全に吸収するほどの高さでは続きません。そしてお金の一部は抜け出して、証券などの資産を買おうとします。これによりrが下がって、Mの規模が拡大し、同時にYが刺激されて上昇します。これで新しいお金の一部はM_2かM_1に吸収されますが、これはr下落によるY上昇に対応したものです。ですからもう一段進めば、この例もこれに代わる例と同じことになります。つまり、新しいお金が一次的には銀行システムの融資条件緩和からしかこない場合ということです。それにより、だれかが銀行に債権や債券を売って、新しい現金を手に入れられるようになるわけです。

ですから、後者の場合が典型だと思って大丈夫でしょう。Mの変化はrを変えることで操作できると想定できるし、rの変化は、一部はM_2を変え、一部はY、ひいてはM_1を変えることで、新しい均衡をもたらします。新しい均衡位置での、M_1とM_2の現金仕分けは、投資が金利削減にどう反応するか、そして所得が投資増にどう反応するかで決まります。[1] Yの一部はrに依存しているので、Mに変化があれば、それはrを変化させますが、そのrの変化は、それによるM_1とM_2の変化合計がMの増減に等しくなるような規模でなくてはならない、ということになります。

(ii)お金の所得速度がYのMに対する比率なのか、YのM_1に対する比率なのかは、必ずしも明示されていません。でも私は、後者にすべきだと提案します。ですからVをお金の所得速度だとすると、以下のようになります。

$$L_1(Y) = \frac{Y}{V} = M_1$$

もちろんVを一定と想定しなくてもかまいません。その値は、銀行と産業の組織の特徴によりますし、ちがう階級間の所得分配や、手元で現金を遊ばせておく実質費用にも左右されます。それでも、短期に注目して、こうした要因に目に見える変化がないと想定しても無理がなければ、Vはほとんど定数だと考えていいでしょう。

(iii)最後に、M_2とrの関係という問題があります。第13章で、M_2の現金保有につながる流動性選好L_2について、唯一の納得できる説明は、金利の将来方向が不確実なことなのだ、と説明しました。するとM_2は、金利rとは厳密な定量関係は持たないということになります——関係するのはrの絶対水準ではなく、そこそこ安全と思われているrの水準から見て、当てにされている確率計算を考慮すると、現状どのくらいずれているか、ということなのです。それでも、どんな期待状態下であれ、rが下がるとM_2は増えると考えるべき理由が二つあります。まずはじめに、rの安全水準がどこかという一般的な見方が変わらなければ、rが下がれば常に市場金利は「安全」水準に比べて下がり、したがって非流動性リスクを高めます。そして第二に、rが下がればすべて、非流動性からくる当期の稼ぎが減ります。これは資本勘定についての損失リスクを相殺するための、一種の保険料として存在しており、その金額は古い金利と新しい金利の二乗の差に等しくなります。たとえば、長期負債金利が四パーセントだとします。すると確率的なバランスから見て、長期金利が年間でそれ自身の四パーセント以上の速度（つまり年率〇・一六パーセント以上）で上がらない限り、流動性を犠牲にしたほうがいいということになります。でも、もし金利がすでに二パーセントでしかなかったら、そこから得られる金利収入で相殺できるのは、年率〇・〇四パーセントの上昇だけということになります。実はこれこそ、金利がとても低い水準に下がることに対する最大の障害かもしれません。将来に経験することが過去のものから大幅に変わると信ずべき理由があると思われない限り、長期金利が（たとえば）二パーセントだと、希望よりは恐れるもののほうが大きくなり、しかもそれに対する利息収入は、恐れのごくわずかしか相殺できないのです。

するとき、金利というのがとても心理的な現象だというのは明らかです。実際、第V巻で見ますがそれが完全雇用に対応する水準以下では均衡できないことがわかります。なぜかといえば、その水準だと真のインフレ状態が生み出され、結果としてM_1がますます多くの現金量を吸収することになるからです。でも完全雇用に対応する以上の利率だと、長期市場金利は現在の金融当局の政策だけでなく、その将来政策に対する市場の期待にも依存します。短期金利なら、金融当局は簡単にコントロールできます。政策が近い将来に大きく変わることはない、という確信を作り出すのはむずかしくないし、目下の収益率に比べれば、考えられる損失は小さいからです（ただしそれがゼロに近づいているときは別です）。長期金利のほうは、将来の金融政策についての過去の経験と現在の期待から、代表的な見解により「安全でない」と見なされる水準に下がってしまったら、もっと御しがたいものとなりかねません。たとえば、国際的な金本位制を採用した国では、金利が他の国より低いと、それは当然ながら安心度が低いのだと見なされます。でも国際金本位制に属する他の国に見られる、最高の金利（リスク調整後で最高）にあわせて国内金利を引っ張り上げたら、国内の完全雇用と整合した金利よりずっと高くなるかもしれません。

ですから、世論が実験的だと思う金融政策や、すぐに変わりそうだと思われる経済政策は、長期金利を大きく引き下げるという狙いに失敗しかねません。M_2はrが一定の水準以下になったら、ほとんど無制限に増え続けがちだからです。一方、同じ政策はそれが世論に対して、まともなもので実行可能で公共の利益にかなうものだと思われ、さらに強い意志に根ざしていて、しかも更迭されそうにない当局が推進していれば、あっさり成功するかもしれません。

金利というのは、きわめて心理的というよりは、きわめて因習的な現象なのだ、と言うほうが正確なのかもしれません。その実際の値は、その値が何であると期待されるか、という世間一般の見方に大きく支配されるからです。十分な確信をもって耐久性があるとして受け容れられる金利は、どんな水準だろうと耐久性があります。ただしもちろん、変化する社会にありがちな、様々な理由による変動が、平常と予想される値のまわりで生じることにはなりますが。特にM_1がMより急速に増えているとき、金利は上昇し、その逆も成り立ちます。でも、完全雇用には致命的に高すぎる水準で何十年も上下動するかもしれません――特に金利が自己調節的だと一般に思われていて、因習によって確立している水準が、因習よりずっと強い客観的な根拠を持つと信じられているときには、雇用が最適水準を実現できないのは金利の幅が不適切なままだからだ、とは世間も政府もまったく思わないことでしょう。

有効需要を、完全雇用実現に足るだけの高い水準に保つ際の困難が、そろそろおわかりいただけたでしょうか。それは因習的で比較的安定した長期金利と、気まぐれでとても不安定な資本の限界効率との組み合わせから生じるのです。

もっと元気の出る考察で、それなりの安心を得たいのであれば、以下のような話に希望を見いだすしかありません。すなわち因習というのはまさにしっかりした知識に根ざしていないが故に、それは金融当局によるちょっとした頑固さと目的の一貫性に対しては、そんなに強い抵抗を見せないのです。少々の金利低下には、世論はすぐに慣れます。そして将来についての因習的な期待も、それに応じて変わるでしょう。そうなれば、さらなる金利変動への用意が調います。イギリスが金本位制を捨てると長期金利が下がったのは、この興味深い一例です――大きな金利変動は、一連の不連続なジャンプで実現されました。これは世間の流動性関数が、それぞれの金利低下に慣れていって、ニュースや当局の政策に見られる新しいインセンティブへの対応準備ができたことから生じたものなのです。

III

以上をまとめると、期待がどんな状態にあっても、人々の心の中には取引動機や用心動機で必要な以上に現金を持ちたいという潜在力があって、それが実際に現金保有としてどのように実現されるかは、金融当局が現金を創造したがる条件に依存する、ということです。流動性関数L_2がまとめているのはこの潜在力なのです。

ですから他の条件が同じなら、金融当局が創るお金の量に対応して金利は確定されます。あるいはもっと厳密には、各種の期間の債権に応じた、金利の複合物が確定されます。でも、経済システムの他のどんな要因だって、独立して取り出せば同じこと（訳注：金利群が決まること）が言えます。ですからこの分析が役に立ったり意味を持ったりするのは、お金の量の変化と金利変化との間に、何か特に直接的なつながりや意図的なつながりがある場合だけです。そんな特別なつながりを想定できるのは、全般的に言えば、銀行システムと金融当局はお金や債権の取引者であって、資産や消費財の取引者ではないからです。

もし金融当局があらゆる満期期間の債権を、指定の金利条件で双方向に売買する気があれば、そして様々なリスク度合いの債権を売買する気があればなおさら、複合的な金利とお金の量との間の関係は直接的なものとなります。複合金利は、単に銀行システムが債権を売買したがる条件の表現となります。そしてお金の量は、市場利率で示される条件で債権と引き替えに現金を手放すよりも——関連する条件をすべて考慮した上で——流動性のある現金を手元に置きたいという個人の懐に落ち着く量、ということになります。中央銀行が今のように、短期国債を一つの公定歩合で売買するというのではなく、あらゆる満期期間の優良証券を表示価格で売買するという複雑なオファーこそが、金融管理技術において実施できる、最も重要な実務上の改善となります。

でも今日では、実際の慣行で見ると、銀行システムの定めた債権価格が市場でどこまで

「有効」か、つまりそれがどこまで実際の市場価格を左右しているかは、その銀行システムごとにちがうようです。ときには、ある方向では逆方向よりも価格が有効です。つまり、銀行システムは債権をある価格で買ったりはしますが、売るときにはディーラーの儲け分を上乗せしただけの価格で売るとは限らない、ということです。でも、公開市場操作があれば、双方向でその価格が有効になってはいけない理由はないはずです。また、金融当局は一般に、あらゆる満期期間の債権を平等に売買したがるわけではありません。ここから生じる、もっと重要な制約があります。金融当局は短期債にばかり専念して、長期債の価格は、短期債価格が遅れて不完全な形で影響するに任せる傾向にあります——でもこれまた、別にそうしなければならない理由はありません。こうした制約が効いてくると、金利とお金の量との相関の直接性は、それに応じて変わってきます。イギリスでは意図的なコントロールの分野は広がっているようです。でもこの理論を個別ケースにあてはめようとするなら、金融当局が実際に使う手法の特徴も考慮しなくてはいけません。金融当局が短期債しか売買しないなら、短期債の実績と見込みの価格が、もっと満期期間の長い債権に与える影響がどんなものかを考えなくてはいけません。

ですから金融当局は、様々な期間やリスクを持つ債権の複合的な金利を何か決めようとするとき、ある程度の制約を受けるのです。これは以下のようにまとめられます。

(1)金融当局自身の慣行として、ある種の債権については取引意欲を制限することで生じる制限があります。

(2)上で論じたような理由から、金利がある程度まで下がると、流動性選好が実質的に絶対的になってしまうかもしれません。つまり、債権の金利があまりに低すぎると、ほとんど全員がむしろ現金のほうがいいと思うようになるのです。こうなると金融当局は、金利に対する実効支配を失ったことになります。でもこうした限られた例は、将来には現実的な重要性を持つようになりますが、過去にそれが起こった例は寡聞にして知りません。実際、ほとんどの金融当局は長期債権を決然と取引したがらないために、これを試す機会はあまりありません。さらに、もしそんな状況が生じたとしたら、金融当局自身が銀行システムから、ほとんど金利ゼロで無限に借り入れができることになります。

(3)流動性関数が、どちらかの方向で完全に平らになってしまい、金利安定性が完全に崩壊したきわめて衝撃的な例は、きわめて異常な状況で起こりました。ロシアと中央ヨーロッパでは、戦後に通貨危機、または通貨からの逃避が起こり、現金だろうと債権だろうと、どんな条件をつけてもだれも手持ち分を保持したがらない状況となりました。そして高く上昇する金利ですら、資本（特に流動性のある財の在庫）の限界効率に追いつけませんでした。その資本は、お金の価値がますます大幅に下がるという期待に影響されていたのです。一方アメリカでは、一九三二年の一時期に逆の危機が起きました――金融危機または破産の危機で、だれも手持ち現金をまともな条件で手放すよう促せなくなったのです。

(4)最後に、第11章セクションⅣ、二一一頁で論じた困難があります。これはある数字以下に実効金利を引き下げるのが困難だというものです。これは、低金利時代には重要となるかもしれません。つまり、借り手と最終的な貸し手とを引き合わせる仲介コストと、純粋な利率以上に貸し手が必要とするリスクの分、特にモラルリスク分です。純粋金利が下がっても、手数料やリスク分が並行して下がるわけではありません。ですから、一般の借り手が支払う金利は、純粋金利よりも下がり方が遅く、既存の銀行や金融機関のやり方では、何らかの下限以下には引き下げられないかもしれないのです。これはモラルリスクの推定分が目に見えるほどなら、特に重要になります。なぜかというと、貸し手から見て借り手が正直かどうか疑念がある、というのがリスクの原因なら、借り手のほうは不正直になる意図などなくても、その結果として生じる高い融資金利を相殺するためにできることは何もないからです。またこれは、手数料が重くなる短期融資（たとえば銀行融資）の場合にも重要です。銀行は顧客に対し、貸し手にとっての純粋金利がゼロの場合ですら、一・五パーセントから二パーセントの手数料を課したりします。

これは第21章に入るべき内容を先取りしてしまうことになりますが、この段階で上の話と貨幣数量説との関係を示しておくのも一興でしょう。

静的な社会や、どんな理由であれ、将来金利についてだれも一切何ら不確実性を感じていない社会では、流動性関数L_2、あるいは抱え込み性向（と言ってよければですが）は、均衡で常にゼロになります。ですから均衡だと$M_2 = 0$で$M = M_1$です。だからMが変われば、金利はふらふらして、やがてM_1の変化が、Mに起こるはずの変化と等しくなるところまで所得が変動します。さて$M_1V = Y$、ただしVは上で定義したお金の所得速度で、Yは総所得です。ですから、当期産出の量Oと物価Pを現実的に測れるなら、$Y = OP$、よって$MV = OP$となります。これは概ね、伝統的な形の貨幣数量説と同じです[2]。

現実世界で使う場合、貨幣数量説の大きな欠点は、それが産出変化の関数である物価変動と、賃金単位変動の関数である物価変動を区別しないことです[3]。この見落としは、抱え込み性向などなく、常に完全雇用だという想定でたぶん説明できるのでしょう。というのもこの場合、Oは定数でM_2はゼロですから、あとはVを一定にすれば、賃金単位と物価水準はどっちもお金の量に直接比例することになりますから。

注

（1）この新しい均衡の性質を決めるのは何か、という問題は、第V巻に先送りせねばなりません。

（2）Vが Y/M_1 に等しいのではなく Y/M に等しいとすれば、もちろん貨幣数量説はあらゆる状況で成立する自明の理になりますが、むろんそれには何の意味もありません。

（3）この点は第21章でさらに展開します。

第16章　資本の性質についての考察あれこれ

I

個人が貯蓄をするというのは——いわば——今日は晩ご飯は食べないぞ、という決断です。でもそういう決断をしたからといって、別に来週は晩ご飯を食べるぞとか、一週間後だか一年後だかにブーツを買うぞとか、特定の時点で特定のものを消費するぞといった決断があわせて必要になるわけではありません。ですからその決断は、今日の晩ご飯を用意するという商売を圧迫しますが、でもその商売は、何か将来の消費行動をあてに今から準備をしようという刺激を受けるわけではありません。今日の消費需要の代わりに将来の消費需要をもってくるわけではないのです——そうした需要が純減するだけです。さらに将来の消費期待は、いま消費するという現在の経験にとても強く根ざしているので、結果としていまの消費を減らせば、将来の消費も減らされる見込みが高いのです。そして貯蓄行動は、単に消費財価格を引き下げるだけで既存資本の限界効率はそのまま、というわけにはいきません。実際には、後者も引き下げる傾向が強いのです。そうなると、現在の消費需要のみならず、現在の投資需要すら引き下げてしまうかもしれません。

貯蓄というのが、単に現時点で消費をやめる、というだけでなく、将来消費のために具体的な発注をする、ということも含むなら、その影響はたぶんちがってきたでしょう。なぜならその場合には、投資からの将来収益期待が向上するので、今日の消費を用意するのに使わずにすんだリソースが、将来の消費の用意をするのにまわせるからです。むろん、この場合ですら、準備にまわされるリソースと解放されたリソースとで、同じ規模になるとは限りません。先送りしたい期間というのは、あまりに不都合で「回り道」な生産手法を必要とし、現在の金利よりはるかに低い効率性しか持てないかもしれません。そうなると、貯蓄がいますぐ引き起こす効果というのは、やはり雇用を減らすというものになります。でもいずれにしても、個人の貯蓄決断は、実際問題として、消費の将来予約などまったく関係せず、単に現在の注文をキャンセルするだけです。ですから、雇用の唯一の存在理由は消費の期待である以上、消費性向が下がれば、他の条件が同一なら、雇用を減らす働きがあるというのは、何もパラドックスめいたところなどありますまい。

ですから問題は貯蓄行為というのが、現在の消費と何か特定の追加消費との交換を意味するのではないために起こる、ということです。その特定の追加消費のための準備が、現在の消費で必要とされたのとまったく同じ、貯蓄されたのと同額の経済活動を現在必要とするのであれば、問題はないのです。そうではなく、それ自体としての「富」、指定されない時間に指定されない品目を消費する潜在力が欲望されるのです。個人の貯蓄が個人の消費に負けず劣らず、有効需要にとってよいものだという発想は、馬鹿げているのにほとんど普遍的になっています。これはそこから導かれる結論よりずっともっともらしい誤謬によって育まれたものですが、それは富を持ちたいという欲望の高まりは、投資を持ちたいという欲望の高まりとほぼ同じことだから、それは投資需要を増やし、その生産に刺激を与えるのだ、という誤謬です。だから当期投資は、当期の消費が減ったのと同額だけ増えた個人の貯蓄によって促進されるのだ、というわけです。

人心の迷いを解くのが最も難しいのは、この誤謬なのです。富の所有者は資本財それ自体を持ちたがると信じてしまうのですが、実はその人が本当に欲しているのは、その見込み収益です。さて見込み収益は、将来の供給条件との関連で将来の有効需要に完全に左右されます。ですからもし貯蓄行為が見込み収益の改善にまったく貢献しないなら、投資も一切刺激しません。さらに個人貯蓄者が富の所有という望みをかなえたにしても、その人物を満足させる新しい資本的資産がどこかに作られる必要はありません。単にある個人が貯蓄という行為をするだけで、貯蓄は上に見た通り双方向的な活動なので、他の個人がその人物に、新旧問わず何らかの品物を移転しなくてはならないのです。あらゆる貯蓄行為は、貯蓄をする人への「強制された」不可避な富の移転が伴います。むろん、その人物は別の人が貯蓄するときに苦しめられるかもしれませんが。こうした移転は、新しい富の創造を必要としません――それどころか、むしろ積極的にそれを邪魔するものかもしれません。新しい富の創造は、その新しい富の見込み収益が、現在の金利による基準を上回っているかどうかにかかっています。限界的な新しい投資の見込み収益は、誰かが自分の富を増やしたがっているという事実によって増えたりしません。限界的な新しい投資の見込み収益は、特定の品物が特定の日に需要されているという期待に依存しているからです。

また、富の所有者は見込み収益なら何でも良いわけじゃなくて、手に入る最高の見込み収益を求めるんだから、富を保有する欲望が増えると、新規投資の生産者たちが満足しなければならない見込み収益は下がるんだ、という議論をしても、この結論は避けられません。というのもこれは、実物の資本的資産を所有しなくても、常に代わりの手口があるのだということを無視しているからです。それはお金や債権の所有です。ですから、新規投資の生産者たちが満足すべき見込み収益は、現在の金利が定める基準以下にはなれないのです。そして現在の金利は、これまで見たとおり、富を持ちたいという欲望の強さによるものではなく、それを流動的な形で持ちたいか、非流動的な形で持ちたいかという欲望の強さによるのであり、さらにそれに対応して、流動的な富の供給と非流動的な富の供給との相対的な量で決まるのです。もしここで混乱するようでしたら、次のことを考えてみてください。なぜお金の量が変わらないのに、新しくだれかが貯金をしようと思っただけで、なぜいまの金利で流動的に保ちたいとされる金額が減ることになるのでしょうか？

　なぜ、どこから、といった問題をさらに詳しく探るといくつかもっと深い困惑が生じてきます。これは次の章で検討します。

II

　資本が生産的だ、などと言うよりは、資本が寿命の間の総計で、原価を上回る収益を持つと言ったほうがずっとマシです。資産が耐用寿命の間に、その初期供給価格よりも大きな総価値を生み出す見込みがある唯一の理由は、それが希少だからです。そしてそれは、お金につく利子との競争によって希少に保たれているのです。もし資本がもっと希少でなくなれば、その生産性は物理的には下がらなくても、追加収益はだんだん減ります。

　ですから、私は古典派以前の教義に親近感を感じるのです。そこではすべてが労働で作られ、それをかつては技と呼ばれ、いまは技術と呼ばれるものが支援し、材料は天然資源で無料か、希少性・豊富性に応じた賃料が課せられ、それに加えて過去の労働の成果も使われ、それ自体もまた希少性や豊富性に基づいた価格がついているのです。唯一の生産要素としては、ある決まった技術、天然資源、資本設備、有効需要のもとで働く労働だけを考えるほうがいいのです（もちろん労働には事業者自身のサービスとその部下たちのサービスも含まれます）。なぜ私たちが、本書の経済システムにおいては労働をお金と時間以外の唯一の物理単位にできたのか、これで部分的に説明がつきます。

確かに、長いまわりくどいプロセスの中には物理的に効率がよいものもあります。でも短いプロセスだってそういうものはあります。長ったらしいプロセスが物理的に高効率だとしても、それはそれが長いせいではありません。いや、おそらくはほとんどの長ったらしいプロセスは、物理的にとても非効率でしょう。というのも時間がたつにつれて、劣化や消耗などが起こるからです[1]。労働力一定なら、長ったらしいプロセスに使える有益な労働の量には絶対的な上限があります。他にも考慮すべき点はありますが、機械を作るのに使われる労働量と、その機械を使うのに雇われる労働の量とには、適切な比率があるはずです。使われているプロセスがますますまわりくどいものになってきたら、その物理的効率性がまだ高まり続けていても、雇用労働量との見合いで見た最終的な価値の量は、無限に高まり続けるはずはないでしょう。消費を先送りしたい欲望が強くて、完全雇用がマイナスの資本限界効率をもたらすほど巨大な投資を必要とする場合に限り、長ったらしいだけのプロセスもメリットのあるものとなります。その場合には、物理的に非効率なプロセスを採用すべきでしょう。ただしそれは、先送りにしたことによるメリットがその非効率性を打ち消すくらいの長ったらしさでなくてはいけません。それどころか、物理的効率性が製品の早期納品からくるデメリットを上回るように、短いプロセスを十分希少にしておかなくてはなりません。したがいまして正しい理論は、金利がプラスの場合でもマイナスの場合でも、それに対応した資本の限界効率を扱える、どちら向きでも当てはまるものでなくてはいけません。そしてそれができるのは、上でざっと述べた希少性理論だけだと思います。

さらに、各種の財や設備が希少で、したがって使う労働量に比べて相対的に高価なのは、いろいろ理由あってのことです。たとえば、臭いプロセスは報酬が高いものです。それはそうでないと、やる人がいないからです。危険なプロセスだって同じです。でも臭さの生産性理論だの、危険プロセスの生産性理論だのを考案したりはしません。ひと言で言えば、労働がすべて、同じように良好な職場環境で実施されるわけではないのです。そして均衡条件により、良好でない周辺環境（臭い、危険、時間がかかるなどの特徴を持つ）で生産された物品は、高い価格がつくように、十分希少にしなければならないのです。でも時間がかかるというのが職場環境として良好とされるようになれば（これは十分あり得ることだし、すでに多くの個人はそう考えているようです）、上で述べたように、十分に希少にしておくべきは、短いプロセスだということになります。

最適なまわりくどさが与えられれば、人はもちろん最も効率の高いまわりくどいプロセスを見つけて、上から順に必要な総量を満たすまで選んでいきます。でも最適な量自体は、消費者たちの需要のうちで遅らせるのが望まれている部分を、適切な時点で満足させるようなものであるべきです。つまり最適な条件では、消費者の需要が実現するはずの日に納品できるように、最も効率の高い形で生産を組織すべきだ、ということです。納品日を変えれば物理的な生産高が増やせる場合でも、需要が実現しそうな日以外に納品するよう生産するのは無意味です――ただし、たとえばもっとたっぷりしたご飯という見通しにより、消費者が食事時間を早めたり遅らせたりするよう促せるのであれば別ですが。もし、食事時間を変えることで得られる食事の詳細を聞いて、消費者が八時にしたいと言いそうなら、コックは八時に出せる最高の晩ご飯を作るのが仕事です。時間がどうでもよく、そして何でもいいから最高の晩ご飯を作れという場合に、コック自身に都合がいいのが七時半だろうと八時だろうと八時半だろうと、それは関係ありません。社会のある段階では、私たちより遅めに食事をすることで、物理的にはもっとよい食事ができるかもしれません。でも社会の他の段階では、早めのほうがよい夕食になることだって同じくらい考えられます。私たちの理論は、上で述べたとおり、どちらの条件にも適用できなくてはいけないのです。

もし金利がゼロだったなら、すべての品物について、投入の日から消費の日までの平均日数の最適期間があります。労働コストが最小になる期間です――それより短い生産プロセスなら、生産は技術的に不効率になり、それより長いプロセスは、保管費用や劣化のために効率が落ちます。で、金利がゼロを上回ると、プロセスの長さを増す新しいコスト費目が導入され、最適期間は短くなります。後に納品に使われるはずの当期投入は、見込み価格が十分に上がってコスト増分をカバーできるようになるまで、削るしかありません――その費用は利払い費用と、短期間の生産方式による効率低下からくるものです。金利がゼロ以下に下がれば（それが技術的に可能ならばですが）その反対が成り立ちます。潜在的な消費者需要があれば、今日の当期投入は言わば、後日に投入を始めるという選択肢との間で競争しなくてはなりません。そして結果として当期投入が儲かるようになるには、技術効率が上がったり、見込み価格が変動したりして、今より後日生産するほうがずっと安くなっても、それがマイナス金利からの少ない収益率を相殺できない場合だけです。大半の品目については、消費が見込まれる時期よりあまり先だって生産投入を開始すると、かなりの技術的な非効率をもたらすはずです。したがって金利がゼロでも、潜在消費者たちの需要を満たすために事前に生産開始すれば儲かるような需要比率には、はっきりした制限があります。そして金利が高まれば、今日生産すると儲かる見込み消費者需要の比率は、その分だけ下がるのです。

III

金利は心理的、制度的な要因で決まりますが、少なくとも資本の寿命に等しい期間にわたり、その資本をなるべく長期的に希少にしておいて、限界効率が金利に少なくとも等しいくらいに保つ必要があることを見てきました。資本が調いすぎてその限界効率がゼロになり、これ以上の追加投資をしたら限界効率がマイナスになってしまうような社会にとって、これはどんな意味を持つでしょうか。その社会でも金融システムがあって、お金は「保存」できてその保管費用や安全な預託費用はほとんどゼロ、結果として実際の金利がマイナスにはなれず、完全雇用でみんな貯金はしたがるものとします。

もしそんな状況で完全雇用の条件から始めたら、事業者たちは既存の資本ストックすべてを使うほど人を雇い続けた場合には必然的に赤字を出します。ですから資本ストックと雇用水準は、社会が貧しくなって総貯蓄がゼロになるまで収縮します。その場合、だれかのプラスの貯蓄は、他の人のマイナス貯蓄で相殺されることとなります。したがってここで想定したような社会では、レッセフェール主義の下での均衡は、雇用がずいぶん低くて生活水準がかなり悲惨で、貯蓄がゼロになったような状態です。たぶんこの均衡位置のまわりで周期的な動きが起こるほうが可能性が高いでしょう。もし将来についてまだ不確実性の余地があるなら、資本の限界効率はときどきゼロより高くなって、「好況」につながります。そしてその後の「不況」では、資本ストックは一時的に、長期的には限界効率ゼロをもたらす水準を下回ります。人々の先を読む能力が正しければ、ぴったりゼロの限界効率を持つ資本の均衡ストックは、存在する労働力の完全雇用に対応するストックよりも、もちろん小さなものとなります。というのも、それは貯蓄がゼロになるような失業率に対応する設備の量となるからです。

唯一あり得る別の均衡位置は、限界効率がゼロとなるくらい巨大な資本ストックがあって、それが完全雇用下ですら、将来に備えようという人々の欲望総量を満たすくらいの富となっていて、金利という形で得られるボーナスもなくてかまわないと人々が思うような場合です。ですが、完全雇用下での貯蓄性向が、ちょうど資本ストックの限界効率がゼロになったところで満たされる、というのは、あり得ない偶然でしょう。ですから、このもっと望ましい可能性が救いにきたとしても、それが効果を発揮するのは金利が消え失せようとするところではなく、それ以前に金利が徐々に低下する間のどこかでしょう。

ここまでは、お金の保有コストがほぼゼロだという制度的な要因のため、金利はマイナスになれないと想定してきました。でも実は、金利の現実的な低下に対し、ゼロよりずっと高い下限を設けてしまうような、制度的、心理的な要因があります。特に、借り手と貸し手をひきあわせる費用や、上で見たような将来の金利水準に対する不確実性により下限ができて、それは現在の状況だと、長期で二パーセントか二・五パーセントくらいにもなりそうです。もしこれが正しいなら、レッセフェールの下ではこれ以上金利が下がれず、富のストックが増え続けてしまうという、まごつくような可能性がやがて現実に実現しかねません。さらに、現実的に金利を引き下げられる下限がゼロパーセントよりかなり上ならば、金利がその下限に達する前に蓄財の総欲望が満たされる見込みは下がります。

戦後のイギリスとアメリカは、まさに富の蓄積が大きくなりすぎて、時の制度や心理的な環境下で金利が下がる速度よりも、限界効率のほうが急速に下落した実例です。それが主にレッセフェール条件下では、適切な雇用水準を阻害し、生産の技術的な条件が提供できたはずの生活水準実現を阻害することになってしまったのです。

するとここから、まったく同じ社会で、技術水準が同じでも、資本ストックがちがえば、資本ストックが少ない社会のほうが、しばらくは資本ストックの大きい国よりも高い生活水準を享受できる、ということになります。でも貧しい社会が豊かな社会に追いつけば――おそらくいずれ追いつくはずです――どちらもミダス王の運命に苦しむことになるのです。この不穏な結論はもちろん、消費性向と投資の率が、社会の利益のために意図的にコントロールされたりはせず、主にレッセフェールのままに任されているという想定にかかっています。

完全雇用の条件下での資本の限界効率に等しい金利で、社会はある貯蓄高を持とうとし、その貯蓄高に対応した資本蓄積の速度があります。もし――理由はどうあれ――金利がその資本蓄積に伴う資本の限界効率低下ほどは下がれなければ、富を持ちたいという欲望を資産のほうに振り向けたとしても、その資産が何ら経済的な果実を生み出さない場合ですら経済的な厚生は高まります。億万長者が存命中の肉体を保管するのに巨大邸宅を建て、死後の肉体を保護するのにピラミッドを建てることで満足感を得るのであれば、あるいは己の罪を悔いて大聖堂を建てたり修道院に寄進したり海外宣教団に出資したりして満足できるなら、資本の過剰が産出の豊穣を阻害するような日は先送りにできます。貯金をはたいて「地面に穴を掘れば」、雇用ばかりでなく、有用な財やサービスの国民への実物配当も増えるのです。

でも賢明な社会がひとたび有効需要に影響するものを理解さえすれば、そんな偶発的でしばしば無駄だらけの手段に頼って事たれりとするのは、適切なことではありません。

IV

仮に、金利が完全雇用に対応した投資量と整合するよう、何か方策が講じられたとしましょう。さらに、資本設備の成長が頭打ちになる地点に近づく速度が、現在の世代の生活水準に分相応以上の負担を与えない速度となるよう、国が手を打つものとしましょう。

この想定があれば、現代的な技術リソースを備えた、適切に運営された社会においては、人口が急増していなければ、資本の限界効率を一世代のうちに、ゼロにかなり近い均衡点にまで引き下げられるはずだと思います。そうなると、そこは準静的な社会となって、変化と進歩は技術や嗜好、人口や制度の変化だけが引き起こし、資本設備の産物は、労働その他に比例した価格で売られ、その価格には消費財の価格を律するのと同じ原理で、資本の料金がごくわずかばかり入ってくることになります。

資本財を極度にあふれさせ、資本の限界効率をほぼゼロにするのが簡単だという私の想定が正しければ、これは資本主義の感心しない特徴の多くをだんだん始末する、最も賢いやり方かもしれません。ちょっと考えてみれば、蓄積された富に対する収益率がだんだんなくなることで、すさまじい社会変化が生じることはわかるからです。後で使うために、稼いだ所得を貯めておくのはその人の勝手です。でも貯めたお金が増えたりはしません。その人は、アレクサンダー・ポープの父親と同じ立場になります。この人物は事業から引退したときに、トウィッケンハムの別荘にギニー硬貨の入った箱を抱えていき、家計の支出は必要に応じてそこからまかなったそうです。

金利生活者は消えますが、それでも事業能力と、見込み収益の推計技能の余地はあります。これらは意見が分かれるものだからです。いまの説明はリスクなどを全く考慮しない、純粋金利を主に考えてきました。リスクまで考慮した、資産の総収益ではありません。ですから純粋金利がマイナスの値にならない限り、見込み収益の疑わしい個々の資産に対する、技能豊かな投資はまだプラスの収益が得られるはずです。リスクを負担するのが目に見えて避けられるならば、そうした資産を一定期間にわたり総計することで、プラスの純収益が得られることもあります。でもそうした状況では、疑わしい投資から収益を得ようという熱意が高すぎて、総計してもマイナスの純収益になってしまうことも十分考えられます。

注

（1）マーシャルによるベーム＝バヴェルクについての記述を参照。『経済学原理』五九三頁。

第17章　利子とお金の本質的な性質

I

すると、お金に対する利率は、雇用水準に限界を設けるにあたり、奇妙な役割を果たすようです。というのもそれは、資本的資産が新設される場合に実現しなければならない、限界効率性の基準を設定してしまうからです。そんなことが起こるというのは、パッと見には、とても変な話に思えます。他の資産に比べてお金の特殊性がどこにあるのか、利率を持つのはお金だけなのか、非貨幣経済では何が起こるのかについて考えてみるのは自然なことでしょう。こうした問題に答えない限り、私たちの理論が持つ意義の全貌は明らかになりません。

金利、お金につく利子の率というのは——改めて申し上げますが——たとえば一年後の先物提供契約した金額が、その契約のために支払われたお金の現金価格、またはスポット価格とでも言うべきものに比べて、どれだけ多いかを比率で示したものでしかありません。だからどんな資本的資産についても、金利に相当するようなものがあるように思えます。たとえば、一年後に提供される小麦のある絶対量は、今日の「スポット」物の小麦百クォーターと同じ交換価値を持つからです。もし前者の量が百五クォーターならば、小麦の利率は年五パーセントだと言えましょう。それが九十五クォーターなら、マイナス五パーセントです。ですからあらゆる耐久商品について、それ自身で測った利率が得られます——小麦の利率、銅の利率、家屋利率、鉄鋼工場利率なんてものさえも。

小麦などの商品の「先物」と「スポット」契約の価格差は、市場で公表されており、小麦の利率とは直接的に関連していますが、先物契約は先物提供の金額で表記されており、スポット物の小麦量では表示されていませんので、金利が持ち込まれています。厳密な関係は以下のとおりです。

仮に、小麦のスポット価格が百クォーターあたり百ポンドだとして、一年後に提供される小麦の「先物」契約は百クォーターあたり百七ポンドだとして、金利は五パーセントだとします。小麦利率はいくらでしょう？　百ポンド分のスポット物現金は、先物の現金百五ポンド分を買えます。そして百五ポンドの先物現金は $\frac{105}{107}100$(＝98) クォーターの先物小麦を買えます。あるいは、百ポンドのスポット現金は、百クォーターのスポット物小麦を買えます。したがって百クォーターのスポット小麦は、九十八クォーター分の先物小麦を買えます。そこから、小麦利率は年率マイナス二パーセント、ということになります。[1]

ここから、商品がちがえばその利率が同じであるべき理由はないことになります――小麦利率と銅利率は同じでなくてもいいはずです。スポット物と先物契約の関係は、市場価格を見ると、商品ごとにずいぶんちがうことで悪名高いのです。これから見るように、これこそが求めているヒントにつながります。というのも、こうした自己利率（とでも呼びましょう）のうち最大のものがすべてを牛耳ることになるかもしれないのですから（なぜかというと、資本的資産が新たに生産されるためには、限界効率がそうした自己利率の最大のもの以上でなくてはならないからです）。そして、お金の利率こそが最大のものになるべき理由があるのです（それは、これから見るように、他の資産の自己利率を引き下げるように働くいくつかの力が、お金では作用しないからです）。

　付け加えると、いつでも商品ごとに利率がちがうように、外国為替のディーラーならばお金の種類がちがえば（たとえばポンドとドル）金利がちがうこともよく知っています。ここでも、外貨の「スポット」価格と「先物」契約の差は、外貨ごとにちがうのが普通なのです。

　さて、こうした商品基準のそれぞれは、資本の限界効率を測るにあたり、お金と同じ機能を提供してくれます。好きな商品を選びましょう。たとえば小麦です。そしてあらゆる資本的資産の見込み収益を、小麦価値で計算するのです。そしてその資産から生じる一連の年間小麦量収益を、その資産の現在の供給価格の小麦表示と等しくするのが割引率で、それがその資産の小麦で測った限界効率です。この二つの基準の相対的価値がまったく変化しないと期待されていれば、どちらの基準で測っても、資本的資産の限界効率は同じです。限界効率を測るときの分母も分子も、同じ割合で変わるだけだからです。でも、どちらかの基準が相対的に価値が変わると予想されるなら、資本的資産の限界効率もどちらの基準で測っているかに応じ、同じ比率で変わります。これを例示するために、別の基準の一つである小麦が、お金で見たとき毎年ある一定の比率 a パーセントで価格上昇するものとしましょう。そして、ある資産の限界効率は、お金で見て x パーセントだとします。すると、その資産の小麦で見た限界効率は $x-a$ パーセントとなります。あらゆる資本的資産の限界効率は同じ率で改定されるので、それらの大きさの順番は、どんな基準を選んでも変わらないことになります。

もし厳密な意味で代表的と考えられるような複合商品があったら、利率や資本の限界効率をこの商品を基準に測って、それがある意味で問答無用の利率と問答無用の資本の限界効率として一意的に決まると考えることができます。でもこれだともちろん、価値の一意的な基準を打ち立てようという場合と同じ障害が出てきます。

つまりここまでの話では、利率をお金で測ったものは、他の商品に基づく率にくらべて独自性はまったくなく、まったく同じ立場にあります。でもお金で見た利率はこれまでの章で、圧倒的に実用面での重要性を与えられてきましたが、その原因となる特異性はどこにあるのでしょうか？　なぜ産出量や雇用は、小麦利率や家屋利率よりもお金の利率と密接にからみあっているのでしょうか？

II

それぞれの種類の資産は、以下の三つの属性をちがった度合いで保有しています。つまり：

(i)一部の資産は、何らかの生産プロセスを支援したり、消費者へのサービス提供を支援したりして、収益や産出 q を生み出します。

(ii)お金以外のほとんどの資産は、それが収益を生み出すのに使われるかどうかにかかわらず、単に時間がたつだけで、多少の滅失を生じるか費用がかかります（これは相対的価値の変化とはまったく別に生じます）。つまり、それ自身で計測した保有費用 c がかかります。ここでは、q の計算前に差し引く費用と、c に含める費用とでどこに一線をひ

たとえば一年の期間を考えたとき、各種の商品利率がどのくらいになりそうか考えてみましょう。基準としてそれぞれの商品を順番に考えるので、それぞれの商品の収益はこの文脈では、その商品自身で測ったものだと考えてください。

くか、厳密なことは気にしなくてかまいません。以下ではいつも$q-c$しか考えないからです。

(iii)最後に、その期間中に資産を処分できるということは、潜在的な便利さや安全を提供してくれます。この処分のしやすさは、当初は同じ価値の資産でも、種類がちがえば変わってきます。これについては、期末に産出の形で何か示せるわけではありません。でも、人々はこれにいくらか支払おうとします。この処分力からくる潜在的な便利さや安全に人々が支払いたがる額(その商品自体で測ったもの)を、その商品の流動性プレミアムlと呼びましょう(これはその資産に伴う収益や保有費用とは別物です)。

すると、ある期間に資産の所有から得られると期待される総利益は、収益から保有コストを引いて流動性プレミアムを足した物、つまり$q-c+l$となります。つまり$q-c+l$はあらゆる商品についての自己利率なのです。このq、c、lはいずれもそれ自身を基準に計測されています。

装置的な資本(たとえば機械)や消費資本(たとえば家)は使われている場合には、その収益が保有費用を上回るのが常で、流動性プレミアムはたぶん無視できる程度です。流動的な財や余剰で寝かせてある装置や消費資本の在庫は、それ自身で測った保有費用はありますが、それを相殺する収益はありません。この場合の流動性プレミアムも、その在庫がほどほどの量を超えれば通常は無視できる程度でしょう。でも特殊なケースでは、かなりの額になるかもしれません。商品によっては、それ自体の中でも流動性プレミアムの度合いがちがうこともあるし、お金も多少は保有費用がかかることもあります。たとえば、安全に預託しておく費用などです。でもお金と他のあらゆる（またはほとんどの）資産との本質的なちがいは、お金の場合には流動性プレミアムが保有費用をはるかに上回る、ということです。これに対して他の資産だと、保有費用が流動性プレミアムをはるかに上回ります。たとえば例示のために、家屋の収益はq_1で保有費用と流動性プレミアムは無視できるとします。そして小麦の保有費用はc_2で、流動性プレミアムは無視できます。さらにお金だと流動性プレミアムはl_3で、収益と保有費用は無視できるとしましょう。つまり、家屋利率はq_1、小麦利率は$-c_2$、l_3はお金の利率、ということになります。

均衡と整合性のある、各種資産の期待収益の相互関係を決めるためには、その年の相対的な価値変化についても知る必要があります。その計測基準をお金にすると（この場合には数えるためのお金だけでしかなく、別に小麦でもかまいません）、期待される価格上昇（または下落）率を、家屋ならa_1、小麦ならa_2とします。q_1、$-c_2$、l_3は、それぞれ家屋、小麦、お金についてそれ自身を価値基準としたときの、自己金利です。つまりq_1は家屋利率を家屋で測ったもの、$-c_2$は小麦利率を小麦で測ったもの、l_3はお金の利率をお金で測ったものです。またいまと同じ値を、価値基準としてお金を使ったものに換算したときの、a_1+q_1、a_2-c_2、

l_3を、それぞれ金利の家屋率、金利の小麦率、金利のお金率と呼ぶと便利です。この書き方をすれば、富の持ち主はa_1+q_1、a_2-c_2、l_3のうち最大のものはどれかを見て、それぞれ家屋や小麦やお金に向かうことになるのがすぐにわかります。ですから均衡状態では、家屋と小麦の需要価格をお金で見たら、どっちを選んでも特にいいことはない、という状態になります——つまりa_1+q_1、a_2-c_2、l_3はどれも等しくなります。価値の基準をどう選んでもこの結果はまったく変わりません。基準をあれからこれに変えても、あらゆる数字は同じように変わる、つまりその新しい基準を古いもので測ったときの期待増加率(または減少率)と同じだけ変わるのです。

さて、通常の供給価格が需要価格より低い資産は新規に作られるし、それは限界効率が(通常の供給価格から見て)利率よりも高い資産となります(どちらもなんであれ同じ価値基準で計測します)。当初は金利と少なくとも同じだけの限界効率を持っていた資産の在庫が増えると、その限界効率は下がりがちになります(理由はかなり自明ですが、すでに説明しました)。ですから、利率がいっしょに下がらない限り、もはやその資産を作っても儲からない点がやってきます。限界効率が利率より高い資産が一つもなくなれば、資本的資産の生産は止まってしまいます。

仮に(議論のこの段階では、単なる仮説にすぎません)利率が固定された何らかの資産(たとえばお金)があったとしましょう(あるいは、産出増大につれての利率低下ぶりが、その資産では他のどんな商品利率よりも小さいとしましょう)。この立場はどう調整されるでしょうか？ a_1+q_1、a_2-c_2、l_3は必然的に等しくて、l_3はここでの仮定から、固定されているか、q_1や$-c_2$よりも下がり方がゆっくりしています。するとa_1とa_2は増えていなくてはなりません。言い換えると、お金以外のあらゆる商品の場合、現在の金銭価格は、その期待将来価格に比べて下がるのです。ですからq_1と$-c_2$が下がり続けるなら、どんな商品を作っても儲からない点がきてしまいます。もちろんどこか将来の生産費用が現在の生産費用に比べ、いま作ったものを値段が上がるはずの将来まで在庫で持つ費用を含めてもなお大きくなるようなら別ですが。

いまや、お金の利率が産出の量に影響を与えるといったようなこれまでの主張は、厳密には正しくないことが明らかになりました。あらゆる資産の儲かる生産を潰してしまうのは、正しくは資産全般の在庫が増えるにつれて、最もゆっくりと利率が低下する資産の利率なのだ、と言うべきでした——ただし前段の最後で述べた、現在の生産費用と将来見込み生産費用とに特別な関係があれば別ですが。産出が増えると、自己利率は次々に儲かる生産基準を下回るようになります——そしてついには、どんな資産の限界効率をも上回る自己利率は、一つかそこらしか残っていないことになります。

もしお金というのが価値の基準を意味するのであれば、別にお金の利率が問題を起こすわけではないのは明らかです。黄金やポンドのかわりに小麦や家屋が価値基準になると宣言するだけでは、いまの困難から脱出はできません（そんなことを主張する人もいますが）。というのも、産出が増加しても自己利率が下がらないような資産が存在し続ければ、どんなものでも同じ困難が生じることがこれでわかったからです。たとえば、非兌換紙幣制度に切り替えている国でも、黄金がこの役割を果たし続けるかもしれません。

III

ですから、お金の利率に特別な意味を与えるに際して、私たちは慣れ親しんだお金というものに何か特別な性質があるんだと知らぬ間に想定していることになります。お金はその性質のために、それ自身で測った自己利率が、他のどんな資産のそれ自身で測った自己利率に比べ、全般的な資産の在庫が増えたときに下がりにくいのだ、というわけです。この想定は正当化できるものでしょうか？　考えてみると、私たちの知るお金を一般に特徴づける、以下のような特異性は、それを正当化してくれるものだと思います。価値の確立した基準がこうした特異性を持つ限り、重要な利率とはお金の利率だという結論は成り立ちます。

(i)上の結論に傾くための最初の特徴は、お金というのが長期でも短期でも、金融当局ではない民間事業者の力からすれば生産弾性がゼロか、とても小さいということです――生産弾性[2]とはこの文脈だと、その生産に要する労働力が、一単位の生産増に伴う労働量増にどう反応するかです。つまりお金は、簡単には作れないわけです。事業者は、お金の価格が賃金単位で見て上昇しても、好き勝手に労働を適用してお金をどんどん作るわけにはいきません。不換管理通貨であれば、この条件は厳密に満たされます。でも金本位制の通貨でも、これは概ね成り立ちます。まさに黄金の採掘が主要産業の国でもない限り、お金作りのために雇用される労働の追加部分の比率はとても小さいからです。

　さて、生産弾性を持つ資産の場合、その資産自体の自己利率が下がると考えたのは、産出の速度が速い結果としてそのストックが増えると想定したからでした。でもお金の場合――ここではとりあえず、賃金単位低下や金融当局による意図的なお金の供給増は考えません――供給は固定です。ですから、お金は労働を投入してもすぐ作れないという特性は、お金の自己利率が比較的下がりにくいという想定のための前提をまっ先に与えてくれます。お金が作物のように栽培できたり、自動車のように製造できたりするなら、不況は避けられるでしょう。他の資産の価格がお金で測って下がったら、お金の生産にまわる労働が増えるからです――これは金採掘国で見られることです。とはいえ世界全体から見れば、この形での労働振り替えは常に無視できる程度ですが。

(ii)でも明らかに、上の条件を満たすのはお金だけでなく、生産が完全に非弾性的な、供給の完全に固定された要素からの収益すべてにあてはまります。ですから、お金を他の収益要素と区別するには、第二の条件が必要です。

お金を他と区別する第二の点は、その代替弾性がゼロかゼロに近いということです。つまりお金の交換価値が上がると、他の要素をそれと置き換えようとする傾向はなくなるのです——例外は、お金という財が製造に使われたり芸術などに使われたりするというきわめて些末な場合だけです。これは、お金の効用はひたすらその交換価値だけから導かれるものなので、お金の効用と交換価値は並行して上がり下がりし、結果としてお金の交換価値が上がれば、他の収益要素とはちがい、それを他の要素と交換しようという動機も傾向も生じないことになります。

ですから、労働で測ったお金の価格が上がっても、お金の生産にもっと労働を振り向けられないだけではありません。お金というものへの需要が増せば、それは購買力の底なし沼となります。というのもそうなったら、他の収益要素とはちがって、どこかで需要が他のものへの需要にあふれ出すなどということは起きないからです。

これに唯一但し書きをつけるとしたら、お金の価値の上昇により、これがこのまま上がり続けられるかという不確実性が生じてしまう場合だけです。こうなると、a_1とa_2が増え、これはつまり財で測ったお金の利率が上昇するのと同じことで、したがって他の資産の産出が刺激されます。

(iii)第三に、これらの結論は以下の事実でひっくり返るということを考える必要があります。つまり、労働をお金の生産に振り向けてもお金の量は増えませんが、それでもその実質供給ががっちり固定されているという想定は不正確だ、ということです。特に、賃金単位を減らせば、流動性動機に基づく他の用途から現金は解放されます。一方、これに加え、お金の価値が下がれば、お金のストックは社会の富全体の中で、占める割合が上がります。

この反応によってお金の利率が適切に低下できるかどうか、純粋に理論的な見地からだけで議論することはできません。でも、なぜ私たちの慣れ親しんだような経済で、お金の利率がしばしば適切に下がってくれないのか、という理由はいくつかあって、それを組み合わせるとかなり説得力が出てきます。

(a)まず、賃金単位の低下が他の資産の限界効率に、お金で見てどんな反応をもたらすかも考慮しなくてはなりません――というのも、ここで問題になるのは、そうした反応とお金の利率との差だからです。もし賃金単位が低下しても、それがいずれまた戻るという期待を生み出したら、結果はとてもありがたいこととなります。でもその逆に、もっと下がるんじゃないかという期待を生み出したら、資本の限界効率に対する反応は金利低下を打ち消すものになるかもしれません。(3)

(b)賃金がお金で測ったときに変わりにくいという事実、名目賃金のほうが実質賃金より安定しているという事実は、お金で測った賃金単位の下がりやすさを制限しがちです。さらにもしそうでなければ、状況はかえって悪くなるかもしれません。というのも賃金単位が簡単に下がるようなら、この先もっと下がるのではという期待を作りだしかねず、それは資本の限界効率に望ましくない反応を与えるからです。さらに、もし賃金が何か他の商品、たとえば小麦などで決まっていたら、それが変わりにくいままでいられるとは思えません。お金で決めた賃金が変わりにくいのは、お金の他の特性——特にそれを流動的にする特性——のおかげなのです[4]。

(c)第三に、この文脈で最も根本的な考察にやってきました。つまり、流動性選好を満たすお金の特徴です。というのも、ありがちないくつかの状況では、特に金利が一定水準を下回った場合、他の富に比べてお金を相当量増やしても、金利が反応しない状態[5]をもたらすのがこれなのです。言い換えると、ある点を超えるとお金の流動性からの収益は、お金の量を増やしても反応しません。反応があってもそれは、他の資産で量を同じように増やしたときの収益低下とは比べものにならない程度なのです。

お金の低い（無視できる）保有費用が重要な役割を果たすのは、これとの関係においてです。その保有費用が目に見えるものなら、それは将来の時点でのお金の見込み価値について、期待の役割を相殺してしまいます。人々が比較的小さな刺激でお金のストックをすぐに増やしたがるのは、流動性のメリット（それが本当だろうと思い込みだろうと）が、時間経過とともに急増する保有費用で相殺されるのに甘んじなくてすむためです。お金以外の商品だと、多少の在庫があれば、その商品の利用者にとっては多少便利かもしれません。でも大きな在庫は価値の安定した富の貯蓄として多少の魅力はあるものの、その魅力は保管、損耗などによる保有費用で相殺されてしまいます。ですからある点までくれば、それ以上の在庫を持つのは必然的に損失をもたらすのです。

でもお金の場合には、いままで見たように、これは当てはまりません——そしてそれは、お金が一般の目から見て、きわめて「流動的」と見なされる各種の理由のためです。ですから法定通貨が定期的に、決まった費用を払って印紙を貼らないとお金としての価値を失うようにするとか、それに類する方法でお金に人工的な保有費用を作るといった解決策を考えている改革者たちは、正しい方向を向いていました。そして彼らの提案が持つ実用的な価値は、検討に値します。

ですからお金の利率の重要性は、流動性動機の働きのおかげでこの利率が、お金の量に対して他の富の形態をお金で測ったものが見せるよりも変化の比率がちょっと鈍く、そしてお金が生産と代替についてゼロ（または無視できる）弾性を持つ（かもしれない）という特徴の組み合わせから生じるものなのです。最初の条件は、需要が圧倒的にお金に向かうかもしれないということで、二番目はそれが起こったら労働を雇用してもっとお金を作ることはできないということ、そして三番目は何か他の要因が、十分に安ければ、お金の仕事を同じくらい立派にこなしてこの状況を改善してくれることはあり得ない、ということです。唯一の救済――資本の限界効率の変化とは別に――は（流動性に対する性向が変わらなければ）お金の量の増大か、あるいは――基本的には同じことですが――お金の価値を増して同じ量のお金が果たせる金銭サービスが改善される場合だけです。

ですからお金の利率が上がれば、生産が弾性的でお金の産出を刺激できないあらゆるもの（お金は仮説上、完全に非弾性的です）の産出が低下します。お金の利率は、他の財で見た利率のペースを決めてしまい、こうした他の財の生産用投資を抑える一方で、お金生産への投資は刺激できません（お金は仮説上、生産できないのです）。さらに債権に対して流動的な現金の需要は弾性的なので、この需要を律する条件がちょっと変わっても、お金の利率はあまり変わらないかもしれず、一方（公共の行動を除けば）お金の生産が非弾性的なため、自然の力が供給側に作用してお金の利率を引き下げるということも非現実的です。通常の商品の場合なら、流動的な在庫の需要の非弾性的な面は、需要側でちょっと変化があれば、その利率が急速に上がったり下がったりするということです。そしてその供給の弾性もまた、スポット物に比べた先物に高いプレミアムが生じるのを防ぐように働くでしょう。ですから他の財は自分で何とかするしかなく、「自然の力」つまり市場の通常の力はそうした財の利率を引き下げて、完全雇用を出現させ、あらゆる商品に対して、お金の通常の特性だと述べた供給の非弾力性をもたらすことになります。ですからお金の不在と、お金に想定される特徴を持つ他の商品も一切ない――もちろんそう仮定せざるをえません――状態では、利率は完全雇用のときにしか均衡に達しません。

つまり失業が発達するのは、人々が月を求めるからなのです。人々は、欲望の対象（つまりお金）が作り出せず、それに対する需要を簡単には抑えられない場合には、雇用されなくなってしまいます。その治療法といえば唯一、月でなくてもグリーンチーズでかまわないんだよと人々に納得させて、グリーンチーズ工場（つまり中央銀行）を一つ、公共のコントロール下に置くことです。

ちなみにおもしろいことですが、価値基準として黄金がきわめて好適な理由として従来挙げられてきた特性、つまりその供給が非弾性的であることが、実はまさに問題を引き起こしている根本的な特徴なのだということがわかります。

ここでの結論をいちばん一般性ある形で（ただし消費性向は一定と想定）述べると以下のようになります。あらゆる資産の中で自己利率の自分で測った率が最も高いものが、自己利率の自分で測った率が最大であるような資産で計測したあらゆる財の限界効率の中で最大のものと等しくなったとき、それ以上の投資速度増大は不可能となる。

完全雇用の状態だと、この条件は必然的に満たされます。でも、もし生産弾性も代替弾性もゼロ（または極小）な資産で[6]、産出が増えても利率がそれを基準に測った限界効率ほどは急速に下がらないようなものがあれば、完全雇用に達する前に満たされる可能性もあります。

IV

ここまでで、ある商品が価値の基準となるだけでは、その商品の利率が重要な利率になる条件としては不十分だ、ということを示しました。でも、おなじみのお金が持つ特徴のうちで金利を重要な利率にしているものが、負債や賃金を決める基準になっているという事実とどれほど深くからみあっているかを考えると、興味深いものです。この問題は二つの側面から検討が必要です。

まず、契約がお金をもとに決められて、賃金もお金で測るとかなり安定しているという事実は、お金にこれほどの流動性プレミアムがつく理由の大きな一部なのは確実です。将来の支払い義務が課せられるのと同じ基準の資産を持ったり、それで測ると将来の生活費が比較的安定になるような基準の資産を持ったりするのは、明らかに便利なことです。同時に、お金で測った未来の産出が比較的安定していると期待できても、その価値の基準が高い生産弾性を持っていたら、あまり安心はできません。さらにおなじみのお金が持つ低い保有費用は、お金の利率を重要なものにする高い流動性プレミアムに対しても、かなりの役割を果たしています。というのも、重要なのは流動性プレミアムと保有費用との差だからです。そして金や銀や紙幣以外のほとんどの商品の場合、保有費用は少なくとも、契約や賃金が決まる基準となるものに通常付随する流動性プレミアムと同じくらい高いのです。ですから、いまたとえばポンドなどに付随する流動性プレミアムを、たとえば小麦などに移転することができたとしても、小麦利率はたぶんゼロ以上にはならないでしょう。ですから、契約や賃金がお金で決められているという事実は、お金の利率の重要性を大幅に高めるものではあれ、この状況だけでは、お金の利率として見られる特性を説明するのにはやはり不十分なのです。

検討すべき二番目の点は、もっと細かいものになります。産出の価値は、お金で測るほうが他の商品を基準にするより安定だという一般の期待は、もちろん賃金がお金で設定されるということによるのではなく、賃金がお金で見ると比較的変わりにくいということにあります。では、賃金がお金以外の何か商品で見たときに、お金自身で見たときよりも変わりにくい（つまり安定している）としたら、どういうことになるでしょうか？　こうした期待は、その問題の商品の費用が、産出規模の大小を問わず、期間の長短を問わず、賃金単位で見て比較的一定であることを必要とするばかりか、現在の費用価格における当期需要を超える余剰分が、費用なしで保管できる、つまりその流動性プレミアムが保有費用を上回る必要があります（そうでないと、価格上昇で儲ける見込みはない以上、在庫保有は絶対に損失をもたらします）。もしこうした条件を満たす財が見つかれば、それはまちがいなくお金のライバルとして成立します。ですから、論理的には産出の価値がお金で測ったときよりも安定するはずの商品が存在しないとは言えません。でも、そんな財が実在するとは考えにくいようです。

ここから私は、それを単位とした時に賃金がもっとも変わりにくいと予想される商品は、生産弾性が最小でないものではあり得ず、また流動性プレミアムに対する保有費用の超過分が最小でないものでもあり得ない、と結論します。言い換えると、お金で見た賃金が相対的に変わりにくいことは、保有費用に対する流動性プレミアムの上回り具合が、他のどんな資産よりもお金のほうが大きいことの副作用なのです。

ですから、お金の利率を重要なものにしている各種の特性は、累積的な形で相互に作用しあうことがわかります。お金の生産弾性や代替弾性が低く、低い保有費用を持つことは、名目賃金が比較的安定になるという期待を高めがちです。そしてこの期待はお金の流動性プレミアムを高め、お金の利率と他の財の限界効率とのきわめて高い相関（存在すればですが）が、金利の効力を奪ってしまうのを防ぐのです。

ピグー教授は（他の人々同様）名目賃金よりも実質賃金のほうが安定しているはずだとい

う想定になれてしまっています。でもこれは、雇用が安定しているという前提があって初めて成立することです。さらに、賃金財の保有費用が高いという困難があります。もし賃金を賃金財基準で固定することにより、実質賃金を安定化させようという試みがあれば、それは金銭物価の激しい上下動をもたらすだけでしょう。というのも、消費性向と投資誘因がちょっと変動するだけで、物価はゼロと無限の間ですさまじく揺れ動くことになるからです。名目賃金のほうが実質賃金よりも安定しているというのは、本質的な安定性を持つシステムの条件なのです。

ですから、相対的な安定性を実質賃金のせいにするのは、単なる事実と経験上の誤りにとどまりません。消費性向や投資誘因がちょっと変わっても、それが物価に激しい影響を与えたりしないという意味で目下のシステムが安定だと見るなら、それは論理上の誤りでもあるのです。

V

今の話に対する補注として、すでに述べたことを改めて強調しておく価値はあるかもしれません。つまり「流動性」も「保有費用」も、どちらも程度問題だということです。そして後者よりも前者が相対的に高くなっているのが、「お金」の唯一の特異性なのだ、ということです。

たとえば、流動性プレミアムが保有費用を常に上回るような資産が一つもない経済を考えましょう。これは「非貨幣経済」のいちばんいい定義だと思います。その経済ではつまり、個別の消費財があり、個別の資本設備は長期ないし短期にわたり、生み出せたり、生み出すのを支援したりできる消費財の性質に応じておおむね差別化されています。そしてそれらはすべて、現金とはちがって、保管しておくと摩損劣化するか、費用がかかり、それはその財に伴う流動性プレミアムを上回っています。

こんな経済では、資本設備同士のちがいは以下の三つで決まります。(a)それが支援できる消費財の種類、(b)その産出の価値の安定性(これはパンの価値が、流行の嗜好品に比べると時間を通じた価値が安定しているというような意味です)、(c)それに内包される富が「流動的」になれるすばやさ、つまり売り上げを望み次第でまったく他の形に包み直すように生産できるすばやさ。

すると富の保有者たちは、富の保管媒体としての各種資本設備における上の意味での「流動性」欠如を、リスクまで考慮した各資本の見込み収益に対する可能な限り最高の統計的推計に対比させます。流動性プレミアムは、これからわかるように、一部リスクプレミアムと似ていますが、一部はちがいます――そのちがいは、可能な最高の確率推計と、人々がそれに対して抱く自信とのちがいなのです。(7) これまでの章で、見込み収益の推計を話題にしたときには、その推計をどうやるか詳しくは考えませんでした。そして議論をややこしくしないために、流動性のちがいと普通のリスクのちがいとは区別しませんでした。でも自己利率を計算する場合には、どちらも考慮しなくてはならないのは明らかです。

明らかに「流動性」の絶対基準などはなく、流動性にもいろいろな程度があるだけです——各種の形態で富を持つ相対的な魅力を見積もるときには、その使用からの収益と保有費用に加えて、こうした流動性プレミアムのちがいも考慮しなくてはいけません。何が「流動性」をもたらすかという発想は部分的には漠然としたもので、時によっても変わるし、社会的な慣行や制度にもよります。いつの時点でも、流動性についての気持ちを富の所有者が述べるとき、その内心における選好の順番は絶対的なもので、経済システムのふるまいの分析においては、それさえあれば足りるのです。

もしかすると一部の歴史環境では、富の所有者の頭の中では、土地所有が高い流動性プレミアムを持つと思われていたかもしれません。そして土地は生産や代替の弾性がとても低いという点でお金に似ているので[8]、歴史の中では土地保有願望が、最近お金が果たしたのと同じように、利率を高すぎる水準に保つ役割を果たしたことは考えられます。土地の先物価格を土地で測った値というデータがないので、お金の債権にかかる利率と厳密に比べられるものがなく、この影響を厳密に定量的にたどるのは困難です。でも、時にはそれとかなり近いものがありました。それは担保融資に対する高い金利です[9]。土地担保融資の高い金利は、しばしばその土地耕作から得られる純収益を上回るものでしたが、これは多くの農業経済でおなじみの特徴でした。高金利禁止法は、主にこうした抵当融資を禁止するために設けられたものです。そしてそれは正しいことでした。というのも初期の社会組織では、現代的な意味での長期債が存在せず、土地担保融資に対する高金利競争こそが、新規生産された資本的資産に対する当期投資による富の成長を抑える効果を持っていたのかもしれません。これは最近の長期債に対する高金利が持っているのと同じ効果です。

世界が何千年もずっと個人貯蓄をしてきたのに、その累積資本資産がこんなにも貧しいというのは、私の見立てでは人類の抜きがたい性向によるものではなく、かつては土地保有に付随し、いまやお金に付随している高い流動性プレミアムにあるのです。この点で私は、古い見方とはちがっているのです。古い見方は、マーシャルが『経済学原理』(五八一頁)で、いつになく教条的な物言いで、こんな風に記述しているものです——。

富の蓄積が抑えられ、利率がいまのところ維持されているのは、人類の大半が、満足を遅らせるよりは今のほうを選好し、言い換えると「待つ」のをいやがるために生じるのだ、というのは周知のことである。

VI

拙著『貨幣論』で、私は独特な金利と思ったものを定義し、それを自然金利と呼びました——つまり『貨幣論』の用語を使うなら、貯蓄率（同書での定義）と投資率との等価性を保存するような金利です。私はこれが、ヴィクセルの「自然金利」を発展させて明確にしたものだと考えていました。ヴィクセル的にはこれは、何らかの明記されていない物価水準安定性を保存するような金利だそうです。

でもこの定義にしたがうと、どんな社会でも仮想的な雇用水準ごとにちがった自然金利が決まる、という事実を見すごしていました。同様に、あらゆる金利水準について、それが「自然」金利になる雇用水準が存在してしまいます。ですから、ある唯一の自然金利の話をしたり、上の定義で雇用水準とは関係ない一意的な金利の値が得られると思うのはまちがいでした。その時点では、完全雇用以下でシステムが均衡できるとは理解していなかったのです。

以前は「自然金利」がとても有望な概念だと思っていましたが、今の私はこれがなにか便利なものや重要なものの分析に貢献してくれるとは思っていません。単に、現状を維持する金利というだけです。一般には、現状それ自体において支配的な金利などというものはありません。

もしそんな金利があるなら、ずいぶん独特で重要な金利です。言わば中立金利とでも言うべきものにちがいありません。[10] つまり、経済システムの他のパラメータを前提として、完全雇用と整合性のある、上の意味での自然金利です。でもこれはむしろ、最適金利と呼ぶほうがいいかもしれません。

中立金利は、産出と雇用の関係が、雇用弾性が全体としてゼロになるようになっているときの均衡金利として定義するともっと厳密です。[11]

これはまたもや、金利の古典派理論をきちんと理解しようとすれば、そこにどんな暗黙の想定が必要かについて教えてくれるものです。この理論は、金利の実績値が常に自然金利(いま定義したような意味で)に等しいと想定しているか、そうでなければ実際の金利が常に、雇用をどこか所定の一定水準で保つような率になっている、と想定しています。もし伝統理論をこんなふうに解釈すれば、その実用的な結論には、注目すべきものはほとんど何もなくなってしまいます。古典派理論は、銀行当局や自然の力が働くために自然金利が上のどちらかの条件を満たすのだ、と想定しています。そしてそれは、この条件の下で社会の生産的な要素の適用や報酬をもたらす法則を検討します。そんな制約が働いていれば、産出量は現在の設備や技術の下で、想定された一定の雇用量だけに左右されます。そして私たちはしっかりとリカード的世界に落ち着いてしまうのです。

注

（1）この関係を最初に指摘したのはスラッファ氏『エコノミック・ジャーナル』一九三二年三月、五〇頁です。
（2）第20章参照。
（3）この話は本書第19章でもっと詳しく検討します。
（4）賃金（や契約）が小麦で決まっていたら、小麦がお金の流動性プレミアムの一部を獲得するかもしれません——この問題については以下（セクションⅣ）で触れます。
（5）本書、二四四頁を参照。
（6）弾性値ゼロは、ここで必要とされる条件よりも厳しいものです。
（7）第12章注1を参照。
（8）「流動性」という属性は、この二つの特性の存在と独立したものではまったくありません。というのも、供給を簡単に増やせる資産や、それに対する欲望が相対価格変化ですぐに別方向に向けられるような資産は、富の所有者から見て「流動性」という属性を持つとは思えたはずがないからです。お金ですら、その将来供給が急変するものと期待されたら「流動性」の属性を急速に失います。
（9）担保融資とそれに対する利息は、確かにお金を単位として決められています。でも借り手側が、負債の埋め合わせとしてその土地自体を提供するという選択肢を持っているという事実——そして必要なお金を用意できなければまさにそうしなければならないという事実——は、時に担保融資方式を、土地のスポット提供に対する土地の将来提供契約に近い物にしてきました。小作人が地主に対して担保融資を行い、その返済のために地主が土地を小作人に売るという例はあり、それはこの性質の取引とかなり近いものになっていました。

(10) この定義は、近年の論者たちによる中立貨幣の各種定義とは対応していません。でも、ひょっとしたらそうした論者の念頭にあった狙いと、多少は関係があるかもしれません。

(11) 以下の第20章を参照。

第18章　雇用の一般理論再説

I

いまや議論のいろいろな意図をまとめられるところまでやってきました。まず、経済システムのうちで私たちが通常は所与のものとするのがどの要素か、どれがシステムの独立変数で、どれが従属変数かを明らかにしておくと便利でしょう。

労働の既存の技能と量、使える設備の質と量、既存の技術、競争の度合い、消費者の嗜好や習慣、様々な強度の労働が持つマイナスの効用、監督活動と組織のマイナス効用、国民所得の分配を決める中で以下に説明する変数以外の力を含む社会構造は、所与のものと考えています。別にこれは、そうした要因が一定だと想定しているということではありません。単にこの場と文脈では、こうしたものの変化がもたらす影響や帰結は考えていない、ということです。

独立変数は、まずは消費性向、資本の限界効率関係《スケジュール》、金利ですが、すでに見たとおりこれらもさらに分析できます。

従属変数は雇用量と、賃金単位で測った国民所得（または国民配当）です。所与のものとして扱う要因は、独立変数に影響しますが、それを完全に決めるわけではありません。たとえば資本の限界効率関係《スケジュール》は、一部は所与の要因である既存設備量に依存しますが、一部は長期期待の状態にもより、これは所与の要因から導出はできません。でも他の要素の一部は、所与の要因がほぼ完全に決めてしまうので、そこから導かれたもの自体も所与と思ってしまってかまいません。たとえば、所与の要因を使うと、ある雇用水準に対応するのが、どの水準の賃金単位で測った国民所得かは導けます。ですから所与としている経済の枠組みの中で、国民所得は雇用量で決まり、つまりは現在生産に投入されている努力の量で決まり、この両者には一意的な相関があることになります。(1) さらに、総供給関数の形も導出できます。これは製品ごとに、供給の物理条件を内包するものとなります——物理条件とはつまり、賃金単位で測った有効需要に対応して、生産に投入される雇用の量が決まる、ということです。最後に、労働（または努力）の供給関数も与えてくれます。ですからとりわけ、どの点で労働全体としての雇用関数が弾性的でなくなるかがわかります。(2)

でも資本の限界効率関係《スケジュール》は、一部は所与の要因で、一部は各種資本的資産の見込み収益によります。一方、金利は一部は流動性選好の状態（つまり流動性関数）、一部は賃金単位で測ったお金の量によります。ですから時には、最終的な独立変数は以下の三つとなります：⑴三つの根本的な心理要因、つまり心理的な消費性向、心理的な流動性に対する態度、心理的な資本的資産からの将来収益期待、⑵雇用者と被雇用者の交渉で決まる賃金単位、⑶中央銀行の活動で決まるお金の量。ですから、上で述べた要因を所与とすれば、ここに挙げた変数が国民所得（または配当）と雇用量を決めます。でもこれらはやはり、もっと分析ができるもので、ですから言わば原子的な究極の独立要素ではないのです。

経済システムの決定要因を、所与の要因と独立変数という二つに分類するのは、もちろんどんな絶対的立場から見ても、かなり恣意的です。この分類は完全に体験に基づいて行うしかありません。所与の要因は、変化が遅かったり関連性が低かったりして、私たちの求めるものに対して小さくて比較的無視できるような短期的影響しかなかったりするものです。独立変数は現実の中で、求めるものに対して支配的な影響を行使しているものです。目下の狙いはある時点で、何がその経済システムの国民所得を決め（ほぼ同じことですが）雇用の量を決めるのかということです。これはつまり、経済学のような複雑な研究では、変化が検討対象を主に決める要因について、完全に正確な一般化は期待できないということです。最終的な仕事は、私たちが実際に暮らすシステムにおいて、中央当局が意図的にコントロールしたり管理したりできるような変数を選ぶことではないでしょうか。

II

ではこれまでの章の議論をまとめてみましょう。要因は、これまで見てきたのと反対の順番で挙げていきましょう。

新規投資の率はそれぞれの資本的資産の供給価格を変え、それを見込み収益とあわせて考えたときには、資本全般の限界効率を、だいたい金利と一致させるようなところまで投資を増やそうという誘因が作用します。つまり、資本財産業の物理的な供給条件、見込み収益についての自信状態、流動性に対する心理的態度とお金の量（できれば賃金単位で測ったもの）が相互に作用して、新規投資の率を決めるのです。

でも投資の率が増加（または減少）すれば、それに伴って消費の率の増加（または減少）も起きなくてはなりません。なぜなら一般に人々の行動は、所得と消費との差を拡大（または縮小）したがるのは、所得が増加（または減少）する場合だけという性格を持つからです。つまり消費の率の変化は、一般に言って所得変化の率と同じ方向（ただし額は小さい）なのです。（訳注：所得増分と、）ある貯蓄増分とに必然的に伴う必要がある消費増分との関係は、限界消費性向で与えられます。この比率は、投資の増分とそれに対応した総所得の増分（どちらも賃金単位で計測）との間のものですが、これは投資乗数で与えられます。

最後に、もし（一次近似として）雇用乗数が投資乗数に等しいとするなら、前に述べた要因によってもたらされる投資率の増加（または減少）に乗数を適用して、雇用の増加を導けます。

でも、雇用の増加（または減少）は、流動性選好関係《スケジュール》を上げる（下げる）ことになります。それがお金の需要を増やす道筋は三つあります。これは雇用増に伴い、賃金単位や物価（賃金単位で測ったもの）が変わらなくても所得の価値が上がる場合ですが、それに加えて、雇用が改善すれば賃金単位自体も雇用の改善とともに上昇しがちで、産出増は短期的にはコスト増につながり、物価上昇（賃金単位で測ったもの）が伴います。

ですから均衡位置は、こうした反響によって影響されます。そして他の反響もあるでしょう。さらには、上の要因は一つ残らず、あまり予告なしに突然変わりがちですし、その変化はかなり大きかったりします。だからこそ実際の出来事の方向性は、すさまじく複雑なのです。それでも、切り分けると便利で有益な要因は、いま挙げたもののようです。上の仕組みにしたがって実際の問題を何でも検討してみれば、扱いやすくなることがわかるでしょう。そして実務的な直感（一般的な原理で扱うよりは、細かい事実の複合体を考慮できます）としても、作業を進めるにあたって扱いにくくない材料が得られるでしょう。

III

以上は一般理論のまとめです。もっとも経済システムの実際の現象は、消費性向や資本の限界効率や金利の特別な特徴によっても色づけられています。それらについては、体験からまちがいなく一般化できますが、でも論理的には必要ありません。

特に、私たちの暮らす経済システムの傑出した特徴として、産出や雇用は大幅な変動を起こすものの、極度に不安定ではない、ということがあります。実際それは、回復も見せないか完全な崩壊に明らかに向かうこともなく、通常以下の活動状態で慢性的に、ずいぶん長い期間とどまり続けることができるようです。さらに証拠を見ると、完全雇用またはほぼ完全雇用に近い状態ですら、まれで長続きしない出来事のようです。変動は力強く始まりますが、大きな極端に進む前に脱力してしまい、絶望的でもないが満足ともいえない中間的な状態が普通だということになります。変動が極端にまで進む前に脱力し、やがて逆転してしまうという事実にもとづいて、規則的な相《フェーズ》を持つというビジネスサイクルの理論が形成されています。同じことが物価についても言えます。最初に何かの乱れを引き起こすような原因に対しても、しばらくはそこそこ安定でいられる水準を見つけ出すようです。

さてこうした経験上の事実は必ずしも論理的必然性から出てくるわけではないので、そうした結果を生み出すのは、現代社会の環境と心理的性向なのだと想定しなければなりません。ですから、どんな心理的性向が安定したシステムにつながるかを仮想的に考えると役にたちます。そして現代の人間の性質に関する一般的な知識をもとにした場合、そうした性向がいま暮らす世界によって生じると考えられそうかを検討しましょう。

これまでの分析が示唆する安定条件で、観測事実を説明できるものは以下のとおりです。

(i)限界消費性向は、資本設備に投入する雇用が増える（または減る）とその社会の産出が増える（または減る）ようになっているが、この二つを関係づける乗数は一よりそんなに大きいというわけではない。

(ii)資本の見込み収益や金利に変化があったら、資本の限界効率関係《スケジュール》は、新規投資の変化が見込み収益や金利の変化とそんなに乖離しない程度のものとなる。つまり、見込み収益や金利が多少変わったくらいでは、投資の率もあまり大きくは変化しない。

(iii)雇用に変化があったら、名目賃金も雇用と同じ方向に変わるが、雇用の変化にくらべてそんなに乖離した変化にはならない。つまり雇用の変化がほどほどなら、名目賃金が大幅に変わったりはしない。これは雇用の安定条件というよりは、価格の安定条件。

(iv)第四の条件を加えてもいいでしょう。これはシステムの安定性というよりは、ある方向への変動がやがて逆転する傾向に資するものです。つまり、投資の率が以前より高い

（または低い）と、それがものの数年も続けば、資本の限界効率に不利な（または有利な）影響を与える、というものです。

（訳注：以上の四つのそれぞれを、ここから改めて個別に説明している）

(i)安定の第一条件は、乗数が一より大きいけれどそんなに大きくはないというもので、これは人間の本性が持つ心理的性質として非常にありそうなものです。実質所得が増えれば、目先のニーズの圧力は減るし、確立された生活水準に対する余裕も増えます。そして実質所得が減れば、逆のことが起きます。ですから雇用の増加に伴って当期消費が拡大しますが、それは実質所得の増分全額ほどではないのが自然です——少なくとも社会の平均で見れば。そして雇用が減ったら消費は減りますが、実質所得の減った分が全額減るわけでもありません。さらに、個人の平均で成り立つことは、政府でもたぶん成り立つでしょう。特に失業がだんだん増加して、国が借り入れにより失業救済をせざるを得なくなる時代にあっては。

でもこの心理法則がそれ自体として皆さんにもっともらしく思えるかどうかにかかわらず、この法則が成立しなければ、実体験は現状とまったくちがったものになるのは確実です。なぜかというと、もしこの法則がなければ、投資が増えればどんなにわずかな増え方でも、有効需要の累積的な増加プロセスが動き始め、完全雇用が達成されるまでそれが止まらないことになってしまうからです。一方、ちょっとでも投資が減れば、有効需要の累積的な変化が始まって、だれ一人として雇用されない状態に達してしまいます。でも経験的に見て、私たちはその中間の位置にいるのが通例です。確かに、不安定性が本当に実現してしまうような範囲があることも、考えられなくはありません。でもあったとしても、それはかなり狭いもので、その範囲のどちら側にはずれても、この心理法則はまちがいなく成立しなくてはなりません。さらに乗数は、一よりは上ですが、普通の状況だとすさまじく大きいわけではないのも明らかです。もしえらく大きかったら、投資をちょっと変えただけで消費率がすさまじく変化（それを制約するのは完全雇用かゼロ雇用だけ）するからです。

(ii) 最初の条件は、投資の率がちょっと変わったくらいでは、消費財需要が果てしなく大きく変わったりはしない、ということです。第二の条件は、資本的資産の見込み収益が、投資率に無制限の大きな変化を引き起こしたりしない、ということです。これは既存設備からの産出を無限に拡大するコスト増大のせいで成り立っているのでしょう。もし、資本的資産の生産用リソースがとてもたくさん余っているところから始めれば、ある範囲ではかなり大きな不安定性が起こるかもしれません。でもこれは、その余った分がほとんど使われるようになれば、すぐに成り立たなくなります。さらに、この条件は事業心理の急変や画期的な発明からくる、資本的資産の見込み収益の急変からくる不安定性にも制限をつけます——ただし下方向よりは上方向の制限となるでしょうが。

(iii)第三の条件は、人間の性質に関する体験にも即しています。名目賃金をめぐる闘争は、上で指摘したように基本的には高い相対賃金を維持しようという闘争ではありますが、この闘争は雇用が増えるにしたがって個別の例では激しくなる見込みが高いのです。これは労働者の交渉の立場が改善されるし、賃金の限界効用が減るし、財務的なマージンが改善されるために、リスクを取りやすくなるからです。でもまた同時に、こうした動機には一定の制約があり、労働者たちは雇用が改善するときにはあまり大幅な名目賃金の上昇は求めないし、まったく雇用されない代わりに大きな名目賃金の削減を認めもしません。

でもここでも、この結論がそれ自体としてもっともらしいかどうかはさておき、経験的にはこうした心理法則が実際に成り立つはずだとわかります。もし失業者同士の競争が常に名目賃金の大幅な削減につながるなら、物価水準はすさまじく不安定になるはずだからです。さらに、完全雇用と整合する条件以外では、安定した均衡の位置はないかもしれません。賃金単位は、賃金単位で測ったお金の豊富さが金利に与える影響が、完全雇用回復に十分なところまで下落せざるをえないかもしれないからです。それ以外には落ち着く位置はありえません。[3]

(iv)第四の条件は、安定の条件というよりはこれに代わる不景気と回復の条件なのですが、単に様々な年代の資本的資産が、やがては摩耗して、どれもあまり長持ちはしないという想定に基づいているだけです。ですから投資の速度がある最低線を下回れば（他の要因が大きく変動しない限り）、資本の限界効率が十分にあがり、この最低線以上に投資は回復します。そしてもちろん同様に、投資が以前よりも高い水準に上昇したら、資本の限界効率が大いに下がって、他の要因で補われない限り不景気をもたらすのは時間の問題です。

この理由から、他の安定条件の制約内で起こる回復と不景気の度合いすら、十分に長い時間続いて、他の要因変化に邪魔されなければ、おそらくは反対方向に向かう逆転を引き起こし、そしてやがては前と同じ力が、またもやそれを逆転させることになります。

このように、この四つの条件をあわせれば、私たちの実体験で目立つ特徴を十分に説明できます――つまり景気は波をうつが、雇用と物価のどちらも、高くも低くもすさまじい極端に達することはなく、完全雇用より目に見えて低く、それ以下だと人命を危うくするような最低線よりも目に見えて高い範囲に変動はおさまる、という特徴です。

でもこの「自然」な傾向、つまりそれを修正すべく意図的な対策を講じない限り、いつまでも続きそうな傾向で決まる平均の位置が、必然の法則によって確立されていると思ってはいけません。以上の条件が何の障害もなく支配するというのは、現状または過去の世界の観察の結果でしかなく、変えることのできない必然的原理などではないのですから。

注

（1）この段階では、製品ごとの雇用関数が、関係する範囲の雇用部分でそれぞれ曲率がちがうことから生じるややこしさは無視します。第20章を参照。

（2）第20章で定義します。

（3）賃金単位の変化が与える影響は第19章で詳しく検討します。

第Ⅴ巻　名目賃金と物価

第19章　名目賃金の変化

I

名目賃金の変化の影響に関する議論は、もっと前の章で論じられたらよかったかもしれません。というのも古典派理論は、経済システムの自己調整特性なるものを、名目賃金の変動性を想定するだけですませるのが習慣だからです。そしてそこに硬直性があったら、その硬直性は調整の失敗が悪いとされるのです。

でも、私たち自身の理論が十分に展開するまでは、この話を十分に議論するのは無理でした。というのも名目賃金の変化の結果はややこしいからです。名目賃金は、一部の状況では古典派理論の想定どおり、産出を刺激するのにかなり有効です。この理論と私の理論のちがいは主に分析上のものです。ですから、読者が私の手法になじむまでは、はっきりと説明できなかったのです。

私の理解する限り、一般に認められた説明は、とても単純なものです。以下に議論するような、もってまわった影響などに依存しません。議論は単純に、名目賃金が下がれば、他の条件は一定として最終製品の価格が減るので需要が刺激され、したがって産出と雇用は増える、というものです。そしてその増え方は、労働が受け容れることにした名目賃金低下分が、産出増（設備一定）に伴う労働の限界効率低下で相殺されるところまで増えるのだ、というわけです。

　いちばん粗雑な形だと、これは名目賃金が下がっても需要には影響しないと想定しているのに等しくなります。需要に影響が出るはずがない、と固執する経済学者もいるかもしれません。総需要は、お金の量にお金の所得速度をかけたもので決まるんだし、名目賃金が下がってもお金の量や所得速度が変わるべき明白な理由なんかない、というわけです。あるいは、賃金が下がったら利潤が必然的に上がる、という主張さえあるかもしれません。でも、名目賃金が下がったら、一部の労働者の購買力は下がるので、総需要にだってちょっとくらいは影響があると合意するほうが普通だとは思います。ただ、他の労働者たちの実需は、所得が減っていないので、物価下落に刺激され、労働者自身の総需要は雇用増大の結果として増えるのがほぼ確実です。むろん、名目賃金変化に対する労働の需要弾性が一以下ではないとしての話ですが。ですから、新しい均衡では他の場合よりは雇用が増えます。異様に限られた場合には別かもしれませんが、それはたぶん実際にはまったく現実性がないでしょう。

　私はこの手の分析とは根本的にちがっています。あるいは、上のような主張の背後にあるとおぼしき分析とちがっていると言うべきでしょうか。というのも上は、多くの経済学者たちの主張や著作をかなりよく表していますが、その根底にある分析が詳しく記述されたことはほとんどないからです。

でもどうやら、こうした発想は以下のように到達されるようです。任意の産業で、言い値と売れる量とを関係づけた、一連の需要関係《スケジュール》があります。そしてこれらの関係《スケジュール》同士の相互関係により、他の費用が変わらない（ただし産出変化の結果としての変化は別）と仮定した場合に、その産業における雇用量と賃金水準とを関係づけた需要関係《スケジュール》が得られます。そしてその曲線の形はどの水準であれ、労働の需要弾性を与えるものとなります。この概念は、こんどは本質的な変更なしに、あらゆる産業全体に転用されます。そして同じ理由づけにより、あらゆる産業全体についても、各種賃金水準と雇用の量を関係づける需要関係《スケジュール》があるのだ、と想定されます。この議論は、名目賃金だろうと実質賃金だろうと目に見えるちがいはまったくないとされます。名目賃金の話をしているなら、お金の価値変化は補正しなくてはなりません。でも、それは議論の一般的な傾向は変えません。というのも、物価はまちがいなく、名目賃金の変化とまったく同じ割合で変わったりしないからです。

もしこれが、古典派議論の根底にあるなら（そしてそうでないなら、何が根底になっているのかわかりません）、これは明らかにまちがっています。ある特定産業の需要関係《スケジュール》は、他の産業の需要関係《スケジュール》と供給関係《スケジュール》、および総有効需要の量についての固定した想定がなければ構築できないからです。ですからこの議論をあらゆる産業全体に適用するのは、総有効需要が固定されているという想定も適用しない限り、無効です。でもそんな想定はこの議論を論点相違の虚偽にしてしまいます。名目賃金の削減に伴って総有効需要が以前と変わらなければ、それは雇用増に結びつくという想定を否定したいと思う人はいないでしょう。でも問題となっている質問は、正確には名目賃金削減により、お金で見た総有効需要は変わらないのかどうか、ということだし、少なくとも、名目賃金削減の比率に全面的に等しい総有効需要削減比率につながらないのか、ということ（つまり賃金単位で見たときどちらが少し大きいか、ということ）なのですから。でも古典派理論は、ある特定産業についての結論を、比喩としてあらゆる産業に拡張させてもらえないなら、名目賃金削減が雇用にどんな影響を与えるかについて、まったく答えられないのです。というのもこの問題に手をつけられるような分析手法を持ちあわせていないのですから。ピグー教授の『失業の理論』は古典派理論から、引き出せる限りのものを引き出したように思えます。そしてその結果は、実際の雇用総量を決めるのが何かという問題に適用したとき、この理論は何一つ提供できないという驚くべき実例になっているのです(1)。

II

では、この問題に答えるのに、私たち自身の手法を適用してみましょう。それは二つの部分に分かれます。(1)名目賃金の削減は、他の条件が同じなら雇用を増やす直接的な傾向があるでしょうか？　ここでの「他の条件が同じなら」とはつまり、消費性向、資本の限界効率の関係《スケジュール》、金利が社会全体で前と同じということです。そしてもう一つは、(2)名目賃金の削減は、この三つの要因に対する確実または見込みの高い影響を通じて、雇用をある特定方向に動かす確実または見込みの高い傾向を持っているでしょうか？

最初の質問には、これまでの章ですでにノーという答えを出しました。というのも、雇用の量は賃金単位で測った有効需要と一意的に相関しており、有効需要は期待消費と期待投資の和なので、消費性向と資本の限界効率関係《スケジュール》、金利がどれも変わらなければ、有効需要も変われないことを示したからです。これらの要因が変わらないのに事業者たちが社会全体の雇用を増やそうとしたら、その売り上げは必然的に供給価格を下回ります。

名目賃金を引き下げると「生産費用が下がるから」雇用が増える、という粗雑な結論をまず論駁しておくとよいでしょう。この仮説の中で、新古典派の見方にもっとも有利な事態の流れをたどるとそういう話になります。つまり、事業者が当初、名目賃金を引き下げるとこういう影響が出ると期待するのだ、という話です。確かに、個々の事業者は自分の費用が下がったのを見て、当初は自分の製品の需要に対する影響を見すごし、以前よりも大量の生産物を儲かる形で売れるようになる、という想定に基づいた行動をとるかもしれません。もし事業者たちみんながこの想定に基づいて行動するなら、本当に利潤増加を実現できるでしょうか？　そうなるのは社会の限界消費性向が一に等しく、所得増分と消費増分にギャップがない場合だけです。あるいは所得増分と消費増分のギャップを埋めるだけの投資増があってもいいでしょう。でもこれは、資本の限界効率が金利との見合いで増加した場合だけにしか起こりません。ですから増えた産出で得られる売り上げは、事業者たちをがっかりさせて、雇用はまた以前の水準に戻ります。ただし限界消費性向が一だったり、あるいは名目賃金削減が、金利に比べて資本の限界効率関係《スケジュール》を高める——ひいては投資を高める——効果をもっていれば話は別ですが。なぜならもし事業者たちが、期待どおりの価格で産物を売れる場合に人々の手にする所得が、当期投資より多くの貯蓄をうながすような水準となるだけの雇用を提供するのであれば、事業者たちはどうしてもその差に匹敵する損失を出すしかありません。そしてこれは、名目賃金の水準などまったく関係なしに成り立ちます。せいぜいが、運転資金の増分に充てられた投資がそのギャップを埋めている間、がっかりする日が少し先送りになる程度です。

ですから名目賃金削減は、社会全体の消費性向に影響を与えるか、資本の限界効率関係《スケジュール》に影響するか、金利に影響するかしない限り、長期的に雇用を増やす影響は持ち得ません。名目賃金削減の影響を分析するには、それがこの三つの要因に与えるかもしれない影響をたどるしかないのです。

これらの要因に対する最も重要な影響は、実務上は以下のものになりそうです：

⑴名目賃金の削減は、多少は物価を引き下げます。ですからそれは、実質所得のある程度の再分配をもたらします。(a)賃金労働者から、取り分が減らされていない他の限界原価に含まれる要素へ、(b)事業者から、一部の所得が名目値で保証されている金利生活者へ。

この再分配が社会全体の消費性向に与える影響はどんなものでしょうか？　賃金労働者から他の要素への移転は、たぶん消費性向を下げるでしょう。事業者から金利生活者への移転は、はっきりしない部分があります。でも金利生活者たちが全体に社会の豊かな人々をあらわし、その生活水準があまり柔軟でないとすれば、その影響はやはりマイナスに働くでしょう。いろいろ考えて差し引き結果がどうなるかは、当て推量でしかありません。でも、プラスよりはマイナスの影響が大きい可能性が高いでしょう。

⑵もし閉鎖していない経済システムを扱っていて、その名目賃金削減は、外国と共通の単位で見たときに、外国の名目賃金に比べての削減なのであれば、この変化は投資に有利

なのは明らかです。なぜならそれは貿易収支を高める方向に動くからです。もちろんこれは、その優位性が関税などで相殺されないものと想定しています。伝統的に、名目賃金を減らすのが雇用を増やすのに有効だという信念は、アメリカに比べてイギリスのほうが強いのですが、それはたぶんアメリカのほうが、イギリスに比べて閉鎖的な経済だからなのでしょう。

(3)閉鎖経済でないシステムの場合、名目賃金削減は、貿易収支は黒字方向に動かしますが、交易条件は悪化させる可能性が高いのです。ですから実質所得は下がります。例外は新規に雇用された人々で、この人たちは消費性向が高まるかもしれません。

(4)もし名目賃金の削減が、将来の名目賃金に比較しての削減だと期待されたら、その変化は投資に有利なものになります。すでに見たとおり、それは資本の限界効率を高めるからです。一方同じ理由で、消費にも有利かもしれません。逆に名目賃金削減が、この先もっと賃下げが起こるという期待、またはそうなるかもしれないという真面目な可能性につながれば、それはまさに正反対の影響を持ちます。それは資本の限界効率を減らし、投資も消費も先送りされてしまいます。

(5)手取り賃金の減少は、物価の低下や金銭所得一般の低下を伴い、所得や事業のための現金ニーズを減らします。そしてしたがって、その範囲まで社会全体としての流動性選好関係《スケジュール》を減らします。他の条件が同じなら、これは金利を下げ、したがって投資にとっては有利になります。でもこの場合、将来に関する期待の効果は、いま(4)で考えたものと正反対になります。なぜかというと、もし賃金や物価がまたいずれ上昇すると思われたら、有利な反応は短期融資に比べて、長期融資ではずっと見られにくくなります。さらにもし賃金削減が人々の不満を引き起こして世間の安心感を乱すなら、これによる流動性選好の増加は、放出された分を相殺するほど流通現金を吸収してしまうでしょう。

(6)個別の事業者や産業にとっては、名目賃金の特別な引き下げは常に有利に働くので、全般的に賃金が下がっても(影響はいろいろ変わってきますが)事業者はそれがありがたいことだと思うかもしれず、これが資本の限界効率見込みの無用に弱気な見積もりという負のスパイラルを打破して、もっと普通の期待に基づいて物事を動かしはじめるかもしれません。一方、もし労働者たちが全般的な賃下げの影響について雇い主たちと同じまちがいをしていたら、労働争議が有利な要素を相殺してしまうかもしれません。これ以外には、平等な名目賃金引き下げを、同時に全産業で確保する方法は一般にあり得ませんから、あらゆる労働者としては、自分の場合だけは賃下げに抵抗する方が利益にかなっています。実は、雇用主が名目賃金交渉を下方修正しようという動きをすれば、物価上昇の結果として自動的に実質賃金がだんだん下がるのに比べて、抵抗はずっと激しくなります。

(7)一方で、負債の負担が重くなるという事業者にとっての下向きな影響は、賃金引き下げからくる上向きの反応をすべて部分的に相殺するかもしれません。実際、もし賃金低下と物価の低下が進行すれば、借金の多い事業者の面目は潰れ、やがては倒産の憂き目に達するかもしれません——そして投資へのマイナスの影響はきわめて大きくなります。さらに、国の債務と、ひいては税金に対して低い物価水準が与える影響は、事業者の安心にきわめてマイナスに作用するはずです。

これは、複雑な現実世界で賃金引き下げに対する可能な反応すべての完全なカタログではありません。でも、通常いちばん重要なものはこれでカバーできていると思います。

ですから話を閉鎖経済に限って、実質所得の新たな分配が社会の消費性向に与える影響として、正反対のことしか期待できないと想定するのであれば、名目賃金低下により雇用によい影響が出る唯一の希望は、(4)で見た資本の限界効率の増加か、(5)で見た金利低下による投資増からやってくるものと期待しなくてはなりません。この二つの可能性を詳しく見ましょう。

資本の限界効率向上に有利に働く条件は、名目賃金が底を打って、これ以上変化があるとしたら賃金は上昇するだろうと期待されるということです。もっとも不利な条件は、名目賃金がジリ貧で下がり、下がるごとにそれ以上は賃金が下がらないという自信が減っていくような場合です。有効需要が弱まる時期に入ると、名目賃金がいきなり大幅に削減されて、だれもそれがいつまでも続くとは信じない場合が、有効需要強化にとって最も有利となります。でもこれは行政の政令によって実現するしかないし、自由な賃金交渉制度の下では、まったく現実的な政治とは言えません。これに対し、賃金はがっちり固定されていて、目に見えた変動は不可能だと思われていたほうが、不景気に伴って名目賃金がじわじわ下がり続けるよりはずっといいのです。賃金がちょっと下がったら、それは失業者数が、たとえばさらに一パーセント上がるという信号だと思われてはたまりません。たとえば、来年は賃金がさらに二パーセント下がるなと思われたら、同じ時期の支払い金利がおよそ二パーセント増えるに等しくなります。同じ話は、好況の場合にも、符号だけ変えて同様にあてはまります。

ここから、現代世界の実際の慣行や制度から見て、柔軟な賃金政策でじわじわ失業に対応するよりも、硬直的な名目賃金政策を目指すほうが好都合なのだ、ということになります――少なくとも、資本の限界効率から見る限りでは。でもこの結論は、金利から見るとひっくりかえるでしょうか？

ですから、経済システムの自己調整能力を信じる人々は、賃金――そして物価――水準の低下がお金の需要に与える影響に頼った議論を展開せざるをえません。もっとも彼らが実際にそうしているかどうか、寡聞にして知りませんが。もしお金の量自体が賃金と物価水準の関数であるなら、この線の議論には何一つ期待できません。でもお金の量が実質的に固定されているなら、賃金単位で測ったその量が、名目賃金を十分に引き下げることでいくらでも増やせるのは明らかです。そして、所得に対するその量の比は、一般に大きく増やせます。その増加の上限は、限界原価に対する人件費の比率と、下がる賃金単位に対して限界原価の他の要因が見せる反応によります。

ですから少なくとも理論的には、賃金を変えずにお金の量を増やしたときの金利への影響とまったく同じものを、賃下げにより生み出すことはできます。すると賃下げは、完全雇用を確保する手段としては、お金の量を増やすのと同じ制約に直面するということになります。お金の量を増やして投資を最適水準にまで引き上げようとしても効力が限られてしまう理由を上で述べましたが、それと同じ理由をちょっと手直しするだけで、賃金削減にもあてはまります。お金の量を少しだけ増やしても、長期金利には十分な効果が出ないかもしれず、またお金を少なからぬ量だけ増やしたら、信頼性を乱す効果によって他の長所を相殺しかねません。それと同じく、名目賃金をちょっと減らしても不十分で、大幅に減らすなどということができたとしても、それは安心を潰してしまいかねません。

したがって、柔軟な賃金政策が継続的な完全雇用を実現できるという信念には根拠がありません――公開市場金融政策が、単独でその結果を実現できるのが根拠レスなのと同様です。経済システムは、この路線で自己調整的にはなれないのです。

もし完全雇用以下になったら、労働者が常に行動を起こせて（そして実際に起こして）団体行動で名目賃金要求を引き下げ、賃金単位に比べたお金をきわめて潤沢にして、金利が雇用と整合する水準まで下がるようにする地点まで行動する、というのだったら、これは銀行システムではなく労働組合が、実質的に完全雇用を目指した金融管理を行っているということになります。

それでも、柔軟な賃金政策と柔軟なお金の政策は、分析上は同じことで、賃金単位で測ったお金の量を変えるためのちがう手段にすぎないとしても、他の面では両者には天と地ほども差があります。ひときわ目立つ考慮事項を四つ、ざっと思い出していただきましょう。

(i)賃金政策が政令で決まる社会主義社会でもない限り、あらゆる労働階級に対して一律の賃金引き下げを確保する手段はありません。その結果をもたらすには、一連の段階的で不規則な変化に頼るしかなく、それを正当化するような社会正義尺度や経済的な意義はまったくなく、おそらく一様な賃下げが実現するまでに無駄で悲惨な闘争が展開され、交渉の立場がいちばん弱い者が、他のみんなに比べて相対的に苦しむことになるでしょう。一方、お金の量を変えるのは公開市場政策やその他類似手段によって、ほとんどの政府がいまでも十分にできることです。人間の本性といまの制度を考慮するなら、柔軟な通貨政策に比べて柔軟な賃金政策を欲しがるなど、バカとしか思えません。その人が、柔軟な通貨政策では得られないメリットで、柔軟な賃金政策なら得られるものを指摘できれば話は別ですが。さらに、他の条件が同じなら、実施があまりに困難で実施不可能と思われる手段よりは、比較的簡単に実施できる手段のほうが望ましいと判断されるべきでしょう。

(ii)もし名目賃金が柔軟でないなら、こうして生じる物価変動は（限界費用以外の配慮で決まる「統制」価格や独占価格は除いて）主に、既存設備の限界生産性低下に対応して生じます。限界生産性が下がるのは、既存設備からの産出が増えるからです。ですから、労働者と、他の生産要素で支払いが金銭契約で決まっているような存在（特に金利生活者や、企業や機関や政府に常勤雇用されている固定給の人々）との間に、実践可能な最大の公平さが維持されます。もし重要な階級がどのみちお金で固定額の支払いを受けているなら、あらゆる要素への支払いが、お金で見てある程度柔軟性を欠くほうが、社会正義と社会的な意義が実現されます。お金で見て比較的柔軟性のない所得をもらう大きなグループがあることを考えると、柔軟な通貨政策に比べて柔軟な賃金政策を好むなど、正義感に欠けるとしか思えません。その人が、柔軟な通貨政策では得られないメリットで、柔軟な賃金政策なら得られるものを指摘できれば話は別ですが。

(iii)賃金単位で測ったお金の量を増やすために、賃金単位を減らすという手法は、それに比例して債務負担を増やします。同じ結果をお金の量の増大で生み出し、賃金単位はそのままにしておくと、正反対の影響が出ます。多くの種類の債務が過大な負担になっていることを考えると、前者を好むなど、未熟者としか思えません。

(iv)もしジリ貧の金利がジリ貧の賃金水準によって引き起こされたなら、上に挙げた理由から、資本の限界効率には二重の負担がかかることになり、投資を先送りする理由も二重になり、したがって回復の先送り理由も二重になります。

III

よってここから、労働がじわじわ減る雇用に対応して、じわじわ減る名目賃金でサービスを提供するとしたら、これは実質賃金を減らす効果は持たず、むしろ産出へのマイナス効果を通じてかえってそれを高めるかもしれない、ということになります。この方針の主要な結果は、物価をすさまじく不安定にすることで、その変動があまりに激しくて、私たちの暮らす社会で見られるような事業上の計算をするのが無意味になるかもしれません。全体としてレッセフェールであるようなシステムにおいて、柔軟な賃金政策が正当にもつきものなのだと想定するのは、真実の正反対です。柔軟な賃金政策がうまく機能できるのは、突然の根本的で全面的な変化が命令できるような、きわめて全体主義的な社会だけなのです。そんな仕組みはイタリア、ドイツ、ロシアでは機能するかもしれませんが、フランス、アメリカ、イギリスでは無理です。

オーストラリアでやったように実質賃金を法制によって固定しようとしたら、その実質賃金に対応した何らかの雇用水準があるでしょう。そして実際の雇用水準は、閉鎖経済でなら、その水準と雇用ゼロとの間を激しく振動することでしょう。上がるか下がるかは、投資の率がその水準と整合性のある率より下か上かで決まります。一方で物価は、投資がその境界の水準ちょうどならば不安定な均衡状態になり、投資がそれより下がればいきなりゼロに突進します。そしてそれより上なら無限大を目指します。何とか安定性を見いだそうとすれば、お金の量を左右するあらゆる要因が、常にある条件を満たすような一定の名目賃金を存在させるような形で決まっていなくてはなりません。その条件とは、金利と資本の限界効率との関係が、常にその境界の水準ちょうどを維持するようなものになるようにお金の量が決まっている、というものです。もしそうなれば、雇用は一定（法定実質賃金と整合した水準）となり、名目賃金と物価は、投資をこの適切な水準に保つように急激な細かい変動を繰り返します。オーストラリアの実例では、もちろんこの法制が当然ながら狙いをまったく実現できなかったこと、そしてオーストラリアが閉鎖経済ではなく、名目賃金水準そのものが外国投資の決定要因であり、つまりは総投資を左右し、同時に交易条件が実質賃金に重要な形で影響したことで、逃げ道が見つかったのでした。

こうした考察に照らし、私はいまや、安定した名目賃金の全体的な水準を維持するのは、いろいろ考えても閉鎖経済にとってはもっともお奨めできる政策だという意見です。同じ結論は開放経済にもあてはまりますが、それは世界の他の部分との均衡が、変動為替レートによって確保できるという条件つきです。一部の産業では、賃金がある程度柔軟だとメリットもあります。衰退しつつある産業から成長しつつある産業への移転を促進したりできるからです。でも全体としての名目賃金水準は、少なくとも短期では、できるだけ安定に保つべきです。

この政策は、少なくとも柔軟な賃金政策に比べれば、物価水準はそこそこの安定性を実現できます。「統制」価格や独占価格を除けば、物価水準は短期的には、雇用量が限界原価に影響する限りでしか反応しません。一方、長期的には新技術や新しいまたは増設した設備からくる、生産費用の変化に反応して変わるだけです。

確かに、雇用に大きな変動があれば、物価もそれに伴って大きく変動します。でも前に述べたとおり、その変動は柔軟な賃金政策の場合よりは小さくなります。

ですから硬直的な賃金政策だと、物価安定性は短期的に、雇用の変動回避と密接にからんできます。一方、長期で言うと、技術と設備の進歩にあわせて物価がゆっくり下がるのを許す一方で賃金は安定に保つ政策と、物価を安定させて賃金をゆっくり上昇させる政策との選択肢があります。全体として私は後者の選択肢が好みです。将来は賃金が上がるという期待があれば、賃金が下がると思うよりは、実際の雇用を完全雇用の範囲内におさめやすいことがあります。そしてだんだん負債の負担を減らし、衰退産業から成長産業への調整を容易にし、名目賃金がだんだん上がることから来る心理的な鼓舞も、こちらのほうがよいと思う理由です。でもここには原理上の重要な点は含まれていませんし、このどちらがいいかという議論をいずれの方向に展開するのも、本書の目的を超えるものとなります。

注

（1）　本章のおまけでピグー教授『失業の理論』は詳細に批判されています。

第19章おまけ　ピグー教授『失業の理論』

ピグー教授は著書『失業の理論』で、雇用の量は二つの根本要因に依存するものとしています。(1)労働者たちが要求する実質賃金率、(2)労働の実質需要関数。彼の本の中心部分は、後者の関数の形を決めることに専念しています。人々が実は賃金の実質値ではなく、名目値を求めるという事実は、無視はされていません。でも実質的には、実際の名目賃金を賃金財価格で割ったものが、要求される実質の率だと想定されています。

労働の実質需要関数について「探究の出発点を成す」等式は、『失業の理論』(九〇頁)にあります。彼の分析の応用を支配する暗黙の想定は、冒頭近くにすべりこませてあるので、重要な点にくるまでピグー教授の処理をまとめてしまいましょう。

ピグー教授は産業を「自国で賃金財生産に従事している産業と、輸出品を作ってその売上げが外国の賃金財に対する購買力を生み出すような産業」と、「その他」に分類します。便宜上これを、賃金財産業と非賃金財産業と呼びましょう。前者はx人を雇い、後者はy人を雇うとしています。x人による賃金財の産出は$F(x)$とされ、賃金の一般率は$F'(x)$です。これは、ピグー教授はいちいち指摘しませんが、限界賃金費用が、限界原価に等しいと想定するに等しいことです。[1] さらに $x+y=\phi(x)$、つまり賃金財産業での雇用者数は、総雇用者数の関数だと想定されます。そして総労働の実質需要弾性が以下のように書けることを示します（これで求めるもの、つまり労働の実質需要関数の形が得られます）。

$$E_r = \frac{\phi'(x)}{\phi(x)} \cdot \frac{F'(x)}{F''(x)}$$

記号の使い方で見る限り、これと私の書き方との間に、大きなちがいはありません。ピグー教授の賃金財を私の消費財と同じだとみて、「その他財」を私の投資財とおなじだと考えれば、$F(x)/F''(x)$ は賃金財産業の産出を賃金単位で測ったもので、私の C_w と同じです。さらに、関数 ϕ は（賃金財と消費財を同じだとすれば）私が雇用乗数 k' と呼んだものの関数となります。なぜなら、

$$\Delta x = k'\Delta y$$

よって

$$\phi'(x) = 1 + \frac{1}{k'}$$

ですからピグー教授の「総労働の実質需要弾性」は、私の考案したものの一部と似ています。一部は産業の物理技術条件に依存し（これは関数Fで与えられています）、一部は賃金財の消費性向（これは関数ϕで与えられています）に依存しているのです。ただし、限界労働費用が限界原価に等しいという特殊な場合に限った話だ、というのが条件です。

雇用量を決めるのに、ピグー教授はこんどは「労働の実需」と労働の供給関数を組み合わせます。彼はこれが、実質賃金以外の何にも依存しないと想定します。でも実質賃金は賃金財産業でやとわれた人数xの関数だとすでに想定しているので、現状の実質賃金での総労働供給は、xだけの関数なのだと想定するのと同じです。つまり$n = \chi(x)$、ただしnは実質賃金$F'(x)$で提供される労働供給です。

こうしてややこしいところが一切消えたピグー教授の分析はつまり、以下の二つの等式から実際の雇用量をつきとめようとするものとなります。

$$x + y = \phi(x)$$

および

$$n = \chi(x)$$

でも未知数は三つあるのに、等式は二本しかありません。明らかに彼は、この問題を解決

するため $n = x + y$ と置いたのです。これはつまり、厳密な意味での非自発失業がないと想定したに等しいのです。つまり、既存の実質賃金で提供される労働はすべて、実際に雇用されているということです。すると x は以下の方程式を満たします。

$$\phi(x) = \chi(x)$$

そして、x の値がたとえば n_1 に等しいとわかれば、y は $\chi(n_1) - n_1$ に等しく、総雇用 n は $\chi(n_1)$ に等しくなります。

ここで一瞬立ち止まって、これがどういうことか考えてみましょう。これはつまり、労働の供給関数が変われば、実質賃金で提供される労働は増え（ですからいまや $\phi(x) = \chi(x)$ を満たす x の値は $n_1 + dn_1$ です）、非賃金財の産出に対する需要は、この産業の雇用が $\phi(n_1 + dn_1)$ と $\chi(n_1 + dn_1)$ を等しく保つような量だけ増えます。他に総雇用が変わるとすれば、賃金財の購買性向と、非賃金財の購買性向がそれぞれ変わり、y の増加に伴って、それより大きく x が減る場合だけです。

$n = x + y$ という想定はつまり、労働は常に自分の実質金利を決められる立場にあるということです。ですから労働が自分の実質賃金を決められるという想定は、非賃金財産業の産出が上の法則を満たすということです。つまり、金利が常に資本の限界効率関係《スケジュール》に連動して、完全雇用を維持するということです。この想定がないとピグー教授の分析は崩れ、雇用量が何になるかを決める手段はまったくなくなります。ピグー教授が失業の理論を考えるにあたり、労働の供給関数変化によらない、（たとえば）金利や自信の状態の変化から生じる投資率の変化（つまり非賃金財産業における雇用の変化）をまったく考えなくていいと思ったのは、実に不思議なことです。

ですから『失業の理論』という題名はいささか不当です。この本は実は失業を扱っていません。これは、労働供給関数が与えられたとき、完全雇用の条件が満たされたらどのくらいの雇用が発生するかという議論です。総労働実需弾性という概念の目的は、供給関数のシフトに対応して完全雇用がどのくらい上がり下がりするか、ということです。あるいは――それに代わるもっといいものかもしれませんが――この本はある雇用水準に対応する実質賃金の水準を決める関数関係についての、因果関係なしの検討だと思えばいいのかもしれません。でも、雇用の実際の水準を決めるのが何かは教えてくれません。そして非自発失業には、直接の関係はまったくないのです。

上で定義したような意味での非自発失業の可能性をピグー教授が否定するにしても（むろん、彼はそうするかもしれません）、この分析がどう適用できるのかは、相変わらず理解できません。というのもxとyの関係、つまり賃金財産業の雇用と非賃金財産業の雇用との結びつきを決めるのが何かを議論していないのは、やはり致命的だからです。

さらにピグー教授は、一定の制限内で労働は確かに、ある実質賃金を要求するのではなく、ある名目賃金を要求するのだということに同意しています。でもこの場合には労働の供給関数は$F'(x)$だけの関数にはならず、賃金財の名目価格にも左右されます——結果として、今までの分析は崩れ、追加の要因を持ち込まなくてはいけなくなりますが、この追加の未知数を扱う追加の等式はありません。数学もどき手法の落とし穴は、あらゆるものを単一変数の関数に仕立てて、あらゆる偏微分（部分的な相違）が消滅すると想定しなくてはまったく先に進めないというものですが、それをこれ以上見事に例示しているものはないでしょう。というのも、後になってから実は別の変数があると認めつつ、これまで書いてきたものすべてを書き直さずに進むのはまずいからです。ですからもし労働が求めるのが（ある範囲内でなら）名目賃金であるなら、やはり賃金財の名目価格を決めるのが何かわかるまでは、$n=x+y$と想定したところで相変わらずデータは不十分なのです。というのも賃金財の名目価格は、雇用の総量によります。だから賃金財の名目価格が何かわからなければ、総雇用は求められません。でも賃金財の名目価格を求めるには、総雇用量が必要なのです。すでに述べましたとおり、等式が一つ足りないのです。でも、私たちの理論を事実に最も近づけるのは、実質賃金の硬直性よりは、名目賃金の硬直性という仮の想定かもしれません。たとえば、一九二四－三四年の間の騒乱と不確実性と大幅な物価変動は、六パーセント以内の変動でおさまっていました。でも実質賃金は二〇パーセント以上の変動を示しています。ある理論が一般理論を名乗るには、名目賃金が固定されている（あるいは一定範囲内にある）場合も、それ以外の場合にも同じく適用できなくてはなりません。政治家たちは、名目賃金がもっと柔軟であるべきだとグチを言ってもかまわないでしょう。でも理論家は、どんな事態であろうとも無差別に対応すべきです。科学的な理論は、自分の想定に事実がしたがうよう要求することはできないのです。

ピグー教授が明示的に名目賃金削減の影響を扱うときには、またもや露骨に（と私には見えます）はっきりした答えがまったく出せないほどわずかなデータしか提供しません。まず、限界原価が限界賃金費用に等しければ賃金費用が減らされたら非賃金労働者の所得が非賃金所得者の所得と同じ比率で変わる、という議論を否定します（前掲書、一〇一頁）。その理由は、これが雇用量が変わらない場合にしかあてはまらない、ということです――これはまさに議論の俎上に上がっている点です。でもそこから次のページに進むと（前掲書、一〇二頁）自分でそれと同じまちがいをして、「当初は非賃金所得者の名目所得には何の変化もない」という想定を採用するのです。これはご当人がいま示したように、雇用量が変わらない場合にしかあてはまりません――これはまさに議論の俎上に上がっている点です。他の要因がデータに含まれない限り、どんな結論を出すことも不可能なのです。

労働が実はある実質賃金ではなく、ある名目賃金を要求する（ただし実質賃金がある最低線を割らないことが条件）ということを認めると、分析がどう変わるかを示すには、他の指摘もできます。それを認めてしまうと、実質賃金を上げない限りこれ以上の労働が出てこないという想定（これは議論のほとんどの根底にあります）は崩れてしまうのです。たとえばピグー教授は実質賃金が所与だと想定、つまりすでに完全雇用が実現していて、実質賃金を下げたら労働は増えないという想定に基づいて乗数理論を否定します（前掲書、七五頁）。この想定に基づく限り、この議論はもちろん正しい。でもこの一節でピグー教授は、実務的な政策に関わる提案を批判しています。そして統計上でイギリスの失業が二百万人を超えている（つまりいまの名目賃金で喜んで働く人が二百万人いる）ときに、生活費用が名目賃金に比べてちょっとでも上がれば、この二百万人相当以上の人数が労働市場から撤退すると想定するのは、おめでたいほど事実からかけはなれています。

ピグー教授の本のすべてが、名目賃金との比較で生活費の上昇はどんなわずかなものでも、労働市場から既存の失業者全員を上回る数の人々が撤退するという想定に基づいていることは、改めて強調しておきます。

さらにピグー教授はこの一節（前掲書、七五頁）で挙げている、公共事業の結果として生じる「二次的」雇用に対する批判論が同じ想定に基づいていて、同じ政策からくる「一次」雇用の増大にとっても同じく致命的だということを見落としています。というのも、賃金財産業での実質賃金が所与ならば、雇用はどうやっても増えようがないのです。例外は、非賃金所得者が賃金財の消費を減らす場合だけです。一次雇用に新たに従事した人々は、たぶん賃金財の消費を増やし、それが実質賃金を引き下げて、つまりは（想定に基づくなら）どこか他で雇われていた労働の撤退を引き起こします。でもピグー教授はどうやら、一次雇用の増加の可能性を認めているようです。一次雇用と二次雇用を分ける一線というのは、教授のまともな常識が、教授のダメな理論を圧倒できなくなる決定的な心理上のポイントのようです。

上で挙げた前提と分析上のちがいが、結論のどんなちがいに結びつくかについては、ピグー教授が自分の観点をまとめた以下の重要な一節を見るとわかります。「勤労者の間に完全な自由競争と、労働に完全な可動性があれば、関係（人々が求める実質賃金と労働需要関数との）の性質はきわめて簡単である。賃金は常に需要に相関して全員が雇用されるようにしようとする強い傾向を持つ。であるからして、安定な条件では全員が実際に雇用される。これが意味するのは、実際に存在する失業はすべて完全に、需要条件が絶えず変化して、適切な調整が即座に行われない摩擦的な抵抗が存在するという事実のみから来るのである(2)」。そして彼は、失業というのは主に労働の実需関数変化に対して調整できない賃金政策が原因なのだと結論します（前掲書、二五三頁）。

ですからピグー教授は、長期的な失業は賃金調整によって治療できると信じています(3)。

これに対して私は、実質賃金（これは雇用の限界的な負の効用で決まる最低基準だけが条件です）は主に「賃金調節」で決まるものではないと主張しています（ただし「賃金調節」には波及効果はあるかもしれません）。それを決めるのは主にシステムの他の力で、その一部（特に資本の限界効率関係《スケジュール》と金利の関係）についてピグー教授は、私が正しければ、定式化した図式の中に含めおおせていません。

最後に、ピグー教授が「失業の原因」の部分にやってくると、確かに需要状態の変化について私と同じくらい語ります。でも彼は需要状態というのが労働実需関数だと述べ、自分の定義だとその関数がどんなに狭いものかを忘れてしまいます。というのも労働実需関数は、定義からして（上で見たように）たった二つの要因だけで決まるからです。(1)ある環境下で、雇用された総人数と、その人たちの消費分を提供するために賃金財産業で雇用されるべき人数の関係、そして(2)賃金財産業の限界生産性の状態。でも『失業の理論』第五部では、「労働の実需」の限界生産状態が重要視されています。「労働の実需」は、幅の広い短期間の変動を起こす要因とされ（前掲書、第五部第六－十二章）、「労働の実需」の変動が、そうした変動に敏感に反応できない賃金政策と組み合わさって、事業サイクルの主要原因となるのだ、と述べられています。読者からすれば、これはすべて、もっともらしくおなじみの話に思えます。というのも定義に戻らない限り「労働実需の変動」というのは私が「総需要状態の変動」で伝えたいのと同じ類《たぐい》のイメージを与えるからです。でも定義に戻ってみると、これはすべてもっともらしさを失うのです。なぜかというと、この要因は世界の何よりも、鋭い短期的な変動を起こしそうにないものだからです。

ピグー教授の「労働の実需」はその定義から、$F(x)$ と $\phi(x)$ だけに依存します。$F(x)$

は賃金財産業の物理的生産条件をあらわし、$\phi(x)$ は賃金財産業での雇用と総雇用の任意の水準との関数関係を示すものです。これらの関数のどちらも、なぜ長期的にじわじわと変わる以外の形で変わるべきなのかを理解するのは困難です。どう見ても、これらが事業サイクルの中で変動すると想定する理由はなさそうです。というのも $F(x)$ はゆっくりとしか変わらないし、しかも技術的に進歩する社会では、前進するしかありえません。これに対し $\phi(x)$ は労働者階級にいきなり倹約病が広まったり、もっと一般的には消費性向が突然変わらない限り、安定したままのはずです。ですから、労働の実需は事業サイクルの間中、ずっとほぼ一定になるだろうと予想されます。繰り返しますが、ピグー教授は分析から不安定な要因、つまり投資規模の変動を丸ごと排除しています。でもこれこそ、雇用変動現象の根底にいちばんよく見られるものなのです。

長々とピグー教授の失業の理論を批判してきたのは、古典派の他の経済学者にくらべ、ピグー教授のほうが批判すべき隙が多いように見えたからではありません。むしろ、古典派の失業理論を厳密に記述しようとした唯一の試みがこれだからなのです。ですから、この理論に対する反対論を提起するにあたり、これまで提出された最も見事な表現に対して反論するのが、私の責務ではあったのです。

注

（1）限界賃金費用を限界原価と同じだと見なす、まちがった慣行の源は、限界賃金費用という意味のあいまいさにあるのかもしれません。これは一ユニット追加する費用のうち追加の賃金費用分を差し引いたものを意味するのかもしれません。あるいは追加の産出一ユニットを、既存設備と他の未雇用要素を使いつつ、最も経済的に作ったときにかかる賃金費用のことかもしれません。前者の場合、追加の労働に、追加の事業者精神や運転資金やその他追加費用のうち労働以外のものは一切組み合わせられません。そして追加の労働が、少ない労働よりも設備をはやく摩耗させるのを含めることもできません。前者の場合、労働費用以外に何も限界原価に入れないことにしてしまったので、もちろん確かに、限界賃金費用と限界原価は同じものになります。でもこの想定で行われた分析の結果は、ほとんどまったく使い物になりません。というのも、その根底にある想定は、実際には滅多に実現されないからです。というのも私たちは、追加の労働に他の要素の適切な追加（あれば）を組み合わせないほどバカではないからで、したがってこの前提は、労働以外のあらゆる要素がすでに最大限雇用されていると想定した場合にしか当てはまらないのです。

（2）前掲書、二五二頁。

（3）これが金利の反応を通じて生じるというほのめかしも示唆もありません。

第20章　雇用関数

I（1）

第3章（七五頁）で、総供給関数 $Z = \phi(N)$ を定義しました。これは雇用Nをそれに対応した供給総額と関連づけるものです。雇用関数と総供給関数のちがいは、それが実質的には逆関数で、賃金単位に基づいて定義されているというだけです。雇用関数の目的は、ある企業、産業、または全産業に向けられた有効需要の量（賃金単位で測定）を雇用の量と結びつけることです。つまり、その有効需要の量に対応する産出の供給価格を出すことです。ですからある企業や産業に向けられた有効需要の量D_{wr}（賃金単位で計測）が、その企業や産業において雇用量N_rを必要とするなら、雇用関数は$N_r = F_r(D_{wr})$となります。あるいはもっと一般化して、もしD_{wr}が総有効需要D_wの固有関数だとするなら、雇用関数は$N_r = F_r(D_w)$となります。これはつまり、産業rでは有効需要がD_wのとき、N_r人が雇われるということです。

本章では、雇用関数のいくつかの性質を展開してみましょう。でもそれが持つ各種の興味とは離れて、通常の供給曲線にかわりこの雇用関数を代替することが、本書の手法や狙いと親和性を持つ理由が二つあります。まずは、それが関係する事項をあらわすのに、私たちが己に課すと決めた単位で表現していて、怪しげな定量的性質を持った単位はまったく導入しないということ。第二に、それは通常の供給曲線に比べ、ある環境における個別の産業や企業の問題ではなく、全ての産業や総産出の問題を扱いやすくしてくれます——その理由は以下のとおり。

ある商品についての通常の需要曲線は、世間の人々の所得について、ある想定に基づいて引かれており、所得が変われば弾き直す必要があります。同様に、ある商品についての供給曲線は、その産業全体の産出についてある想定に基づいて引かれており、その産業の総産出が変われば供給曲線も変わることになります。ですから、個々の産業が総雇用の変化にどう反応するかを検討しているとき、考慮したいのは単一の供給曲線に対応した産業ごとの個別の需要曲線ではなく、ちがった想定の総雇用のそれぞれに対応した、二つの曲線群なのです。でも雇用関数の場合、全体としての雇用変化を反映した全産業についての関数を導くのは、ずっとやりやすくなります。

というのも、（まず手始めに）第18章で所与としたものに加えて、消費性向も決まっているものと想定しましょう。そして、投資率変化に対応した雇用変化を考えます。この想定だと、賃金単位で見たどんな有効需要に対しても、それに対する総雇用があり、この有効需要は消費と投資の間で決まった比率で分けられます。さらにそれぞれの有効需要水準は、所定の所得分配に対応しています。ですからある総有効需要に対応して、それが個別産業に分配される一意的なやり方もあると想定して問題ないでしょう。

すると、個々の産業での雇用量と、一定の総雇用との対応関係が決められます。つまり、総有効需要（賃金単位で測ったもの）の各水準に対して、その産業の二つ目の雇用関数、つまり上で定義した $N_r = F_r(D_w)$ を満たすような個別産業の雇用量が得られるのです。ですからこの条件下だと、個々の雇用関数は加算可能となります。つまりある有効需要水準に対応した全産業についての雇用関数は、個別産業の雇用関数の総和に等しいという意味です。つまり以下が成り立ちます。

$$F(D_w) = N = \sum N_r = \sum F_r(D_w)$$

次に雇用の弾性を定義しましょう。ある産業の雇用弾性は以下で与えられます。

$$e_{er} = \frac{dN_r}{dD_{wr}} \frac{D_{wr}}{N_r}$$

なぜならこれは、ある産業で雇用されている労働ユニット数が、その産出購入に支出されると予想される賃金単位の変化に対してどう反応するかを測るものだからです。全産業の雇用弾性は次のように書けます。

$$e_e = \frac{dN}{dD_w}\frac{D_w}{N}$$

産出を測るそこそこ満足のいく手法が見つかるのであれば、産出の弾性または生産の弾性とでも言うべきものを定義しておくと便利です。これはその産業に向けられる有効需要が増えたとき、個別産業の産出が増える割合を測るものです。つまり以下のとおり。

$$e_{or} = \frac{dO_r}{dD_{wr}}\frac{D_{wr}}{O_r}$$

もし価格が限界原価に等しいと想定できるなら、以下のようになります。

$$\Delta D_{wr} = \frac{1}{1-e_{or}}\Delta P_r$$

ただしここでP_rは期待利潤です。[2] ここから、もし$e_{or} = 0$、つまり産業の産出が完全に非弾性的なら、増えた有効需要（賃金単位で計測）はすべて事業者に利潤として行き、つまり

$\Delta D_{wr} = \Delta P_r$ となります。一方、$e_{or} = 1$、つまり産出の弾性が一なら、有効需要増分はまったく利潤とはならず、そのすべてが限界原価の要素に吸収されます。

さらに、もしある産業の産出が雇われた労働 N_r の関数 $\phi(N_r)$ なら、以下のようになります。(3)

$$\frac{1-e_{or}}{e_{er}} = -\frac{N_r\phi''(N_r)}{p_{wr}\{\phi'(N_r)\}^2}$$

ただし p_{wr} は、産出一ユニットの期待価格（賃金単位で測定）です。つまり $e_{or} = 1$ という条件はつまり、$\phi''(N_r) = 0$、すなわち雇用が増えると収益は一定ということになります。

さて、古典派理論は実質賃金が常に労働の限界的な負の効用に等しいと想定するし、雇用が増えると後者が高まると想定するので、実質賃金が減ると、他の条件が同じならば労働供給は減ると考えます。これはつまり、実際には賃金単位で見た支出を増やすことは不可能だと想定していることになります。もしそうなら、雇用の弾性という概念はまったく適用しようがありません。さらに、この場合にはお金で見た支出を増やしても、雇用を増やすのは不可能になります。というのも名目賃金は、増えた金銭支出に比例する形で増えるので、賃金単位で見た場合には支出が増えることはなく、つまりは雇用が増えることもありません。でももし古典派の想定があてはまらなければ、金銭的な支出を増やすことで雇用を増やすことは可能です。やがて実質賃金は労働の限界的な負の効用と等しくなり、そこでは定義の上から見ても完全雇用が実現されます。

もちろん通常は、e_{or} はゼロと一の間の値になります。金銭支出が増えるときに物価が（賃金単位で見て）どこまで上がるか、つまり実質賃金がどこまで下がるかは、したがって賃金単位で測った支出に対する産出の弾性値によります。

期待価格 p_{wr} の有効需要 D_{wr} に対する弾性値、つまり $\frac{dp_{wr}}{dD_{wr}}\cdot\frac{D_{wr}}{p_{wr}}$ は e'_{pr} と書きましょう。$O_r p_{wr} = D_{wr}$ なので、以下のようになります。

$$\frac{dO_r}{dD_{wr}}\frac{D_{wr}}{O_r}+\frac{dp_{wr}}{dD_{wr}}\frac{D_{wr}}{p_{wr}}=1$$

あるいは

$$e'_{pr}+e_{or}=1$$

これはつまり、有効需要（賃金単位で計測）の変化に対する物価と産出の弾性値の和は一に等しいということです。有効需要は、この法則にしたがって一部は産出を変え、一部は物価を変えるのに費やされます。

全産業の話をしていて、産出全体を測れるような単位を想定してよいなら、同じような議論があてはまり、$e_p' + e_o = 1$となります。rのついていない弾性値は全産業についてのものです。

では賃金単位ではなくお金を使って価値を測り、いまの結論を全産業について拡張しましょう。

労働一ユニットの名目賃金をWとし、全体としての産出一ユニットの期待価格がp、$e_p (= DdP/pdD)$がお金で測った有効需要変化に対する名目価格の弾性値、$e_w (= DdW/WdD)$がお金で測った有効需要変化に対する名目賃金の弾性値とします。するとすぐに以下が出てきます。

$$e_p = 1 - e_o(1 - e_w)^{(4)}$$

この等式は、次の章で見るように、一般化された貨幣数量説への第一歩です。もし$e_o = 0$あるいは$e_w = 1$なら、産出は変わらず物価はお金で測った有効需要と同じ割合で上昇します。それ以外の場合、上昇の割合はもっと小さくなります。

II

では雇用関数に戻りましょう。これまでで、有効需要のどの水準に対しても、個別産業の製品の間に、有効需要の一意的な分布が対応しているのだ、と想定しました。いまや総支出が変わっても、それに対応する個別産業の製品への支出は一般に、同じ割合では変わりません――理由の一部は、個人は所得の増加につれて個別産業の製品買い物を一様に増やしたりはしないからで、またもう一つの理由は、各種商品の価格は、それらに対する購買支出が増えたときに、反応の程度がちがうからです。

ここから出てくるのは、いままで使ってきた想定、つまり雇用の変化は総有効需要変化(賃金単位で計測)だけに依存するという想定は、所得増の使い道が一つではないということを認めるのであれば、せいぜいが一次近似でしかないということです。つまり、総需要の増分が各種の商品にどう振り分けられるかという想定が、雇用量にかなりの影響を与えるのです。たとえばもし需要の増分が、主に雇用弾性の高い製品に向けられたら、雇用弾性の低い製品に需要が向かった場合に比べて、総雇用の増分は大きくなります。

同様に、総需要がまったく変わらなくても、需要の方向性が雇用弾性の比較的低い製品に流れてしまったら、雇用は下がってしまいます。

こうした検討事項は、特に短期的な現象を考える場合には重要となってきます。つまりある程度事前に予測できないような、需要の量や方向の変化を問題にする場合です。一部の製品は生産に時間がかかるので、その供給をすぐに増やすのは現実的には不可能です。だからもしそれらの製品に追加の需要が向いたら、雇用の弾性は低くなります。でも十分前に予告があれば、その雇用弾性は一に近づくかもしれません。

まさにこれとの関連で、生産期間の概念がきわめて重要になってきます。私の好きな表現なのですが[5]、ある製品が生産期間 n を持つというのは、雇用の最大の弾性値を与えるために需要変更連絡が時間ユニット n 回前に行われなくてはならないということです。明らかに消費財は、全体として見れば、この意味では最長の生産期間を持ちます。というのもあらゆる生産プロセスにおいて、それは最終段階となるからです。ですから有効需要増加に対する初の衝動が消費の増加からくるなら、初期の雇用弾性は、その衝動が投資増からきた場合に比べて、その後の均衡水準よりずっと低いものとなります。さらに、もし需要増が比較的雇用弾性の低い製品に向けられたら、その増分のかなりの部分は事業者の所得を太らせることとなり、賃金労働者やその他原価要因に行く比率は小さくなります。すると考えられる結果としては、事業者が賃金労働者よりも所得増分を貯蓄にまわす率が高いので、その影響は支出増には少し不利になるかもしれません。でもこの二つの例のちがいをあまり大げさに言うべきではありません。というのも反応の大部分は、いずれの場合でも大差ないからです[6]。

需要の変化見込みがどれほど事前から事業者に与えられていたとしても、ある所与の投資増加に対応した初期の雇用弾性が、ある程度時間がたったあとの均衡値ほど大きくなることはあり得ません。例外は、生産のあらゆる段階で余剰の在庫や余剰生産能力がある場合だけです。一方で、余剰在庫の取り崩しは投資増加を相殺してしまう効果があります。もし最初の時点であらゆる段階にある程度の余剰があると想定するなら、初期の雇用弾性は一に近くなるかもしれません。そしてその在庫が使い果たされ、生産の初期段階からの供給増が到着するまでの期間では、弾性値は急落します。そして新しい均衡に近づけば一に近づきます。ですがこれには但し書きが必要です。雇用が増えるにしたがって、経費をもっと吸収してしまうレント要因があったり、あるいは金利が増えたりする場合には話がちがってきます。こうした理由から、変化が常である経済では、物価の完全な安定は不可能です――むろん、消費性向がちょうどよい具合に確実に変動するような、風変わりなメカニズムがあれば話は別ですが。でもこうした形で生じる物価の不安定性は、過剰容量をもたらしかねない利潤の刺激にはつながりません。突発的に利潤が入ってくる事業者たちは、生産のかなり後段の製品を持っている事業者たちです。そして適切な種類の専門リソースを持っていない事業者は、どうがんばってもその利潤を自分のほうに持ってくることはできないのです。ですから変化に伴う不可避な物価不安定性は、事業者たちの行動には影響できず、突発的な利潤を幸運な事業者の懐に導くだけなのです（その変化の方向が変われば利潤の行き先も変わります）。近年の物価安定を目指した現代の実践的な政策議論の一部では、この事実が見すごされてきたと私は思っています。変化が必然の社会では、こうした政策が完全に成功することはあり得ないのは事実です。でもだからといって、物価安定からちょっと一時的に逸脱したからといって、必ずしも累積的な不均衡が引き起こされるということにはならないのです。

有効需要が不足していると、労働の過少雇用が起こることを示しました。過少雇用とはつまり、いまの実質賃金よりも低い賃金でも喜んで働く人々が、失業している状態のことです。結果として、有効需要が増えると雇用が増えます。ただしその際の実質賃金は既存のものと同じかそれ以下となります。そしてやがて、その時点の実質賃金で余っている労働はなくなる点がやってきます。つまり、名目賃金が（その後は）物価よりもはやく上昇しない限り、それ以上雇える人（またはいまの労働者の労働時間を延ばす余地）がないということです。次に考えるべき問題は、その点にやってきても支出がまだ増え続けたら何が起こるか、ということです。

その時点までは、一定の設備に投入する労働を増やすことで生じる収穫逓減は、労働を獲得する際の実質賃金も逓減することで相殺されてきました。でもその先となると、労働一ユニットを獲得するには、その誘因として必要となる賃金相当の製品量は増えるし、一方でその追加労働ユニットを投入することで得られる収益は、製品量として少ないものとなります。ですから厳密な均衡条件は、賃金と物価、そして結果として利潤も、みんな支出と同じ比率で上昇し、その一方で産出量と雇用を含む「実物」ポジションは、あらゆる点で変わらないということです。つまり粗雑な貨幣数量説（「速度」は「所得速度」の意味だと解釈します）が完全に満たされることになります。というのも産出は変わらず、物価は MV とまったく同じ割合で上昇するからです。

とはいえ、これを実際の事例にあてはめようとする場合、いくつか実際的な但し書きがつきます。

(1)少なくとも一時的には、物価上昇により事業者たちは目がくらみ、その製品で測った個別利益を最大化する以上の水準まで雇用を増やしてしまうかもしれません。というのも彼らは、お金で見た売り上げ上昇は生産拡大の合図だと考えるのに慣れすぎていて、その方針が実は自分にとっていちばん得にならなくなった状況でも、それを続けてしまうかもしれません。つまり、新しい物価環境での限界利用者費用を見くびってしまうかもしれないのです。

(2)利潤のうち、事業者が金利生活者に渡さなくてはいけない部分はお金で定額となっているので、物価上昇は産出変化を伴わない場合でも、所得を事業者に有利で金利生活者に不利な形で再分配しなおすことになります。これは消費性向に影響を及ぼすかもしれません。でもこれは、完全雇用が実現されないと始まらないプロセスではありません——支出が増えていた間はずっと安定して進行していたはずです。もし金利生活者のほうが事業者よりも消費しないのであれば、前者から実質所得がだんだん引き出されれば、逆の仮説が成立している場合に比べてお金の量もあまり増やさずに完全雇用を実現できるし、金利引き下げも小さくてすむかもしれません。完全雇用が実現されたら、さらに物価が上がれば、最初の仮説がまだ成立している場合には、物価がどこまでも上昇するのを防ぐため、金利もちょっと上がるしかありません。そしてそのお金の量の増加は比率から見ると、支出増よりは小さいものとなります。一方、もし二番目の仮説が成り立つなら、その逆が起こります。金利生活者の実質所得が減ると、相対的に貧困がつのるため、最初の仮説から二番目の仮説への切り替えが必要かもしれません。その点がくるのは、完全雇用実現の前でも後でもあり得ます。

IV

インフレとデフレの明らかな非対称性には、ちょっと困惑させられる部分があるかもしれません。というのも、完全雇用に必要な水準以下の有効需要デフレは、物価だけでなく雇用も減らすということになるからです。そしてこの水準以上のインフレは単に物価に影響するだけです。しかしこの非対称性は単に、労働者は常に実質賃金がその雇用の限界的な負の効用を下回ればそれに応じて仕事を拒絶できるが、その雇用の限界的な負の効用が実質賃金を超えなくても必ず仕事の口をよこせと強制できる立場にはない、という事実を反映しているだけです。

注

（1）（正当にも）数学のお嫌いな方は、この章のセクションIを飛ばしても大した損はしません。

（2）なぜかというと、p_{wr}が賃金単位で測った産出一ユニットの期待価格とすれば、

$$\Delta D_{wr} = \Delta(p_{wr}O_r) = p_{wr}\Delta O_r + O_r\Delta p_{wr}$$

$$= \frac{D_{wr}}{O_r}\Delta O_r + O_r\Delta p_{wr}$$

だから

$$O_r\Delta p_{wr} = \Delta D_{wr}(1 - e_{or})$$

あるいは

$$\Delta D_{wr} = \frac{O_r\Delta p_{wr}}{1 - e_{or}}$$

となる。

しかし

$$O_r \Delta p_{wr} = \Delta D_{wr} - p_{wr} \Delta O_r$$

$$= \Delta D_{wr} - (\text{限界原価}) \Delta O_r$$

$$= \Delta P_r$$

したがって

$$\Delta D_{wr} = \frac{1}{1 - e_{or}} \Delta P_r$$

（3）なぜなら、$D_{wr} = p_{wr} O_r$ なので、

$$1 = p_{wr} \frac{dO_r}{dD_{wr}} + O_r \frac{dp_{wr}}{dD_{wr}}$$

$$= e_{or} - \frac{N_r \phi''(N_r)}{\{\phi'(N_r)\}^2} \frac{e_{er}}{p_{wr}}$$

（4）というのも $p = p_w W$ で $D = D_w W$ なので、以下のようになります：

$$\Delta p = W \Delta p_w + \frac{p}{W} \Delta W$$

$$= W e'_p \frac{p_w}{D_w} \Delta D_w + \frac{p}{W} \Delta W$$

$$= e'_p \frac{p}{D} (\Delta D - \frac{D}{W} \Delta W) + \frac{p}{W} \Delta W$$

$$= e'_p \frac{p}{D} \Delta D + \Delta W \frac{p}{W} (1 - e'_p)$$

よって

$$e_p = \frac{D\Delta p}{p\Delta D} = e'_p + \frac{D}{p\Delta D} \frac{\Delta Wp}{W}(1 - e'_p)$$

$$= e'_p + e_w(1 - e'_p)$$

$$= 1 - e_o(1 - e_w)$$

（5） これは通常の定義とはちがいますが、この考え方で重要な点は含まれているように思います。

（6） いまの点についてのさらなる議論は、拙著『貨幣論』第四巻にあります。

第21章　価格の理論

I

　経済学者たちが「価値の理論」なるものに取り組んで以来ずっと、価格というのは需要と供給の条件に支配されると教えるのに慣れてきました。そして特に、限界費用と短期的な供給弾性が大きな役割を果たしてきたのです。でも第二巻に入り「お金と価格の理論」なる部分にやってくると（これは別の論考となっていることも多いようです）、もうこうした素朴ながらもわかりやすい概念にはお目にかかれません。そこでの価格はお金の量とか、所得速度とか、取引量と比較した流通速度とか、抱え込みとか、強制貯蓄とか、インフレとかデフレとか、その他あれやこれやに支配されています。そしてこうした漠然とした用語を、以前の需要と供給の弾性といった概念と関連づけようという試みは、ほとんどまったく行われません。教わったことを振り返ってそれを合理化しようとしたら、単純なほうの議論では供給の弾性がゼロになり、需要はお金の量に比例するようになったということに思えます。そしてもっと高度な議論となると、何ひとつはっきりせず、何でもありの五里霧中となってしまいます。私たちみんな、時には月のこっちがわにいて、時にはその裏側にいて、それらを結ぶ道筋も旅程もわからず、両者の関連はまるで、私たちの目覚めた世界と夢の世界とを結びつけるもののようなのです。

　これまでの章の狙いの一つは、この二重生活を脱して価格理論を全体として価値の理論と密接に結びつけることでした。経済学が、一方では価値と分配の理論となり、一方でお金の理論になったのは、私が思うに、偽の分裂にすぎません。私としては、正しい二項対立の片方は個々の産業や企業の理論で、ある一定量のリソースの使い方を変えたときの報酬や分配についてのものです。そしてもう一方は、経済全体としての産出と雇用の理論です。個別産業や企業の研究に限り、雇用されたリソースの総量は一定だという想定を置き、他の産業や企業の条件は変わらないと一時的に考えるなら、お金の重要な特徴など考えなくてよいのは事実です。でも、全体としての産出と雇用を決めるものは何かという問題に移ったとたん、金銭経済の完全な理論が必要になるのです。

　あるいは、分割線は固定された均衡の理論と、移動する均衡の理論との間に引いてもいいかもしれません――後者はつまり、未来についての見方が変わることで現在の状況に影響が及ぶシステムの理論です。というのもお金の重要性とは基本的に、それが現在と未来を結ぶものであることから生じているのです。将来についての見通しが、あらゆる点で固定されて信頼できる世界において、通常の経済的な動機の下、各種の用途の間でどんなリソース分配が均衡と整合性を持つか、ということは考えられます――さらに分けるなら、変化のない経済と、変化の生じる経済を考えてもよいのですが、その場合にもあらゆることが最初から予見されている場合となります。あるいはこんな単純化した入門編から、以前の期待が失望させられることもあり、未来についての期待が今日の行動に影響する現実世界の問題に移行することもできます。この移行を果たしたときにこそ、現在と未来のつながりというお金の風変わりな性質が計算に含まれるべきときなのです。でも変化する均衡の理論も、必然的に金銭経済において検討されねばなりませんが、それは価値と分配の理論のままで、別個の「お金の理論」にはなりません。お金の重要な特性とは、何にもまして、現在と未来を結ぶさりげない装置だということなのです。そして現在の活動に期待変化がどんな影響を与えるか論じるには、お金を使わなければ話になりません。黄金や銀や法定通貨などを廃止したところで、お金をなくすことはできません。耐久財がある限り、それはお金の属性を持てますし(1)、したがって金銭経済に特徴的な問題だって引き起こせるのです。

II

単一の産業では、その固有の価格水準は、その限界費用に入ってくる要素への支払い率に部分的に左右されますし、部分的には産出規模に左右されます。全産業へと移行したとき、この結論を変えるべき理由はありません。一般物価水準は、限界費用に含まれる生産要素への支払いに一部は左右され、そして一部は全体としての産出規模、ひいては（設備と技術は所与と考えれば）雇用量に左右されます。確かに、全体としての産出へと移行すれば、どれか一つの産業における生産は、部分的には他の産業の産出に左右されます。でも私たちが考慮すべきもっと重要な変化は、需要の変化が費用と量の両方に与える影響です。総需要を一定として個別の製品の需要を単独で考慮するのではなく、全体としての需要を扱うようになると、需要側にこそまったく新しいアイデアを導入しなくてはならないのです。

III

もし話を単純化して、限界費用に含まれる生産の各種要素に対する支払いがみんな同じ割合で変わるとすれば（つまり賃金単位と同じ割合で変わるとする）、一般物価水準（設備や技術は所与とします）は部分的には賃金単位に左右され、部分的には雇用量に左右されるということになります。したがってお金の量の変化が物価水準に与える影響は、賃金単位への効果と雇用への効果の複合物だと考えられます。

関係するアイデアを明らかにするために、想定をさらに単純化しましょう。(1)失業したりソースはすべて、必要なものを生産する効率において均質であり交換可能とします。(2)また限界費用に含まれる生産要素は、失業者が余っていれば同じ名目賃金で満足するとします。この場合には、収穫一定で、賃金単位は失業がある限り硬直的となります。すると失業がある限り、お金の量は物価に何一つ影響しないことになります。そしてお金の量の増加がもたらす有効需要増加にずばり比例して、雇用も増えることになります。一方で、完全雇用が実現されたとたんに、有効需要の増加とずばり比例して増えるのは、賃金単位と物価ということになります。ですから、失業がある限り完全に弾性的な供給があり、完全雇用になったとたんに完全に非弾性的な供給があるならば、そしてさらに有効需要がお金の量とまったく同じ割合で変わるなら、貨幣数量説は以下のように言い換えられます。「失業がある限り、雇用はお金の量と同じ割合で変わる。また完全雇用下では、物価はお金の量と同じ割合で変わる」。

でも、貨幣数量説を記述するために、単純化用の想定をいくつも導入して伝統を満足させたからには、こんどは実際に出来事に影響する、ありそうな複雑性を考えてみましょう。

(1)有効需要がお金の量とずばり同じ割合で変わらない場合
(2)リソースが均質でなく、雇用がだんだん増えるにつれて、収穫は一定ではなく逓減する場合

(3)リソースが交換可能でなく、一部の商品は他の商品生産に使えるリソースが失業している状態であっても、非弾性的な供給の状態になってしまう場合
(4)賃金単位が完全雇用に到達する前に上昇し始める場合
(5)限界費用に含まれる要素への支払いが、どれも同じ比率では変わらない場合

ですからまずは、お金の量の変化が有効需要の量にどう影響するか考える必要があります。さらには、有効需要の変化は、概して一部は雇用量の増加に使われ、一部は物価水準上昇に使われます。ですから失業があれば物価一定、完全雇用ならばお金の量に比例した物価上昇、というのではなく、雇用の増加につれて物価がだんだん上昇するという条件ができます。つまり価格の理論というのは、お金の量の変化と物価の変化との関係を分析することで、ひいてはお金の量の変化に対する物価の弾性を決めるということですが、その理論というのは上に述べた五つの複雑化要因に取り組まなくてはいけないということです。

それぞれ順番に考えていきましょう。でもこの手順のせいで、それらが厳密な意味で独立だと思い込むようになってはいけません。たとえば、有効需要の増分が、産出の増加に向けられる部分と物価上昇に向けられる部分の比率は、お金の量と有効需要の量との関連にも影響するかもしれません。あるいはまた、各生産要因への支払いが変わる比率も、お金の量と有効需要の量との関係に影響しかねません。ここでの分析の狙いは、無謬の答えを出してく

れる機械ややみくもな操作手法を提供することではなく、個別の問題を考えるための、組織だった秩序ある思考方法を提供することです。そしてややこしい要素を一つずつ選り分けて、仮の結論に到達したら、こんどは自分のやってきたことに立ち戻り、それぞれの要因の可能な相互作用の可能性を、できる限り検討しなくてはなりません。これが経済学的思考の本質です。形式化された思考原理（でもこれがないと森の中で迷子になります）をこれ以外のやり方で適用しようとしたら、まちがいにはまりこんでしまいます。経済分析システムの定式化として使われる、記号重視の数学もどき手法（本章のセクションⅥでやるようなものです）の大きなまちがいは、関連要素同士が厳密に独立だとはっきり想定してしまい、その仮説が許されない場合には説得力や意義が一切失われてしまうということなのです。これに対して、普通の言葉での表現だと、やみくもに操作を行うだけではなく、常に自分が何をしていて言葉が何を意味しているか知っているので、後で考慮すべき留保条件や但し書きや調整をすべて「頭の後ろに」持っておけるのです。でもややこしい偏微分方程式を何ページにもわたる数式（しかもその偏微分がすべて消えてしまうと想定しているもの）の「後ろ」に置いておくことなどできません。最近の「数理」経済学のあまりに大きな部分は、単なる作り物でしかなく、その根底にある当初の想定と同じくらい厳密性に欠け、著者はもったいぶった役立たずな記号の迷路の中で、現実世界の複雑性や相互依存性を見失ってしまうのです。

IV

(1)お金の量の変化が、有効需要の量に与える主な影響は、金利への影響を通じてのものです。これが唯一の反応であれば、定量的な影響は三つの要素から導けます——(a)流動性選好の関係《スケジュール》。これは新しいお金が希望者に吸収されるにはどれだけ金利が落ちるべきかを教えてくれます。(b)限界効率の関係《スケジュール》。これは金利が落ちたときに、それがどれだけ投資を増やすか示します。そして(c)投資乗数。これは投資が増えたときに、それがどれだけ全体としての有効需要を増やすか示します。

でもこの分析は、検討に秩序と手法を持ち込む点では価値がありますが、いまの三要素(a)(b)(c)がそれ自体として、まだ検討していない複雑化要素である(2)(3)(4)(5)に一部依存していることを忘れると、その単純さも誤解のタネとなります。というのも流動性選好の関係《スケジュール》自体が、新しいお金のどれだけが所得と産業的な循環に吸収されるかに左右されるし、それらはさらに、有効需要がどれだけ増えるか、その増分が物価上昇と賃金上昇と産出量増大や雇用増でどんなふうに山分けされるかで決まります。さらに限界効率関係《スケジュール》は部分的には、お金の量が将来の金融見通しの期待に与える影響が決めるような状況に依存しています。そして最後に乗数は、有効需要増大で生じる新しい所得が、ちがう種類の消費者間でどう分配されるかにも影響されます。またこうした相互作用の可能性一覧は完全にはなりません。それでも、すべて事実が目の前にあれば、十分な連立方程式が得られ、決定的な結論がわかるでしょう。すべてを考慮したうえで、お金の量の増加に対応し、それと均衡した有効需要量の増加が決定されるでしょう。さらに、お金の量の増加が、有効需要量の減少と結びつくのは、きわめて例外的な状況に限られるでしょう。

有効需要の量とお金の量との比率は、通常は「お金の所得速度」と呼ばれるものと密接に対応していますーーただし有効需要は生産の原動力となった所得の期待に対応しているのであって、所得の実績に対応しているのではないこと、そしてそれが総所得であって純所得に対応するものではない点がちがっています。でも「お金の所得速度」はそれ自体としては、何も説明しないただの名前です。それが一定であるべき理由は何もありません。というのも、これまでの議論で示したように、それは多くの複雑で変動する要因に依存するからです。この用語を使うと、因果関係の本当の性質が覆い隠されてしまい、混乱以外の何物も生じていないと思うのです。

(2)上（第4章セクションⅢ）で示したように、収穫逓減と収穫一定のちがいは、労働者たちがその効率性に厳密に比例した形で報酬を受け取るかどうかに部分的に依存します。もし比例するなら、雇用が増えたときにも労働費用（賃金単位で計測）は一定となります。でももしある水準の労働者の賃金が、その個人の効率性とは関係なく一様なら、設備の効率性にかかわらず、労働費用は逓増します。さらに、もし設備が不均一で、その一部は産出一ユニットあたりの原価が高くなるのであれば、労働費用逓増の分を超える限界原価の上昇も起きます。

したがって一般に、一定量の設備からの産出が増えるにつれて供給価格も増加します。ですから産出増大は賃金単位の変化とは別に、価格増大を伴うのです。

(3)(2)では、供給の弾性が不完全である可能性を考察してきました。もしそれぞれの専門化した失業リソース量の間に完全なバランスがあるなら、それらがすべて同時に完全雇用に到達することになります。でも一般に、一部の商品に対する需要は、供給が少なくとも短期的には完全に非弾性的な水準を超えますが、他の部分ではかなりの失業リソースが残っているものです。ですから産出が増えるにつれて、一連の「ボトルネック」が次々に起こり、一部の商品の供給は弾性的でなくなって、価格は需要を他の方向にふりむけるだけの水準に上昇するしかなくなります。

あらゆる種類の高効率失業リソースがあるならば、産出が増えるにつれて、一般物価水準はあまり上がらないことは考えられます。でも産出がこうした「ボトルネック」に到達できるだけの水準まで増えたとたんに、一部の商品価格は急上昇する見込みが高いのです。

でもこの項目については、項目(2)もそうですが、供給弾性はある程度は時間の経過にも左右されます。設備の量自体が変われるくらいの十分な期間を想定すれば、供給弾性もやがては目に見えて大きくなります。ですから広範な失業がある状況で有効需要が少々増えれば、物価上昇はほとんど起きず、主に雇用増大を引き起こすでしょう。これに対し、もっと大きな変動で予想外のものは、一時的な「ボトルネック」を引き起こし、これにより当初は雇用増以外に物価上昇を引き起こすでしょう。でもその後は、それが緩和されます。

(4)完全雇用達成以前に賃金単位が上昇を始めるかもしれないという点については、あれこれコメントや説明の必要もないでしょう。それぞれの労働者集団は、他の条件が同じなら自分の賃金上昇で得をするので、あらゆる集団について、この方向での圧力が生じますし、事業者のほうとしても商売が好調であればその要求に喜んで応じることでしょう。このため、有効需要の増加はすべて、ある程度は賃金単位の上昇傾向を満足させるほうで吸収される見込みが高いのです。

ですから、名目金額での有効需要が増えた結果として、名目賃金が賃金財価格上昇とまったく同じ比率でどうしても上昇しなくてはならないという完全雇用の最終的な臨界点がありますす。でもそれに加えて、それに先立つ一連の準臨界点があって、そこでは有効需要の増大が名目賃金を引き上げるものの、その上昇率は賃金財価格の増加率には満たないものとなります。有効需要の減少の場合でも同じです。現実の経験では、賃金単位は有効需要がちょっと変わっただけでいちいち名目値が連続的に変わったりはしません。むしろ不連続的に変わります。こうした不連続点は、労働者の心理と雇用主や労働組合の方針によって決まります。開放経済では、賃金単位の変化というのは他の国での賃金費用の変化との相対での変化という意味になります。そして事業サイクルにおいては、閉鎖経済の中ですら賃金単位の変化というのは将来の期待賃金費用との相対での変化という意味です。これらの場合、その賃金単位の変化はかなり実務的な重要性を持つことになります。こうした準臨界点は、お金で見た有効需要がそれ以上増えたら賃金単位に不連続な上昇を引き起こすような点ですが、ある見方からすれば絶対インフレ点（以下のセクションV参照、完全雇用下での有効需要増の際に起きるもの）との比較で、準インフレの位置と言えるかもしれません（アナロジーとしてはきわめて不完全なものですが）。さらにこうした点は、かなり歴史的な重要性を持っています。でも簡単に理論的な一般化ができるようなものではありません。

(5)ここでの第一の単純化は、限界費用に含まれる各種の要素に対する報酬がすべて同じ比率で変わる、という想定でした。でも実際には、各種の要素に対する名目報酬額は硬直性も様々だし、提供される金銭報酬変化に対する供給弾性もちがっているでしょう。そうでなければ、物価水準は賃金単位と雇用量という二つの要素の複合物でしかないと言えるところです。

限界費用の中で、賃金単位とはちがう比率で変わりそうで、しかもずっと変動幅の大きそうな要素として最も重要なのは、限界利用者費用でしょう。というのも増える有効需要が設備更新の必要となる期日に関する期待を急変させた場合には（これはたぶんそうなるでしょう）、雇用が改善し始めたら限界利用者費用は急増しかねないからです。

多くの目的においては、限界原価に含まれる要因すべての報酬が賃金単位と同じ比率で変わると想定するのは、一次近似としてとても有用ではありますが、限界原価に含まれる要素の報酬の加重平均を取って、それを費用単位と呼ぶほうがいいかもしれません。この費用単位、あるいは上の近似で言えば賃金単位は、価値の基本的な基準と見なすことができます。そして技術と設備の状態が決まっているときの物価水準は、部分的には費用単位に左右され、部分的には産出規模に左右されます。そして、物価水準は産出が増える場合には、費用単位の増加率より高い比率で、短期的には収穫逓減の法則にしたがって高まるのです。ある代表的な生産要素から得られる限界収益が、その産出量を生産するための最低水準となるところまで産出量が増えたら、完全雇用が実現したことになります。

V

有効需要量がさらに増えても、産出がそれ以上増えることはなく、増分がすべて有効需要の増加率と同じだけの費用単位増加に費やされる場合には、真のインフレと呼ぶのが適切な状況に達したことになります。この時点まで、金融拡大の影響は純粋に程度問題で、インフレ条件が調《ととの》ったとはっきり宣言できる点はありませんでした。これ以前のお金の量の増大は、有効需要を増やす限りにおいて、部分的には費用単位増加に使われますが、部分的には産出増大に使われます。

したがってどうやら、ここを超えると真のインフレが起きるという重要な臨界点をはさんで、一種の非対称性があるようです。というのも有効需要がこの臨界点以下に収縮すると、費用単位で測った有効需要の量は減ります。一方で、有効需要がこの水準より上がると、一般には費用単位で測った有効需要が増える効果は生じないのです。この結果は、生産要素、特に労働者たちは名目報酬削減に抵抗しがちであり、増加に対してはそれに対応するような抵抗が見られないという想定から出てくるものです。でもこの想定は、明らかに事実の根拠を十分に持っています。これは経済全体の変化でない限り、そうした変化は上向きならば関連する個別要素にとって有益だし、下向きならば有害だという状況によるものです。

もし逆に、完全雇用以下の状況なら名目賃金がどこまでも下落するのであれば、この非対称性は確かに消えます。でもその場合には、金利がそれ以上下がらない下限に達するか、あるいは賃金がゼロになるまで、完全雇用以下での落ち着き場所はなくなることになります。でも金融システム内での価値に少しでも安定性を与えるためには、お金で測ったときの価値が固定ないしは、少なくとも粘着的であるような何らかの要素が必要なのです。

お金の量を増やすと必ずインフレになるという見方は（インフレというのが単に物価上昇という意味でない限り）、生産要素に対する実質報酬を減らせば必ずその生産要素の削減につながるという古典派理論の想定に絡め取られてしまっているのです。

VI

第20章で導入した記述方法を使って、お望みならば上の議論の中身を式で表現できます。まず $MV = D$ と書きましょう。ここで M はお金の量、V は所得速度（この定義はさっき述べたように、通常の定義とはちょっとだけちがいます）、D は有効需要です。もし V が一定なら、物価は $e_p (= Ddp/pdD) = 1$ ならばお金の量と同じ比率で変化します。この条件は、$e_o = 0$ または $e_w = 1$ ならば満足されます（第20章セクションIを参照）。$e_w = 1$ という条件は、お金で測った賃金単位が有効需要と同じ割合で上昇するということです。というのも、$e_w = DdW/WdD$ だからです。そして $e_o = 0$ という条件は、有効需要がそれ以上増えても $e_o = DdO/OdD$ なので産出は反応しないということです。どちらの場合にも、所得は変わりません。

次に、所得速度が一定でない場合を扱えます。これにはもっと弾性を導入しましょう。つまり有効需要の、お金の量の変化に対する弾性です。

$$e_d = \frac{MdD}{DdM}$$

すると以下が得られます：

$$\frac{Mdp}{pdM} = e_p e_d\text{、ただし } e_p = 1 - e_e e_o (1 - e_w)$$

したがって

$$\begin{aligned} e &= e_d - (1 - e_w) e_d e_e e_o \\ &= e_d(1 - e_e e_o + e_e e_o e_w) \end{aligned}$$

ただし添え字なしの $e(= Mdp/pdM)$ はこのピラミッドのてっぺんにあって、名目価格がお金の量にどう反応するかを測ります。

この最後の式は、お金の量の変化に対する物価の変化比率を与えるものなので、貨幣数量説の一般化した記述と考えることができます。私自身は、この手の操作をあまり重視していません。そして上で述べた警告を改めて繰り返しておきましょう。こうした式はどの変数を独立とするかについて（偏微分は一貫して無視します）、普通の言葉での表現と同じくらい暗黙の想定をたくさん含んでいるし、普通の言葉での表現に比べて大した知見を与えてくれるかどうか怪しいと思うのです。これを式で書く御利益といえば、せいぜいが物価とお金の量との関係を定式化しようとしたときの、すさまじい複雑さを示すことくらいかもしれません。とはいえ、お金の量の変化が物価に与える影響を左右する四つの変数 e_d、e_w、e_e、e_o のうち、e_d はそれぞれの状況でお金の需要を決める流動性要因を示し、e_w は雇用増に伴う名目賃金の上昇幅を決める労働要因（またはもっと厳密には、原価に含まれる各種要素）を示し、e_e と e_o は既存設備に投入される雇用が増えたときの収穫逓減の率を決める物理的要因に対応していることは、指摘してもよいでしょう。

もし人々が、所得の一定割合を現金で保有するなら、$e_d = 1$ です。名目賃金が固定なら、$e_w = 0$ です。もし収穫がずっと一定で、限界収益が平均収益と同じなら、$e_e e_o = 1$ です。そして労働か設備のどちらかが完全雇用されていれば、$e_e e_o = 0$ です。

さて $e_d = 1$ かつ $e_w = 1$ なら、$e = 1$ です。あるいは、$e_d = 1$、$e_w = 0$、$e_e e_o = 0$ でもそうなります。あるいは $e_d = 1$ かつ $e_o = 0$ でもそうなります。そしてその他、$e = 1$ となる特殊な場合はいろいろあるでしょう。でも一般には、e は一ではありません。そしてたぶん、現実世界に関する現実的な想定をして、「通貨からの逃亡」という例を除けば（この場合は e_d と e_w が大きくなります）、e は一般には一より小さくなります。

VII

これまでは、お金の量の変化が物価に与える影響を、主に短期で考えてきました。でも長期だと、もっと簡単な関係がないのでしょうか？

これは純粋理論というよりは歴史的一般化の問題です。もし流動性選好に長期的な均一性の傾向があるなら、確かに国民所得と流動性選好を満たすのに必要なお金の量との間には、悲観期と楽観期の平均を見れば、荒っぽい相関があり得ます。たとえば、人々が国民所得のうち、何も生まない現金として長期的に持ちたがる水準がかなり安定して決まっているかもしれません。ただしこれは金利が何らかの心理的最低線を上回る場合です。そうなれば、活発に流通する量以上の現金があれば、遅かれ早かれ金利はこの最低線のちかくにまで下がってくるでしょう。すると他の条件が一定なら、金利の低下は有効需要を増やし、増えた有効需要は賃金単位が不連続な上昇を起こす、準臨界点のどれかに達します。そしてそれは、物価にもそれ相応の影響をもたらすでしょう。余ったお金の量が国民所得に比べて異常に低い比率ならば、逆の傾向が生じるでしょう。だからある期間にまたがる変動の純効果は、国民所得とお金の量との安定した比率と整合する平均値を確立することであり、人々の心理は遅かれ早かれそこに戻るのだ、と考えられることになります。

こうした傾向はたぶん、上昇時のほうが下降時よりもうまく機能するでしょう。でもお金の量が長い間不足し続けたら、その逃げ道としては通常、賃金単位を無理矢理下げて債務負担を増やすよりはむしろ、お金の基準を変えたり通貨システムを変えたりすることです。ですから超長期で見た物価はほぼ常に上昇傾向にあります。なぜならお金が比較的たっぷりあるときには、賃金単位は上がります。そしてお金が比較的少ないときには、実質的なお金の量を増やすための何らかの手段が編み出されるからです。

十九世紀には、人口増と発明増、新しい土地の開放、安心の状態や、(たとえば)十年ごとの平均戦争頻度などのおかげで、消費性向もあいまって、そこそこ満足のいく平均雇用水準と、富の保有者にとって心理的に容認できる金利とが整合するだけの資本限界効率関係《スケジュール》が実現されていたようです。証拠を見ればほとんど百五十年にわたり、主要金融センターにおける長期金利の通例は五パーセントくらいでした。そして優良金利は三－三・五パーセントです。そしてこうした金利は、まあまあ我慢できる程度の雇用を平均で維持できるくらいの投資量を促せる程度に低いものでした。時には賃金単位も調整されましたが、もっと多かったのはお金の基準や金融システムが調整されることで(特に銀行紙幣の発達でこれが生じました)、賃金単位で見たお金の量が、上で示した標準的な金利からほとんど下がらない程度の金利でも、通常の流動性選好を満足させられる程度となっていました。賃金単位の傾向は、いつもながら全体としては安定して上昇しましたが、労働の効率もまた上昇しました。

ですから力のバランスを見ると、物価はそこそこ安定したものとなっていました——一八二〇年から一九一四年にかけての五年ごとのサウアーベック物価指数を見ると、最高時は最低時のたった五〇パーセント高いだけです。これは偶然ではありません。それは個々の雇用者集団が強くて、賃金単位が生産効率性をあまり上回る速度では上がらないようにできた時代でもあり、また金融システムがそこそこ流動的で十分に保守的なため、賃金単位で見た平均的なお金の供給が金利水準を、富の保有者たちに（その流動性選好の影響下で）容認できる最低水準に抑えられた時代でもありました。そうしたいろいろな力のバランスが、物価安定を可能にしたのです。平均的な雇用水準はもちろん完全雇用を大幅に下回ってはいましたが、革命的な変化を引き起こすほど我慢ならない低さというわけではありませんでした。

今日、そしておそらくは将来も、資本の限界効率関係《スケジュール》は各種の理由のために、十九世紀よりはずっと低いでしょう。つまり現代の問題が持つ熾烈さと特異性は、したがってそこそこの平均雇用水準を可能にする平均金利が、富の保有者たちから見るとあまりに受け入れがたく、お金の量を操作するだけではすぐに確立できないということから生じているのです。我慢できる程度の雇用水準が、賃金単位で見たお金の適切な供給保証だけで十年、二十年、三十年にもわたって実現できるものなら、十九世紀ですらその方法を見つけ出せたことでしょう。これがいまの唯一の問題なら——もし十分な価値切り下げだけですむなら——今日のわれわれは確実にその方法を見つけ出すはずです。

でも私たちの現代経済において、最も安定していて変えるのが最も難しい要素は、これまでも、そしてたぶん将来も、富の所有者全般に受け容れられる最低限の金利です。(2) もし我慢できる雇用水準が、十九世紀に主流だったのよりもずっと低い金利を必要とするなら、それをお金の量の操作だけで実現できるかどうか、怪しいものです。資本の限界効率関係《スケジュール》を見て借り手が期待する利潤率からは、(1)借り手と貸し手を引き合わせる費用、(2)所得税など公租公課、(3)貸し手が自分のリスクと不確実性をカバーするための余裕、という三つが差し引かれて、やっと富の保有者に流動性を犠牲にするよう誘惑するための純収益が得られます。耐えられる平均雇用の条件下でこの純収益がないも同然になってしまったら、昔ながらの手法はつかいものにならないかもしれません。

話を戻しますと、国民所得とお金の量との長期的な関係は流動性選好に左右されます。そして物価の長期的な安定性や不安定性は、賃金単位(もっと厳密には費用単位)の上昇傾向が、生産システムの効率性向上速度に比べてどれだけ強いかにかかってきます。

注

(1) 第17章を参照。

(2) バジョットが引用していた十九世紀の格言を参照:「ジョン・ブルはいろんなものに耐えられるが、二パーセントには耐えられない」。

第Ⅵ巻　一般理論が示唆するちょっとしたメモ

第22章　事業サイクルについてのメモ

これまでの章では、あらゆる時点における雇用量を決めるのが何かを示したと主張してきましたので、それが正しいならば当然出てくるのは、この理論が事業サイクル（訳注：景気循環）という現象を説明できるはずだ、ということです。

実際の事業サイクルの事例をどれでも詳しく検討すれば、それがきわめて複雑で、それを完全に説明するためには私たちの分析のあらゆる要素が必要となることがわかるでしょう。特に、消費性向や流動性選好、資本の限界効率の変動がすべて関係していることがわかるはずです。でも事業サイクルの本質的な特徴、特にそれを周期《サイクル》と呼ぶことを正当化する、時系列変化と継続期間の規則性は、主に資本の限界効率が変動する過程から生じているのだ、と私は主張します。事業サイクルは資本の限界効率の周期的な変化によって引き起こされると考えるのがいちばんいいのではないでしょうか。ただしそれが、経済システムの他の重要な短期変数に生じる関連した変化のために複雑化し、時に増幅されているのです。この理論を展開するには一章ではすまず、丸ごと本一冊が必要ですし、事実関係をもっと詳しく検討する必要があります。でも以下の手短なメモは、これまでの理論から示唆される検討の方向性を示すには十分でしょう。

I

周期《サイクル》的な運動というのはつまり、システムがたとえば上向きに進むにつれて、それを引き上げている力が当初は威力を拡大し、相互に累積的な効果を持つけれど、だんだんその力を失って、やがてどこかの時点で、反対方向に働く力に置き換えられます。そしてこんどはそちらが威力を集め、相互に強化しあいますが、これもまた最高潮に達してから弱まり、また反対の動きに道をゆずる、ということです。でも周期《サイクル》的な運動というのは、単に上がったり下がったりする傾向がいつまでも続かずにいずれ逆転する、というだけの話を意味するのではありません。その時系列推移や、上下変動の期間に、ある程度それとわかるだけの規則性があるということも意味しています。

でも、事業サイクルについての説明が適切なものであるためには、カバーすべき特徴がもう一つあります。つまり、危機という現象です——上昇から下降への転換が、しばしば突然暴力的な形で生じるのに、下降傾向が上昇傾向に変わるときには、そんな急激な転回点はないのが通例だ、ということです。

投資変動で、それに対応した消費性向の変化が起きないものは、すべて雇用の変動をもたらします。投資の量はきわめて複雑な影響を受けるので、投資自体の変化や資本の限界効率の変動が、すべて周期的なものになることはほぼあり得ません。ある特殊な一例、つまり農業の変動に関係したものは、本章のあとのセクションで別に検討します。でも十九世紀の環境における典型的な産業事業サイクルの場合、資本の限界効率変動に周期性があるべき決定的な理由がいくつかあるのだ、と私は考えます。こうした理由は、それ自体としても事業サイクルの説明としても、決して目新しいものではありません。ここでの私の唯一の狙いは、それをこれまでの理論と結びつけることなのです。

II

私の言いたいことをいちばんうまく紹介するには、好況の後期に入って「危機」が到来するところから始めるのがいいでしょう。

これまで資本の限界効率[1]は、資本財の既存の豊富さや希少性や、また資本財の現在の生産費用に依存するだけでなく、資本財の将来収益についての現在の期待にも左右されるということを見てきました。ですから耐久資産の場合には、新規投資が望ましいと思われる規模を決めるに際して、将来についての期待が大きな役割を果たすのは自然だし、もっともなことだと思えます。でもこれまで見たとおり、こうした期待の根拠はとてもあぶなっかしいものです。変動する信頼できない証拠に基づいているため、そうした期待は突然のすさまじい変化を起こしかねません。

さて、私たちはこの「危機」を説明するのに、取引目的と投機目的の双方でお金の需要が増大することから、金利が上昇傾向になることを強調するのに慣れてきました。ときにはもちろん、この要因が確かに加速要因となりますし、ときには危機の火つけ役になることさえあるかもしれません。でも私は危機の説明としてもっと典型的で、しばしば支配的なものは主に金利上昇ではなく、資本の限界効率が突然崩壊することなのだ、と主張したいのです。

好況の後期段階は、資本財の将来収益に関する楽観的な期待が十分に強いため、それがますます豊富になり、生産費用が上昇して、おそらくは金利も上昇しているのも相殺できるほどです。組織化された投資市場の性質として、自分が何を買っているかほとんど何も知らない購入者と、資本的資産の将来収益についての妥当な推計をするよりは、次の市場感情の推移の予測に血道をあげる投機家たちに影響されているため、過剰に楽観的で買いのかさんだ市場に幻滅が到来すると、それは突然、カタストロフ的な勢いで下落します[2]。さらに、資本の限界効率崩壊に伴う失望と将来に対する不確実性は、自然に流動性選好の急増をもたらします――そしてそのため金利も上がります。ですから資本の限界効率崩壊がしばしば金利上昇を伴うという事実は、投資減少を深刻に悪化させます。でもこの状況の本質はそれでも、資本の限界効率崩壊にあるのであって、特にそれがそれまでのフェーズにおける、大量の新規投資に最も貢献していた資本の場合にはそれが言えます。流動性選好は、それが事業や投機の増加と関連してあらわれるもの以外は、資本の限界効率崩壊の後でないと増えません。

これこそまさに、不景気をかくも御しがたくしているものなのです。後になれば、金利低下が回復に大きく貢献するし、おそらくはそれが回復の必要条件でもあるのでしょう。でもとりあえずは、資本の限界効率崩壊があまりに徹底していて、現実的に可能な金利削減をいくらやっても不十分かもしれません。もし金利削減だけで有効な療法となり得るのであれば、大して時間をかけずに回復もできるし、金融当局が多かれ少なかれ直接コントロール可能な手法だけですむでしょう。でも実際には、普通はそうは行きません。そして資本の限界効率を回復させるのは、そうそう簡単ではありません。というのもそれを決めているのは、実業界の制御不能で聞き分けのない心理だからです。普通の言い方をすると、個人主義的な資本主義経済において実にコントロールし難いものといえば、安心の復活なのです。不況のこの側面は、銀行家や実業家が正しく強調していたことで、「純粋金融的」対処法を信奉していた経済学者たちはこれを甘く見ていたのです。

ここで私の論点です。事業サイクルにおける時間要素の説明、つまり回復が始まるまでに通常はある程度の時間規模が必要だという事実の説明は、資本の限界効率回復を律する各種の影響に求めるべきなのです。第一に、ある時期における通常の成長率と比較した耐久資産の寿命、そして第二に余剰在庫の保有費用のおかげで、景気下降の期間は偶発的なものにはならず、たとえば今回は一年で次回は十年などといった変動は見せず、習慣上の規則性、まあ三年から五年といった期間が毎回観測されるのです。

危機で何が起こるかを思い出しましょう。好況が続いている限り、新規投資のほとんどが見せる当期収益は、そんなに不満なものではありませんでした。幻滅がやってくるのは、見込み収益の信頼性について突然疑念がわき起こるからです。それは新規に生産された耐久財の在庫が増えるにつれ、当期収益がだんだんジリ貧になってきたからかもしれません。もし現在の生産費用が後日よりも高いと思われたら、これも資本の限界効率低下のさらなる理由となります。疑念はいったん始まると、急速に広がります。ですから不況の発端では、たぶん限界効率がゼロかマイナスにすらなった資本がたくさんあるでしょう。でも、利用や劣化、陳腐化を通じた資本の減少が、一見してわかるほど十分な希少性を作りだして限界効率を上げるまでにかかる時間は、その時代での平均的な資本の寿命からくる、かなり安定した関数になっているかもしれません。もしその時代の特徴が変われば、標準的な時間間隔も変わります。たとえば人口増の時代から人口減少の時代になれば、サイクルを特徴づけるフェーズは長くなります。でもこれまでの話で、なぜ不況の期間がその時代における耐久資産の寿命や通常の成長率と明確な関係を持つのか、本質的な理由が得られます。

第二の時間安定要因は、余剰在庫の保有費用によるものです。それはその在庫吸収を一定期間内で終えるよう強制しますが、それはあまりに短期ではなく、あまりに長期でもありません。危機の後で突然新規投資が止まれば、仕掛品の余剰在庫が積み上がるでしょう。こうした在庫の保有費用は、年率一〇パーセント以下になることはほとんどないはずです。ですからその価格低下はそれらが、せいぜい三年から五年で吸収されるような条件をもたらすに足るものでなければならないことになります。さて在庫吸収プロセスはマイナス投資ですから、これはさらに雇用を抑えることになります。そしてそれが終われば、目に見えて回復が感じられるでしょう。

さらに、運転資金削減も、下降期の産出低下には必然的につきものですが、これまたマイナス投資の一要素となります。これはかなりのものとなりかねません。そして不景気がいったん始まると、これは景気低下方向への強い累積的な影響を与えます。典型的な不況の最初期フェーズでは、たぶん在庫積み増しにつながる投資が続いていて、これが運転資金のマイナス投資を相殺するでしょう。次のフェーズでは、短期的に在庫と運転資金両方でマイナス投資が見られるでしょう。最低点を過ぎた後、たぶん在庫はさらにマイナス投資が続き、運転資金の再投資が相殺されます。そして最後に、回復がようやく軌道に乗れば、どちらの要素も同時に投資を後押しします。耐久消費財の投資変動に対する追加的で付加的な影響は、この背景の中で検討しなくてはなりません。この手の投資減少が周期的な変動をスタートさせてしまえば、この周期がある程度進行するまでは、回復の後押しはほぼ不可能です(3)。

残念ながら資本の限界効率が大きく下がると、消費性向も悪い方向に動きがちです。というのもそれは、証券取引所の株式の市場価値を暴落させるからです。さて、証券取引所の投資に積極的な興味を示す人々にとって、特にその人が借りた資金で株式投資をしている場合には、これは当然ながらきわめて気の滅入る影響を及ぼします。こうした人々は実際の所得の状態よりも、そうした投資価値の上下動のほうが消費意欲に強く影響するかもしれません。今日のアメリカのように「株式志向」の社会だと、株式市場の上昇は満足のいく消費性向にとって、ほとんど不可欠な条件なのでしょう。そしてこの状況は、ごく最近までは見すごされてきましたが、明らかに資本の限界効率低下による景気沈滞効果をさらに悪化させるものなのは確実です。

いったん回復が始まれば、それが自分で自分を強化して累積する様子は明白です。でも下降フェーズだと、固定資本と原料在庫がどちらも一時的に余っていて運転資金が減らされている状態だと、資本の限界効率関係《スケジュール》が下がりすぎて、金利を実施可能な範囲でどれだけ下げても、新規投資を十分に確保するような形でそれを修正することはできなくなります。ですから現在のように市場が組織されて影響されていると、資本の限界効率に関する市場の推計は、実にすさまじい上下動を起こして、それに対応して金利が変動しても十分に相殺できないかもしれません。さらに上で見たように、株式市場でこれに対応する動きは、消費性向が最も必要とされるときに、それを抑えてしまうのです。レッセフェール条件では、雇用の大幅な変動を避けるのは、投資市場の心理が徹底的に変わらない限り不可能かもしれません。そしてそんな心理の変化が起きると期待すべき理由はありません。私は、当期の投資量を秩序だてるという責務は、民間の手に任せておくのは安全でないと結論します。

III

これまでの分析は、好況の特徴は過剰投資であり、来る不況への唯一の対策はこの過剰投資を避けることだ、という見方をする人々と同意するものだ、と思われるかもしれません。その見方によれば、上に挙げた理由から低金利で不況を防ぐことはできないが、高金利で好況を避けることはできるとのこと。確かに、低金利が不況対策になるのに比べれば、高金利は好況対策としてずっと効果が高いという議論には説得力があります。

でもこうした結論を上の議論から導き出すのは、私の分析を誤解しています。そして私流の考え方からすれば、深刻なまちがいを含んでいます。というのも過剰投資ということばがあいまいだからです。それはその投資の原因となった期待を失望させるような投資を指すのかもしれず、あるいは厳しい失業状況ではまったく使い道がない投資を指すのかもしれず、あるいはあらゆる資本財があまりに豊富で、完全雇用の条件下ですら、その設備の寿命の間に置き換え費用以上のものを稼ぎ出せないような状態を指すのかもしれません。厳密に言うと、過剰投資の状態とは一番最後のものだけで、それ以上の投資がすべて単なるリソースの無駄遣いとなるような状態のことです[4]。さらに、この意味での過剰投資が好況の通常の特徴だったとしても、その対処方法は高金利ではありません。高金利は有益な投資も排除してしまいますし、消費性向をさらに引き下げることにもなります。対処法は、所得の再分配などを通じて消費性向を刺激するような手立てを講じることなのです。

でも私の分析によれば、好況の特徴が過剰投資だと言えるのは、前者の意味においてのみです。私が典型的だとする状況は、資本があまりに豊富で社会全体としてもそのまともな使い道がまったくないような状況ではありません。どうみても失望せざるを得ないような期待に動かされた、不安定で持続不能な条件下で投資が行われているような状況が典型なのです。

もちろん、好況時の幻影のために、ある特定の資本的資産があまりに過剰に作られすぎて、産出の一部はどんな尺度で考えても、資源の無駄遣いになっていることはあり得ます――いや実際その可能性は高いでしょう。ちなみに付け加えておけば、これは好況でないときにもたまに起こることです。するとつまり、それは行き先のまちがった投資につながるわけです。でもそれを超えたところでは、実際には完全雇用条件下でも二パーセントくらいの収益しかない投資が、たとえば六パーセントの収益をもたらすという期待で実施され、それに基づく値づけがされることが、好況の基本的な特徴として挙げられます。幻滅がやってくると、この期待は正反対の「悲観論の誤謬」で置き換わり、実際には完全雇用で二パーセントの収益をもたらす投資が、いまやマイナスの収益しかもたらさないという期待になってしまいます。その結果として生じる新規投資の崩壊のせいで失業が発生し、そのおかげで完全雇用下でなら二パーセント稼いでいたはずの投資も、本当にマイナスの収益しかあげられません。すると家は不足しているのに、それでも今ある家は高すぎてだれも住めないというような状態になります。

ですから好況への対処方法は、金利の引き上げではなく、金利の引き下げなのです[5]！ そうすることで、その好況なるものが長続きできるかもしれないのですから。事業サイクルへの正しい対処法は、好況をつぶして世界を常にミニ不況状態にしておくことではないはずです。むしろ不況をつぶして、世界を常にミニ好況状態にしておくことであるはずです。

つまり不況を終わらせるはずの好況を起こすのは、高すぎる金利と常軌を逸した期待の状態ということになります。金利は適切な期待の状態だと完全雇用には高すぎるのですが、常軌を逸した期待の状態は、それが続く限り、その高金利で実際に抑えられるようなものではないのです。好況というのは過剰な楽観論が、冷静になれば高すぎる金利に勝利する状況なのです。

戦争中を除けば、近年では完全雇用につながるほど強い好況の経験は一つもないのではないかと思います。アメリカでは、一九二八－二九年の雇用は通常の基準からすればきわめて満足のいくものでした。でも一部のきわめて専門的な労働者群を除けば、労働不足の証拠はまったく見られませんでした。一部の「ボトルネック」は起こりましたが、経済全体としての産出はもっと拡大余地がありました。また住宅の標準や設備があまりに高くなっていて、完全雇用を想定すれば家の寿命を通じて、全員が利払い分など考慮せずとも置き換え費用だけをカバーする利率で、欲しいだけのものをすべて得ていた、などということもありません。また交通や公共サービスや農業改良が究極まで進み、それ以上の追加が置き換え費用すらまかなえるとはまともに期待できない状態になっていたということもありませんです。一九二九年のアメリカが厳密な意味での過剰投資状態だったと想定するのは馬鹿げています。実情は別の性格のものでした。それに先立つ五年間の新規投資は、確かに全体として実にすさまじい規模だったので、それ以上の追加投資から来る見込み収益は、冷静に考えれば、急落していました。ただしい予想をしていれば、資本の限界効率は空前の低い水準に下がったことでしょう。ですから「好況」は長期金利がきわめて低く、特定方向の投資があまりに過剰でまちがったものになるのを避けない限り、安定して続くことは不可能だったはずです。実際には金利はかなり高くて、投機的な興奮状態の影響下にある特定方向――したがって過剰になる危険がことに強かった分野――以外では投資を抑えていたのです。そして投機的な興奮を抑えるほどの高い金利は、同時にあらゆるまともな新規投資をも潰していたでしょう。ですから異常に大量の新規投資が長引くことで起こる状況に対する治療法として金利を引き上げるのは、病気は治すが患者も殺すような類の療法に属しているのです。

実際、イギリスやアメリカ並みに豊かな国で完全雇用に近い状態が長期間続けば、消費性向が現状どおりだと新規投資の量があまりに多くなりすぎて、いずれ完全投資の状態に到達することは十分に考えられます。この場合の完全投資とは、それ以上どんな耐久財を増やしても、まともな計算では総収益が置き換え費用を超えることはまったく期待できないような状態です。さらにこうした状態は比較的近い将来にやってくるかもしれません——たとえば二十五年かそれ以下で。厳密な意味での完全投資がいまだかつて、一瞬たりとも起こったことはないと主張しているからといって、私がこれを否定していると思っていただいては困ります。

さらに、もし現代の好況が厳密な意味での一時的な完全投資や過剰投資と関連しているのだと想定するにしても、高金利が適切な対処方法だと考えるのはやはりばかげています。もしそれが適切ならば、病因は過少消費にあるとする論者たちの議論が完全に正しいことになるからです。すると対処方法としては、所得の再分配やその他の方法で、消費性向を高めるような各種の手法だということになります。そうすれば同じ量の雇用でも、それを支えるために必要な当期投資は少なくてすむのですから。

Ⅳ

ここで便宜的に、各種の観点から現代社会が過少雇用に陥るという慢性的な傾向の原因は過少消費にあるのだ、と主張する重要な学派について一言述べておきましょう——つまり、社会慣行や富の分配で消費性向が無用に低くなっているのがいけない、という学派です。

既存の条件——あるいは少なくとも最近まで存在していた条件——では、投資の量が計画されずにコントロールもされず、無知だったり投機的だったりする個人の私的な判断によって決まる、資本の限界効率の狼藉と、因習的な水準からほとんど決して下がらない長期金利に委ねられていました。そういう条件でなら、こうした学派の発想は現実的な政策のガイドとしてまちがいなく正しいものです。というのもそうした条件では、雇用水準をもっと満足のいく水準に引き上げる手段が他にないからです。もし投資を増やすのが物質的に実施不可能なら、明らかにもっと高い雇用を確保するには、消費を増やす以外に手はありません。

実務的には、こうした学派と私の唯一のちがいは、まだ投資を増やすことで得られる社会的な便益がたくさんあるのに、消費の増大にばかりちょっと力点を置きすぎじゃないかと思うところです。でも理論的には、彼らは産出を増やす方法が二つあることを無視している、という批判を受けることになります。資本の増大をもっと緩めて、消費増大に努力を集中すべきだと判断するにしても、代替案をよく考えて、目を開けた状態で判断しなくてはなりません。私自身はと言うと、資本が希少でなくなるまで資本ストックを増やせば実に多大なメリットが得られることに感嘆しています。でもこれは実務的な判断であり、理論的な審判ではありません。

さらに、私としてはすぐに譲歩して、いちばん賢明なのは両面から同時に攻めることだと言いたい。投資の量を社会的にコントロールして、資本の限界効率をだんだん下げるようにする一方で、私は同時に消費性向を増やすあらゆる政策を支持します。というのも投資で何をしようと、現在の消費性向では完全雇用は維持できそうにないからです。ですから、両方の政策が同時に機能する余地はあります——投資を奨励し、同時に消費を奨励するのです。それも単に、既存の消費性向で増えた投資に対応する水準の消費にとどまらず、もっと高い水準の消費をもたらすのです。

もし——例示のためにキリのいい数字を使うなら——今日の産出水準が、継続的な完全雇用の場合に比べて一五パーセント低いとしましょう。そしてこの産出の一〇パーセントが純投資で、九〇パーセントは消費だとします。さらに、現在の消費性向の下で完全雇用を確保するには、純投資が五〇パーセント増えなくてはいけないとしましょう。そうなれば産出は一〇〇から一一五に上昇し、消費は九〇から一〇〇に、純投資は一〇から一五に上がります。もしそうならば、消費性向を変えることで、消費が九〇から一〇三になるようにすれば、純投資は一〇から一二に上がるだけですむのです。

V

別の学派によれば、事業サイクルを解決するには消費や投資を増やすのではなく、雇用を求める労働の供給をへらすこと、つまり雇用や産出を増やさなくても、既存の雇用量を再分配すればいいとか。

これは私には拙速な方針に思えます——消費増加計画よりずっと明白に拙速です。どこかの時点では、各個人はこれ以上所得を増やすべきか余暇を増やすべきか、それぞれの利点をてんびんにかけるでしょう。でも私が思うに、現在の証拠を見れば、大半の個人は余暇を増やすよりは所得増を望むというのが強く裏づけられます。そしてもっと所得が欲しいと思う人々に、もっと余暇を楽しみなさいなどと説得するに足る十分な理由はまったく思いつきません。

VI

驚異的に思えることかもしれませんが、事業サイクルの解決には、好況期の初期段階で金利を引き上げて、景気を冷やすことだと考える学派が存在します。多少なりともこの政策への裏づけを持った唯一の議論は、D・H・ロバートソン氏が提唱しているもので、彼は要するに、完全雇用なんて実現不可能な理想でしかなく、せいぜい期待できるものといえば現在よりもずっと安定して、平均で今よりちょっと高いくらいの雇用を目指すことだ、と想定しているのです。

投資のコントロールや消費性向を左右する政策が大きく変わることはなく、おおむね現状が続くものと想定すれば、好況が起こりそうになるたびに最もピント外れな楽観主義者ですら怖じ気づくような高金利を課して、それを蕾《つぼみ》のうちに刈り取るような銀行政策により、平均ではもっと有益な期待の状態が生じるのだ、という議論もできなくはないとは思います。景気沈滞を特徴づける期待の失望は、あまりに大量の損失と無駄を生み出しかねず、好況を潰しておいたほうが有用な投資は平均で見ると高くなるかもしれません。これが本当に正しいかどうかは、この想定を見ているだけではっきりとは言えません。これは現実的な判断の問題で、詳細な証拠が必要とされる話です。ただしこの議論は、まるで見当外れだった投資にすら伴う消費増加からくる、社会的なメリットを見すごしている可能性はあります。だからそうした投資があったほうが、何も投資がないよりはマシかもしれません。それでも、一九二九年アメリカのような好況に直面したとき、きわめて開明的な金融コントロールですら、手持ちの武器が当時は連邦準備制度しかない状態では、手のうちようがあったかどうか。それが実施できるどんな代替案も、結果には大した差をもたらさなかったかもしれません。でもこれが正しかったとしても、そんな見通しは危険で無用なほどに敗北主義です。それは現在の経済制度においてうまく機能していないものを、あまりにたくさん今後もずっと容認しつづけろと奨励するか、すくなくともそうなると想定してしまっているのです。

しかしながら、雇用水準がたとえば以前の十年の平均水準よりも目に見えて上がりそうになったら、高金利を課してすぐにそれを潰すという厳しい方針は、通常は頭の混乱以上の根拠がまったくないような議論に基づいていることが多いのです。この議論はときには、好況時の投資は貯蓄を上回りがちなので、高金利にすれば一方では投資が抑えられて一方では貯蓄が奨励されるから均衡が回復するとかいった信念から生じています。これはつまり貯蓄と投資が等しくないことがあるという意味で、したがってこうした用語を何か特殊な形で定義し直さない限り、何の意味も持っていません。あるいは投資増大に伴う貯蓄増大は望ましくなく不公正だとされますが、その理由は、一般的にそれが物価高と結びついているから、というものです。でもそれなら、既存の産出水準や雇用水準が上がるのはすべて否定されることになります。というのも物価高は本質的には投資増のせいではないからです——短期的には産出が増えると供給価格も増えるという事実からくるものです。それは収穫逓減という物理的な事実のせいでもあり、産出が増えると費用単位の名目額が増える傾向にあるせいでもあります。供給価格一定の条件下なら、もちろん物価上昇もありません。それでもやはり貯蓄増には投資増が伴います。貯蓄増をもたらすのは産出増です。そして物価上昇は産出増の副産物にすぎず、貯蓄増がなくて消費性向が増しただけでも同じように起きます。物価が低くても、それが産出が低いだけのせいだったら、そんな物価で買える状態に既得権益を持つ人はいません。

あるいはまたもや、投資増がお金の量の増大で仕組まれた金利低下によるものなら、そこに邪悪なものが忍び込むなどと言われます。でも、既存の金利水準に特段の美徳があるわけではないし、新しいお金はだれも「押しつけられる」わけではありません——それは低金利や取引量増大からくる流動性選好の上昇を満たすべく作りだされただけで、低い金利で貸し出すよりは現金を持ちたいという人がそれを保有するだけです。あるいはまたもや、好況を特徴づけるのは「資本消費」だとか言われます。資本消費とはどうやらマイナスの純投資のことのようです。つまり消費性向が高すぎるということです。事業サイクルという現象が、戦後ヨーロッパの通貨崩壊で生じた通貨からの逃亡のような事態と混同されているのでない限り、証拠はすべて正反対のことを示しています。さらにもし彼らの言うとおりだったとしても、過少投資の条件に対する療法としては、金利引き上げよりは金利引き下げのほうが適切でしょう。こうした学派の言うことは、私にはまったく理解できません。いや、ひょっとして総産出は絶対に変わり得ないという暗黙の想定を入れれば理解はできるかも。でも産出一定を想定するような理論は、明らかに事業サイクルの説明にはあまり役にはたちません。

事業サイクルの以前の研究、特にジェヴォンズによるものでは、工業の現象よりも季節による農業の変動で説明をつけようとしていました。上の理論からすると、これは問題へのアプローチとしてきわめて見込みの高いものです。というのも今日ですら、農業産品在庫の年ごとのちがいは、当期投資の速度変化をもたらすアイテムとしては最大のものの一つだからです。ましてジェヴォンズの執筆当時――さらには特に、彼の使った統計がカバーする期間――では、この要素は他のあらゆるものを大きく引き離していたことでしょう。

ジェヴォンズの理論は、事業サイクルが主に収穫の豊作・不作変動によるものだというのは、以下のように言い直すことができます。大豊作となると、後の年に持ち越される量にかなりの追加が行われるのが通例です。この追加分の売り上げは農民たちの当期所得に追加されて、彼らはそれを所得として扱います。一方、持ち越し分の増加は、社会の他の部分に対し何ら所得支出の減少はもたらさず、貯蓄から資金調達されます。つまり持ち越し分への追加は、当期投資の追加となるわけです。価格が暴落した場合でも、この結論の有効性は変わりません。同じように、不作だとこの持ち越し分が引き出されて当期に消費され、消費者の所得支出で対応する部分は、農民たちにとっての当期所得は作り出しません。つまり持ち越し分から引き出される分は、それに対応した当期投資の削減をもたらす、ということです。ですから、もし他の方面への投資が一定とすれば、持ち越し分に大量の追加が行われる年と、そこから大量の引き出しが行われる年とでは、総投資の差はきわめて大きくなります。そして農業が支配的な産業である社会では、それは他の投資変動の通常要因に比べると、圧倒的に大きくなります。ですから上昇転換点は豊作の年で、下降転換点は不作の年だというのは自然なことです。豊作と不作の定期的な周期には物理的な原因があるというその先の理論は、もちろんまったく別の話で、ここでは扱いません（訳注：ジェヴォンズはそれが太陽黒点によるという理論を展開していた）。

もっと最近になってこの理論がさらに進み、事業にとってよいのは豊作ではなく不作だとか言われています。なんでも、不作だと少ない報酬でも人々が喜んで働くようになるからだとか、あるいは結果として生じる購買力の再分配が消費にとってなにやらよいものだからとか。言うまでもなく、豊作・不作現象が事業サイクルの説明になるという記述で私が念頭においているのは、この手の理論ではありません。

でも変動の農業的な原因は、現代世界ではずっと重要性が下がっています。理由は二つあります。第一に農業産出は世界の総産出に占める割合がずっと小さくなっています。そして第二に、ほとんどの農業産品には世界市場が発達して、それが両半球にまたがっているので、豊作年と不作年の影響は均《なら》されてしまい、世界全体での収穫変動は、個別の国の収穫変動率に比べてずっと小さなものとなっています。でも昔は、各国はほとんど自国の農業収穫だけに依存していたので、農業産品の持ち越し量変動に多少なりとも比肩する変動要因は、戦争を除けば見つけるのはきわめて困難だったのです。

今日ですら、当期投資の量を決めるにあたって原材料の在庫変動が果たす役割には、農作物も鉱物も含め、十分注目することが重要です。転換点に達した後も不景気からの回復が遅い原因は、主に余剰在庫が減って通常水準に戻るのにデフレ効果があるせいだと私は思います。当初は在庫の蓄積は、好景気が破綻した後で起こり、崩壊の速度を緩和します。でもこの救済に対する支払いは、その後の回復率が引き下げられることで行われなくてはなりません。実際、目に見えるほどの回復が多少なりとも起こるためには、在庫削減がほとんど完全に進まないとダメなことさえあります。というのも他の方向への投資は、それを相殺するような在庫への当期マイナス投資がないときには景気の上昇を生み出すに十分なものであっても、そうしたマイナス投資がまだ進んでいる限りはまったく不十分かもしれないからです。

私が考えるに、この典型的な例はアメリカの「ニューディール」の初期段階で見られました。ルーズベルト大統領の大規模な借り入れ支出が始まったとき、各種の在庫——特に農作物の在庫——はまだかなり高い水準にありました。「ニューディール」は部分的にはこうした在庫を減らそうという厳しい試みを含んでいました——そのために当期産出を減らしたりなど、手は尽くされたのです。在庫の通常水準までの削減は、必要なプロセスでした——このフェーズは耐えるしかありません。でもそれが続く限り、つまりは二年ほどは、それは他の方面に対して行われていた借り入れ支出を大幅に相殺してしまいました。それが完了してやっと、まともな回復に向けて道が調ったのです。

最近のアメリカの経験も、完成品在庫や仕掛品のストック――「在庫」と呼ぶのが通例となりつつあります――が景気変動に果たす役割の好例を与えてくれます。それは事業サイクルにおける大きな動きの中で、細かい上下振動を引き起こすのです。製造業者は、何ヵ月か後に生じると期待される消費規模に備えるべく産業を動かしますが、ちょっとした計算ミスもしがちで、通常それはちょっと先走りすぎる方向のまちがいとなります。自分のまちがいに気がついたら、彼らは当期消費の水準よりも生産をちょっと収縮させて、過剰在庫を吸収させる必要があります。そしてちょっと先走っては少し待つというペースの差は、当期の投資量への影響をそれなりに見せて、現在のアメリカで得られる見事に揃った統計を背景に、その影響ははっきりとうかがえるのです。

注

（1）誤解の余地のない文脈ではしばしば「資本の限界効率の関係《スケジュール》」という意味を便宜的に、「資本の限界効率」と書きます。

（2）本書で前に（第12章）示したことですが、民間投資家は新規投資に自分が直接責任を持つことはほとんどないが、直接責任のある事業者たちは、自分ではもっとまともな理解をしてはいても、市場の空気に流されるほうが財務的に有利でしかもそれがしばしば避けがたいことなのだと知ることになるのです。

（3）拙著『貨幣論』第四巻の一部の議論はこれに触れたものです。

（4）でも、消費性向が時間の中でどう分配されるかについての特別な想定のもとでは、マイナス収益をもたらす投資は有益かもしれません。社会全体として見ると満足を最大化しているかもしれないからです。

（5）逆側から主張されるいくつかの議論については以下の記述（四三二頁以降）を参照。というのも現在の手法を大きく変えることが許されないのであれば、私も好況期に金利を上げるのは、実際の状況においては、望ましくはなくても害が相対的に小さいと同意するからです。

第23章　重商主義、高利貸し法、印紙式のお金、消費不足の理論についてのメモ

I

二百年ほどにわたり、経済理論家たちも、実務家たちも、貿易収支が黒字の国には特別な利点があり、貿易収支が赤字だと深刻な危険があるということについて、何ら疑念を持ちませんでした。特に貿易収支赤字の結果が、貴金属の流出ということになる場合はそうです。でも過去百年、意見はめざましく分裂しました。ほとんどの国では、大半の国士や実務家は古代からのドクトリンを信奉し続けて来ました。その反対論の故郷たるイギリスですら、半分近くはそうです。でもほとんどあらゆる経済理論家たちは、そうした問題についての懸念は、ごく短期を別にすればまったく根拠がないと主張しています。というのも貿易のメカニズムは自己調整的であり、それに介入しようという試みは無駄なばかりか、それを実施しようとする者たちを大きく貧窮させる、なぜならそれは国際分業の利点を阻害するからである、というのがその議論です。伝統にしたがい、便宜的に古い意見を重商主義と名づけ、新

しい意見を自由貿易と名づけましょう。ただしこれらの用語は、もっと広い意味でもせまい意味でも使われるので、文脈を見て解釈する必要はあります。

一般的にいって現代経済学者たちは、国際分業から得られる利得は重商主義的な慣行がまともに主張できる利点を十分に上回るものだと断言しています。それればかりか、重商主義者の議論は、徹頭徹尾、知的な混乱に基づいているのだ、というのです。

たとえばマーシャル(1)は、重商主義に対する言及を見るとまったく好意的でないというわけでもないのですが、それでも彼らの中心的な議論はまったく顧みることなく、以下で検討するような、彼らの議論にある一抹の真実については触れもしません。(2)同様に、自由貿易経済学者たちが、たとえば幼稚産業の奨励や交易条件改善などに関する現代の論争で行う理論的な譲歩は、重商主義の主張の本質的な部分を考慮したものではありません。今世紀最初の二十五年間における財政論争では、保護貿易が国内雇用を増やすかもしれないという譲歩を経済学者が行った例は、一件たりとも思い出せません。たぶん私自身が書いたものを例として引用するのがいちばん公平でしょう。一九二三年という時期でも、古典派の忠実な生徒として自分の教わり考えたことについて一切の疑念も持たず何ら留保もつけなかった私は、こう書いています。「もし保護貿易にできないことが一つあるとすれば、それは失業を治すことである（中略）保護貿易支持論はないわけではなく、それが不可能ではないながら考えにくいメリットを確保するという議論はある。これについては簡単には答えられない。だがそれが失業を治癒するという主張は、最も醜悪かつ粗雑な形での保護主義の誤謬である」[3]。それ以前の重商主義理論となると、理解可能な記述はまったく見つかりませんでした。だから私たちも、それがアホダラ経も同然だったと教わって、それを信じてきたのです。古典派の支配は、かくも絶対的に圧倒的かつ完全なものだったのでした。

II

まず私自身のことばで、今の私には重商主義ドクトリンの科学的な真理だと思えるものを述べさせてください。それからそれを、重商主義者たちの実際の議論と比較しましょう。ただしそこで主張されている利益というのは、自他共に認める自国の利益であって、世界全体の利益とはならないだろうということはご理解ください。

ある国がちょっと急激に富を増やしているとき、この嬉しい状態のさらなる進行を阻害しかねないのは、レッセフェール条件だと新規投資への誘因が不足することです。消費性向を決める社会政治環境と国民条件を考えると、進歩的な国の厚生は基本的に、これまで説明した理由から、そうした投資誘因が十分にあるかどうかで決まります。それは国内投資かもしれず外国投資かもしれません（後者は貴金属の蓄積も含みます）。そしてこの二つがあわさって総投資となります。総投資が利潤動機だけで決まる状況では、国内投資の機会は長期的には、国内金利で決まります。一方外国投資の量は必然的に貿易収支の有利さの規模で決まります。ですから公共当局による投資というのがまったくあり得ない社会においては、政府が専念するのが適切となる経済的な対象は、国内金利と国際貿易収支なのです。

さて賃金単位がある程度安定していて、突発的に大きな変動は見せないとすれば（ほぼ常に成り立つ条件です）、流動性選好の状態が短期変動の平均として見た場合にある程度安定していれば、そして銀行の慣行も安定していれば、金利は社会の流動性を満たすために存在する貴金属の量を賃金単位で測ったものによって左右されます。同時に、かなりの対外融資や外国にある資産の直接所有がほとんど不可能な時代だと、貴金属の量の増減は、貿易収支が黒字か赤字かでもっぱら決まります。

したがってふたを開けてみると、当局が貿易黒字にこだわったのは、両方の狙いを満たしていたのでした。そしてさらには、それを実現するための手持ちの唯一の手段でもあったのです。当局が国内金利や他の投資誘因を直接コントロールする手段をまったく持たなかった時代にあって、貿易黒字を増やす手段は、外国投資を増やすための直接的な手段として、使える唯一のものでした。そして同時に、貿易黒字による貴金属流入は、国内投資を促進するために国内金利を引き下げるための、唯一の間接手段だったのです。

でも、この政策の成功には二つの制約があり、無視できないものです。国内金利が下がりすぎて投資量が十分に刺激されすぎ、雇用が上昇して賃金単位が上昇する臨界点の一部を突破したら、国内費用水準の増加は貿易収支にとって不利な動きを見せるようになり、つまり貿易黒字を増やそうという努力はやりすぎとなって自爆したことになります。また国内金利が外国の金利に比べてあまりに低くなったら、黒字幅に比べて不釣り合いな外国貸し出しが起こってしまい、それにより貴金属が流出して、それまで得られたメリットが逆転してしまうかもしれません。このどちらかの制約が働いてしまうリスクは、国際的に重要な大国では大きくなります。それは、その時の鉱山から産出される貴金属量が比較的限られている状況では、一つの国にお金が流入するというのは、他国から流出しているということです。したがって自国での費用上昇と金利低下という悪影響は、外国においては（もし重商主義政策をやりすぎたら）費用低下で金利上昇という傾向によって相対的にさらに悪化しかねません。

十五世紀後半から十六世紀にかけてのスペインの経済史は、過剰な貴金属が出回ったことによる賃金単位への影響で、貿易が破壊された国の例となっています。二十世紀戦前のイギリスは、外国融資と外国資産の購入をやりすぎたために、しばしば国内金利低下が阻害されて自国内での完全雇用実現に必要な水準が実現できなかった国の例です。インドはあらゆる時代に流動性選好が強すぎて、それがほとんど強すぎる情熱にすらなり、巨額の慢性的な貴金属流入ですら、実富成長と相容れる水準まで金利を下げるには不足だった国の例を見せてくれます。

それでも、ある程度は安定した賃金単位を持ち、国民性で消費性向と流動性選好が決まり、お金の量と貴金属のストックとを厳格に結びつける金融システムがあるような社会を考えるなら、その繁栄を維持するためには、政府当局が貿易収支の状態を慎重に見守ることが必須となります。というのも貿易黒字は、大きすぎなければ、きわめて景気刺激効果が高いからです。一方、貿易赤字はすぐに慢性的な不景気をもたらしかねません。

だからといって、輸入品を最大限に制限すれば、最も有利な貿易収支が実現されるということにはなりません。初期の重商主義者たちはこの議論を大いに強調し、しばしば貿易規制に反対することとなりました。長期的に見れば、そうした規制は有利な収支に対して悪影響をもたらすものだったからです。実際、十九世紀半ばのイギリスという特殊な状況では、ほぼ完全な自由貿易こそが貿易黒字増大に最も有利な政策だったとすら言えるでしょう。戦後ヨーロッパにおける貿易統制という現代の体験は、自由に対して浅知恵から障害を設けて貿易収支を好転させるつもりが、実際には逆の結果を生んだという例をたっぷり提供してくれます。

これを始めとする理由から、ここでの議論から得られる現実的な政策について、拙速な結論を下してはいけません。貿易の制限については、特別な根拠で正当化できない限り、一般性のある強い否定論があります。国際分業のメリットは、古典派がかなり過大に誇張したとはいえ本物ですし、きわめて大きいのです。貿易黒字により我が国が得るメリットが、どこか他の国に同じだけのデメリットを生じさせるという事実（この点について重商主義者たちは完全に認識していました）は、とても穏健であることが必須だということです。各国は公平で正当と思われる以上の割合の貴金属を抱え込まないよう、かなり穏健さが必須だというだけでなく、穏健でない政策は貿易黒字を求める無意味な国際競争につながり、それはみんなに被害を与えるということを意味します[4]。そして最後に、貿易統制政策はその表向きの目的を実現するためですら厄介な道具です。というのも個別の利権や管理上の無能、この業務につきまとう内在的な困難のために、結果として意図とは正反対の結果が生じかねないのです。

したがって私の批判の重点は、私が教わってきて長年にわたり教えてきた、レッセフェールドクトリンの理論的基盤の不適切性に向けられているのです――つまり、金利と投資の量は最適水準に自己調整されるから、貿易収支にばかりこだわるのは時間の無駄だという考え方を批判したいのです。というのも私たち経済学者集団は、何世紀にもわたり実務的な国家運営の主要目的であったものを、子供じみたこだわりだとして扱うという尊大なまちがいの罪を犯してきたのは明らかだからです。

このまちがった理論に影響され、ロンドンのシティは次第に考え得る限り最も危険な均衡維持手法を考案しました。それはつまり、銀行利率と外国為替レートとの厳格な連動です。というのもこれをやると、完全雇用に対応した国内金利を維持するという目的が完全に排除されてしまうからです。というのも実際には国際収支勘定を無視するのは不可能なので、国内金利を保護するどころか何も考慮しない成り行きの作用に任せてしまい、それにより国際収支勘定をコントロールする手法が編み出されたのです。最近ではロンドンの実務的な銀行家たちもそれなりに痛い目を見て、イギリスにおいては銀行利率の技法は、それが自国の失業を引き起こしかねないときには、対外収支保護のためには決して使われないと期待できそうです。

個別企業の理論と、一定のリソース雇用からくる生産物の分配理論として見れば、古典派理論が経済思考にもたらした貢献は否定しようがないものです。それらについて明晰に考えようとすれば、この理論を思考ツールの一部として持たないわけにはいきません。先人たちにおいて価値のあったものを古典派が無視していると指摘していても、この点を疑問視していると思われては困ります。それでも国家への貢献として、経済システム全体を考え、システムのリソース全体について最適な雇用を確保することを考えた場合、十六世紀と十七世紀の経済思想の初期のパイオニアたちの手法がいくつか現実的な智恵の断片を実現したのに、リカードの非現実的な抽象化がそれをまず忘れ去り、その後それを踏みにじってしまったのです。高利貸し禁止法により金利を引き下げようとする厳しいこだわりには（これは本章で後に触れます）、賢いものがありました。それは国内のお金のストックを維持し賃金単位の上昇を抑えるものだったのです。そして避けがたい外国への流出や賃金単位上昇(5)、あるいはその他各種の理由でもお金のストックがどうしても不足になったとき、最後の手として平価切り下げをすぐにやってお金のストックを回復させたのも賢明でした。

III

経済思想の初期のパイオニアたちは、根底にある理論的基盤をあまり認識することなく、実用的な智恵の処世術にぶちあたっていたようです。ですから彼らが何を推奨したかとともに、その時に彼らが挙げた理由も手短に検討しましょう。これは重商主義に関するヘクシャー教授の名著を参照することで簡単にできます。その本では、二世紀にわたる経済思想の特徴が、はじめて一般の経済学読者に提供されたのです。以下の引用は主にヘクシャー教授の著書から取ったものです。(6)

(1)重商主義者たちの思想は、金利が適正水準になるような自己調節的な傾向があるなどとは決して想定しませんでした。それどころか、金利が無用に高すぎることこそ富の成長に対する主要な障害だということを彼らは強調していました。そして金利が流動性選好とお金の量に依存することさえ認識していました。流動性選好の低下とお金の量の増大を求めており、数名は自分たちのお金の量増大に対するこだわりが、金利引き下げを狙ったものだと明言しています。ヘクシャー教授は彼らの理論のこうした側面について、次のようにまとめています。

もっと明敏なる重商主義者たちの立場は、この点で他の多くの点と同様に、きわめて明晰ながらいくつか限界はあった。彼らにとって金銭とは——今日の用語を使うなら——生産要素であり、土地と同じ位置づけで、時に「自然の」富とは別の「人工的な」富とされた。資本の利息は金銭を借りるための支払いで地代と同じであった。重商主義者たちは金利の高低について客観的な理由を見つけようとした時には——そしてこの期間にはますますそれを試みるようになっていた——その原因を金銭の総量に見いだした。文献は大量にあるが、その中から最も典型的な例だけを選び、何よりもこの概念がいかに長続きし、根深く、実務的な考慮事項とかけ離れていたかを示そう。

イングランドにおいて、一六二〇年代の金融政策をめぐる論争と東インド貿易をめぐる論争の主役たちは、どちらもこの点については完全に合意していた。ジェラルド・マリネスは自分の主張について詳しい理由を述べて「金銭が豊富だと利息の額または率を減らす」（『商人法と自由貿易の維持』、一六二二年）と述べた。その凶暴でいささか破廉恥な論敵エドワード・ミッセルデン答えて曰く「高利の対処法は大量の貨幣かもしれぬ」（『自由貿易または貿易繁栄の手段』、同年）。その半世紀後の主導的な著述家たちのうち、東インド会社の全能指導者チャイルドと、その最も技量あふれる論敵は、法的に金利上限（チャイルドはこれを熱烈に要求した）をどこにすればオランダの「金銭」をどれだけイングランドから奪うことになるかについて論じた（一六六八年）。彼はこのゾッとする不便に対し、債権証書を通貨として利用し、その移転を容易にすることが対処法となると述べた。というのも彼に言わせると、「これはまちがいなく我が国で使われている金銭の少なくとも半分を供給するからである」。その論敵だったペティは、まったく利害の衝突など意に介さず、他の人々と完全に同意して、金銭の量が増えれば金利が一〇パーセントから六パーセントに下がると説明し（『政治算術』、一六七六年）、「硬貨」の多すぎる国の対処方法としては利息つきで融資することを助言したのであった（『金銭問答集』、一六八二年）。

この理由づけは当然ながら、イングランドだけに限られたものではなかった。たとえば数年後（一七〇一年と一七〇六年）、フランスの商人と政府は高金利の原因が、そのときの硬貨（disette des espèces）の希少性によるものだとこぼし、金銭流通を増すことで金利を引き下げようとしたのであった。［ヘクシャー『重商主義』第二巻、二〇〇、二〇一頁。ごくわずか短縮］

大ロックはペティとの論争の中で、金利とお金の量との関係を抽象用語で表現した初の人物かもしれません。[7] 彼はペティの提案した金利上限に反対しました。その根拠は、「金銭の自然な価値は、それが金利を通じて年ごとにある程度の所得を稼ぐことから得られ、それは王国における取引の総量（即ちあらゆる財の一般的な販売）に対する、王国をその時に通過する金銭の総量の比率に依存する」ために、金利制限は地代制限と同じくらい非現実的だ、というものでした。[8] ロックによれば、お金には二つの価値があります。(1)その利用価値、それは金利で与えられます。「そしてこの点においてそれは土地の性質を持ち、土地においては地代と呼ばれるものが、金銭においては用途と呼ばれるのである」。[9] (2)その交換価値「そしてこの部分でそれは商品の性質を持つ」。そしてその交換価値は「そうした物の多寡との比率での金銭の多寡さのみに依存し、金利がなんであるかには依存しないのである」。つまりロックは二重価値理論の生みの親なのです。まず彼は、金利がお金の量（流通速度も考慮しています）と取引価値総額との比較で決まるのだ、と主張します。次に彼は、交換におけるお金の価値は、お金の量と市場の財の総量との比率で決まると主張します。でも――片足を重商主義の世界に突っ込み、片足を古典派の世界に突っ込んで立っていたため[10]――ロックはこの二つの比率同士の関係について混乱していました。そして流動性選好の変動の可能性をまったく見すごしていたのです。でも彼は、金利引き下げが物価水準には何ら直接の影響を持たず、物価に対する影響は「金利変化が取引において金銭や商品の出入りをもたらし、したがって当地イングランドにおけるそれらの比率を以前と変える」ことでのみ生じる、と喜んで説明しました。つまり金利引き下げが現金の輸出か算出増大につながる場合にのみ物価に影響するということです。でも彼はきちんとした統合理論には最後まで進まなかったと思います。[11]

重商主義者の頭が金利と資本の限界効率を易々と区別したことは、ロックが「高利貸しをめぐる友人からの手紙」から引用した一節（一六二一年刊行）を見ればわかります。「高金利は取引を衰退させる。金利からの利得は取引からの利潤よりも大きく、豊かな商人はそのために商売をあきらめて手持ち資産を利息のために貸し出し、小さい商人は破産するのだ」。フォートレー（『イングランドの利子と改善』、一六六三年）は、富を増やす手段として低金利が強調された別の例となります。

流入した貴金属が過剰な流動性選好のために抱え込みにあってしまうようなら、金利への利点は失われるということを、重商主義者たちは見逃しませんでした。一部の例（たとえばマン）では、国家の力を増強しようという狙いのために、国に宝を蓄積すべきだと主張する者が出ました。でも他の人々ははっきりこの方針に反対しました。

たとえばシュレッターーは、いつもの重商主義議論を持ち出して、国の財宝庫の中身が大幅に増えたら、国内の流通から金銭がいかに奪われてしまうかという赤裸々な絵図を描き出した（中略）彼もまたきわめて論理的に、財宝を修道院が貯め込むのと、貴金属の輸出超過との類似性を描き出した。貴金属流出は彼にしてみれば、考え得る最悪の事態なのだった。ダヴェナントは多くの東洋諸国がきわめて貧しいことを説明した——でも彼らは世界の他のどの国よりも多くの金銀を持っていると思われていた——その原因は、財宝が

「王家の財宝庫に死蔵されてしまっているから」なのだという。（中略）もし国による抱え込みが、よくても疑わしい便益しかなく、しばしば大いなる危険をもたらすなら、言うまでもなく個人による抱え込みは、ペストのように忌み嫌われるべきである。これは無数の重商主義者たちが怒りをぶちまけた傾向の一つであり、それに対する異論が一つたりとも見つけられるとは、私は思わないのである。［ヘクシャー『重商主義』第二巻、二一〇、二一一頁］

(2)重商主義者たちは、安さの誤謬と過剰な競争が交易条件を国にとって不利にするかもしれないという危険を認識していました。ですからマリネスは『レックス・メルカトリア』（一六二二年）でこう書いています。「取引を増やそうというのを口実に、他の者より安値で売ろうと頑張ってコモンウェルスを害するなかれ：というのも商品が安い財であるなら取引は増えぬ。なぜなら安さは要望が小さく金が希少なときに生まれるもので、それが物事を安くする。したがって逆が取引を増やす、金が大量にあり、商品のほうが要望されて大事になるときだ」［同書、第二巻、二二八頁］。この方向での重商主義思想を、ヘクシャー教授は以下のようにまとめています。

一世紀半にわたり、この立場は何度も何度もこのような形で述べられている。つまり他国に対して比較的金の少ない国は「安く売って高く買わねばならない……」。

十六世紀半ばの『共通の繁栄についての論説』初版においてすら、この態度はすでにはっきり表れていた。ヘイルズは実際、こう語っている。「だが然るに異人たちが連中の品と交換に我々の品を取って満足するなら、我々の品が連中にとって安くなるよう他の物（即ち、他の物のうち我々が連中から買う物）の値段を引き上げるよう促すものは何か？そうなれば我々はやはり敗者となり、連中が我々に対して勝ち手を持ち、連中は高く売りしかも我々の物を安く買い、結果として連中を豊かにして我々を貧窮させる。だが我々がむしろ己の品の値段を上げ、それに対して連中も上げ、今の我々のようにまた上げたらどうであろうか。その中で一部は敗者にもなろうが、でもそうでない場合に比べその数は減る」。この点について、ヘイルズは数十年後の編集者から無条件の絶賛を浴びている（一五八一年）。十七世紀にはこの態度が、根本的に何ら変わらぬ重要性を持って復活した。したがってマリネスは、この不幸な立場は自分が何より恐れたもの、つまり外国によるイギリスの為替レート過小評価の結果だと考えたのだった。（中略）その後同じ概念は絶えず繰り返し現れた。ペティは著書『賢者に一言』（執筆一六六五年、刊行一六九一年）で、お金の量を増やそうという激しい努力は「近隣諸国（決して少なくはない）のどの国よりも数学的にも幾何学的にも確実に多くの金銭を持つ」時まで止まない、と主張している。ペティの本の執筆から刊行までの間に、コークはこう宣言した。「もし我々の宝が近

隣諸国より多いのであれば、その絶対量が今の五分の一だろうと気にしない」（一六七五年）。［同書、第二巻、二三五頁］

(3)重商主義者たちは「財の恐れ」とお金の希少性が失業の原因だと初めて論じた人々で、これを古典派たちは二世紀後に馬鹿げたこととして糾弾するようになります。

禁輸の理由として失業を挙げる議論の初の適用例の一つは、一四二六年のフィレンツェで見られる。（中略）これについてのイングランドの法制は少なくとも一四五五年に遡る。（中略）ほとんど同時代といえるフランスの一四六六年条例は、リヨンの絹産業の基盤となり、後に大いに有名になったが、それが実は外国商品に対するものでなかったことから、実はそれほど興味深いものではない。だがこれもまた失業男女何万人にも仕事を与える可能性について言及している。この議論がどれほど当時取りざたされていたかわかろうというものだ。（中略）

この問題についての初の大論争は、ほとんどあらゆる社会経済問題の論争と同じく、十六世紀半ばかその少し前にイングランドで、ヘンリー八世とエドワード六世の御代に起こった。これとの関連で、一五三〇年代末期に書かれたとおぼしき一連の著作に触れぬわけにはいかない。そのうち二つはクレメント・アームストロングによるものとされる。（中略）彼はそれを、たとえば以下のようにまとめる。「見慣れぬ商品や財が大量に毎年イングランドにもたらされるために、金銭が過少となったばかりでなく、各種の手工芸が破壊された。これは多数の一般人が職を得て肉や飲料の支払いに充てる金銭を得るはずの場だが、それがないために彼らは怠惰に暮らし物乞いをして盗みを働かねばならない」。［同書、第二巻、一二二頁］

私の知る限りでこの種の状態についての典型的な重商主義議論としていちばんの好例は、金銭の希少性を巡るイギリス下院における論争で、一六二一年に深刻な不景気が特に布の輸出で生じたときに起こったものである。状況は、議会で最も影響力の強い議員の一人、エドウィン・サンディーズ卿によって非常に明確に述べられた。彼は農民と工芸職人がほとんど至るところで苦しみを強いられていると述べた。織機は至るところで地方部の資金不足のために停まったままで、農民たちは契約不履行を強いられ、それも「（神のおかげで）地の果実が不足しているからではなく、金銭が不足しているからだ」という。この状況は、これほどまでにひどく必要性の感じられている金銭がどこに流れていったかに関する詳細な調査につながった。貴金属の輸出（輸出超過）につながったり、それに対応する国内の活動のために金銭の消失に関係あると思われたあらゆる人物に対し無数の攻撃が仕掛けられた。［同書、第二巻、一二三頁］

重商主義者たちは、自分たちの政策がヘクシャー教授の言うように「一石二鳥」だったことを認識していました。「一方で国は歓迎されざる財の余剰分を始末できたし（これは失業を起こすと考えられていた）、一方では国内の金銭の総ストックは増えた」［同書、第二巻、一七八頁］ため、結果として金利が下がるという利点が得られたのです。

人類史を通じて、貯蓄性向のほうが投資誘因より強いという慢性的な傾向があったことを念頭におかないと、重商主義者が実際の経験を通じて到達した発想を研究するのは不可能です。投資誘因の弱さはいつの時代にも経済問題の核心でした。今日ではこの誘因の弱さに関する説明は主に、既存の蓄積の規模にあります。ですがかつては、ありとあらゆるリスクや危険性が大きな役割を果たしたかもしれません。でも結果は同じです。個人が自分の富を増やすのに消費を控えるというのは、事業者が耐久消費財建設のために労働を雇用するなどして国富を増やす誘因よりも強いのが普通だったのです。

(4)重商主義者たちは、自分たちの政策がナショナリズム的な性格を持ち、戦争につながりやすいことについても幻想は抱いていませんでした。彼らは明白に、自国の利益と相対的な強みを狙っていました[12]。

この国際金融システムの不可避な帰結を彼らが平然と受け入れたことについては、批判もあるでしょう。でも知的には彼らのリアリズムは、国際固定金本位制や国際融資のレッセフェールを支持する現代の人々の混乱した思考に比べてずっとマシです。そうした人々は、これこそいちばんよく平和をもたらす政策だと信じているのですから。

というのも、金銭契約が存在し、習慣はかなりの期間にわたっておおむね固定され、国内流通量と国内金利が主に貿易収支で決まるような経済（たとえば戦前のイギリス）では、自国での失業対策としては貿易黒字を目指し、近隣諸国を出し抜いて金融貴金属を輸入する以外に正統的な手法がなかったのです。歴史的に見て、各国の利益を近隣諸国の利益とこれほど効率よく相反するように仕向ける手法としては、この国際金本位制（あるいはそれ以前は銀本位制）以上のものが考案されたことはありません。なぜならそれは自国の繁栄が、市場の競争的な獲得と、貴金属に対する競争的な欲求に直接依存するよう仕向けたからです。幸福な偶然により、金と銀の新規供給が比較的豊富だったときには、この闘争はある程度は緩和されたかもしれません。でも富の成長と、消費性向の低下に伴って、それはますます血なまぐさくなりがちでした。自分の欠陥論理を抑えるほどの常識も持ち合わせていない正統経済学者たちの果たした役割は、最後の最後まで悲惨なものでした。というのも逃げ道を見つけようとやみくもにもがくうちに、一部の国はそれまで自律的な金利を不可能にしていた責務を放棄したのですが、これに対してこうした経済学者たちは、かつての足かせに戻ることこそが全般的な回復に必須の第一歩だと教えたのです。

実際にはこの正反対が成り立ちます。国際的な懸念などに左右されない自律的な金利水準政策と、国内雇用の最適水準を目指す国内投資プログラムは、自国をも助けるし、同時に近隣国も助けるという意味で、二重に祝福されているのです。そしてあらゆる国がこれらの政策を同時に追求すると、国際的な経済の健全性と強さが回復します。これは、それを国内雇用で測っても、国際貿易の量で測ってもそうなります[13]。

IV

重商主義者たちは、問題があることには気がついたのですが、それを解決できるところまで分析を進めることはできませんでした。でも古典学派は問題を無視したのです。それはその前提として、そうした問題が存在しないことにする条件を導入したためです。結果として、経済理論の結論と常識の結論との間には裂け目が生じてしまいました。古典派理論の驚異的な成果は、「自然人」の信念を克服して、しかも同時にまちがっている、ということだったのです。ヘクシャー教授が述べるように：

するともし、金銭と金銭が作られる材質についての根底にある態度が十字軍の時代から十八世紀に至る期間で変わらなかったなら、そこから言えるのは我々が深く根ざした概念を相手にしているということである。その同じ概念はいま挙げた五百年の期間よりも以前からあったものかもしれない。ただしそれは「財の恐怖」と同じ度合いではないかもしれないが。（中略）レッセフェールの時代を除けば、こうした発想から逃れられていた時代はない。この点について「自然人」の信念を一時的にせよ乗り越えられたのは、レッセフェールの独特な知的傾向があればこそなのだった。〔同書、第二巻、一七六－一七七頁〕

「財の恐れ」をぬぐい去るには、純理論たるレッセフェールへの無条件の信念が必要だった（中略）それは金銭経済における「自然人」の最も自然な態度だった。自由貿易は自明と思われた要因の存在を否定し、レッセフェールが人々をそのイデオロギーの鎖に捕らえ続けられなくなったら、街場の人々の目にはすぐに否定されるべき運命にあるのだった。〔同書、第二巻、三三五頁〕

私はボナー・ローが経済学者たちを前にして、怒りと困惑の入り混じったものを示していたのを覚えています。経済学者たちが、自明なことを否定していたからです。彼はその理由がわからずにとても困っていました。古典学派の支配と一部の宗教の支配とのアナロジーが思い出されます。というのも人の心に深遠かつ現実離れした概念を導入するのに比べて、自明なことを否定させるというのは、その思想の威力をはるかに示すことになるのですから。

V

これと結びついてはいますが別個の問題があります。これまた何世紀にも、いや何千年にもわたり、啓蒙された意見がずっと確実で自明なドクトリンだとしてきた意見があり、それを古典学派が子供っぽいと言って論駁したのですが、これまた復活させて名誉を回復させることが必要です。私が言っているのは、金利は社会的な利益を最高にするような水準に自律的には調整されず、絶えず高すぎるものとなりがちなので、賢い政府は規制と習慣と、さらには道徳律による刑罰まで導入することで金利を抑えるべきだ、というドクトリンのことです。

高利を禁止する規定は、記録がある中で最も古い経済的な慣行です。古代および中世社会においては、過剰な流動性選好による投資誘因の破壊は突出した悪であり、富の成長に対する第一の障害でした。そしてそれは当然のことです。というのも経済生活である種のリスクや危険性は、資本の限界効率を引き下げますが、一部は流動性選好を増やすようにするからです。だれも安全だとは思わない世界ではつまり、金利は社会の使えるあらゆる手立てで抑えない限り、あまりに高くなりすぎて、適切な投資誘因が実現しなくなってしまいます。

私は中世の教会が金利に対して持っていた態度が本質的に馬鹿げていると信じ込まされて

育ちました。そして融資金利で得られる収益と、直接投資による収益とを区別しようとする細々した議論は単に、まぬけな理論から実務的な逃げ道を見つけようとするイエズス会的な試みにすぎないと教わりました。でも今そうした議論を読むと、古典派理論がどうしようもなくごっちゃにしてしまったものを区別しようとする、真摯な知的努力に見えます。つまりそれは金利と、資本の限界効率とを区別しようとしていたのです。というのもいまや、スコラ学者たちの探究は資本の限界効率を高くしつつ、規制と慣習と道徳律を使って金利を引き下げておく方式の説明をつけようとしていたのだ、ということが明らかだと思えるからです。

アダム・スミスでさえも、高利貸し禁止法に対する態度はきわめて穏健なものでした。というのも彼は、個人の貯蓄が投資か債権によって吸収され、そしてそれが前者の形で使われるという保証はないということをよく知っていたからです。さらに彼は貯蓄が債権になるのではなく新規投資となる可能性を高めたかったので、低金利を支持していました。そしてこのため、ベンサムに猛烈に攻撃された一節で、(14) スミスは高利貸し禁止法の穏健な適用を擁護したのでした。(15) さらにベンサムの批判は主に、アダム・スミスのスコットランド的用心が「投影者」たちには厳しすぎ、金利上限は正当かつ社会的に有益なリスクに対する補償の余地をあまりに少なくしてしまう、というのが根拠でした。というのもベンサムが「投影者」というのは、「富の追求、あるいはその他どんな目的のためであれ、富の支援を受けてなんであれ発明の道に進もうとするあらゆる人物（中略）自分たちのどんな仕事においてであれ、改良と呼べるものすべてを狙うあらゆる人々（中略）それはつまり、人間の力のあらゆる利用で、工夫の才がその支援として富を必要としているものを含める」からです。もちろんベンサムは、適切なリスク負担をじゃまするような法律に抗議するのは当然です。ベンサムはこう続けます。「実直な人物は、こうした状況ではよいプロジェクトを悪いものから選り分けたりはせず、どんなプロジェクトにもかかわろうとしなくなるであろう[16]」。

もしかすると、アダム・スミスが自分の発言で本当に上のようなことを考えていたのか、疑問視することはできるかもしれません。あるいはベンサムの中に、私たちは（彼が書いていたのは一七八七年三月「白ロシアのクリコフ」からですが）十九世紀のイギリスが十八世紀イギリスに向かって語りかけているのを聞いてしまっているのでしょうか？　というのも、投資誘因が不足するという理論的な可能性を見失ってしまうなど、投資誘因が空前に有り余っていた偉大な時代でもなければあり得ないことだからです。

VI

いい機会なので、ここで奇妙で不当にも無視されている予言者シルヴィオ・ゲゼル（一八六二－一九三〇）に触れておきましょう。彼の業績は深い洞察の閃光を含んでおり、彼はすんでのところで問題の本質に到達し損ねただけなのです。戦後期に彼の信奉者たちは、私にゲゼルの著作を大量に送りつけてきました。でも議論にいくつか明らかな欠陥があったために、私はまったくその長所を発見し損ねていました。分析が不完全な直感の常として、その重要性は私が独自のやり方で自分なりの結論に到達した後になってから、やっと明らかとなったのです。その間私は、他の多くの経済学者同様に、このきわめて独創的な探究をイカレポンチの作文と大差ないものとして扱ってきました。本書の読者の中でゲゼルの重要性になじみのある人物はほとんどいないと思われるので、本来であれば分不相応なほどのページを割くことにします。

ゲゼルはブエノスアイレスで成功したドイツ商人で[17]、アルゼンチンで特に猛威をふるった八〇年代末の危機をきっかけに、金融問題の勉強を始めました。処女作『社会国家への橋渡しとしての貨幣改革』は一八九一年にブエノスアイレスで刊行されました。お金についての彼の根本的なアイデアは同年に『ネルヴス・レルム』なる題名で刊行され、その後多くの著書やパンフレットを発表してから、一九〇六年にはそれなりの資産家としてスイスに引退し、人生最後の十年を食い扶持を稼ぐ必要のない人物にできる最も楽しい仕事二つ、著作と実験農業に費やしました。

彼の主著の第一部は一九〇六年にスイスのレ・ゾー＝ジュヌヴェで『完全な労働所得の権利実現』として刊行され、第二部は一九一一年にベルリンで『利子の新理論』として発表されています。この二つを合冊したものが戦争中（一九一六年）にベルリンとスイスで刊行され、『自由地と自由貨幣による自然的経済秩序』という題名の下で六版まで版を重ねました。英語版は『自然的経済秩序』（フィリップ・パイ訳）です。一九一九年四月にゲゼルは、短命に終わったバイエルンのソヴィエト政府に参加して財務相を務めましたが、その後軍法会議にかけられます。晩年の十年はベルリンとスイスでプロパガンダに費やされました。ゲゼルはそれまでヘンリー・ジョージを中心としていた宗教もどきの熱心な支持者を集めて、世界中に何千もの弟子を持つ教団の、崇拝される予言者となりました。スイス・ドイツ自由地自由貨幣ブントとその他多くの国からの同様な組織の第一回国際大会が、一九二三年にバーゼルで開かれています。一九三〇年に彼が死んでから、ゲゼルのようなドクトリンに熱狂する特殊な種類の支持者たちの多くは、別の（私から見ればあまり重要でない）予言者たちに流れていきました。イギリスでこの運動の指導者はビュチ博士ですが、彼らの文献はテキサス州サンアントニオから配布されているようで、その本拠は今日ではアメリカにあり、経済学者の中ではただ一人アーヴィング・フィッシャー教授がその重要性を認知しています。

崇拝者たちはゲゼルを何やら予言者的な装いに仕立て上げてしまいましたが、ゲゼルの主著は冷静な科学的言語で書かれています。とはいえ、一部の人が科学者にふさわしいと考える以上の、もっと情熱的で感情的な社会的正義への献身が全体を貫いています。ヘンリー・

ジョージから派生した部分は[18]、運動の強さの源としてはまちがいなく重要ですが、全体としては副次的な興味の対象でしかありません。本全体の狙いは、反マルクス的な社会主義を確立することとでも言いましょうか。レッセフェールに対する反動で、マルクスとちがうのは古典派の仮説を受け入れるのではなく、それに反駁することで、まったくちがった理論的基盤に基づいているところです。また競争を廃止するのではなく、それを自由に行わせるところもちがっています。私は未来がマルクスの精神よりもゲゼルの精神から多くを学ぶだろうと信じています。『自然的経済秩序』の序文を読者が読めば、ゲゼルの道徳的な気高さはわかるでしょう。思うにマルクス主義に対する答えは、この序文の方向性に見つかるでしょう。

お金と利子の理論に関するゲゼル独自の貢献は以下のとおりです。第一に、彼は利率と資本の限界効率とを明確に区別し、実質資本の成長率に制限を設けるのが利率だと論じます。次に、金利は純粋に金融的な現象であり、お金の利率の重要性をもたらすお金の特異性は、その所有が富の蓄積手段ともなり、保有手数料が無視できるほどで、保有手数料のかかる商品在庫など他の富の形態は、実はお金が設定した基準があるからこそ収益をもたらせるのだと論じます。彼は金利が時代を通じて比較的安定していることを挙げて、それが純粋に物理的な性質だけに依存しているはずがないという証拠とします。というのもお金の基準が一つのものから別のものに変わったら、その物理特性の変化は実際に見られる金利の変化に比べ、計算できないほど大きいはずだからです。つまり（私の用語を使えば）一定の心理的性質に依存する金利は安定しており、大きく変動する部分（これは主に資本の限界効率関係《スケジュール》を決めます）は金利を決めるのではなく、概ね一定の利率が実質資本のストック成長をどれだけ容認するかを決めるわけです。

でもゲゼルの理論には大きな欠陥があります。彼は、商品在庫を貸し出すときに収益を計算できるのは、金利があるからなのだということを示します。彼のロビンソン・クルーソーと見知らぬ人物との対話[19]――これは実に優れた経済小話で、この種のものとして書かれたどんなものにもひけはとりません――が、この論点を説明します。でも、なぜ金利が他の商品利率のようにマイナスになれないのかを説明したのに、彼はなぜ金利が正なのかを説明し損ねるのです。そしてなぜ金利が（古典派の主張するように）生産的な資本の収益が定める基準に左右されないのかも説明しません。これは流動性選好の概念を彼が考えつかなかったからです。彼は利子の理論を半分しか構築しなかったのです。

彼の理論の不完全性は、まちがいなくその業績が学界に無視されてきた理由です。それでも彼は理論を十分先に進めて実務的な提言を行っています。それは必要なものの本質は含んではいますが、提案したとおりの形では実現できないかもしれません。彼は実質資本の成長が金利によって抑えられてしまい、このブレーキが外されれば、実質資本の成長は現代社会ではきわめて急速になって、たぶんゼロ金利もすぐとは言わないながらかなり短期間で正当化されるようになるだろう、と論じます。ですから何より必要なのはお金の利率を下げることで、これを実現するには、お金にも他の実物在庫と同じような保有費用を持たせることだ、というのが彼の指摘です。ここから彼は有名な「印紙《スタンプ》」紙幣という処方箋を導きます。ゲゼルと言えばもっぱらこれが連想されるほどで、これはアーヴィング・フィッシャー教授からもお墨つきをもらいました。この提案によれば、紙幣（ただしこれは明らかに他の形態のお金、少なくとも銀行券にも適用されるべきでしょう）は保険カードと同じで毎月印紙《スタンプ》を貼らないと価値が保てず、その印紙《スタンプ》は郵便局で買える、というものです。印紙《スタンプ》代はもちろん、何らかの適切な金額で固定されます。私の理論によれば、その値段は完全雇用と整合する新規投資に対応した資本の限界効率に対し、金利が上回っている分（印紙《スタンプ》代を除く）とほぼ等しくなるべきです。ゲゼルが実際に提案した料金は週あたり〇・一パーセントで、年率五・二パーセントに相当します。これは既存の条件では高すぎますが、適正な金額は時々変える必要もあるし、試行錯誤で求めるしかないでしょう。

印紙《スタンプ》式紙幣のもとになる発想はしっかりしています。それを実際に、小規模に実行する手段も見つかることは確かに考えられます。でもゲゼルが直面しなかった困難はいろいろあります。特に、お金は流動性プレミアムを持つという点でユニークな存在ではなく、他の物品とはその度合いがちがうだけであり、他の物品のどれよりも大きな流動性選好を持っているというだけでその重要性が出てくるのだ、ということに気がついていませんでした。ですから印紙《スタンプ》制度で通貨から流動性プレミアムが失われたら、その穴を埋めようとして各種の代替品が長い行列を作るでしょう——銀行券、満期債権、外貨、宝石や貴金属全般、などです。前に述べたとおり、金利を引き上げるよう機能していたのは、おそらくは土地保有願望だった時代があるでしょう——ただしゲゼルの制度だと、この可能性は土地の国有化によってあり得なくなっていますが。

Ⅶ

これまで検討した理論は、有効需要を構成するもののうち、十分な投資の誘因に依存するものに向けられていました。でも失業の悪を他の構成要素のせいにするのも、目新しいことではありません。これはつまり、消費性向の不足ということです。でも今日の経済的悪に関するこの別の説明——これまた古典派経済学者には同じくらい評判が悪いものです——は十六世紀と十七世紀の思想ではずっと小さな役割しか果たさず、それが勢力を拡大したのは比較的最近になってからです。

過少消費への文句は、重商主義的な思考のごくおまけ的な側面でしかありませんでしたが、ヘクシャー教授は「豪奢の効用と倹約の悪についての根深い信念」を示す数多くの例を引用しています。「倹約は実は、失業の原因とされ、その理由は二つあった。第一に、実質所得は交換にまわらなかったお金のぶんだけ減ると信じられていたこと、そして第二に、貯蓄はお金を流通から引き上げてしまうと思われていたこと」〔ヘクシャー前掲書、第二巻、二〇八頁〕。一五九八年にラファマス（『国をすばらしくする宝や富』）はフランス産の絹を使うのに反対する人々を糾弾して、フランスの豪奢品購入はすべて貧困者の生活を支えるのであり、ケチは貧困者を疲弊させて殺してしまうのだと述べました〔同書、第二巻、二九〇頁〕。一六六二年にペティは「娯楽、すばらしいショー、凱旋門等々」を、その費用は醸造者やパン屋、仕立屋、靴職人などのポケットに還流するのだという根拠で正当化しました。フォートレーは「衣服の過剰」を正当化しました。フォン・シュレッター（一六八六年）はぜいたく取り締まり規制を批判し、自分は衣服などにおける誇示がもっと派手だったらいいと思う、と述べました。バルボン（一六九〇年）はこう書いています。「ぜいたくさは個人にとってはよろしくないものだが、商売にとってはちがう。（中略）ねたみは悪徳であり、その人間にも商売にもよろしくない」〔同書、第二巻、二九一頁〕と書きました。一六九五年にケーリーは、みんながもっとたくさんお金を使えば、みんなもっと大きな所得を得て「もっと豊かに生きられるかもしれない」と書いています〔同書、第二巻、二〇九頁〕。

しかしバルボンの意見が主に普及したのは、バーナード・マンデヴィルの『蜂の寓話』によるところが大きいのでした。この本は一七二三年にミドルセックスの大陪審によって社会に有害として有罪宣告され、道徳科学の歴史の中で、その悪名高さのために傑出しています。これを誉めた人物として記録されているのはたった一人、ジョンソン博士で、この詩に困惑するどころか「現実の生活で目から大いにウロコが落ちた」と宣言しています。本書の邪悪さ加減は、『全英伝記事典』におけるレズリー・スティーヴンのまとめを読むといちばんよくわかります。

マンデヴィルはこの本で大いに不興を買った。そこでは道徳のシニカルな体系が、巧妙なパラドックスにより魅力的なものとされている。（中略）そのドクトリンは、繁栄は貯蓄よりはむしろ支出により増すというものだが、これは当時の多くの経済学的誤謬と親和性を持ち、それは未だに絶滅していない[20]。人間の欲望は本質的に邪悪であり、したがって「私的な悪徳」を作り出すという禁欲主義者の教えを取り入れ、さらに富が「公共の便益だ」という一般の見方を取り入れたことで、彼は文明が悪辣な性向の発達を意味するとあっさり示して見せた。（後略）

『蜂の寓話』の文は、寓意的な詩です――「不満タラタラの巣、あるいは正直者になったジャックたち」は、繁栄していた社会で市民たちが突然に豪奢な生活を捨て、国が武器を減らして、貯蓄を励行しようとしたために生じる悲惨な運命を描いたものとなっています。

暮らして消費したものを借金でまかなうなど
いまやそれでは名誉が保てず
仲買人のお仕着せ給仕たちは絞首刑、
彼らは馬車をあっさり手放し、
名馬を揃いで売りに出す、
田舎別荘を売って負債を返済。
豪奢な支出は道徳的詐欺として糾弾され
外国にも軍を駐留させず
外国人たちの虚栄を嘲笑し
戦争で得られる空しい栄光をあざ笑う。
戦うのは自国のためだけで
権利や自由が掛かっているときのみ。

傲慢なクロエは、
高価な食費を節約し
丈夫な外衣を一年は着る。

そして結果はいかに？——

さて偉大なる巣を思い、ごろうじろ
正直さと商売がいかに相容れるものか、
見栄張りは消え、次第に先細り、
まったくちがった相貌を見せる
というのも消えたのは毎年大金を使った
彼らだけに非ず
それを糧に暮らしていた無数の者たちも
同じく日々消え去ることを強制された。
他の職に鞍替えしようとしても無駄
どの稼業もすでに在庫が余った状態。
土地と家屋の値段は下がり、
テーバイのように遊びによって建てられた
見事な壁の奇跡の宮殿は
いまや賃貸にだされ（中略）

建設業は完全破壊
装飾業者は雇われず、
肖像画家の世評も最早なく
石切、石工も声はかからず。
したがって「教訓」は‥

美徳では国々を豪奢に
活かすことなどできはせぬ。
黄金時代を復活させる者は、
正直さなどドングリほども
意に介してはならぬ。

寓話に続くコメントからの抜粋二本を見ると上の詩には理論的な根拠がなかったわけではないことがわかります。

この堅実なる経済、一部の人が貯蓄と呼ぶものは、民間の世帯においては資産を増やす最も確実な手段であり、したがって一部の者は国が痩せ衰えていようと豊かであろうと、同じ手法を一般に追求すれば（彼らはそれが可能だと思っている）国全体にも同じ効果をもたらし、したがって例えばイギリスは、近隣国の一部のように倹約を旨とすればずっと豊かになると考えるのである。これは、私が思うに、誤りである。[21]それどころかマンデヴィルは次のように結論します。

国を幸福に保ち、繁栄と呼ぶ状態にするには、万人に雇用される機会を与えることである。すると向かうべきなのは、政府の第一の任を、できる限り多種多様な製造業、工芸、手工芸など人間の思いつく限りのものを奨励することとすべきである。そして第二の任は、農業と漁業をあらゆる方面で奨励し、人類だけでなく地球全体が頑張るよう強制することである。国の偉大さと幸福は、豪奢を規制し倹約を進めるようなつまらぬ規制からくるのではなく、この方針から期待されるものである。というのも黄金や銀の価値が上がろうと下がろうと、あらゆる社会の喜びは大地の果実と人々の労働の成果に常にかかっているのであるから。この両者が結びつけば、それはブラジルの黄金やポトシの銀にもまさる、もっと確実でもっと尽きせぬ、もっと現実の本物の宝なのである。

かくも邪悪な思想が二世紀にもわたり、道徳家たちや経済学者たちの非難を集めたのも不思議ではありません。その批判者たちは、個人と国家ともに最大限の倹約と経済性を発揮する以外にはまともな療法はないという謹厳なるドクトリンを抱え、自分がきわめて高徳であるように感じたことでしょう。ペティの「娯楽、すばらしいショー、凱旋門等々」はグラッドストン的財務の小銭勘定に道を譲り、病院も公開空地も見事な建物も、さらには古代モニュメント保存すら「お金がなくてできない」国家システムとなりました。ましてや見事な音楽や舞台などあり得ません。これはすべて民間の慈善や、先の考えのない個人の寛大さに委ねられることとなったのです。

続く一世紀にわたり、このドクトリンはまともな論者の間では登場しなかったのですが、後期マルサスになると、有効需要の不足という概念が失業の説明としてがっちりとした場所をしめるようになります。これについてはかなりたくさん、マルサスに関する拙稿(22)で論じましたので、ここではその拙稿でも引用した特徴的な一節を一、二ヵ所繰り返すだけで十分でしょう。

我々は世界のほとんどあらゆる部分で、莫大な生産力が活用されていないのを目にしているね。そして私はこの現象について、実際の産物の適切な分配が行われていないために、継続的な生産のための適切な動機が与えられていないのだ、ということで説明するんだ。（中略）私ははっきりと、通常の生産動機を大きく阻害することできわめて急速に蓄積しようとする試み、これは必然的に非生産的な消費の大幅な減少を伴うが、これは富の進捗を未然に抑制してしまうと考える。（中略）だが急速に蓄積しようという試みがそうした労働と利益との分断をもたらして、将来の蓄積の動機も力も破壊してしまい、結果として増大する人口を維持して雇用し続ける力を失ってしまうのであれば、そうした蓄積の試み、あるいは貯蓄しすぎようという試みは、その国にとって実は有害だと思わないかね？［マルサスからリカードへの書簡、一八二一年七月七日付］

問題は、生産が増大してもそれに伴う地主や資本家たちによる非生産的な消費がないことで生じる資本の沈滞、そしてそれに続く労働需要の沈滞が、国に害を及ぼさずに起こり得るのか、地主や資本家たちによる非生産的な消費が、社会の自然余剰の適切な比率で存在しつづけ、それにより生産の動機がじゃまされずに続き、不自然な労働需要を防ぎ、その後の労働需要の必然的かつ唐突な低下を起こさない場合と比べて、幸福や富の度合いを減らすことになりはしないか、ということなんだよ。でももしそうであるならば、倹約は生産者にとっては悪いかもしれないが、それが国にとっては悪くないとなぜ言えるのかね？　あるいは地主や資本家たちの非生産的な消費が、とくには生産の動機が失われたときの状態を適切に治してくれる治療法にならないなどと、本気で言えるのかね？［マルサスからリカードへの書簡、一八二一年七月十六日付」

アダム・スミスは資本が倹約によって増し、あらゆる倹約的な人物は公共に利益を及ぼし、富の増加は消費を上回る産物の量によるのだと述べた。こうした立場がかなりの部分で正しいというのはまったく疑問の余地がない。（中略）だがそれがどこまでも正しいわけではないというのはかなりはっきりしている。そして貯蓄の原理は極端までいけば、生産動機を破壊してしまうことも明らかだ。あらゆる人がいちばん慎ましい食事や最も貧しい衣服や極度に貧相な家で満足したら、それ以外の食料、衣服、家屋は確実に存在しなくなる。（中略）二つの極端は明らかだ。そしてそこから、中間の点があるはずだということもわかる。これは生産力と消費意欲のどちらも考慮して、富を増大させようという誘因が最大になる地点である。ただしその点を政治経済学のリソースで決めることはできないかもしれないが。［マルサス『政治経済学原理』序文、八、九頁］

私がこれまで出会った有能で賢い人々の主張するあらゆる意見のうち、セイ氏による「消費または破壊された製品は閉ざされた出口」（第一巻第一篇第十五章）というのは、公正な理論と最も直接的に逆行するものであり、実体験によりもっとも一貫して反証されるものである。だがそれは、あらゆる商品はお互いとの関係においてのみ考えるべきだ——

消費者との関係ではなく――という新しいドクトリンから直接導かれるものでもある。おたずねするが、今後半年にわたり、パンと水以外のあらゆる消費が禁止されたら、商品の需要はどうなってしまうだろうか？　なんと商品が蓄積されることか！　なんと大量の出口！　そんな事態になったら何ともオイシイ市場ができるではないか！〔マルサス『政治経済学原理』三六三頁脚注〕

でもリカードは、マルサスの主張にまったく耳を貸しませんでした。この論争の最後の残響は、ジョン・スチュアート・ミルの賃金資金理論に関する議論に見られます(23)。ミル自身はこれを、むろん彼が学んできた各種の議論の中でも、後期マルサスの否定において重要な役割を果たしたものだと考えていました。ミルの後継者たちは賃金資金理論を否定しましたが、ミルによるマルサスへの反駁がこの賃金資金理論に基づいていたということは見落としました。彼らの手法は、この問題を経済学自体から捨て去ることでしたが、そのためにそれを解決したわけではなく、単に話題にしなかったのです。これは論争から丸ごと消え去りました。最近になってケアンクロス氏が、その名残を無名のヴィクトリア時代人の中に見いだそうとしましたが(24)、予想よりはるかに少ないものしか見つかりませんでした(25)。過少消費の理論は冬眠を続けていましたが、そこで一八八九年になってJ・A・ホブソンとA・F・ママリーによる『産業の生理学』が登場しました。これは五十年近くにわたってホブソン氏がひるむことのない、しかしほとんど報われない情熱と勇気を持って正統経済学に対してつきつけてきた、多くの著書の中で最初の最も重要な本です。これは現在は完膚なきまでに忘れ去られてはいますが、この本の刊行はある意味で、経済思想における一大画期だったのです[26]。『産業の生理学』はA・F・ママリーとの共著で書かれました。同書の成立について、ホブソン氏は次のように語っています[27]：

吾輩の経済学的異端論が形成され始めたのは、やっと八〇年代の半ばになってからのことでありました。地価に反対するヘンリー・ジョージ・キャンペーンや、労働者階級の目に見える抑圧に反対する各種社会主義団体の初期のアジテーションが、ロンドンの貧困をめぐるブースによる二冊の調査報告とあわさりまして、吾輩の感情に深い印象は残したものの、政治経済学に対する信頼を破壊するところまでは行かなかったのであります。それが破壊されたのは、偶然の接触とでも申し上げるべきものからでしょうか。エクセターである学校で教えております時に、ママリーなる実業家と個人的に親交を結びました。この人物は当時もその後も大登山家として知られておりまして、マッターホルン登山の別ルートを発見し、一八九五年には有名なヒマラヤの山ナンガ・パルバットに挑んで他界されました。吾輩のこの人物とのつきあいは、申し上げるまでもないでしょうが、こうした身体的な活動方面でのことではございませんでした。でもこの人物は精神の登山家でもありまして、自分自身の発見への道を見いだす天性の目を持っており、知的権威を崇高なまでに無視しておいででしたな。この御仁が吾輩を過剰貯蓄に関する論争に巻き込んだのであります。これは事業が悪い時期に、資本と労働の過少雇用をもたらすものだと彼は考えておりました。長いこと吾輩は、正統経済学の武器を使いまして、この議論に対抗せんといたしました。しかしながら彼は辛抱強く吾輩を説得いたしまして、吾輩はかの御仁と共に『産業の生理学』なる本で過剰貯蓄議論を詳説することとなったのです。この本は一八八九年に刊行されました。これは吾輩の異端経歴の公然たる第一歩でして、それがもたらすすさまじい帰結など、まったく予想だにしておりませんでした。というのもちょうどその頃、吾輩は教職を退きまして、大学公開講座で経済学と文学の講師という新しい職に就いたばかりだったのです。最初の衝撃は、ロンドン公開講座委員会が、吾輩に政治経済学講義を行ってはいかんと禁止してきたときでした。なんでもこれは、拙著を読んでそれがその正気度から見て、地球は平らだと示そうとしたに等しいものだと考えた、さる経済学教授の介入によるものだったとか。あらゆる貯蓄はすべて資本構造物の増加と賃金支払いに向けられるのだから、有用な貯蓄額に上限などあるはずがないではないか、というわけでございますな。まともな経済学者であれば、あらゆる産業進歩の源を抑えようなどとするそのような議論は、すべて恐怖を持って見ずにはおられない、ということでございます[28]。別の興味深い個人的な体験が、我が罪悪の正当性を得心させてくれることとなりました。ロンドンで経済学について講義は禁じられたものの、オックスフォード大学公開講座運動の大いなるご厚意で、ロンドン以外の聴衆に対しての講義を許されたのです。これは労働者階級の生活に関する現実的な問題だけに限ることとされておりました。さてたまたまこの当時、慈善組織協会が経済学テーマの講義キャンペーンを企画しておりまして、吾輩に講義を用意するよう招聘してくださいました。吾輩はこの新しい講義作業に喜んで応じると述べましたが、突然何の説明もなく、この招聘が却下されたのです。その時ですら吾輩は、無限の倹約の持つ美徳を疑問視したというだけで、自分が許され難い罪を犯したのだということにはほとんど気がついておりませんでした。

この初期の著作でホブソン氏は、共著者と共に、古典派経済学（これは彼が学んできたものです）に対する直接の言及を後期著作よりもたくさん行っています。そしてこの理由から、さらにはそれがその理論の初の表現だったことから、そこから引用して著者の批判や直感がいかに重要できちんとした基盤を持つものか示そうと思います。序文で彼らは、自分たちが攻撃する結論の性質について以下のように指摘します。

個人と同様に社会にとっても、貯蓄は豊かにして消費は貧しくするものであり、実質的にお金への愛があらゆる経済的な善の根源にあるという主張だと一般に定義づけられるかもしれない。それは倹約する個人を豊かにするだけでなく、賃金を引き上げ、失業者に職を与え、あらゆる方面に恵みをまき散らすというわけである。日々の新聞から最新の経済論考まで、説教壇から国会まで、この結論は幾度となく繰り返されては述べなおされているため、それを疑問視することこそが積極的に不敬であるかのように思えるほどである。しかしながら大半の経済思想家たちの支持する学界は、リカードの研究が刊行されるまではこのドクトリンを一貫して否定し、それが最終的に受け入れられたのは、彼らがいまや爆発した賃金資金ドクトリンに対抗できなかったためでしかない。その結論が、論理的な根拠となっていた議論が否定された後も生き残っているというのは、それを主張した偉人の発揮する権威という仮説以外では説明がつかない。経済学の批判者たちは、この理論を詳細に批判しようとしたが、その主要な結論に触れるのに怯えて引き下がった。我々の狙いは、こうした結論が成り立たず、貯蓄を無用にやりすぎることが可能であり、そうした無用な倹約は社会を貧しくして、労働者を失業させ、賃金を引き下げ、商業界には事業不景気として知られるあの陰気な衰弱をもたらす、ということを示すことである。(中略)

生産の目的は利用者に「効用と便宜」をもたらすことであり、そのプロセスは始めに原材料を扱うところから、それが最後に効用や便宜として消費されるまで、連続したものである。資本の唯一の利用は、こうした便宜や効用の生産を支援することであり、その利用の総和は毎日毎週消費される効用と便宜の総計で必然的に変わってくる。さて貯蓄とは、既存の資本総量を増やすが、同時に消費される効用や便宜の量を減らす。したがってこの習慣を無闇に実施すれば、使うのに必要な以上の資本蓄積をもたらし、この過剰分は一般過剰生産の形で存在する。［ホブソン＆ママリー『産業の生理学』iii－v頁］

いまの最後の文で、ホブソンのまちがいの根っこがあらわれています。つまり彼は、過剰な貯蓄が必要な以上の実際の資本蓄積を引き起こす、と想定しているのです。これは実は二次的な悪でしかなく、予測の誤りを通じて起こるだけのものです。でも主要な悪は、完全雇用下において必要とされる資本以上の貯蓄性向なのです。これにより、予測の誤りがない限り完全雇用が実現されなくなります。でも一、二ページ先で、ホブソンは私から見ると、話の半分を水も漏らさぬ精度で記述します。ただし相変わらず金利変化の役割や事業の安心状態変化の役割を見すごしてはいますが。これらを彼は、所与のものとしているようです。

こうして我々は、アダム・スミス以来のあらゆる経済学的教えが拠って立つ基盤、つまり毎年生産される量は自然要因、資本、労働で決まってくるという主張がまちがっており、逆に生産される量はこうした総量が決める上限を超えることはできないものの、無用な貯蓄とそれに伴う過剰供給がもたらす生産への制約によりこの上限値のはるか下に抑えられるかもしれず、実際にそうなっているということを示した。つまり現代産業社会にお

いては、消費が生産を制約するのであり、生産が消費を制約するのではない。[同書、vi頁]

最後に彼は、自分の理論が正統派の自由貿易議論の有効性にどう関係するかに気がつきます。

我々はまた、正統派経済学者たちがアメリカのいとこたちや他の保護主義集団に対して実に気軽に投げつける、商業的低能なる糾弾が、これまで提示されてきた自由貿易議論によっては最早まったく維持できないことを指摘しよう。というのもそれらはすべて、過剰供給が不可能だという想定に基づいているからである。[同書、ix頁]

続く議論が不完全なのは認めます。でもそれは、資本というのが生み出されるのが貯蓄性向によるのではなく、実際および見込みの消費からくる需要に応じて作られるものなのだ、ということを明示的に述べた初の記述なのです。以下の引用の詰め合わせは、この線に沿った思考を示しています：

社会の資本を利得ある形で増やすには、それに伴う消費財の消費増がなくてはならないというのは明らかであろう。（中略）貯蓄と資本の増加はすべて、有効になるためには、即座に将来の消費増が対応しなければならない［同書、二七頁］（中略）そして将来の消費というのは、十年後、二十年後、五十年後の将来ではなく、現在からちょっと先の将来である。（中略）もし倹約や用心で人々が現在もっと貯蓄するなら、彼らは将来にもっと消費することに同意しなければならない［同書、五〇、五一頁］（中略）生産プロセスにおいては、現在の消費速度で消費財を提供するのに必要な以上の資本は経済性をもって存在しえない［同書、六九頁］（中略）私の倹約は社会全体の経済的倹約にはまったく影響せず、社会全体の倹約のうちでこの特定部分を実施したのが私か他人かを決めるだけなのは明らかである。我々は社会のある部分における倹約が他の部分に所得以上の暮らしをするよう強制する道筋を示そう［同書、一一三頁］。（中略）ほとんどの現代経済学者は、消費がどんな可能性の下でも不十分であることはあり得ないと否定する。社会をこうした極端に走らせるような経済的力の作用を見つけられるだろうか？　そしてそうした力があるなら、それに対して商業機構が有効な抑止を提供しないであろうか？　まずはきわめて組織化された産業社会すべてにおいて、倹約の過剰をもたらしかねない勢力が自然に働いていることが示される。第二に、商業機構によって提供されると言われる抑止は、まったく機能しないか、あるいは深刻な商業の悪を防ぐには不適切だと示される。［同書、一〇〇頁］（中略）マルサスとチャルマースの論点に対するリカードの短い答えを、後の経済学者は十分なものとして受け入れたようである。「生産は常に他の生産やサービスによって購入される。貨幣とは単にその交換を実現するための媒体にすぎぬ。したがって生産の増加は常に、それに対応して購入し消費する能力の増加を伴うのであり、過剰生産の可能性はないのである」（リカード『政治経済学原理』三六二頁）。〔同書、一〇一頁〕

ホブソンとママリーは、金利というのはお金の利用に対する支払い以外の何物でもないというのを理解していました。[29] また論敵たちが「貯蓄を抑えるものとして利率（または利潤）が下がり、生産と消費の間の適正な関係を回復する」[30] と主張するのも十分承知していました。これに対する返答として彼らは「もし利潤の低下で人々が貯蓄を減らすようになるなら、それは二つのどちらかの形で機能するはずである。一つは消費を増やすよう促すか、あるいは生産を減らすよう促すかである」[31]。前者について彼らは、利潤が下がれば社会の総所得が低下することを述べ、「平均所得が下がっているときに、倹約のプレミアムも同じく下がっているからといって人々が消費を増やすよう促されるとは想定できない」と述べます。一方二番目の選択では「供給過剰による利潤低下で生産が抑えられるというのを否定するのは、我々の意図からはきわめて遠いところにあり、この抑制の働きを認めることこそが我々の議論の核心なのである」[32] と彼らは述べています。それでも、彼らの理論は完全性を欠いていました。それは本質的には、金利についての独立の理論を持っていなかったせいです。結果としてホブソン氏は（特に後の著書では）過少消費が過大投資につながるという点をあまりに強調しすぎ、相対的に弱い消費性向はそれを補うだけの新規投資が必要なのにそれが得られず、これが失業に貢献するのだという説明にはたどりつけませんでした。そうした投資は、一時的に誤った楽観論のために実現するかもしれませんが、一般には見込み利潤が金利の定める基準以下に下がるために生じないことなのです。

戦後になって、過少消費の異端理論がたくさん登場し、中でもダグラス少佐のものがいちばん有名です。ダグラス少佐の主張の強みは、もちろん正統経済学がその破壊的な批判のほとんどについて、まともな返答ができないというところからきています。一方でその主張の細部、特にその通称 $A+B$ 定理なるものは、かなりが単なるまやかしです。もしダグラス少佐が B 項目を事業者たちによる資金調達だけに限り、更新や置き換えに対応した当期費用などを含めなければ、もっと真実に近づけたかもしれません。でもその場合ですらそうした支出が、他の方面への新規投資や、消費支出増加で相殺される可能性は考慮する必要があります。ダグラス少佐は、その正統経済学の論敵たちに対してであれば、少なくとも自分は経済システムの明らかな問題を完全に見すごすようなことはしなかった、と主張する権利がありります。でも彼は、他の勇敢なる異端論者たちと並ぶ地位を確立したとはとても言えません——異端軍の中では、少佐というよりは一兵卒くらいでしょうか。真の異端論者たるマンデヴィル、マルサス、ゲゼル、ホブソンらは、自分の直感にしたがって、ぼんやりと不完全な形であっても、真実を見ることを選んだのです。明晰さ、一貫性と明快な論理を使って到達したものとはいえ、事実からみて不適切な仮説に頼ったことからくる、まちがいを維持し続けるのを潔しとしなかったのでした。

注

(1) 彼の『産業と貿易』補遺D、『お金、信用、商業』一三〇頁、『経済学原理』補遺Iを参照。

(2) 重商主義に対するマーシャルの見方は、『経済学原理』初版、五一頁の脚注にうまくまとまっています。「英国やドイツにおいては金銭と国富との関係についての時代遅れな意見があれこれ研究されてきた。それらはまとめて、金銭の機能に関する明晰な思考を欠いた混乱した考えとして理解すべきであり、純国富がその国における貴金属備蓄のみに左右されるといった意図的な想定の結果としてまちがっているのだと理解すべきではない」。

(3) 『国とアテナイオン』一九二三年十一月二十四日。

(4) 不況に対して賃金低下で応じるという弾性的な賃金単位療法は、同じ理由から、近隣諸国を犠牲にして自国に利益をもたらす手段となりかねません。

(5) 少なくともソロンの時代以来、そしておそらく、統計があればそれ以前の何世紀にもわたり、おそらく人間の本性に関する知識から当然期待されることですが、賃金単位は長期的に見てじわじわ上がる安定した傾向があります。それが下がるのは経済社会の衰退と解体のときだけです。したがって進歩と人口増大とまったく別の理由でも、だんだんお金のストックを増やすのは不可欠だったのです。

(6) そのほうが私の目的にもかなうのです。というのもヘクシャー教授ご自身も全体として古典派理論信奉者であり、私よりも重商主義理論家たちにはるかに手厳しいからです。ですから彼による引用の選択が、重商主義の叡智を示そうとしてゆがめられている可能性はまったくありません。

(7)『金利を下げ金銭の価値を上げる帰結に関するいくつかの考察』一六九二年刊行。だが執筆はその数年前。

(8) 彼はそこに「単に金銭の量だけでなく、その流通速度にもよる」と付け加えています。

(9) もちろん「用途」というのは古い英語で「利息」の意味です。

(10) 後にヒュームは、古典派の世界に片足半を突っ込むことになりました。というのもヒュームは経済学者たちの中で、均衡に向かって永遠にシフトし続ける状態にくらべて均衡位置が重要なのだと強調する立場を創始したからです。とはいえ彼はまだかなりの重商主義者だったので、人々が生きているのはその移行の中なのだという事実を見すごしはしませんでした。「黄金と銀の量の増大が産業にとって有益なのは、金銭の獲得と物価上昇の間の、合間または中間状態のみに限られるのである。(中略)ある国の国内の幸福から見れば、金銭の量の多寡は何ら帰結をもたらさぬのである。統治者のよき政策は、可能ならばその金銭の量を増やし続けるようにすることだけである。何となれば、その手法により統治者は自国の産業精神を活かし、あらゆる真の力と富の源泉である労働の状態を増すからである。金銭の減少する国は、その時期には、同じだけの金銭を持つがそれが増加傾向にある国に比べると、実はもっと弱くて悲惨なのである」(『金銭について』一七五二年)。

(11) 利子というのがお金につく利子だという重商主義者の見方(この見方は今の私には文句なしに正しく思えます)がいかに完全に忘れ去られたかは、よき古典派経済学者たるヘクシャー教授がロックの理論をまとめる際にこうコメントしていることからもわかります——「ロックの議論は反駁不能に思える(中略)利子というのが本当に金銭を貸すことの価格と同義であるならばの話だが。だがそうではない以上、これはまったく無意味である」(ヘクシャー『重商主義』第二巻、二〇四頁)。

(12)「国内で重商主義者たちは、常にきわめてダイナミックな目的を追求していた。だが重要なことは、これが世界中の経済リソースが静的だという発想と絡み合っていたということである。というのもこれこそが、果てしない商業戦争をいつまでも続けさせた根本的な不調和を創造したものだったからである。(中略) これが重商主義の悲劇であった。中世はそのすべてにおける静的な理想のため、そしてレッセフェールはすべてにおける動的な理想のおかげで、この結果を免れたのだった」(同前、第二巻、二五、二六頁)

(13) 国際労働事務局がこの真理を、当初はアルベール・トーマの下で、そしてその後H・B・バトラー氏の下で一貫して認識してきたという事実は、無数の戦後国際機関の中でも突出して目立っています。

(14) ベンサム「高利貸し擁護論」補遺の「アダム・スミスへの手紙」

(15)『国富論』第二巻第四章。

(16) この文脈でベンサムの引用を始めたからには、読者のみなさんに彼の最もすばらしい一節を思い出していただかずばなりますまい。「技芸というキャリア、投影者たちの足取りを受け付ける偉大なる道は、広大でおそらくは果てしない平原として見ることができる。そこにはクルチウスが飲み込まれたような沼地も点在しているであろう。そのそれぞれは、閉じるにあたり人間の犠牲者が落ち込まなくてはならないのだが、一度それが閉じれば、それは閉じて二度と開かず、後に続く者たちにとってその道はそのぶん安全となるのである」

(17) ドイツのルクセンブルク国境近くで、ドイツ人の父とフランス人の母の間に生まれました。

(18) ゲゼルは土地が国有化されたときに補償金を支払うべきかどうかでジョージと意見が分かれていました。

(19)『自然的経済秩序』二九七頁以降。

(20) スティーヴンは著書『十八世紀イギリス思想史』(二九七頁) で「マンデヴィルが称揚した誤謬」に

ついて書き、「これを完全に論破するには、商品の需要は労働の需要とはちがうのだというドクトリン――これはあまりにも理解されておらず、これをきちんと理解しているかどうかこそ経済学者の資質の最高の試験かもしれない――にあるのである」と述べています。

(21) 古典派の先駆者たるアダム・スミスの以下の記述と比べましょう。「個々の世帯の行いにおいて堅実と思われるものは、偉大な王国の行いにおいても決して愚行たり得ない」――おそらくこれは、上のマンデヴィルの一節についての言及でしょう。

(22) 拙著『人物評伝』一三九－一四七頁。

(23) J・S・ミル『政治経済学』第一巻第五章。ママリー&ホブソン『産業の生理学』(三八頁以下参照)にはミルの理論のこの側面について、きわめて重要で鋭い議論があり、特にミルの「商品の需要は労働の需要ではない」というドクトリンが論じられています(ちなみにこれは、マーシャルが賃金資金理論に関するきわめて不満足な議論の中で、詭弁でないことにしようとしたものです)。

(24)「ヴィクトリア人と投資」『経済史』(一九三六年)

(25) 彼の参考文献の中でいちばんおもしろいのは、フラートンの論説『通貨の規制について』(一八四四年)です。

(26) J・M・ロバートソン『貯蓄の誤謬』は一八九二年に刊行され、ママリーとホブソンの異端説を支持しました。でもこれは大して重要な本ではなく、『産業の生理学』のような鋭い直感をまったく欠いています。

(27) 一九三五年七月十四日に、コンウェイホールでロンドンの倫理学会に対して行われた演説「経済学異端者の告白」にて。ホブソン氏の許可を得てここに掲載します。

(28) ホブソンは不遜にも『産業の生理学』二六頁でこう書いています。「倹約というのは国富の源であり、国が倹約的であればあるほど、その富は増す。これがほとんどあらゆる経済学者の教えである。その多くは倹約の無限の価値を説くにあたり、なにやら倫理的尊厳じみた口調にすらなるのである。経済学の陰気な歌の中で、この一言だけが、人々の耳に届いたようである」

(29) 同書、七九頁。

(30) 同書、一一七頁。

(31) 同書、一三〇頁。

(32) 同書、一三一頁。

第24章　結語：『一般理論』から導かれそうな社会哲学について

I

私たちが暮らす経済社会の突出した失敗とは、完全雇用を提供できないことであり、そして富と所得の分配が恣意的で不平等であることです。今までの理論が前者に対してどういう関係を持つかは明らかです。でも二番目に関係する重要な側面も二つあります。

十九世紀末以来、富や所得のきわめて大きな格差を取り除くにあたり、大きな前進が見られました。これは直接課税という道具によって実現されたものです——所得税、付加税、相続税——特にイギリスではこれが顕著です。多くの人々は、このプロセスをもっと進めたいと思うでしょうが、二つの懸念事項があるのでそれがためらわれます。一つは、巧妙な税金逃れがあまりに割のいい商売になってしまうこととリスク負担に対する動機を無用に削減してしまうことです。でももう一つ大きな障害は、資本の成長が個人の貯蓄動機の強さに左右されるという信念であり、そしてその資本成長の相当部分は、金持ちによる余剰分の貯蓄からきているのだ、という信念なのだと私は思います。私たちの議論は、この前者の懸念には影響しません。でも、後者については、人々の態度をかなり変えるかもしれません。というのもこれまで見てきたように、完全雇用が実現されるまでは、資本の成長は低い消費性向に依存するどころか、むしろそれに阻害されるからです。そして低い消費性向が資本成長に有利になるのは、完全雇用が実現した後でしかありません。さらに経験から見ると、既存の条件下では各種機関による貯蓄や減債基金による貯蓄でも十分すぎるくらいで、消費性向を上げそうな形で所得を再分配する手段のほうが、資本の成長には積極的に有利なのです。

この問題について今の世間の考え方がいかに混乱しているかは、相続税が国の資本的な富の削減の原因だという、きわめてありがちな信念にもよく表れています。仮に国がこうした相続税の税収を通常の歳出にあてて、その分だけ所得税や消費税が減らされたり廃止されたりするとしましょう。するともちろん、相続税を高くすれば社会の消費性向を上げる効果があります。でも習慣的な消費性向が上がれば一般に（つまり完全雇用以外では）投資誘因も増すように作用するので、通常考えられている議論は真実の正反対なのです。

ですから私たちの議論から得られる結論は、現代の条件にあっては富の成長は、一般に思われているような金持ちの倹約から生じるものではまったくありません。そんなことをすればかえって富の成長が阻害されてしまいます。富の大幅な格差について、主要な社会的正当化の一つは、したがってこれで排除されます。一部の状況である程度の格差を正当化できるような、私たちの理論には影響されない他の理由がないとは申しません。でも、これまでは慎重に動くのが堅実と思われていた理由のうち、最も重要なものはこれで棄却されます。これは特に、相続税に対する私たちの態度に影響します。というのも所得の格差については多少の正当化理由が存在しますが、その一部は相続の格差にはあてはまらないものだからです。

私はと言えば、私は所得や富のかなりの格差については社会的心理的な正当化ができると考えていますが、でも今日存在するほどの大きな格差は正当化できないと考えます。価値ある人間活動の一部は、金儲けという動機を必要としたり、個人の富の所有がないと完全に花開くことはできなかったりします。さらに、人間の危険な性向も、金儲けと個人の富の機会があると、比較的無害な方向に昇華できます。そうした形で満たされなければ、そうした性向は残酷な活動や、個人の権力や権威の無軌道な追求など、各種の自己強大化に出口を見いだしかねません。人が市民仲間を強権支配するよりは、己の銀行口座を強権支配するほうがましです。そして銀行口座の強権支配は市民仲間の支配の手段でしかないと糾弾されることもありますが、少なくとも時には銀行口座が身代わりになってくれることもあるのです。でも今日ほどの高い掛け金でこのゲームが実施されているのは、そうした活動の刺激や、そうした性向の満足のためだけでは必ずしもありません。ずっと掛け金が低くても、プレーヤーたちがそれに慣れてしまえば、同じ目的は十分に実現できます。人間性を変えるという作業と、それを管理するという作業とを混同してはいけません。理想的な共同体においては、人はそうした掛け金に一切興味を示さないよう教わったり指導されたり育てられたりするかもしれません。それでも平均的な人や、社会のそれなりの部分だけでも、お金儲けの情熱に強く中毒しているのであれば、そのゲームの実施は許し、ただルールと制限だけは設けるようにするのが、賢く堅実な国家運営というものでしょう。

II

しかし私たちの議論からは、第二のずっと根本的な議論が導かれ、これも富の不平等の未来に関わるものです。その議論とは、金利の理論です。これまでは、そこそこ高い金利を正当化する理由は、十分な貯蓄誘因を提供することが必要だから、というものでした。でも有効な貯蓄の規模は必然的に投資規模で決まるのであり、投資規模を促進するのは低金利だということを私たちは示しました（ただし完全雇用に対応する点を超えて、こういう形での刺激はしない限りですが）。ですから完全雇用をもたらす資本の限界効率をにらんで、金利を引き下げるのが私たちにとっていちばん有利なのです。

この基準だと、これまで支配的だったものよりずっと低い金利につながるのは確実です。そして資本の増大をもたらすのに対応した資本の限界効率関係《スケジュール》を推定できる限りで見れば、継続的な完全雇用の状態を維持するのが現実的であるなら、金利は安定してだんだん下がり続けるはずです。ただしもちろん、総消費性向（国のものも含む）に派手な変動があれば別ですが。

資本需要にはっきり上限があるのは確実だと思います。つまり、限界効率がとても低い値になるまで資本のストックを増やすのは、むずかしいことではないはずです。だからといって、資本設備の利用がほとんど無料になるという意味ではありません。単にそうした設備からの収益は、摩耗や陳腐化による損耗と、リスクや技能と判断の適用をカバーするだけのマージンをほとんど超えないものとなる、というだけです。ひと言で言うと、耐久財がその寿命期間中にもたらす総収益は、短命な財の場合とまったく同じで、その生産の労働費用と、リスクや技能と監督分の費用をカバーするだけになる、ということです。

さて、こうした事態はある程度の個人主義とは何の問題もなく相容れるものですが、でもそれは金利生活者の安楽死を意味し、そして結果として、資本家たちが資本の希少価値を収奪せんとする、累積的な抑圧も安楽死することとなります。今日の金利は、地代と同じで、何か本当の犠牲に対する報酬などではありません。資本の所有者が利子を得られるのは、資本が希少だからです。これは地主が地代を集められるのが土地の希少性のためなのと同じです。でも土地の希少性には本質的な理由があるかもしれませんが、資本の希少性には本質的な理由などありません。そうした希少性の本質的な原因、つまり利子という形で報酬を提示しない限り集められない、本当の犠牲という意味での希少性要因は、長期的には存在しません。例外は、個人の消費性向が奇妙な特徴を持っていて、完全雇用下における純貯蓄が、資本が十分豊富になる以前に終わってしまうような場合だけです。でもその場合ですら、国の機関を通じての共同貯蓄を維持することで、資本が希少でなくなるまで増大することはできます。

ですから資本主義の金利生活者的側面は移行期のものでしかなく、役目を終えたらそれは消え失せると私は考えます。そしてその金利生活者的側面が消えれば、資本主義の他の多くの面も、激変に直面することでしょう。そして金利生活者の安楽死、機能なき投資家の安楽死が突然のものとはならず、単に最近イギリスで見られたようなものが延々と引き延ばされて続くだけのものになるというのは、私が提唱する物事の秩序にとっては大きなメリットではあります。それは革命など必要としないのです。

ですから実務的には（というのもここには実現不可能なものは何一つないからです）、私たちは資本の量を増大させてそれが希少でなくなるようにすることを目指すといいかもしれません。そうなれば機能なき投資家は最早ボーナスを受け取れなくなります。さらには直接課税方式を使って、金融業者や事業者等々（彼らはその稼業が好きでたまらないはずなので、その労働は現在よりずっと安く調達できるはずです）の知性と決意と実施能力を、適切な報酬で社会のために活かすようにすべきです。

同時に、一般の意志(これは国家の政策に内包されています)を誘導することで投資誘因の増大と補完をどこまで実施できるかは、やってみないとわからないことは認識すべきです。また、平均的な消費性向への刺激も、資本の希少性価値を一、二世代のうちになくすという狙いを潰さずにどこまでやって安全かは、実地に試すしかありません。やってみたら、消費性向は金利低下によってあっさり強化されて、完全雇用は現在よりちょっと大きいだけの蓄積量で実現されてしまうかもしれません。そうなれば、高額所得や相続に対する課税強化には反対論が出ても仕方ありません。そうした課税強化は、現状よりもずっと低い蓄積で完全雇用が達成できるようにしてしまう、というのがその反対論となるでしょう。こうした結果の可能性、いや蓋然性すら私が否定していると思われては困ります。というのもこうした事態では、平均的な人が環境変化にどう反応するかを予想するのは拙速にすぎるからです。でも、現在よりちょっと多い程度の蓄積率で完全雇用を確保するのが簡単だとわかれば、少なくとも巨大な問題は解決されたことになります。そして、いま生きている世代に消費を制限してもらって、いずれその子孫たちの代で完全雇用が実現されるようにする場合、その制限の規模や手法をどうするのが適切かというのは、別の議論に委ねられることとなるでしょう。

III

他の一部の側面からしても、これまでの理論が示唆するものは、そこそこ保守的です。というのも、現在は主に個人の主体性に任されている事柄に対して、中央によるコントロールをある程度確立することがきわめて重要だと示してはいるものの、まったく影響を受けないきわめて広範な活動領域が残されているからです。国家は、一部は課税方式を通じて、一部は金利の固定を通じて、そして一部はひょっとして他の方法でも、消費性向に対して誘導的な影響を与える必要があります。さらに、銀行政策が金利に与える影響は、最適な投資量を独自に決めるには不十分だろうと思えます。ですから、いささか包括的な投資の社会化が、完全雇用に近いものを確保する唯一の手段となるはずだ、と私は考えるのです。これは、公共政府が民間イニシアチブと協力する各種の妥協や仕組みを排除するものである必要はありません。でもそれを超えるところで、社会のほとんどの経済生活を包含するような、国家社会主義体制などをはっきり主張したりするものではありません。国家が実施すべき重要なことがらは、生産の道具を所有することではないのです。もしも国が道具を増やすための総リソース量を見極められて、その所有者に対する基本的な報酬率を見極められたら、それで必要なことはすべてやり終えたことになります。さらに社会化に必要な手立てはだんだん導入すればよく、社会の一般的な伝統に断絶が生じる必要はありません。

受け入れられている経済学の古典派理論に対する私たちの批判は、その分析に論理的な誤りを見つけようとするものではありませんでした。むしろその暗黙の想定がほとんどまったく満たされておらず、結果として現実世界の問題を解決できないというのが批判の中身です。でも私たちの中央コントロールが、実際に可能な限り完全雇用に近い総産出量を確立するのに成功したとしても、その点から先になると、古典派理論は再び活躍するようになります。産出量が所与とすれば、つまり古典派の思考方式の外側で決まるとすれば、何を生産するか、それを生産するのに生産要素がどんな比率で組み合わさるか、最終製品の価値がその生産要素にどんな形で配分されるかについては、民間の自己利益をもとにした古典派分析に対して、何ら反対すべき理由はないのです。あるいは、倹約の問題に対して別の形で対応したとしても、完全競争や不完全競争などの条件下で、民間の利点と公共の利点をどれだけ一致させるかについては、現代古典派理論に対してまったく反対するものではありません。ですから消費性向と投資誘因の間での調整には中央のコントロールが必要ですが、その範囲を超えてまで以前より経済生活を社会化する理由はまったくありません。

この論点を具体的に説明すると、今のシステムが、使われている生産要素を大幅にまちがった形で雇用していると想定すべき理由はまったく見あたらないと思うのです。もちろん予想がまちがう例はあります。でもそれは意思決定を中央集権化したところで避けられません。働く能力も意欲もある人が一千万人いて、雇用されている人が九百万人いたら、その九百万人の労働力がまちがった方向に振り向けられているという証拠はありません。現在のシステムに対する文句とは、その九百万人を別の仕事に就けるべきだということではありません。残り百万人にも作業が与えられるべきだということです。現在のシステムが壊れてしまっているのは、実際の雇用の量を決める部分であって、その方向性を決める部分ではないのです。

ですからこれは私がゲゼルと同意見の部分ですが、古典派理論のギャップを埋めた結果として生じるのは「マンチェスター方式」を捨て去ることではなく、経済の各種力の自由な活動が生産の潜在力を完全に活かすためには、どんな性質の環境が必要なのか示すことなのです。完全雇用の確保に必要な中央のコントロールはもちろん、政府の伝統的な機能の大幅な拡張を必要とします。さらに現代の古典派理論自体も、経済的な各種力の自由な活動を抑えたり導いたりすべき各種の状況を指摘しています。でも、民間の発意と責任を行使する余地は相変わらず広範に残されるでしょう。その余地の中では、伝統的な個人主義の長所が相変わらず成り立つのです。

ここでちょっと立ち止まって、これらの長所は何だったか思い出してみましょう。その一部は効率性という長所です――分散化と自己利益作用がもたらすメリットです。意思決定の分散化と個人の責任からくる効率性のメリットは、十九世紀の想定よりも大きいかもしれません。そして自己利益の活用に対する反動は、行きすぎているかもしれません。でも何よりも、個人主義は、その欠点や濫用さえ始末できるなら、個人の自由をいちばん守ってくれるものとなります。なぜなら他のどんなシステムと比べても、それは個人選択を実施する場を大幅に広げるからです。また人生の多様性をいちばんよく守ってくれるものでもあります。これはまさに、それが個人選択の場を拡大したことで生じており、それを失ったことは均質国家や全体主義国家の損失の中でも最大のものです。というのもこの多様性は、全世代の最も安全で成功した選択を内包した伝統を保存するからです。それは現在をその気まぐれの分散化によって彩ります。そしてそれは伝統と気まぐれの従僕であるとともに、実験のメイドでもあるので、将来を改善するための最も強力な道具なのです。

ですから政府機能の拡大を行い、消費性向と投資誘因それぞれの調整作業を実施するというのは、十九世紀の政治評論家や現代アメリカの財務当局から見れば、個人主義への恐るべき侵害に見えるかもしれません。私は逆に、それが既存の経済形態をまるごと破壊するのを防ぐ唯一の実施可能な手段だという点と、個人の発意をうまく機能させる条件なのだという点をもって、その方針を擁護します。

というのももし有効需要が不足なら、資源の無駄遣いという公共スキャンダルは耐えがたいばかりか、そうしたリソースを活動させようとする個々の事業者たちは、きわめて不利な条件で活動することになってしまうからです。事業者が遊ぶ危険の遊戯は、無数のゼロだらけで、プレーヤーたちは手札を全部ディールするだけのエネルギーや希望があっても、全体としては負けてしまいます。これまで世界の富の増分は、プラスの個人貯蓄総量より少なく、そしてその差額を補塡してきたのは、勇気と発意を持ちつつも、傑出した技能や異様な幸運が伴なわなかった者たちの損失でした。でも有効需要が適切なら、平均的な技能と平均的な幸運だけで十分なのです。

今日の権威主義国家体制は、失業問題を解決するのに、効率性と自由を犠牲にしているようです。確かに世界は現在の失業を、間もなく容認できなくなるでしょう。その失業は時々訪れる短い興奮の時期を除けば、今日の資本主義的な個人主義と関連しており、私の意見ではその関連性は必然的なものなのです。でも問題の正しい分析があれば、その病気を治癒させつつ、効率性と自由を維持できるはずです。

IV

さっきさりげなく、新しいシステムは古いものよりも平和をもたらしやすいかもしれないと述べました。その側面を改めて述べて強調しておく価値はあるでしょう。

戦争にはいくつか原因があります。独裁者のような連中は、少なくとも期待の上では戦争により楽しい興奮が得られるので、国民たちの天性の好戦性を容易に煽れます。でもこれを超えたところでは、世間の炎を煽る仕事を手助けするのが、戦争の経済的な要因、つまり人口圧と市場をめぐる競争的な戦いです。十九世紀に圧倒的な役割を果たしたのはこの第二の要因だし、今後もそうなるかもしれません。こちらの要因がここでの議論の中心となります。

前章で、十九世紀後半に主流だった国内のレッセフェールと国際的な金本位制のシステムでは、政府が国内の経済停滞を緩和する手段として、市場を求めて争う以外に手がなかったと指摘しました。というのも国にとって、慢性的または間歇的な失業を緩和できるあらゆる手段が排除されており、残った手段は所得勘定上の貿易収支の改善だけだったのですから。

ですから経済学者たちは現在の国際制度について、国際分業の果実を準備しつつ各国の利益を調和させているのだ、と賞賛するのに慣れていますが、その奥にはそれほど優しくない影響が隠されているのです。そして各国の政治家たちは、豊かな老国が市場をめぐる闘争を怠るならば、その繁栄は停滞して失速すると信じておりますが、それは常識と、事態の真の道筋に関する正しい理解であり、それが彼らを動かしているものなのです。でも各国が自国政策によって自国に完全雇用を実現できることを学習すれば（そしてまた付け加えなければならないのは、彼らが人口トレンドで均衡を実現できれば、ということです）、ある国の利益を隣国の利益と相反させるよう計算された、大きな経済的な力は存在しなくてすみます。でも、適切な状況下では、国際分業の余地もあるし、国際融資の余地も残されています。でも、ある国が自分の製品を他の国に押しつけなければならない火急の動機はなくなりますし、他国の産物を毛嫌いする理由もなくなります（しかもそれが買いたい物を買う金がないからというのではなく、貿易収支を自国に有利に展開するため収支均衡をゆがめたいという明示的な目的のために行われることはなくなります）。国際貿易は、今のような存在であることをやめるでしょう。今の国際貿易は、自国の雇用を維持するために、外国市場に売り上げを強制し、外国からの購入は制限するというものです。これは成功しても、失業問題を闘争に負けた近隣国に移行させるだけです。でもそれがなくなり、相互に利益のある条件で、自発的で何の妨害もない財とサービスの交換が行われるようになるのです。

V

こうした発想の実現は非現実的な希望なのでしょうか？　政治社会の発達を律する動機面の根拠があまりに不十分でしょうか？　その発想が打倒しようとする利権は、この発想が奉仕するものに比べて強力だしもっと明確でしょうか？

ここではその答えを出しますまい。この理論を徐々にくるむべき現実的手法の概略を述べるのでさえ、本書とはちがう性質の本が必要となるでしょう。でももし本書の発想が正しければ――著者自身は本を書くときに、必然的にそういう想定に基づかざるを得ません――ある程度の期間にわたりそれが持つ威力を否定はできないだろう、と私は予言します。現在では、人々はもっと根本的な診断を異様に期待しています。もっと多くの人は喜んでそれを受け入れようとし、それが少しでも可能性があるようなら、喜んで試してみようとさえしています。でもこういう現代の雰囲気はさて置くにしても、経済学者や政治哲学者たちの発想というのは、それが正しい場合にもまちがっている場合にも、一般に思われているよりずっと強力なものです。というか、それ以外に世界を支配するものはほとんどありません。知的影響から自由なつもりの実務屋は、たいがいどこかの破綻した経済学者の奴隷です。虚空からお告げを聞き取るような、権力の座にいるイカレた連中は、数年前の駄文書き殴り学者からその狂信的な発想を得ているのです。こうした発想がだんだん浸透するのに比べれば、既存利害の力はかなり誇張されていると思います。もちろんすぐには影響しませんが、しばらく時間をおいて効いてきます。というのも経済と政治哲学の分野においては、二十五歳から三十歳を過ぎてから新しい発想に影響される人はあまりいません。ですから公僕や政治家や扇動家ですら、現在のできごとに適用したがる発想というのは、たぶん最新のものではないのです。でも遅かれ早かれ、善悪双方にとって危険なのは、発想なのであり、既存利害ではないのです。

付録

ドイツ語版への序（一九三六年）

アルフレッド・マーシャル『経済学原理』は現代のイギリス経済学者がみんな勉強に使った本ですが、そのマーシャルは自分とリカードとの思想的連続性を強調しようとして、ずいぶん苦労していたものです。その作業はもっぱら、限界原理と代替原理をリカードの伝統に接ぎ木しようというものでした。そして、ある決まった産出の生産と分配はきちんと考えたのですが、社会全体の産出や消費に関する理論は独立に検討しませんでした。マーシャル自身がそうした理論の必要性を感じていたか、私にはわかりません。でもその弟子や後継者たちは、まちがいなくそんな理論なしですませてきたし、どうやらそれが必要だとも思っていません。私はこういう雰囲気の中で育ってきました。自分でもそうした教義を教えたし、それが不十分だと意識するようになったのも、過去十年ほどのことでしかありません。だから私自身の思考と発展の中では、この本は反動の結果で、イギリス古典派（あるいは正統派）の伝統から離れるための変転を示すものです。以下のページではこの点と、そして教えを受けた教義からの逸脱点が強調されていますが、それはイギリスの一部では、無用にケンカ腰だと言われています。でもイギリスの経済学正統教義で育ってきた人物、いやそれどころか、一時はその信仰の司祭だった人物としては、プロテスタントに初めてなろうとする時に多少のケンカ腰の強調は避けられますまい。でもたぶん、これはドイツの読者諸賢にはいささかちがった受け取られ方をするのではないかと愚考します。十九世紀イギリスを席巻した正統派の伝統は、ドイツの思考をそこまでがっちりとは捕らえなかったからです。古典派の理論が現代の出来事を分析するにあたり十分かどうかを強く論難した経済学者の学派が、ドイツにはずっと存在していました。マンチェスター学派とマルクス主義は、どちらも最終的にはリカードから派生したものです——この結論が意外に思えるのは、皮相的な見方でしかありません。でもドイツには常に、このどれにも帰属しない大きな見解の一群が存在してきたのです。

でもこの学派が、正統派に比肩する理論的構築物を造り上げたとはとても言えません。いや、それを試みたとさえ言えないでしょう。それは懐疑的で現実主義的で、歴史的、経験的な手法や結果で事足れりとして、定式化された分析を排除しました。理論面で最も重要な非正統派の議論は、ヴィクセルによるものでした。彼の著書はドイツ語では手に入りました（最近まで英語では手に入らなかったのです）。実際、彼の最も重要な著書の一つはドイツ語で書かれたものです。でもその信奉者たちは、主にスウェーデン人とオーストリア人でした。そしてオーストリア人たちはヴィクセルの思想をはっきりしたオーストリア学派理論と結びつけて、それを復活させて古典派の伝統と対決させようとしました。ですからドイツは、ほとんどの学問分野での習慣とは裏腹に、支配的で一般的に受け容れられた定式化された経済学理論まったくなしで、まる一世紀も手をこまねいていたのです。

ですからドイツ人からは、正統派の伝統から重要な形で逸脱するような、全体としての雇用と産出の理論を提示しても、イギリス人ほどの反発は出ないかもしれません。でもドイツの経済学的不可知論は克服できると期待してよいでしょうか？　ドイツ人経済学者たちに、現代の事象解釈や現代の政策構築にあたって定式化分析だって何か重要な貢献ができると納得してもらえるでしょうか？　というのも、理論を愛するのはドイツ的なことだからです。長年理論なしで暮らしてきたドイツ人たちは、どれほど飢えて渇いていることでしょうか！私が試みる価値は十分にあるはずです。そしてドイツ人経済学者たちが、ドイツ固有の条件を満たすフルコースの理論を用意するにあたり、私がちょっとしたかけらでもあれこれ提供できるなら、私はそれで満足です。というのも告白いたしますと、以下の本はアングロサクソン諸国に存在する条件を参照しつつ、例示展開されているのですから。

それでも、本書が提示しようとするのは経済全体としての産出の理論です。これは自由競争とかなりのレッセフェール主義の下で生産された、一定の産出の生産と分配の理論に比べれば、全体主義国の条件にずっと適合しやすいものです。消費と貯蓄に関する心理法則、借り入れ支出が物価や実質賃金に与える影響、金利の果たす役割――これらは私たちの思考方式でも、不可欠な要素として残っています。

この場を借りて、我が翻訳者ヴェーゲル氏（彼による本書巻末の用語集――訳注：本訳書には未収――が、目先の目的を超えて役に立つことを願っています）のすばらしい作業に敬意を表します。さらに出版社ダンカー&フムブロットにも感謝します。同社は十六年前に拙著『平和の経済的帰結』を刊行したときから、私がドイツの読者と接触を保てるようにし続けてくれたのでした。

J・M・ケインズ
一九三六年九月七日

フランス語版への序（一九三九年）

百年かそれ以上にわたり、イギリスの政治経済学はある正統派教義に支配されていました。別に、まったく変わらないドクトリンが栄えていたということではありません。正反対です。このドクトリンはだんだん進化を遂げていきました。でもその想定するもの、その雰囲気、その手法は驚くほど変わらぬままで、変化の中にもすべて驚異的な連続性が観察されていたのです。その正統派教義、その連続的な推移の中で、私は育てられました。それを学び、教え、それについて書きました。外から見る人には、私がまだそこに属していると思えることでしょう。この教義に関する後世の史家は、本書が基本的に同じ伝統に属すると考えるでしょう。でも本書や、本書につながる他の近著を書く中で、私自身は自分がその正統派教義から離脱していくのを感じ、それに対する強い反発の中にいると感じたのです。何かから逃れて、解放を得ているように感じたのです。そしてこうした私の精神状態は、本書のいくつかの欠点の理由となっています。特にいくつかの部分でのケンカ腰や、ある特定の視点を持つ人々にばかり向けられているような雰囲気、そしてその他世界に対しての配慮があまりに少ないところなどです。私は自分自身のいる周辺の人々を説得しようとしており、外部の意見に対しては十分な直接性を持って語りかけませんでした。今や三年たって、新しい衣装にも馴染み、古い衣装の匂いすら忘れかけた私なら、これを一から書き直すとすれば、こうした欠点から己を解放して、もっと明確な形で自分の立場を述べようとすることでしょう。

こんなことを申し上げるのは、一部はフランス読者に対する説明であり、一部は弁解です。というのもフランスでは、我が国のように現代の見解について同じくらいの権威を持つ、正統派の伝統は特になかったからです。アメリカでは、状況はイギリスとおおむね同じでした。でもフランスでは、ヨーロッパの他の部分と同じように、二十年前には絶頂期にあったフランスリベラル派経済学者の一派が絶滅してから（でも彼らは実に長生きして、影響力が失われたあとも存命だったので、私が『エコノミック・ジャーナル』の若き編集者となったときの初仕事は、その多くについての弔辞を書くことでした――レヴァスール、モリナーリ、ルロイ＝ボリュー）、そのような支配的な学派はありませんでした。シャルル・ジイドがアルフレッド・マーシャルと同じくらいの影響力と権威を獲得していれば、あなたたちの立場は私たちともっと似ていたかもしれません。でも現状では、あなた方の経済学者たちは折衷的で、あまりに体系的な思考に深く根ざしていない（と私たちは時々思います）。おかげで、彼らは私の言いたいことをもっと受け容れやすいかもしれません。でも、一方で読者諸賢は、私がイギリスの評論家に言わせると誤った語法で「古典派《クラシカル》」学派だの「古典派《クラシカル》」

経済学者だのの話をするとき[1]、何の話やら首をかしげる結果をもたらすかもしれません。ですから私が自分のアプローチの主要な差別化要因について、とても手短に述べるとフランスの読者には有用でしょう。

私は自分の理論を一般理論と呼びました。その意味は、私が主に全体としての経済システムのふるまいに興味があるということです——総所得、総利潤、総産出、総雇用、総投資、総貯蓄などであって、特定の産業や企業、個人の所得、利潤、産出、雇用、投資、貯蓄などではありません。そして、一部について孤立したものとして扱ったときに正しく導かれた結論を、システム全体に拡張するときに重要なまちがいが行われた、と私は論じています。

どういうことか、例を挙げましょう。私は、システム全体として見た場合には、当期の消費に使われない分という意味での貯蓄は、必然的に純新規投資の量と等しいし、またそうならなくてはいけないと主張しています。これはパラドックスと思われ、広範な論争の的となってきました。なぜ論争になるかといえば、投資と貯蓄が等しいというのはシステム全体では必然的に成り立たざるを得ないのですが、それが特定の個人で見れば、まったく成り立っていないからなのはまちがいありません。私が実施する新規投資が、私自身の貯蓄量といささかも関係すべき理由は何一つとしてありません。みんな、個人の所得はその人自身の消費や投資とはまったく無関係だと考えますし、それはきわめて正当なことです。でも指摘せねばなりませんが、だからといってある個人からの消費と投資により生じる需要は、他の個人の所得の源だという事実を見すごすことになってはいけません。ですから全体としての所得は、個人の支出と投資の傾向とは独立などではないのです。そして個人の支出や投資の意欲は所得に依存するので、総貯蓄と総投資にはある関係が導かれ、それはまともな反論の余地などまったくなしに、完全な必然的な等号関係だということが簡単に示されるのです。これは確かにつまらない結論です。でもこれは、もっと本質的な話が出てくる思考の流れの源となります。一般に言って、産出と雇用の実際の水準は生産容量や既存の所得水準で決まるのではなく、投機での生産の決断によるのであり、これはさらに投機および将来の消費見通しで決まるのです。さらに、消費性向と貯蓄性向（と私が呼ぶ物）がわかれば、つまり個人の心理的傾向の結果として生じる、ある所得をどう使うかという社会全体にとっての結果がわかれば、ある新規投資の水準と利潤均衡にある産出と雇用の水準も計算できます。そこから乗数のドクトリンが生まれます。あるいは貯蓄性向が上がれば、他の条件が同じなら所得と産出も縮小するのが明らかとなります。一方投資の誘因が増えればそれが拡大します。ですからこうして系全体としての所得と産出を決める要因が分析できます。この理由づけから出てくる結論は、公共財政や公共政策一般や事業サイクルにことさら関係が深いのです。

本書できわめて特徴的な別の点としては、金利の理論があります。近年では多くの経済学者が、当期の貯蓄量が自由な資本の供給を決め、当期の投資がそれに対する需要を決め、金利はいわば、貯蓄による供給曲線と投資による需要曲線との交点で決まる、均衡価格要素なのだと認めています。でも総貯蓄が必然的にあらゆる状況で総投資に等しいなら、この説明は明らかに崩壊します。解決策は別のところに見いだす必要があります。私が見いだしたその解決は、金利というのは新資本財の需給均衡を決めるのではなく、お金の需給の均衡を決めるのだ、という発想でした。つまりそれは、流動性の需要とその需要を満たす手法とを均衡させるのです。ここで私は、古い十九世紀以前の経済学者のドクトリンに回帰しています。たとえばモンテスキューは、この真実をかなりはっきり見通していました[原注]――モンテスキューは真にフランス版アダム・スミスであり、あなたたちの経済学者の最高峰であり、その鋭さ、明晰さ、バランス感覚（どれも経済学者に必須の性質です）の点で重農主義者たち[2]から大きく突出しています。でもこれがすべてどう展開するかを詳細に示すのは、本文に譲らなければなりません。

本書を私は『雇用、利子、お金の一般理論』と呼びました。そしてご注目いただきたい第三の特徴は、お金と物価の扱いです。本書の分析は、一時は私を絡め取っていた貨幣数量説の混乱から、ついに私が脱出を果たした記録でもあります。私は全体としての物価水準が、まさに個々の価格を決めるのとまったく同じ形で決まるものと考えています。つまり需要と供給で決まるということです。技術条件、賃金水準、設備や労働の未使用容量の規模は、個別の製品でも経済全体でも、供給の水準を決めます。個々の生産者の所得を決める事業者の決断、そしてその所得の使い道を決める個人の決断が需要条件を決めます。そして物価は

――個別価格も全体としての物価水準も――この二つの要因の結果として生じます。話の流れのこの段階では、お金やお金の量は直接の影響を持ちません。お金の量は流動リソースの供給を決め、つまり金利を決め、そして他の要因（特に安心）とあわさって投資誘因を決め、それがこんどは所得、産出、雇用、（そしてそれぞれの段階で他の条件とあわさって）そのように決まった需給の影響を通じて物価水準を決めるのです。

最近までの経済学派はどこでも、実際に理解されているよりも遥かにJ・B・セイという名前と連想されるドクトリンに支配されてきたと私は信じています。確かに彼の「市場の法則」はとっくの昔にほとんどの経済学者が見捨てました。でも彼らは、セイの基本的な想定からは逃れえていないのです。特に、需要は供給によって作られるという誤謬からは逃れていません。セイは暗黙のうちに、経済システムは常に容量いっぱいで動いているものと想定し、新しい活動は常に他の活動に代替されるもので、決して追加はされないのだと考えていました。その後のほぼあらゆる経済理論は、これがなければ成立しないという意味で、この想定に依存していました。でもそんな基盤の理論は明らかに、失業と事業サイクルの問題に取り組む能力を持ちません。たぶんフランスの読者に対して本書の主張をできるだけうまく表現するなら、それはJ・B・セイのドクトリンからの最終的な決別であって、そして金利の理論においてそれはモンテスキューのドクトリンへの回帰なのです。

J・M・ケインズ
一九三九年二月二十日
キングス・カレッジ、ケンブリッジ

注

(原注) 特に念頭に置いているのは『法の精神』第二十二巻第十九章です。
(1) 訳注：正しい英語でいえばクラシカルは変で、クラシックにすべき。
(2) 訳注：『経済表』で有名なケネーを親玉とする一派。農業こそ富の源泉として、当時の農業に関連した規制や課税の撤廃を狙ってレッセフェール主義に傾倒。

ケインズ氏と「古典派」たち：解釈の一示唆(1)

ジョン・R・ヒックス

1　はじめに：古典派理論とケインズ派の共通基盤を設定

まったく好意的でない読者ですら、ケインズ氏『雇用の一般理論』の娯楽的な価値が、その嫌みったらしさのおかげで大いに増していることは認めるだろう。でも多くの読者は、この古典派愚人列伝の部分については、かなり困惑しているのも明らかだ。ケインズ氏の議論に説得され、自分がかつては「古典派経済学者」だったことを認めた人々ですら、改悛前の日々に、ケインズ氏に言われるようなことを自分たちが信じていたような記憶はあまりないのである。そしてこうした歴史的な疑念がつまずきとなって、この実証理論から本来なら得べかりし啓蒙量を十分に得られない向きもおられよう。

この状況の主因の一つはまちがいなく、ケインズ氏が典型的な「古典派経済学者」として、ピグー教授後期の著作、特に『失業の理論』をやり玉にあげていることにある。さて『失業の理論』はかなり新しい本で、しかもとんでもなく難しい本だ。だからどう見ても、経済学の一般的な教えには、まだあまり影響していない。ほとんどの人にとって、そこに書かれた主張は、ケインズ氏自身の主張に負けず劣らず新奇に見える。だから一般の経済学者としては、自分がそんなことを信じていたと言われても、ひたすら困惑することになる。

たとえばピグー教授の理論は、かなり驚くほどの部分まで実質値で話が進む。その理論は実質賃金と失業の理論だというだけではない。ほかの人ならだれでも名目値で検討したがるような話が、ピグー教授だと「賃金財」なるもので検討されている。ふつうの古典派経済学者は、この力作は自分とまったく関係ないと言うだろう。

でも通常の古典派経済学者になりかわり、こういう話の多くは名目値で検討したほうがいいと宣言したら、ケインズ氏は名目賃金と雇用についての古典派理論などない、と答えるだろう。確かに、そんな理論には教科書ではなかなかお目にかかれない。だがこれは、ほとんどの教科書の執筆時期が、閉鎖経済系における名目賃金の全般的な変化が重要な問題とはならない時期だったからというだけの話だ。ほとんどの経済学者はまちがいなく、名目賃金と雇用の関係をかなりよくわかったつもりでいたはずだ。

かくなる上は、ピグー教授以前の粗雑な議論に基づく、典型的な「古典派」理論を構築してみると有意義だろう。そんな理論が作れて、それが確かに一般に認められた結論を生み出すことが示され、でもその結論がケインズ氏の結論は満たさないとなれば、ようやく満足のいく比較対象ができる。そしてケインズ氏の革新を切り分けて、本当に問題となっている論点が明らかになる。

比較するのが目的なので、典型的な古典派理論をケインズ氏の理論構築と似た形式で行ってみよう。そしてこの手元の特別な問題と密接に関連しない、二次的な細かい話は記述からすべて外す。だから想定として、各種物理設備の量が固定と見なせる短期を扱うものとする。労働は均質だとする。減価償却も無視できるものとして、投資財の産出は新規投資に連動するものとする。これは危険な単純化だが、ケインズ氏が利用者費用についての章で挙げた重要な問題点は、ここでの目的にはどうでもいい。

まず一人あたり賃金wが所与と想定しよう。

xとyはそれぞれ投資財と消費財の産出だ。N_xとN_yはその生産に雇用される人数となる。それぞれの産業固有の物理設備は決まっているので、$x=f_x(N_x)$で$y=f_y(N_y)$となるが、関数f_xとf_yも決まっている。

Mはお金の量で所与とする。

求めたいのはN_xとN_yだ。

まず、投資財の価格水準＝その限界費用＝$w(dN_x/dx)$となる。そして消費財の価格水準＝その限界費用＝$w(dN_y/dy)$となる。

投資取引で得られる所得（投資の価値、あるいは単に投資）＝$wx(dN_x/dx)$だ。これをI_xと呼ぼう。

消費取引で得られる所得＝$wy(dN_y/dy)$。

総所得＝$wx(dN_x/dx)+wy(dN_y/dy)$となる。これをIと書く。

だからI_xはN_xの決まった関数、IはN_xとN_yの決まった関数となる。IとI_xが決まれば、N_xとN_yも決まる。

さてここで、「ケンブリッジ数量方程式」を想定しよう——つまり所得とお金の需要との間に決まった関係があるという方程式だ。すると近似的には、お金の需要が総所得に左右されるだけでなく、手持ち現金需要の大きい人と小さい人の分配にも左右されるという事実を考えなければ、以下のように書ける。

$$M = kI$$

よってkがわかれば、総所得も決まる。

I_xを決めるには、二つの方程式がいる。一つは、投資の量（資本需要として見られる）が金利に依存するというものだ。

$$I_x = C(i)$$

これはケインズ氏の著作に言う資本の限界効率関係《スケジュール》となる。

さらに投資＝貯蓄。そして貯蓄は金利と、お望みならば所得による。$\therefore I_x = S(i, I)$（でも所得はすでに決まっているので、わざわざ所得をここに示す必要はない）。

でもこれらをシステムとして考えると、未知数I、I_x、iを求めるのに、基本方程式は三本ある。

$$M = kI,\ I_x = C(i),\ I_x = S(i, I)$$

すでに見たように、N_xとN_yはIとI_xから導ける。だから総雇用$N_x + N_y$は決まる。

このシステムの性質をいくつか考えてみよう。最初の方程式からすぐ出てくるのは、kとMが決まれば、Iも完全に決まるということだ。つまり、総所得はお金の量に直接左右される。でも総雇用は所得からすぐには導けない。それはある程度まで、所得のうち貯蓄される比率と、つまりは生産が投資と消費財に割り当てられるやり方にも左右される（供給弾性がたまたまどちらの産業でも同じとすれば、両者の間で需要がシフトしたら、それに伴ってN_xとN_yも動き、総雇用には変化は起きない）。

投資誘因が増える（つまり資本の限界効率関係《スケジュール》、ここで言う$C(i)$が右にずれる）と金利は上がり、貯蓄に影響する。もし貯蓄が増えれば、投資も増える。投資産業に雇用される労働が増え、消費産業のほうは減る。すると、もし投資産業の供給弾性が消費財産業のものより高ければ、総雇用は増える——逆なら減る。

お金の供給を増やせば、必然的に総所得は増える。人々はkが以前の水準に戻るだけ所得が増えるまで、支出と貸し出しを増やすからだ。所得が増えれば、消費財生産でも投資財生産でも、雇用は増える。総雇用への影響は、こうした産業同士の拡大の比率による。そしてそれは、増えた所得のうち人々がどれだけ貯蓄したいかによる。そしてこれが金利も決める。

ここまでは、一人あたり名目賃金は決まっていると想定してきた。でもkが賃金水準と独立だと想定すれば、この問題も何もむずかしいことはない。一人あたり名目賃金が上がれば、必然的に雇用は下がり、実質賃金は上がる。というのも、名目賃金が変わらなければ、物価水準が上がったときに同じ量の財を買い続けるわけにはいかないからだ。そして、物価水準が上がらないと、財の価格でその限界費用をまかなえない。だから雇用はどうしても下がってしまう。雇用が下がれば、労働で見た限界費用は下がり、したがって実質賃金は上がるわけだ（名目賃金は常に、割合はちがっても同じ方向への実質賃金上昇を伴うので、実質賃金ベースで議論をしても特に害はないし、多少いいところもある。当然ながら、ほとんどの「古典派経済学者」はこの線で議論をしている）。

たぶんこれで、かなり一貫性のある理論ができたと納得してもらえるのではないか。そしてこれは、それなりに認知された経済学者群の主張とも一貫性を持っている。確かにこの理論からだと、直接インフレによって雇用を増やせることになる。だがその政策を支持するかは、賃金にそれがどう反映しそうかについての判断にもよるし――国内的には――国際基準についての見方にもよる。

歴史的には、これはリカードから派生したものだが、実際にリカード派とは言えない。たぶん、おおむねマーシャルが考えていた理論だろう。だがマーシャルでもそれはかなり重要な条件がつけられればじめていた。その後継者たちはそれにさらに条件をつけた。ケインズ氏のやったことは、その条件のほうをすさまじく強調することで、それがほとんど元の理論をかき消してしまうことだった。この発展プロセスをたどってみよう。

2　古典派理論とケインズ理論の類似性

いま描いたような「古典派」理論が産業の変動分析に適用されると、いくつかの点で困難に直面する。明らかに総名目所得は事業サイクルの中でかなり変動するし、古典派理論はこれをMかkの変動として説明するか、あるいは第三の奥の手として分配の変化で説明するしかない。

(1)Mの変化がいちばん単純で自明だし、これはかなり使われてきた。でも事業サイクルの間に観察できるMの変化は、銀行を通じて起こる変動だ——つまり銀行融資の変動となる。もしそれに頼るなら、銀行の資金供給と金利との関連を説明するのが急務となる。これにはおおざっぱに言って、銀行というものが、お金を消費するよりは融資を通じて人にお金を渡したいという強い意向を持った個人だというふうに考えればいい。だからその行動は、まず金利を引き下げ、そしてお金が消費者の手に渡った後になってやっと、物価や所得が上がる、ということになる。「新しい通貨や、通貨の増加は、個人に渡るのではなく銀行センターに行く。であるからして、それはまず貸し手が貸したがる意欲を高める。それにより割引率が下がる。だがそれはその後に物価を上げる。そうなると割引率は上がる傾向にある」[2]。これはかなり強引な意味でしか満足とは言えない。でもこのプロセスをもっと厳密に記述しようとしたら、すぐに困難に陥る。金利を必要なだけ下げるお金の量はどうやって決まる？低い金利が続く期間はどう決まる？　これはなかなか容易には答えられない。

(2) k の変化に頼れば、ある程度まではそこそこうまく行く。k の変化は安心の変化と関連づけられるし、好況期の物価上昇は、楽観論が残高を減らす方向に動くから、ということになる。不況で物価が下がるのは、悲観論と不確実性で残高が増えるから、というわけだ。でもこの道をたどるとすぐに、それだと k は独立変数の地位を捨ててしまったことになるのでは、と尋ねたくなるのが当然だろう。基本方程式の中で、他の変数に影響を受ける存在になってしまったのではないか？

(3) この最後の考察は、別のもっと純粋理論的な考察に強く支えられている。純粋価値理論からすると、お金の束を持ちたがる人物の直接的な犠牲とは利子の犠牲だというのは明らかだ。そして、限界原則がこの分野でまったく働かないとは信じがたい。ラヴィントンが言うように「(個人が) お金の形態で持つリソースの量は、それをその形態で保有することが、それのもたらす利便性と安全という収益が、それを消費物に使った限界ユニットからの満足と等しく、さらにその純利率に等しい」[3]。お金の需要は金利に依存する！　これでケインズ氏の舞台は整った。

古典派理論の基本方程式は三本ある。

$$M = kI,\ I_x = C(i),\ I_x = S(i, I)$$

これに対してケインズ氏は次の三方程式で始める。

$$M = L(i),\ I_x = C(i),\ I_x = S(I)$$

これは三つの点で古典方程式とちがっている。一つは、お金の需要は金利で決まる（流動性選好）とされている。一方、ある所得の中からどれだけ貯蓄されるかに金利が与える影響は、完全に無視されている。これはつまり、第三の方程式が乗数方程式となり、これがいろいろ奇妙な小技をこなすということだが、それでもこの第二の修正は単なる単純化であり、最終的にはどうでもいい(4)。重要なのは、流動性選好ドクトリンなのだ。

というのも、いまやお金の量で決定されるのは所得ではなく、金利だからだ。資本の限界効率関係《スケジュール》に対して与えられる金利が、投資の価値を決める。これが乗数を通じて所得を決める。すると雇用量（その賃金水準で）が投資の価値と、所得のうちで貯蓄されず、消費財に使われる部分の価値で決まる。

この等式の系は、投資誘因が増えたり、消費性向が増えたりすると、金利は上がる傾向にはなく、むしろ雇用だけを増やす、という驚愕の結論が出てくる。にもかかわらず、そして議論の相当部分がこのシステムに基づいて決まるにもかかわらず、このシステムだけでは『一般理論』ではない。お望みならば、ケインズ氏の「特殊理論」と呼んでいいかもしれない。「一般」理論は、目に見えてずっと正統的なものとなる。

ラヴィントンやピグー教授と同じく、ケインズ氏は最終的には、お金の需要がたった一変数で決まるとは信じていない——その変数が金利であっても。ラヴィントンやピグー教授よりも重視はしているが、ケインズ氏にとっても他の二人にとっても、金利は検討すべき唯一の変数ではない。お金の需要が金利に左右されるというのは、最終的にはそれが所得に左右されるという話に、但し書きをつける以上のことにはなっていない。「投機動機」をどこまで強調しても、「取引動機」も必ず関わってくる。

結局、『一般理論』として得られるのは次のとおり。

$$M = L(I, i),\ I_x = C(i),\ I_x = S(I)$$

こう改定すると、ケインズ氏はマーシャル的な正統派経済学へと大きく後退したことになり、その理論もマーシャル理論を改定して但し書きをつけたものと、なかなか区別しにくくなる。これはすでに見たとおり、さほど目新しいものでもない。両者の間にはまともなちがいがあるのか、それともこの争いはすべて見かけだけなのか？　ここで一つ、図に頼ってみ

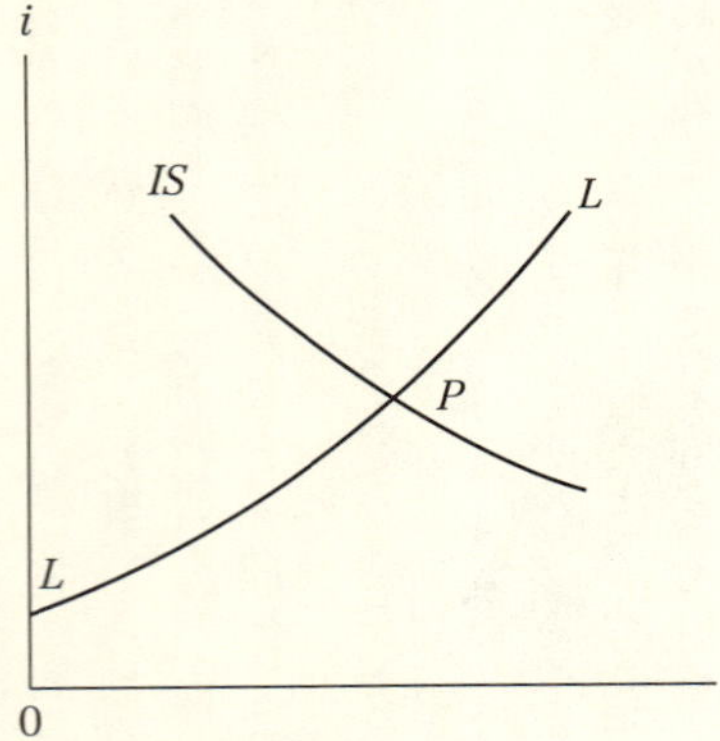

図1

よう（図1）。

ある一定の量のお金に対し、最初の方程式 $M = L(I, i)$ は、所得 I と金利 i の関係を示す。これは右肩上がりの曲線 LL で描ける。というのも、所得が増えればお金の需要も増えるし、金利が上がればそれは下がるからだ。さらに次の二つの方程式をまとめて考えると、所得と金利との間に別の関係が得られる（資本の限界効率関係《スケジュール》は、ある金利における投資の値を示し、乗数はその投資額と貯蓄を等しくするのに必要な所得額を教えてくれる）。だから IS 曲線は、投資と貯蓄を等しくするために維持しなければならない、所得と金利の関係を示すものとして描ける。

これで所得と金利は、同時に P で決まる。これは LL 曲線と IS 曲線の交点だ。この二つは同時に決まる。ちょうど現代の需要供給理論で、価格と産出量が同時に決まるのと同じだ。実際に、ケインズ氏の革新性は、この意味で限界論者の革新性ととても相似している。数量説は金利なしに所得を決めようとするし、労働価値説は産出量なしに価格を決めようとした。どちらも、もっと高次での相互依存性を認識した理論に道を譲らなければならなかったわけだ。

3　ケインズ理論の本質：流動性の罠

だがこれが本当の「一般理論」なら、なぜケインズ氏は投資誘因が増えても金利が上がらないなどと言い出すのだろう？　いまの図からすると、資本の限界効率関係《スケジュール》が上昇すれば、*IS*曲線も必然的に上に上がる。だからそれは所得と雇用も増やすが、同時に金利も上げるはずだ。

ここで多くの点から見て、ケインズ氏の本で最も重要な話が出てくる。それはつまり、あるお金の供給は、所得と金利との一定の関係（*LL*曲線で示したもの）を決定することが示せる、というだけではない。その曲線の形についても、何かが言えるということだ。たぶんその形は、左側ではかなり水平で、右側に行くとかなり垂直になるだろう。なぜかというと、⑴金利がこれ以上は下がらないとおぼしき最低限の金利があるはずなのと、（ケインズ氏は強調していないことだが）⑵一定量のお金でファイナンシングできる、最大限の所得水準があるはずだからだ。お望みなら、この曲線はこうした上限や下限に漸近的に近づくと考えてもいい（図２）。

だから*IS*曲線がかなり右のほうにあれば（これは投資誘因が強いとか、消費性向が強いと

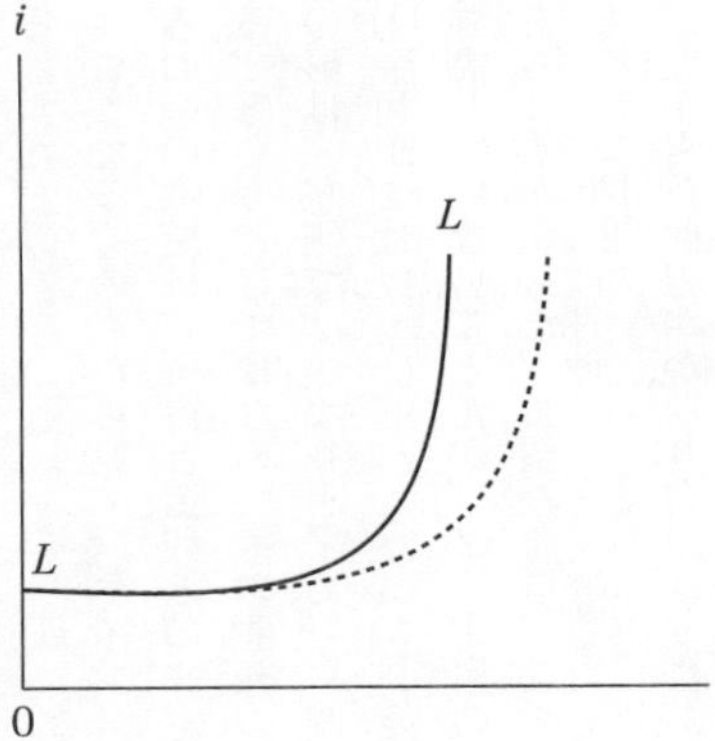

図2

かするせいだ)、Pは明確に右肩上がりの部分にくるし、古典派理論はそれのよい近似となり、後期マーシャル派の手でなされた各種の条件づけ以上のものは必要なくなる。投資誘因が上がれば古典派理論の言うように金利も上がるが、所得の上昇というおまけの影響もあり、結果として雇用も増える(一九三六年のケインズ氏は、公共事業にほどほどの期待をかけた初のケンブリッジ経済学者というわけではない)。でもPがLL曲線の左のほうにいたら、ケインズ氏の「特殊」形式が有効となる。資本の限界効率関係《スケジュール》上昇は雇用を増やすだけで、金利はまったく上がらない。古典派の世界とはまったくかけはなれたところにきてしまうわけだ。

　つまりこの最低水準を実証するのがきわめて重要なこととなる。重要すぎるので、その証明を少し書き換えて、ケインズ氏の採用したもの[5]とはちょっとちがった形で示してみよう。

　もしお金を保有する費用が無視できるなら、金利がゼロ以上でない限り、お金を貸すより保有するほうが必ず儲かる。結果として、金利は必ずゼロ以上でなくてはならない。極端な例として、最短期の金利はゼロ近くになれるかもしれない。でもその場合でも、長期金利はそれ以上でなくてはならない。というのも長期金利はその融資期間中に上昇するリスクの分を考慮しなくてはならないからだ。そして短期金利は上がるだけで、下がる可能性はない。[6] これは、長期金利がその期間中にあり得る短期金利の平均のようなものだという話だけではない。もっと重要なリスクを考えなくてはならない。長期の貸し手が、予定の返済期日以前に現金を持ちたがるというリスクだ。そしてその間に短期金利が上がっていれば、その貸し手はかなりの資本損失に直面する可能性がある。この最後のリスクこそ、ケインズ氏の「投機動機」をもたらすもので、無限期間の融資金利（これはケインズ氏が常に「ザ・金利」として念頭に置いているものだ）がゼロにきわめて近いところまでは下がれないことを保証するものだ。[7]

この金利の最低水準は、一本のLL曲線にしかあてはまらないものではなく、あらゆるLL曲線にあてはまるということは理解されよう。もしお金の供給が増えれば、LL曲線は右に動く（図2の点線）。だが曲線の水平部分はほとんど変わらない。だからここでも、グラフの左側の無風状態こそが古典理論をおかしくする。もしISが右側にあればお金の量を増やすことで確かに雇用を増やせる。でもISが左側にあれば、そうはいかない。単なる金融的な手法だけでは、金利をそれ以上は引き下げない。

つまり雇用の一般理論は不況の経済学なのだ。

4　ケインズ理論の一般化

ケインズ氏と「古典派」との関係を明らかにするために、さっきちょっとした道具を発明してみた。どうもその道具を使い切ってはいないようだから、それを独自にまわしてみて結語としよう。

この道具が使えるので、もはやケインズ氏がその検討で使ったいくつかの単純化はせずにすむ。三つ目の方程式で抜けていたiを復活させて、金利が貯蓄にもたらす影響をすべて考慮できる。そしてもっと重要なこととして、投資が金利だけに依存するという話を見直せる。これは第二の方程式でいささか怪しげな感じだった部分だ。これを本当に一般理論にするには、三つの方程式すべてにIとiがあるほうが数学的にもエレガントだ。だったら、こんなふうにしてみてはいかが？

$$M = L(I, i),\ I_x = C(I, i),\ I_x = S(I, i)$$

第二の方程式で所得の問題を持ち出してみたら、それを挿入する理由が十分にあることがはっきりする。ケインズ氏がそれを完全に排除してももっともらしさを保てたのは、実はすべてを「賃金単位」で測るという仕掛けのおかげだ。つまり名目賃金水準が変わった場合の資本の限界効率関係《スケジュール》変化は許容されるが、所得が他の形で変化しても、曲線には変化は起きない。少なくとも、同じような直接的な形では起きない。でも、なぜそんな区別をする必要が？　雇用が増えて、消費財の需要が増えれば、しばしば投資は直接刺激を受ける。少なくとも、需要増が続くという期待が生まれればすぐにそうなる。もしそうなら、第二の方程式にIを入れるべきだ。ただし資本の限界効率にIが与える影響は、気まぐれで不規則になることは告白しなければならない。

するとー般化した一般理論は、こんなふうに記述できる。まず、ある一定の金銭所得総額を想定しよう。そしてその所得における資本の限界効率を（金銭単位で）示す曲線CCを描こう。その所与の所得での貯蓄供給を示すSS曲線を描こう（図3）。この二曲線の交点は、その所得水準で貯蓄と投資を等しくする金利を決める。これを「投資利率」とでも呼ぼう。

もし所得が上がれば、SS曲線は右に動く。たぶんCCも右に動くだろう。もしSSがCCよりたくさん動けば、投資利率は下がる。CCのほうがSSよりたくさん動けば、上がる（だがその上下の幅は、CCとSSの弾性による）。

IS曲線（別の図に示した）はいまや、所得とそれに対応する投資利率の関係を示す。これと対決するのは（以前のモデル構築と同じく）所得と「お金」の利率の関係を示すLL曲線だ。でも今回は、LL曲線を少し一般化できる。前はお金の供給が所与だと想定したが、こんどはある金融システムが存在すると考えよう——これによりある点までは、金融当局が金利

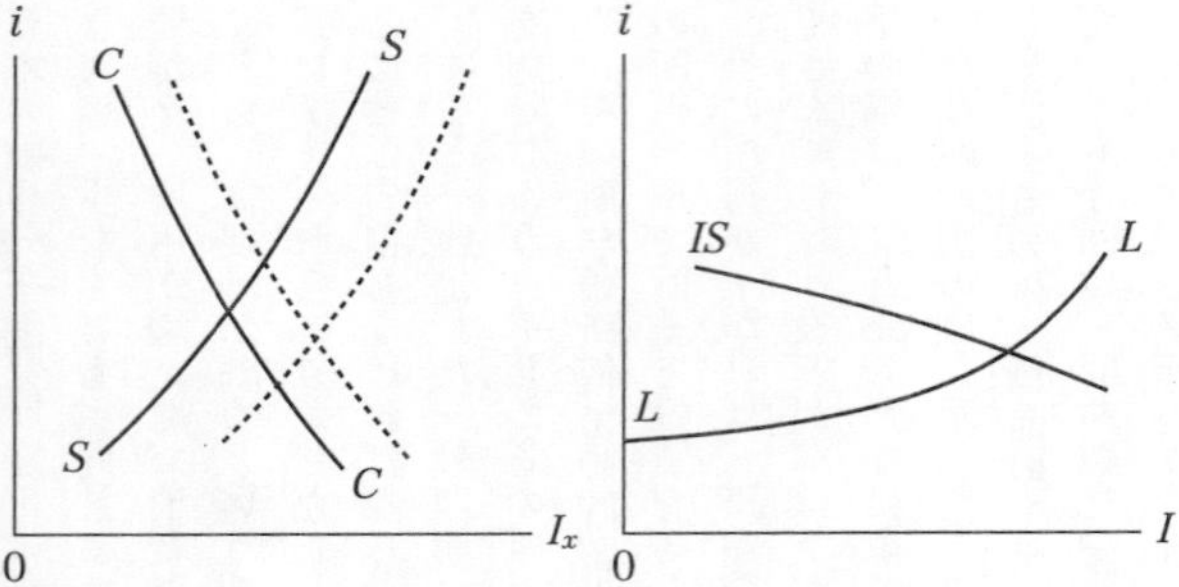

図3

上昇よりは新しいお金の創造を選ぶが、それ以上はお金を刷らない。こういう一般化した*LL*曲線は、ごくゆるやかにしか右上がりにならない——その曲線の弾性は、金融システムの弾性（通常の金融的な意味で）に依存する。

前と同じで、所得と金利は両曲線の交点で決まる——投資利率と金利とが一致する地点だ。投資誘因や消費性向が変われば*IS*曲線もシフトする。流動性選好か金融政策が変われば*LL*曲線がシフトする。もしそうした変化の結果として投資利率が金利より上がれば、所得は上がるだろう。逆なら、所得は下がりがちとなる。その所得の上下幅は、これらの曲線の弾性による。(8)

こんな具合に一般化すると、ケインズ氏の理論はヴィクセルの理論ととても似てくる。これはもちろん、まったく驚くべきことではない。(9) 実はこれがヴィクセルの理論にずばり当てはまる特殊なケースが一つあるのだ。もし「完全雇用」があれば、つまり所得が上がればすぐに名目賃金が上がるなら、*CC*と*SS*がまったく同じだけ右に移動する可能性があり、そうなれば*IS*は水平になる（可能性があると言ったのは、実際には賃金水準が上がると、それがもっと上がるだろうという想定を作り出してしまう可能性がかなり高いからだ。もしそうなら、*CC*は*SS*よりも移動幅が大きくなり、*IS*は右肩上がりになる）。だがもしどんな形であれ*IS*が水平ならば、まさに完全にヴィクセル的なしつらえとなる。[10] 投資利率はヴィクセルの言う「自然利率」となる。なぜならこの場合には、それは実物《リアル》要因で決まると考えられるからだ。もし完全に弾性的な金融システムがあり金利が自然利率以下に固定されていたら、累積的なインフレがおこる。自然利率以上なら、デフレだ。

だがこれはいまや、一つの特殊ケースでしかないことがわかる。いまの道具を使えば、ずっと広い可能性を考察できる。失業が大量にあれば、$\partial C/\partial I$はかなり小さくなるだろう。その場合には、*IS*は確実に右肩下がりとなる。これはケインズ氏が大いに検討している不況経済学のようなものだ。だが他の条件もあり得るという印象は逃れ得ない。期待が火口《ほくち》だとしたら、ちょっとしたインフレ傾向がそれに火をつけてしまう場合だ。すると$\partial C/\partial I$は大きくなり、所得増は投資利率を引き上げるかもしれない。そうなると、状況はどんな金利だろうと不安定になる。そうした状況が完全に手に負えなくなるのを防げるのは、不完全に弾性的な金融システム——右肩上がりの*LL*曲線だけだ。

これらは、いまの骨格ばかりの道具から得られるいくつかの知見だ。でもそれがケインズ氏の同様の骨格をちょっと拡張したものであると言えるにしても、きわめて雑でかなりわざとらしいものではある。特に「所得」の概念がすさまじく濫用されている。曲線のほとんどは、所得の規模だけでなく、その分配について何か言わないと、本当に決定的なものとは言えない。実はそれらが表現しているのは、物価システムと金利システムとの関係のようなものだ。そしてそれを曲線に押し込めることはできない。さらに、減価償却に関する各種の問題は無視されている。そして検討しているプロセスのタイミングに関する各種問題も。『雇用の一般理論』は有益な本だ。でもそれは動学的経済学の始まりでもなければ、終わりでもないのである。

J・R・ヒックス
ゴンヴィル&キーズ・カレッジ
ケンブリッジ

注

（1）計量経済学会オックスフォード会合で読み上げられた論文（一九三六年九月）で、その後おもしろい議論を引き起こしたものに基づく。その後、一部はその議論の結果を受けて、そして一部はケンブリッジでのさらなる議論を受けて改訂されている。初出 *Econometrica*, Vol. 5 Issue 2 (Apr. 1937), pp. 147-159.
訳注：セクション名は訳者が設定した。

(2) マーシャル『お金、信用、商業』二五七頁。

(3) ラヴィントン『イギリス資本市場』一九二一年、三〇頁。またピグー「法定通貨の交換価値」、『応用経済学論集』一九二三年、一七九－一八一頁も参照。

(4) これは三方程式

$$M = kI,\ I_x = C(i),\ I_x = S(I)$$

を考えてみればわかる。これはケインズ氏の第二の改定は含んでいるが、第一は含まない。第三の方程式はすでに乗数方程式となっているが、でもこの乗数は翼が小さすぎる。というのもIはまだMに依存するから、I_xはいまやMだけに依存し、投資を増やすには貯蓄性向を増やすか、お金の量を増やすかしかないからだ。こうして生まれたこのシステムは、したがって数年前に「財務省ビュー」と呼ばれたものとまったく同じになる。でも流動性選好が、「財務省ビュー」から「雇用の一般理論」へと運んでくれるのだ。

(5) 本書二八一頁。

(6) 確かに、人々があまりに超短期金利に慣れすぎて、そのリスクなど意に介さなくなる可能性はないわけではない。でもきわめて可能性は低い。というのも、短期金利は事業が改善して所得が増えることで上がるかもしれない。あるいは、交易が悪化して、流動性への欲求が増えるかもしれない。この可能性を両方とも排除するような金融システムが本当に考えられるとは、私は思わない。

(7) だが金利体系を説明するには、「投機動機」以上のものが必要となる。あらゆる短期金利で最短のものは、限界のところで、お金とそうした証券との相対的な価値評価と等しくなる必要がある。そしてその証券が割り引かれているのは主に、現金を保有する「便利さと安全」のためだ——即座に使える現金がないことで生じる不便さのためだ。重要なのは、証券を割り引きたい可能性のほうであって、その際にそれを自分に不利な条件で割り引かなくてはならないという可能性ではない。ここでは「投機動機」よりは「用心動機」のほうが支配的になる。だが短期金利と長期金利の差となると、再割引の見込み条件はきわめて重要となる。

（8） $C(I, i) = S(I, i)$ なので、

$$\frac{dI}{di} = \frac{\partial S/\partial i - \partial C/\partial i}{\partial S/\partial I - \partial C/\partial I}$$

貯蓄投資市場は、$\partial S/\partial i + (-\partial C/\partial i)$ がプラスでないと安定しない。この条件は満たされるものと想定してかまわないと思う。

もし$\partial S/\partial i$がプラス、$\partial C/\partial i$がマイナス、$\partial S/\partial I$がプラス（いちばん考えられそうな状態）なら、*IS*曲線はもっと弾性的になり、*CC*と*SS*の弾性も大きく、$\partial C/\partial I$のほうが$\partial S/\partial I$よりも大きくなる。$\partial C/\partial I > \partial S/\partial I$なら、*IS*曲線は右肩上がりとなる。

（9） 本書三三一頁参照。

（10） ミュルダール“Gleichgewichtsbegriff”, *Beiträge zur Geldtheorie'* ハイエク編を参照。

ケインズ『一般理論』訳者解説

はじめに

本書はJohn Maynard KEYNES, *The General Theory of Employment, Interest and Money*（一九三六年）の全訳である。翻訳にあたっては、初版をもとにしたＨＢＪ版のペーパーバック（一九五三年）およびMarxisits.orgの電子テキストを主に使用し、最終的なチェックにあたっては全集版（一九七三年）をもとにしたPalgrave Macmillan版（二〇〇七年）を使った。翻訳には二〇一一年九月一日から二十五日までを要し、その後刊行までの間に細かいミスの訂正を行っている。

また、おまけとしてPaul KrugmanによるPalgrave Macmillan版のIntroduction（二〇〇七年）、そして原著刊行後のケインズ理論の普及を語るにあたっては良くも悪しくも不可欠なJohn R. Hicks, "Mr. Keynes and the 'Classics'; A Suggested Interpretation" (*Econometrica*, Vol. 5 Issue 2, Apr. 1937, pp.147-159)を収録した。

本書の概要

本書は経済学史上――人によってはあらゆる社会科学分野史上――で最も重要で影響力の大きい本とすら言われる一冊だ。この本は、第二次世界大戦後の世界の経済政策を一変させ、そして社会における政府の役割も徹底的に変えた。そしてもちろん、本書は経済学という分野を震撼させた、革命的な本だ。本書は失業というものが一時的な過渡期の現象などではなく、定常的に存在し得ることを説明し、そしてそれが金利を通じてお金の市場（つまりはお金の量）に左右されることを、まとまった形でほぼ初めて示した。そして個々の人や産業だけを考えるのではなく、ある経済を全体として考えるマクロ経済学の枠組みを初めて示した本となる。

このあたりの詳しい説明は、本職の大経済学者たるポール・クルーグマンのイントロダクションを読んでほしい。が、それでも少し高度なので簡単にまとめておこう。原著が出るしばらく前の一九二九年に、かのウォール街大暴落が生じ、そしてその後世界は大恐慌に叩き込まれる。町には失業者があふれ、しばらく前にはフル稼働していた工場も閑古鳥。なぜだろう？　いやそんな悠長な話よりも、どうすれば経済はもとに戻るんだろうか？

むろんこの訳書が刊行される二〇一二年の日本や世界も、規模こそちがえほとんど同じ状況に置かれているし、そして人々は同じ問いを発し続けている。

でも、それまでの経済学はこの状況に対して答えを持っていなかった。それまでの経済学は、失業は変な規制や不合理な抵抗さえなければ、だまっていてもなくなる、と述べていた。需要と供給は市場メカニズムを通じて価格によって均衡する。失業なんてのは、価格による調整が完了するまでの一時的で些末な現象でしかない、と。

でも大恐慌時の二〇パーセント以上もの失業率は、どう見ても些末ではなかったし、またそれが数年も続けばとても一時的とは言えなかった。

それまでは、慢性失業は労組が頑固で賃下げに応じないからだとされた。確かに賃金は下がりにくい。でも、それだけが原因ではない、とケインズは見抜いた。現金が一千万円しかない経済では、どんなに労働需要があっても、月給十万円の人（給料日同じ）を百人以上は雇えない。それ以外は失業だ。つまり、お金の状況が労働市場（そして実体経済）を制約してしまう！

ケインズは、このお金の市場と実体経済の関係を考え抜いた。そして失業の原因は総需要不足なのだ、と指摘する。みんなが稼いだお金を、消費や投資で全額使ってしまわないから、需要が不足して失業が起きるのだ、と。

古典派は、そんなことはあり得ないと述べた。稼いだお金は、消費するか貯蓄するかで、貯蓄されたお金はすべて銀行経由で投資にまわるはずだ、と。金利が貯蓄と投資を必ず一致させる。だから総需要が停滞するはずはない、と。

でも、消費も貯蓄もされないお金がある、とケインズは指摘した。手持ち現金やたんす預金だ。人は金利を犠牲にしても、手持ち現金が持つ流動性を求める（流動性選好）。金利は、手持ち現金と銀行預金とのバランスでも決まるのだ。

そして流動性選好は、実体経済の状況とは必ずしも関係ない。投資は、期待収益が金利を上回らないと起きない。でもみんなが現金を手元に置きたがって、金利が高止まりしたら？よい投資機会があっても、投資は起きない。すると総需要が不足し、失業が起きる！放っておいてもそれは改善しない。これが大恐慌の正体だ、と。

お金の市場が、利子を通じて雇用を左右する——雇用、利子、お金の一般理論というわけだ。

だったら失業をなくすためには、政府が借金してそれを補うだけの需要をつくろう。あるいは人々が現金を手元に置きたがらないくらいにお金を豊富に供給して金利を下げよう——ものすごく簡略化したが、本書から始まるケインズ経済学は、そう主張した。不景気の対策として、公共事業と金融緩和をしよう——これが大恐慌に対する本書、そしてケインズ経済学の答えだった。

公共事業で不景気対策を訴えた経済学者は他にもいたし、金融緩和を主張した人もいた。でもそれらの相互のつながりをきちんと理論的にまとめたのは、このケインズ『一般理論』

を提示した。
が最初だ。そして本書は、巷にあふれる失業者を尻目に「理論的に失業なんかあり得ない」と述べ、有効な処方箋を出せなかった当時の経済学に対して、まがりなりにも診断と処方箋を提示した。

そして恐ろしいことだが、もはやケインズ『一般理論』など過去の遺物と思われつつあった二〇〇八年になって、サブプライム問題とリーマンショックに端を発する世界金融危機が発生し、世界的に急激な景気停滞と失業増加が見られた。そのときも、ケインズから七十年にわたり進歩と洗練をとげてきたはずの新しい経済学は、有効な診断も処方箋も出せなかった。そして危機に対してきちんと対処を行ったあらゆる国（つまり日本以外のほぼすべての国）は、この古くさいケインズの基本的な処方箋どおりの対応を（不十分ながらも）実施し、最悪の事態を回避している。本書以降の七十年強にのぼる経済学の蓄積は何だったのか、そしてそれが見落としてきたケインズ経済学の力はどこにあるのか――それが本訳書刊行時の二〇一二年にケインズが再び注目されている理由でもある。

また、この理論の中身もさることながら、この本は「美人投票」「アニマルスピリット」「穴を掘って埋める公共事業」といった、印象的で有名な比喩やフレーズがたくさん登場する。本論から離れた寄り道集ともいうべき第Ⅵ巻にちりばめられた、ときに奇矯とすら思える議論も楽しいうえ、当時の主流経済学たる古典派たちを機会あらばコケにし罵倒するイギリス的な口の悪さも味わい深い。もっともそれに精を出しすぎているおかげで、肝心の本論がときに理解しづらくなっているのは困ったものだけれど。きちんと理解しようとすればかなり腰を据えた取り組みが必要だが、そうした軽い部分だけ拾い読みしても結構楽しめる。

著者ケインズについて

さてクルーグマンのイントロダクションにほとんど書かれていないのが、ジョン・メイナード・ケインズその人の話だ。

もちろんケインズについて本当に知っておくべきことは一つしかない。本書『一般理論』の著者だということだ。が、それでは少し不親切だ。ジョン・メイナード・ケインズは、一八八三年に生まれた。父親はケンブリッジ大学の論理学者・経済学者として高名なジョン・ネヴィル・ケインズで、母親フローレンス・エイダ・ケインズ（旧姓ブラウン）は最初期の大卒女子であり、また各種慈善事業にも携わってのちにケンブリッジ市の市長も務めた人物だ。

そんな超インテリ一家出身のケインズは、エリート寄宿学校として名高いイートン校を出てケンブリッジのキングス・カレッジを卒業し、まずは官僚となってインド省に入省。その後キングス・カレッジに戻ったが、その後大蔵省に入って第一次大戦の戦費調達に腕をふるう。そして一九一九年のパリ講和会議にイギリス代表として参加するものの、敗戦国ドイツに巨額の賠償を負わせるのに反対して辞任、『平和の経済的帰結』(一九一九年)でヴェルサイユ条約を批判して、当時は悪名をはせた。が、その後巨額賠償によるドイツの経済的混乱とナチス台頭で、ケインズの正しさが示されることとなる。

キングス・カレッジに戻ったケインズは、一時は数学に傾いて『確率論』(一九二一年)を発表し、フランク・P・ラムゼイにも影響を与えている。だがその後、『説得論集』(一九三一年)に収録されることになる各種政策論争を展開し、イギリスの金本位制廃止にも一役買いつつ、経済学に復帰して『貨幣改革論』(一九二三年)、『貨幣論』(一九三〇年)などを発表、新古典派の旗手たるアルフレッド・マーシャルの弟子筋となり、いわゆるケンブリッジ学派の最有力メンバーとして活躍した。

が、ウォール街大暴落に端を発する世界恐慌の中、新古典派の無力があらわとなるなかで発表されたのが、本書『一般理論』(一九三六年)だ。

己の同志たちを一転して全面否定した本書刊行に伴う怒濤のような大論争を受けて立つうちに、第二次大戦が勃発する。ケインズは再び大蔵省に戻って戦後の世界経済秩序を検討し、一九四四年のブレトン・ウッズ会議ではイギリス代表団の団長を務めて戦後の世界金融体制構築に大きな役割を果たす。だがこの激務で体調が急激に悪化し、一九四六年に他界している。

こうした公的な面も含め、ケインズはいろいろな意味で華々しい人物でもあり、文句なしの正統派知識人でありながら、口が悪く論争好きで、人をおちょくっては喜ぶ性格の悪さ（その一端は本書にもうかがえる）、かなりミーハーな文化的趣味（奥さん選びを見ればわかる）など、一筋縄ではいかない。興味ある向きは、是非もっと詳しい伝記をご参照いただきたい。

本書の翻訳について

既訳について

さてこれほどの古典であれば、当然ながら既訳は存在する。それも三種類も。にもかかわらず訳者が本書の全訳を行ったのは、既存の翻訳がきわめて不満な出来だったからだ。二〇一二年現在における三種類の既訳は以下のとおり：

『雇傭・利子および貨幣の一般理論』、塩野谷九十九訳、東洋経済新報社、一九四一年
『雇用・利子および貨幣の一般理論』普及版、塩野谷祐一訳、東洋経済新報社、一九九五年
『雇用，利子および貨幣の一般理論（上下）』、間宮陽介訳、岩波文庫、二〇〇八年

翻訳上の誤りも散見されるし、それ以上に三つとも自他共に認める「逐語訳」だ。つまり

日本語としての出来は度外視して、原文のほぼ全単語を、極力何らかの日本語の単語に置き換えるというもの。当然ながら、いずれも日本語としてまともに読むのはつらい。

こうした状況で拙訳は、普通に日本語として読める翻訳を日本の読者に提供したいと思って実施したものだ。翻訳にあたって既訳はまったく参照していないし、また訳語なども特に踏襲していない。

特にmoneyを「お金」と訳したことについては批判も受けた。これは「貨幣」と訳すのが通例だ。が、ぼくは経済学者の多くもこの訳語に居心地の悪さをおぼえていると思う。だからこそ、経済学者でもこれを「マネー」とカタカナにする場合もあれば、「通貨」としている場合も散見される。一方の英語では、moneyは子供の頃からふつうに使う用語で、日本語で言えば「お金」だ。だったら素直に「お金」と訳せばいいのでは？　この訳書では、ケインズの前著に触れる場合と、完全に成句化している「貨幣数量説」以外ではすべて「お金」か「金銭」にしている。これも含め、一般の場面で普通に使われる英語は、なるべく業界のジャーゴンではない、一般の場面で普通に使われる日本語にするのがこの訳書の基本的な翻訳方針だ。既訳とはちがう邦題も、その方針のちがいの表明でもある。

本書の文体について

ただし、もしケインズがもっと普通の書き方をしていたら——ケインズ自身が本書の十年前に書いていたようなスタイルで書いていてくれたら——既存の逐語訳式の翻訳でももっと読めるものとなっていただろう。だが、ケインズの英語は、少なくとも『一般理論』に関する限り、決してそうはいかない。一部のケインズ解説書などでは、『一般理論』の英語は格調高い美文なのでわかりにくいなどと書かれているがまったくのウソで、関係節に関係節がぶら下がり、そこにいくつもの条件節が並置されて延々と引き延ばされた典型的な古くさい悪文だ（むろん古くさいわかりにくい書きぶりこそが格調高いのだ、という価値観はあり得るが）。

さらに、何か二つの変数が比例するというだけの説明をしている文の中で、その変数が常識では考えられない変な性質を持っていた場合のことを突然説明しはじめて、どれが通常の説明でどれが極論なのかもわからなくしてしまうといった、「思いついたこと何でも書かずにいられない病」の重症例があちこちに見られ、それが全体の見通しをやたらに悪くしている。それを逐語訳しようとすれば、どうしたってまともな日本語にはなりようがない。

そうした関係節や、別のことを差し挟むような文体は、しゃべっている途中で思いついたことをいろいろ差し挟むような話し方に近いと思う。本訳書で「です・ます」調を使ったのはそうした理由による。そしてもちろん、原文の文章が長すぎれば途中で切っている。

その他本書のわかりにくさについて

飯田泰之はこの文体について、「連立方程式をことばで説明しようとした文」と指摘していた。確かにそういう部分はある。数式が一つあれば、その変数をいろいろ動かした結果はその式だけでわかるのに、それを文章であらわそうとすればいろいろ特殊なケースも説明しなければならず、全体が煩雑になるのは避けられない。

が、なぜそんな方法を選んだのか？　単純にケインズは、経済理論の過度の数式化がきらいだったのかもしれない。ケインズは本書第21章で、必要以上に抽象化した「数理」経済学に対する不信を述べているし、また第20章冒頭では、数式はとばしてもかまわないと注で明言している。それどころか、実はケインズは数学があまりできなかった、とケインズの（とても長い）伝記の決定版を書いているロバート・スキデルスキーなどは主張する。このため『一般理論』にはまともなモデルが存在しないという批判も結構聞かれる。だから多くの人は、ケインズ自身が「飛ばしていい」と言ってくれているのも手伝って、本書に出てくる数式モデルをまじめに検討しない。

でもケインズが数学苦手というのは、ちょっと変だ。ケインズは主著に評価の高い『確率論』などもあり、明らかにかなりの数学的素養を持っている。さらに実はその第20章や第21章の式は結構高度で、導出しようとすると結構骨だ。ケインズは数理モデルを重視しないと言いつつ、自分ではかなり高度なものを考えているのだ。

一説では、ケインズはすでに『一般理論』第20章においてミクロ的な基礎づけのあるマクロ理論を完成させているという（注の差分方程式を積分すればそれが得られる）。ただ数学能力に欠ける当時の経済学者たち（特にケインズの取り巻き連中）に配慮して文章でダラダラ説明する道を選んだという。(1) これを鵜呑みにするかはさておき、説としては面白い。そしてもしそうなら、本書の説明の一部が必要以上に晦渋となる理由も多少はわかる。

また現代ではあまり意味のない加工も、本書をわかりにくくしている。たとえば本書には「賃金単位で測った」というやつが頻出する。日本の総所得（GDP）が四百七十兆円で、年平均賃金が四百七十万円なら、日本のGDPは一億賃金単位、というわけだ。でもなぜこんなことをする必要があるのか？　多くの人はここでわけがわからなくなってしまう。

実はこれが使われている部分を並べて見ると、物価変動の影響を除いて名目値を実質化すればおおむね用が足りる場合がほとんどだ。でも、なんで単純に消費者物価指数やGDPデフレータで実質化しないの？　ケインズがそういう指標を使いたくなかったからだ。第4章（ほとんどの人が読まない）では、「一般物価水準」なるものがあてにならないから使わない、と書かれている。当時の統計整備水準ではそういう判断もありだったかもしれない。ついでに、GDPや生産などがすべて、何人分の賃金か一目でわかるのもケインズ的にはボーナス点だったのだろう。

でも今は消費者物価指数はどこでもそれなりに整備されていて、実質化にこんな手法を採る必要はない。ちなみに、巷には『一般理論』解説書はかなりあるが、賃金単位自体の小難しい解説はあっても、これを使った当時の意義（そして現代では無意味だということ）についてはろくに説明がない。この点も含め、多くは意味のある「解説」書にはなっていないように思う。

もう一つ、本書はかなりの推敲を経て書かれたはずなのに、妙に未完成に思える部分がある。たとえば本書ではグラフが一つだけ登場する。第14章だ。唯一のグラフなんだから、さぞ重要なポイントを説明しているのかと思ってしまうのは人情だ。が、実際にはこのグラフ、既存の理論を図化した上で実はそれがまちがっていることを述べただけ。要するにこのグラフを理解したところで何もわからないという脱力モノだ。なぜそんなものを敢えて入れたのか？　ハロッドの提案だったと言うが、それにしても読み返せばそのバランスの悪さは明らかだったはずだ。

さらにその第14章は、セクションⅠから始まっている。が、セクションⅡ以降はない。本書は原著にある千数百項目もの索引を見てもわかるとおり、かなり手間をかけて作られた本であり、こんな単純なミスはすぐに見つかるはずだ。ひょっとしたら本当はもっと加筆するつもりだったのだろうか？

本書のおまけについて

さて本書はケインズの原文に加えて、二つのおまけをつけた。一つはポール・クルーグマンのイントロダクション、もう一つはヒックスの論文だ。

が、その前に本書に収録しなかったおまけについて述べておこう。『一般理論』全集版では、ケインズが本書について書いた訂正論文が二編収録されている。一つは、第8章に登場する投資や総資本形成をめぐる表のデータの修正に関する論文だ。結論としては、クズネッツのデータについて少しかんちがいがあったというもの。統計データの導出方法に関する説明が中心で、統計の整備が進んだ現在ではあまり意義がなく、収録を見送った。またもう一つは、「実質賃金と名目賃金は逆方向に変化するはずだ」という部分（五六頁）についてのもの。実際に調べて見ると、名目賃金が上がれば実質賃金も上がる。ケインズはこの論文で自分の見方の不十分さを認めたうえで、その原因についてあれこれ考察している。が、決定的な論点が出ているわけではない。このため、これも収録を見送った。

さてクルーグマンによるイントロダクションをなぜ入れたかは、まあおわかりだろう。なんといっても、いまをときめくノーベル賞経済学者による、『一般理論』の中身から成果、限界までの手際よい説明だ。ちなみに翻訳には、書籍版ではなく、ウェブ上の草稿からグラフだけ復活させた。

問題はヒックス論文のほうだ。これは、今の大学生がケインズ経済学を学べば必ず教わる、IS－LM（ヒックス論文ではIS－LL）曲線を考案した名論文だ。歴史的に見れば多くの人（つまり経済学の大学院に行かなかった人）にとって、ケインズ経済学といえば、公共投資と総需要の四十五度線分析、そしてこのIS－LMだ。第二次大戦後のケインズ経済学の普及を考えるにあたり、このIS－LMをはずすことは絶対にできない。

にもかかわらず、このIS－LMは各方面からものすごく嫌われている。純粋ケインズ論者とも言うべき立場から見れば、IS－LMはケインズ理論のごく一部だけを取り出してゆがめた不適切なまとめだ。純粋ケインズ論者右派にしてみれば、ケインズが『一般理論』で展開した、期待の重要性なども含めた高度な動学理論を、実にいい加減な仮定と省略によって、どんくさい静学の枠組みに押し込めてしまったという点で、このIS－LMは許し難い邪説である、ということになる。ちなみに、一九七〇年代に入るとこの論文を書いたヒックス自身がその立場に転じ、IS－LMを全面的に否定したのは歴史の皮肉だ。IS－LMは緻密さや厳密さが足りないからダメ、という立場だ。

一方で、純粋ケインズ左派の立場からすれば、IS－LMなどというのは経済学の数理的な処理を明白に否定していたケインズの理論を、中途半端に数式化して後退させてしまったということになる。厳密すぎるからダメというわけだ。それどころかこのヒックス論文は、こともあろうにケインズがあれほど批判した古典派の理論を、ケインズ経済学と野合させていおかげでサミュエルソンが、両者を統合した新古典派総合なんかをでっちあげることになったではないか、と。

ケインズ支持者に嫌われただけではない。一九七〇年代にミルトン・フリードマンやロバート・ルーカスは、ケインズ経済学が期待を考慮していないといって大批判を展開し、それがケインズ経済学の没落と古典派復活の道を開く。本書を読んだ人なら首をかしげるだろう。ケインズは本書で、かなりしつこく期待の重要性を論じているからだ。でも当時、ケインズ経済学といえば、期待の明確でないこの*IS*–*LM*だとみんな思っていたので、それが古典派による反撃の糸口となった。かれらにすれば、*IS*–*LM*こそケインズ理論のダメさ加減の見本だ。

が……*IS*–*LM*がなければケインズ理論が戦後の世界経済を席巻できたかどうか。このモデルの異様な使いやすさは比類がない。この図を一つ描けば、ほとんどの場合には経済政策の基本的な方向性は見極められる。これなら、運が良ければ政治家だってギリギリ理解できる。精緻ではないけれど、どうせほとんどの場合に政策は精緻になんか動かないのだ。

さらに、その威力は二〇〇八年からの世界金融危機でも遺憾なく発揮された。均衡点から細かくずれた場合しか扱えない二十世紀後半の各種精緻な経済モデルは、前提となる環境が激変した金融危機の前には無力だった。そのための対策を編み出すのに活躍したのは、まさにこの粗雑な*IS*–*LM*モデルだった。

ちなみにポール・クルーグマンは、二十世紀末頃から$IS-LM$軽視の風潮をしばしば憂慮していた。そして本書のイントロダクションでは、『一般理論』は基本的に静学モデルなんだから、$IS-LM$がケインズを歪めたという主張の多くはまちがっている、と指摘する。さらにケインズ理論を動学化したがる立場に対し、静学理論であることこそがケインズ『一般理論』の強みなのだ、とまで主張する。この立場を認めるかどうかは、おそらく読者それぞれだろう。だが世界金融危機での活躍を見たとき、$IS-LM$が持っていた力が改めて見直されているのも否定できないし、クルーグマンの指摘にはかなりの正当性があったことは否定しがたいのではないか。

本訳書では、毀誉褒貶はあれ、二十世紀の半ば数十年にわたりケインズ理論そのものと思われてきたモデルを並べて紹介することで、歴史理解を深めていただきたいと考えた。両者を比べることで、$IS-LM$が本当に正しいケインズ理論のとらえ方だったのかを読者それぞれが考える一助となれば幸いだ。

この『一般理論』から即座にこれだけのエッセンスを読み取ったジョン・R・ヒックス（一九〇四－一九八九）はまちがいなく天才だが、常に興味の対象を移し続けたために、その業績も一言では説明しにくい。時に古典派、時にオーストリア学派、ときにケインズ学派の成果を縦横に織り交ぜるヒックスは、おもに経済成長と資本の関係をめぐって考察を展開してきたと言うべきか。晩年は手法や制度的な方面に関心を移しつつも変わらぬ洞察を発揮し続けた。講談社学術文庫収録の『経済史の理論』（原著は一九六九年刊）は、題名を見てみんなが思うような経済史の本ではない。歴史を動かすパターンや力についての統一的な考察を展開した驚異的な本で、関心ある向きは是非ご一読を。特にこの$IS-LM$を中心とした業績により、ヒックスは一九七二年にケネス・アローと共にノーベル記念経済学賞を受賞している。が、その時点ですでに$IS-LM$否定にまわっていたヒックスは、ずいぶん複雑な思いだったようだ。

いま本書を読む意義について

ケインズ『一般理論』が経済学史上の一大画期だったことは何度も述べたとおり。でも、刊行から七十年以上たった今になって『一般理論』を読む意義とはなんだろうか。

古典だからといって、それを聖典扱いしてまつりあげる愚は当然避けなくてはならない。物理学者は、「ニュートン『プリンキピア』に戻れ」などということは言わない。M理論が行き詰まっても、ケプラーの『宇宙の神秘』に糸口があるなどと考える人は（たぶん）いない。そうした古典の有益なエッセンスを全部抽出して咀嚼しつくし、ダメな部分は実証的に捨てて、体系化してしまっているからだ。そうした本は古典として敬意は表されるものの、それをいま読もうなどと思うのは、科学史家かよほどの物好きだけだ（が、実際に見るとかなり意外なおもしろさなので、暇があれば是非）。

そして経済学もそうであるはずだった。アダム・スミスはおもしろいが、現代のぼくたちが資本主義についてスミスを全部鵜呑みにする理由はない。スミスの最大の貢献は、経済が個々のプレーヤーの志向と無関係な創発現象なのだと看破し、そこでの価格と市場の役割を指摘したことで、それ以外はおまけだ。ケインズ『一般理論』もそう思われていた。そのエッセンスはすでに咀嚼され、マネタリズムやニュークラシカルなどに打破されたか、ニューケインジアン的な展開により、もっと理論的に堅牢で精緻なものに止揚されたと思われていた。

が……世界金融危機とその後の対応で、その考えがかなり時期尚早だったことが明らかとなった。新しい経済学の発展は、ケインズのすべてを吸収したつもりで、実はきわめて重要な何かをとりこぼしていた。洗練化・精緻化する中で否定し切り捨てた部分にこそ、まがりなりにも危機への対策をうちだし、経済システムの瓦解を防ぐ鍵があったようだ。

それがいったい何なのかをきちんと理解し、拾い上げることは、経済学が今回の危機を受けてさらに成長する中で必須となる。その過程で、ケインズ『一般理論』の再読は十分に現代的な意味を持つのではないか。さらに日本で二十年以上も続いているデフレと経済停滞でも、ケインズやヒックスが指摘した（そしてその後、非現実的として忘れ去られていた）流動性の罠が重要な役割を果たしているし、その脱出の処方箋も示されているのだ。『一般理論』にすべてがあるとは言わないが、かなりの大技も含め利用できる知見は結構残されているかもしれない。

その他、ちょっとした小ネタにも重要なアイデアや知見が隠されている可能性もありそうだ。まったくの新解釈が登場して本家ケインジアン復興が生じるようなことはないだろう。だが、本書のヒントを使って経済学をもっと豊かにする道はかなりある。たとえばアカロフ&シラーが本書にヒントを得た『アニマルスピリット』で少しやったように。

本書の読者の中から、少しでもそうした動きに貢献してくれる人々が登場してくれれば、と願いたい。そしてそれらの人々が、既存の理論の数理的精緻化にばかり精を出すのではなく、本書でのケインズのように現実の経済にある問題を見据えてくれることを願う。問題を理論にあわせるのではなく、理論を現実に近づけるにはどうすべきかを真摯に考えてほしいなと思う。そうした努力を通じ、いずれケインズが完全に乗り越えられ、『一般理論』がこんどこそ好事家しか読まない／読む必要のない古文書となり果てる日がくることを、ぼくは本気で祈っている。

おわりに

この翻訳はもともと酔狂でインターネット上に公開したものだ。本書刊行後も電子版はフリーで公開されている。検索などのためには、やはり電子版は圧倒的に便利だ。一方、パソコンなどの画面上でこの本を一冊通読するのはまだつらい。読者諸賢は、紙か電子かなどという不毛な二者択一に陥ることなしに、双方のいいとこどりをして、最大限の効用を実現してほしい。

また本書を細かく全部読む必要もないはずだという健全な考えをお持ちの読者のために、本書の各段落をすべてほぼ一行ずつにまとめた、完全要約版も作成した（というよりそっちのほうが先にできている）。概要を知りたい向きはそちらをどうぞ。これもウェブ上で公開されていると同時に、ポット出版から書籍としても刊行されている。こうしたネット上のリンクについては、各種の参考資料と共に以下のサポートページにあげておく：http://cruel.org/books/generaltheory/

ウェブ上のテキストの書籍化を申し出てくださったのは、講談社の青山遊氏であった。ありがとう。こうして紙で刊行するにあたり、プロの校閲者によるチェックを経たところ、細かいミスがボロボロ出てきたのは汗顔の至り。また、それ以外にもウェブの段階で幾人かの方よりまちがいの指摘を受けた。心から感謝する。この書籍版でも何かまちがいにお気づきの方は、是非とも訳者までご一報いただければ幸いだ。判明した分については随時、上記のサポートページで公表する。

二〇一二年二月

東京／アジスアベバにて

山形浩生（hiyori13@alum.mit.edu）

注

（1） Brady, Michael E. *The Applied Mathematics of J.M. Keynes' Theory of Effective Demand in the General Theory: Correcting the Mathematical Errors of the Economics Profession.* Xlibris, 2006.

サ　行

索引

・原書の索引は長大なため、現在の必要性と利便性に鑑みて簡略なものを作成した。
・検索対象は『一般理論』本篇とし、各国語版序文、「イントロダクション」「ケインズ氏と「古典派」たち」は含めない。

ア　行

カ　行

ジョン・メイナード・ケインズ
(John Maynard Keynes)
1883～1946年。イギリス大蔵省など公職を務めた後、ケンブリッジ大で経済学者として活動。「マクロ経済学」の基礎を本書により確立した。著書に『確率論』『貨幣論』など。

山形浩生（やまがた　ひろお）
1964年生まれ。評論家・翻訳家。調査会社勤務の傍ら幅広い分野で執筆・翻訳を行う。『クルーグマン教授の経済入門』『服従の心理』など訳書多数。本書の要約版も手がける。

講談社学術文庫

定価はカバーに表示してあります。

雇用《こよう》、利子《りし》、お金《かね》の一般理論《いっぱんりろん》

J・M・ケインズ／山形《やまがた》浩《ひろ》生《お》 訳

2012年３月12日　第１刷発行
2024年10月４日　第７刷発行

発行者　篠木和久
発行所　株式会社講談社
東京都文京区音羽 2-12-21 〒112-8001
電話　編集（03）5395-3512
販売（03）5395-5817
業務（03）5395-3615
装　幀　蟹江征治
印　刷　株式会社広済堂ネクスト
製　本　株式会社国宝社
本文データ制作　講談社デジタル製作

ISBN978-4-06-292100-8

「講談社学術文庫」の刊行に当たって

これは、学術をポケットに入れることをモットーとして生まれた文庫である。学術は少年の心を養い、成年の心を満たす。その学術がポケットにはいる形で、万人のものになることは、生涯教育をうたう現代の理想である。

こうした考え方は、学術を巨大な城のように見る世間の常識に反するかもしれない。また、一部の人たちからは、学術の権威をおとすものと非難されるかもしれない。しかし、それはいずれも学術の新しい在り方を解しないものといわざるをえない。

学術は、まず魔術への挑戦から始まった。やがて、いわゆる常識をつぎつぎに改めていった。学術の権威は、幾百年、幾千年にわたる、苦しい戦いの成果である。こうしてきずきあげられた城が、一見して近づきがたいものにうつるのは、そのためである。しかし、学術の権威を、その形の上だけで判断してはならない。その生成のあとをかえりみれば、その根は常に人々の生活の中にあった。学術が大きな力たりうるのはそのためであって、生活をはなれた学術は、どこにもない。

開かれた社会といわれる現代にとって、これはまったく自明である。生活と学術との間に、もし距離があるとすれば、何をおいてもこれを埋めねばならない。もしこの距離が形の上の迷信からきているとすれば、その迷信をうち破らねばならぬ。

学術文庫は、内外の迷信を打破し、学術のために新しい天地をひらく意図をもって生まれた。文庫という小さい形と、学術という壮大な城とが、完全に両立するためには、なおいくらかの時を必要とするであろう。しかし、学術をポケットにした社会が、人間の生活にとってより豊かな社会であることは、たしかである。そうした社会の実現のために、文庫の世界に新しいジャンルを加えることができれば幸いである。

一九七六年六月

野間省一

政治・経済・社会

宗教と権力の政治「哲学と政治」講義Ⅱ
佐々木　毅著

西洋中世を支配した教皇至上主義に、世俗権力はどう対抗したか。「聖」と「俗」の抗争を軸に、トマス・アクィナス、ルター、マキアヴェッリ等、信仰共同体の誕生から宗教改革の政治的帰結までを論じる。

2139

荻生徂徠「政談」
尾藤正英抄訳（解説・高山大毅）

近世日本最大の思想家、徂徠。将軍吉宗の下問に応えて彼が献上した極秘の政策提言書は悪魔的な統治術に満ちていた。反「近代」の構想か。むしろ近代的思惟の萌芽か。今も論争を呼ぶ経世の書を現代語で読む。

2149

新装版日本国憲法

「人類普遍の原理」を掲げながら、戦後最大の争点でもありつづけた日本国憲法。関連資料として、英訳日本国憲法、大日本帝国憲法、教育基本法、児童憲章、日米安全保障条約を付す。語るために読みたい、憲法。

2201

経済学再入門
根井雅弘著

スミス、シュンペーター、フリードマン……。「市場」「競争」「均衡」「独占」「失業」「制度」「希少性」……キーワードも再検討する。古典派から現在にいたる多様な経済思想を、歴史的視野から捉え直す入門書。

2230

ハンナ・アレント
川崎　修著

二十世紀思想の十字路と呼ばれたアレントは、全体主義を近代精神の所産として位置づけることで現代の苦境を可視化し、政治の再定義を通じて公共性を可能にする条件を構想した。その思想の全体像を描き出す。

2236

お金の改革論
ジョン・メイナード・ケインズ著／山形浩生訳

インフレは貯蓄のマイナスをもたらし、デフレは労働と事業の貧窮を意味する――。経済学の巨人は第一次世界大戦がもたらした「邪悪な現実」といかに格闘したか。『一般理論』と並ぶ代表作を明快な新訳で読む。

2245

政治・経済・社会

松原岩五郎著（解説・坪内祐三）
最暗黒の東京
明治中期の東京の貧民窟に潜入した迫真のルポ。残飯屋とは何を商っていたのか？　人力車夫の喧嘩はどんなことで始まるのか？　躍動感あふれる文体で帝都の貧困と格差を活写した社会派ノンフィクションの原点。

2281

ヴェルナー・ゾンバルト著／金森誠也訳
ユダヤ人と経済生活
資本主義を発展させたのはユダヤ教の倫理であって、プロテスタンティズムはむしろ阻害要因でしかない！　ヴェーバーのテーゼに真っ向から対立した経済学者の代表作。ユダヤ人はなぜ成功し、迫害されるのか……。

2303

ソースティン・ヴェブレン著／高　哲男訳
増補新訂版　有閑階級の理論
産業消費社会における「格差」の構造を、有史以来存在する「有閑階級」をキーワードに抉り出す社会経済学の不朽の名著！　人間精神と社会構造に対するヴェブレンの深い洞察力は、ピケティのデータ力を超える。

2308

竹内　洋著
立志・苦学・出世　受験生の社会史
日本人のライフ・コースに楔《くさび》のように打ち込まれている「受験」。怠惰・快楽を悪徳とし、雑誌に煽られてひたすら刻苦勉励する学生たちの禁欲的生活世界を支え続けた物語とはいったい何だったのかを解読する。

2318

小林一三著（解説・鹿島　茂）
逸翁自叙伝　阪急創業者・小林一三の回想
電鉄事業に将来を見た男はどんな手を打ったか。沿線の土地買収、郊外宅地の開発分譲、少女歌劇……。誰も考えつかなかった生活様式を生み出した、大正・昭和を代表する希代のアイデア経営者が語る自伝の傑作。

2361

佐々木惣一著（解説・石川健治）
立憲非立憲
京都帝大教授を務め、東京帝大の美濃部達吉と並び称された憲法学の大家・佐々木惣一が大正デモクラシー華やかなりし頃に世に問うた代表作。「合憲か、違憲か」の対立だけでは、もはや問題の本質はつかめない。

2366

《講談社学術文庫　既刊より》